850 Jahre St.-Petri-Dom zu Schleswig

Luftbildfreigabe SH-1185/1

850 Jahre St.-Petri-Dom zu Schleswig

1134–1984

Mit Beiträgen von
Horst Appuhn, Andrea Boockmann, Theo Christiansen, Karlheinz Gaasch,
Karsten Giltzau, Hans Valdemar Gregersen, Erich Hoffmann,
Wolfgang J. Müller, Tore Nyberg, Christian Radtke, Claus Rauterberg,
Klauspeter Reumann, Karlheinz Schlüter, Wolfgang Teuchert

Herausgegeben
im Auftrag der Ev.-Luth. Domgemeinde Schleswig
von Christian Radtke und Walter Körber

Schleswiger Druck- und Verlagshaus

Schriften des Vereins für Schleswig-Holsteinische Kirchengeschichte
Reihe I, Band 33

Foto auf der Umschlagseite: E. Tams, Busdorf
Umschlaggestaltung: H.-J. Mocka, Schleswig

Gedruckt mit Unterstützung folgender Institutionen
Ev.-Luth. Domgemeinde Schleswig, St.-Petri-Domverein, Ministerpräsident des Landes
Schleswig-Holstein, Landeskulturverband Schleswig-Holstein e. V., Deutscher Grenzverein e. V.,
Verein für Schleswig-Holsteinische Kirchengeschichte, Rotary Club Schleswig,
Lions Club Schleswig, Kreissparkasse Schleswig-Flensburg, Stadtsparkasse Schleswig,
Volksbank Schleswig.

850 [Achthundertfünfzig] Jahre S[ank]t-Petri-Dom zu Schleswig:
1134–1984 / mit Beitr. von Horst Appuhn ...
Hrsg. im Auftr. d. Ev.-Luth. Domgemeinde Schleswig
von Christian Radtke u. Walter Körber. – Schleswig:
Schleswiger Druck- und Verlagshaus, 1984.
ISBN 3-88242-086-3

NE: Appuhn, Horst [Mitverf.]; Radtke, Christian [Hrsg.];
Achthundertfünfzig Jahre St.-Petri-Dom zu Schleswig

Alle Rechte, auch die des auszugsweisen Nachdrucks, der photomechanischen Wiedergabe
und der Übersetzung, vorbehalten
Schleswiger Druck- und Verlagshaus, Schleswig 1984

Inhalt

Zum Geleit   7
– Bischof D. Karlheinz Stoll
– Bürgervorsteher Günter Hansen und Bürgermeister Heinz Bartheidel

Einführung
Christian Radtke und Walter Körber   10

Der Schleswiger Dom. Versuch einer Deutung seiner Raumformen
Von Wolfgang J. Müller   13

Turmbau und Erneuerung des St. Petridomes in Schleswig 1888–1894
Von Claus Rauterberg   23

Aus der jüngeren Baugeschichte des Schleswiger Domes
Von Karlheinz Schlüter   59

Die Restaurierung der Wandmalereien im Schwahl des Schleswiger Domes zwischen 1883 und 1981
Von Wolfgang Teuchert   79

Die Aufstellung von Brüggemanns Einzelfiguren im Schleswiger Dom
Von Horst Appuhn   97

Beiträge zur Geschichte der Beziehungen zwischen dem deutschen und dem dänischen Reich für die Zeit von 934 bis 1035
Von Erich Hoffmann   105

Anfänge und erste Entwicklung des Bistums Schleswig im 10. und 11. Jahrhundert
Von Christian Radtke   133

Die Kirchspielorganisation im Bistum Schleswig
Von Karlheinz Gaasch   161

Über die nordfriesischen Inseln im Bistum Schleswig und Ansätze ihrer kirchlichen Selbständigkeit
Von Tore Nyberg   173

Geistliche Verwaltung und Gerichtsbarkeit der Schleswiger Bischöfe und des Domkapitels im Mittelalter
Von Andrea Boockmann   197

Die Auseinandersetzungen zwischen Landesherrschaft und Bistum im Herzogtum Schleswig im Jahre 1399
Von Klauspeter Reumann   207

Das Kollegiatkapitel Hadersleben
Von Hans Valdemar Gregersen   221

Die Reformation in Schleswig
Von Karsten Giltzau   229

Schleswig als Bischofssitz 1848–1947
Von Theo Christiansen   239

Autorenverzeichnis   253

Zum Geleit

Das Nachdenken über das Jubiläum unseres Doms eröffnet mir vielerlei Perspektiven. In diesem Vorwort kann ich auf sie nur andeutend hinweisen. Ich nehme an, daß sie trotzdem einige Anregungen vermitteln.

Die 850 Jahre des Doms werden von der über 1000jährigen Geschichte des Schleswiger Bistums umfaßt. Bischof Wilhelm Halfmann hat 1947 zur 1000-Jahr-Feier gesagt: »Der Grund zur Entstehung des Bistums Schleswig war der Missionsauftrag des Herrn: und der weist eben das Volk Gottes in die Welt hinein. Und so muß denn die Spannung zwischen Volk Gottes und Welt hingenommen und fruchtbar gemacht werden im Sinne des Dienstes, wie Jesus Christus ihn geleistet hat, als er sich für die Welt dahingab. Beides gilt also: Die Kirche ist Gottes eigenständiges Volk in Freiheit und Unabhängigkeit von den Weltmächten, aber zum Dienst an der Welt. Nur wenn sie für sich selbst etwas ist, kann sie recht wirken«. Solche Überlegungen führen leicht zu der Frage, wie es denn mit der missionarischen Ausstrahlung unserer Kirche in diesem Lande und ihrem Dienst as der Welt über die Zeiten hinweg tatsächlich bestellt gewesen ist. Der erste Schleswiger Bischof war wahrscheinlich ein Missionar ohne Kirchenvolk. Heute gehören weit über 90 % unserer Bevölkerung der Evangelisch-Lutherischen Kirche oder einer anderen Religionsgemeinschaft an. Doch heißt es manchmal – halb im Scherz, halb im Ernst – wir Menschen im Norden seien eigentlich gar nicht richtig christianisiert worden. In den Anfängen geschah die Mission vor allem von oben nach unten: der Fürst bekehrte sich zum Christentum, und das Volk ließ sich mit ihm zusammen taufen. Heute, in der Volkskirche, haben wir auf einer breiten Basis relativ stabile kirchliche Verhältnisse. Aber wenn auch die Kirchenmitgliedschaft von Generation zu Generation über die Taufe der Kinder weitergegeben worden ist, so muß doch jede Generation von neuem ihr eigenes Verhältnis zum Glauben erwerben und lebendig gestalten.

Eine starke Tradition hat in unserer Bevölkerung der Glaube im Bereich des 1. Artikels des christlichen Bekenntnisses, im Bekenntnis zu Gott, dem Vater und Schöpfer. Als Beispiel zitiere ich eine Liedstrophe von B. Andresen, die erst kürzlich entstanden ist:

Gott is Land un Woter. Gott is Wind un Storm.
Gott, du büst de gröttste Barg un ok de lüttste Worm.
Du büst Bööm un Blomen. Du büst Masch un Geest.
Gott is groot! Heff Moot un gläuv! He's grötter as du weeßt.
Herr, du büst uns Füür! Herr, du büst uns Diek!
Herr, du büst uns Stüür! Wies uns, Herr, dien Riek!

Auch unser Dom ist als Gebäude erst einmal ein Zeugnis solchen Glaubens. Hier ist bauende, schöpferische und künstlerische Kraft am Werke gewesen, wie sie uns Menschen von Gott verliehen ist. Doch können wir bei dieser Feststellung nicht stehenbleiben. Wir sind gerufen, uns immer wieder vom ersten Glaubensartikel zum zweiten und zum dritten, zum Glauben an Jesus Christus und zu dem in der Gemeinde wirkenden Heiligen Geist weiterführen zu lassen.

Wer den Dom betritt, wird auf einen solchen Weg gebracht. In einer vielfältigen Weise wird er auf die Jesusgeschichte aufmerksam gemacht und zur Versammlung der Gemeinde eingeladen, die Gott lobt, weil sie das ewige Leben erben wird.

Die Jahreszahl 1984 hat durch einen zufällig entstandenen Buchtitel einen viel beachteten Symbolwert erhalten. Sie steht für die Furcht vor einem perfekt organisierten Staat, der die Menschen unterdrückt, kontrolliert und so abrichtet, daß sie die Würde ihrer Person verlieren. Ein Raum für Gott ist in diesem Staat nicht vorgesehen.

Über 100 Jahre vor Orwell hat Heinrich Heine in seinem Buch »Zur Geschichte der Religion und Philosophie in Deutschland« eine Prophezeiung aufgeschrieben: ». . . und wenn einst der zähmende Talisman, das Kreuz, zerbricht, dann rasselt wieder empor die Wildheit der alten Kämpfer, die unsinnige Berserkerwut ...« Diese Aussage wiegt um so schwerer, als Heine kein Freund der Kirche war. Trotzdem weiß er, daß Gott dem leidenden Menschen im Kreuz einen Platz offenhält.

Gott braucht gewiß keine Dome, damit der einzelne Mensch gesehen wird mit seinem Kreuz. Jedoch der Dom, wie jedes andere Kirchengebäude, will uns einen unschätzbaren Dienst erweisen: Das Kreuz soll unter uns eine Heimstatt haben, denn es zeigt, daß Gott den einzelnen Menschen – selbst noch in seinem Scheitern, in seinem Ende – liebt. »Gott will, daß allen Menschen geholfen werde und sie zur Erkenntnis der Wahrheit kommen« (1. Timotheus 2,4).

Was ist in achteinhalb Jahrhunderten an Krieg und Zerstörung über unser Land hinweggebraust! Und alle bisherige Geschichte scheint in den Schatten gestellt zu werden von der atomaren Gefahr und ihren Vernichtungskapazitäten. Die UNESCO hat vor einiger Zeit ein Zeichen entworfen und dazu angeregt, man möge altehrwürdige und erhaltenswerte Baudenkmale kennzeichnen, damit sie im Falle kriegerischer Auseinandersetzungen geschont werden. Unter dem apokalyptischen Horizont einer möglichen Totalzerstörung erscheint dieses Unternehmen fast makaber. Aber mir tut sich hier – deswegen erwähne ich das – noch ein ganz anderer Horizont auf: Angesichts des hohen Jubiläums wird mir bewußt, daß sich für unseren Dom über die Zeiten hinweg eine Bewahrung ereignet hat, die nicht in Menschenhänden lag und für die wir Dank schulden. Diese Bewahrung kreuzt sich mit unserem Wunsch, unsere Kathedrale zu erhalten und zu pflegen, wie es Generationen vor uns getan haben.

Zur Gegenwart unseres Domes gehört, daß wir uns in ihm versammeln können. Und zu seinem gegenwärtigen Lebensbezug gehört auch seine Baugeschichte, an der so viele Menschen – Bekannte und Unbekannte –, immer von neuem mit dem Geheimnis des Glaubens beschäftigt, mitgewirkt haben.

Neu erwacht ist unter uns der Sinn für die kirchlichen Kunstwerke. Es gab eine Zeit, in der die Bibel noch nicht als Buch des Volkes verbreitet war; es konnten ja auch viele nicht lesen. Da spielte die Vermittlung der biblischen Geschichte durch das Bild eine hilfreiche Rolle. Unter anderen Voraussetzungen ist heute die Lektüre der Bibel wieder so selten geworden, daß ihre lebensstrotzenden Geschichten kaum noch bekannt sind. Das verschafft der Verkündigung durch die Bilder, wie man sie in einer alten Kirche betrachten kann, eine unmittelbare Bedeutung. Denn das ganze Jahr hindurch besuchen Touristen in großer Zahl den Dom. Ich denke, hier ist der alten Kirche und ihrer Gemeinde eine wichtige Aufgabe zuteil geworden.

Wir haben in unserem Land viele alte, schöne und große Kirchen. Vielleicht waren sie schon immer viel zu groß. Auch unser Dom hat mehr Plätze, als die dazugehörige Gemeinde besetzen kann. Es ist ein Kennzeichen der alten Zeit, daß sie große Kirchen baute, Dome und Kathedralen. Darin schuf sich gewiß zu einem Teil einfach die Freude am Können einen Ausdruck. Aber man wußte auch, daß für den Gottesdienst nichts zu teuer ist. Was heute vielen als ein Luxus erscheinen mag, ist unmittelbar eine Aussage darüber, welche Stellung man dem Glauben in seinem Leben beimaß.

Unsere Aufgabe heute ist es sicher nicht, Dome zu bauen. Priorität hat für uns, daß wir zu den Menschen gehen, dahin, wo sie sind, sei es in der Nähe oder in der Ferne.

Dennoch hat der große Kirchenraum seine Bedeutung für uns heute nicht verloren. Man begegnet in ihm einer anderen Welt. Mancher braucht die Ruhe, die einen hier umfängt. Mancher sucht die Weite des Raumes, um wenigstens einmal aus der Enge befreit zu werden. Mancher, der sich schon immer gescheut hat, seinen Glauben in Worte zu fassen, oder der das auch einfach nicht mehr gewohnt ist, kann sich in die versammelte Gemeinde begeben, die mit ihrem Lied, ihrem Bekenntnis und ihrer Predigt ihm Wörter für seinen Glauben zu leihen vermag.

Ich bin immer wieder erstaunt, wie auf diese Weise Herz und Sinne gefangengenommen werden können. Was für ein Reichtum ist uns doch beschert! Ich deute ihn als einen Hinweis auf die Art, wie Gott mit uns Menschen umgeht. Das Leben, das er seiner Welt und uns Menschen verleiht, ist viel größer, als daß wir es voll auszuschöpfen vermöchten. Um so mehr gilt dies von seiner Gnade.

Viele Geschichten der Bibel bezeugen voller überraschter Freude, wie verschwenderisch Gott uns zugute seine Gaben austeilt. Es ist ein atemberaubender Vorgang, daß Gott, der sich ein ganzes Weltall erschaffen hat, sich dennoch selbst verschwendet, indem er als Mensch zu uns kommt, um den einzelnen Menschen – ein winziges Wesen im All – zum Heile zu führen. Der Verstand, der nur das Rechnen gelernt hat, findet hier kein Genüge. Nur der Liebende, der etwas davon weiß, wie Liebe sich verausgabt, wird begreifen, daß das Überfließen der Gnade das Lebensgesetz Gottes ist.

Wir feiern das Jubiläum einer Kirche in der Stadt. Sie ist ein Zeichen dafür, daß es auf die Menschen ankommt, auf ihr Wohl und auf ihr Heil, ihre Verantwortung, ihren Einsatz für die anderen und auf Geborgenheit, auf Beheimatung im Ewigen. Die Länge der Geschichte erinnert uns daran, daß Menschen vor uns gewesen sind und auch nach uns kommen werden. Wir sollen in dieser Reihe bleiben. Es ist an uns, die Platzanweisung Gottes zu erfassen. Der Dom predigt, daß es nicht nur unsere Welt gibt, sondern auch den Himmel Gottes. Da wir den Dom haben, sollen wir auch seine Predigt hören. Der Himmel der Gnade, der Bund seines Friedens ist über uns ausgebreitet. In Psalm 46, den Luther besonders geliebt hat, heißt es:

»Dennoch soll die Stadt Gottes fein lustig bleiben
mit ihren Brünnlein, da die heiligen Wohnungen
des Höchsten sind.
Gott ist bei ihr drinnen, darum wird sie fest
bleiben;
Gott hilft ihr früh am Morgen.«

Schleswig, am 5. Februar 1984

D. Karlheinz Stoll
Bischof für Schleswig

In diesem Jahr wurde in Stuttgart die Neue Staatsgalerie eingeweiht. Architekt ist der Schotte James Stirling. Obwohl hier und da umstritten, gilt er vielen als das Genie der Architektur der Gegenwart. Er hat einmal gesagt, daß eine Stadt ohne ein großes architektonisches Monument keine richtige Stadt sei. In Schleswig steht der St.-Petri-Dom. Er ist ein gewaltiges Bauwerk, in dem romanische Stilelemente mit fast allen gotischen Stilelementen zu einer Einheit zusammengefügt sind.

Wenn wir Stirling folgen, ist Schleswig, das in seiner historischen Gestalt auch dörfliche Züge hat, durch den Dom erst eine richtige Stadt.

Schleswig und sein Dom sind untrennbar. Schon ehe der allzu hoch geratene Turm 1888–1894 hinzugefügt wurde, bestimmte die große Kirche das Stadtbild, das von der hierarchischen Ordnung durch die Höhe der Gebäude geprägt war: Dom, Rathaus, Häuser der wohlhabenden Bürger und die kleinen, oft nur als Buden bezeichneten Häuschen der armen Bewohner.

Der Dom ist älter als 850 Jahre. Unter seinem Fußboden liegen ältere Fundamente. Sie sind aber bisher nicht sicher mit Jahreszahlen zu verknüpfen. Es ist daher legitim, das Jahr 1134 zum Ausgangsdatum für das Jubiläum zu wählen. Der große dänische Chronist Saxo Grammaticus erwähnt den Dom im Zusammenhang mit dem schaurigen Mord an König Niels (Nicolaus) im Jahr 1134.

Wir hoffen, daß in diesem Jubiläumsjahr viele Menschen aus der Stadt und dem Land den Weg in den mit der Kirchengeschichte Nordeuropas eng verknüpften großen Sakralbau finden werden. Das Gebäude, die Altäre, Fresken, Epitaphien u. a. sind Kunstwerke. Sie sind aber mehr: aus dem Geist der Jahrhunderte gestaltete christliche Verkündigung.

Schleswig, im Juni 1984

G. Hansen
Bürgervorsteher

H. Bartheidel
Bürgermeister

Einführung

Schleswig – im Mittelalter von vielen auch Hedeby (Haithabu) genannt und wohl um die Jahrtausendwende vom südlichen auf das nördliche Ufer der Schlei an seinen heutigen Platz verlegt – kann in der skandinavischen Kirchengeschichte einen unbestritten hohen Rang beanspruchen. Aus kleineren Anfängen im 8. Jahrhundert wuchs der Ort im 9. und 10. Jahrhundert zu einem vielbesuchten Umschlagplatz im Warenverkehr zwischen dem festländischen Kontinent und dem Ostseeraum empor; er bildete auch den gegebenen Ansatzpunkt zur geistig-geistlichen Erschließung Nordeuropas für abendländische Kulturformen. Als christliche Herrscher waren die Könige und Kaiser des deutschen Reiches zur Mission legitimiert, ja, verpflichtet, wo immer es politisch durchsetzbar erschien. Neben den slawischen Reichen östlich der Elbe bildete der skandinavische Raum für Jahrhunderte ihr Missionsfeld. Erleichtert wurden diese Aufgaben durch die Besuche internationaler Kaufleutegruppen, darunter an führender Stelle immer auch Christen aus dem deutschen Reich, in den nordeuropäischen Fernhandelsplätzen, wie Schleswig, Ribe/Ripen und Birka in Südschweden. Zwangsmissionierung mit Feuer und Schwert hat dabei nie eine Rolle gespielt.

Nach einem ersten Kirchenbau an der Schlei um das Jahr 850, gleichzeitig mit dem Handelsplatz Ribe an der jütischen Nordseeküste, entwickelten sich die politischen Verhältnisse zwischen dem deutschen und dem dänischen Reich dann erst wieder fast einhundert Jahre später in eine Richtung, die eine intensivere Ausbreitung des Christentums begünstigte. Zur Organisation der Missionsaufgaben in Skandinavien richtete der deutsche König im Jahr 948 gleichzeitig drei Bistümer ein: Schleswig, Ribe und Århus. Die geistliche Leitung über die Neugründungen wurde vom Papst dem Hamburg-Bremer Erzbischof als dem geistlichen Oberhaupt über den nordeuropäischen Missionsbezirk übertragen. Gut mittelalterlich sah König Harald von Dänemark nach seinem Übertritt zum christlichen Glauben die Christianisierung seines Landes am Ende des 10. Jahrhunderts als sein ureigenes Werk an; dabei wird der Schleswiger Anteil daran nicht ganz unbeträchtlich gewesen sein. Es bedurfte für die dänischen Könige und ihr Episkopat dann noch einmal eines bald einhundertjährigen Kampfes, bis sich die dänische Kirche in einer für sie politisch günstigen Situation von der geistlichen Herrschaft des Bremer Erzstuhls lösen und in Lund einen eigenen Erzbischofssitz errichten konnte.

Der aus der Bistumsgründung in Schleswig zwangsläufig erwachsene Kirchenbau des 10. Jahrhunderts ist bislang ebenso unbekannt wie die historisch verbürgte Kirche des 9. Jahrhunderts. Während somit unsere Kenntnis des kirchlichen Lebens in der Stadt für das 9. bis 11. Jahrhundert auf die Interpretation einer Auswahl schriftlicher und archäologischer Quellen angewiesen ist, bildet der im 12. Jahrhundert in Stein errichtete St.-Petri-Dom fortan und bis heute ein großartiges Zeugnis für die Frömmigkeit der Jahrhunderte, – die immer auch politische Manifestation seiner geistlichen und weltlichen Herren war. Die Bauanfänge des Domes liegen im einzelnen noch weitgehend im dunklen. Nach glaubwürdiger zeitgenössischer Aussage muß im Jahr 1134 indes jedenfalls ein Bauteil, wahrscheinlich der Chor, so weit vollendet gewesen sein, daß er dem von den Bürgern der Stadt bedrängten König als Zuflucht hätte dienen können.

Dieses Datum 1134 sichert dem heutigen St.-Petri-Dom eine Baugeschichte von 850 Jahren und bildet den äußeren Anlaß für eine erneute Beschäftigung mit seiner Geschichte. Das Ergebnis, die hier vorgelegte Sammlung von vierzehn Aufsätzen, sämtlich Originalbeiträge, ist Autoren zu verdanken, denen der Schleswiger Dom und sein Bistum zum Anliegen ihrer Forschungsarbeit gehört. Vollständigkeit in der Auswahl der Themen konnte und sollte dabei nicht erreicht werden: vielmehr war es ein Ziel der Herausgeber – nach der in Deutschland wenig beachteten und heute längst vergriffenen Festschrift zum 1000jährigen Jubiläum der Bistumsgründung, J. Skovgaards »Slesvigs delte bispedømme« von 1949 – für einige wesentliche Bereiche der mit dem Dom verbundenen Kunst- und Kirchengeschichte den heutigen Stand der Kenntnisse vorzulegen. Die Beiträge bemühen sich um Allgemeinverständlichkeit für jeden interessierten Leser, ohne dabei wissenschaftlich unverzichtbare Methoden und Verfahren aufzugeben.

Die Gesamtkonzeption der Festschrift legt zwei Themenbereiche zugrunde: die Bau- und Kunstgeschichte des Bauwerks selbst und die Kirchengeschichte des Bistums. Entsprechend der Dringlichkeit der Fragestellung widmen sich drei Beiträge (E. Hoffmann, Chr. Radtke, T. Nyberg) den politischen und kirchengeschichtlichen Bezügen im deutsch-dänischen Verhältnis während der Gründungszeit und der ersten Entwicklung des Bistums im 10. und 11. Jahrhundert. Die Einteilung des Bistums in Propsteien und Kirchspiele (K. Gaasch) bildete die Grundlage für seine geistliche Verwaltung durch Bischof und Domkapitel (A. Boockmann). Die geistlichen Herren waren aber auch Herren eines ausgedehnten Güterbesitzes und gerieten in dieser Funktion immer wieder auch in Konflikt mit dem Landesherrn (K. Reumann). Die von Schleswig am weitesten entfernte Propstei seines Sprengels war der Verwaltung des Kollegiatkapitels Hadersleben unterstellt, dessen von Selbständigkeitsbestrebungen geprägte Geschichte in einem eigenen Beitrag vorgestellt wird (H. V. Gregersen). Nach einem Text zur komplizierten Schleswiger Reformationsgeschichte (K. Giltzau) schließt dieser Abschnitt mit der detaillierten Darstellung der jüngsten Phase der Bistumsgeschichte, die von neuerlichen Auseinandersetzungen über den Aufbau und die Verwaltung des Bischofssprengels gekennzeichnet ist (Th. Christiansen).

Auch nach der Vorlage des monumentalen Inventarwerks über den Schleswiger Dom durch D. Ellger (1966) können sicher noch längst nicht alle Fragen seiner mittelalterlichen Bau- und Kunstgeschichte als endgültig geklärt gelten. Eine Reihe von Beiträgen zur neueren Bau- und Restaurierungsgeschichte nimmt sich offen gebliebener Probleme an (C. Rauterberg, W. Teuchert, K. Schlüter) und demonstriert eindrücklich Aufgaben und Verpflichtung der heute Verantwortlichen für dieses Bauwerk europäischen Formats. Diese Texte sind eingebettet in eine grundlegende Deutung der mittelalterlichen Raumformen des Doms (W. J. Müller) und in Anregungen, die dem bedeutendsten Stück seiner Sakralausstattung, dem Bordesholmer Altar Hans Brüggemanns, zu noch gesteigerter Anschaulichkeit verhelfen wollen (H. Appuhn).

Insgesamt gesehen wird deutlich, wie Stadt und Bistum Schleswig durch ihre Lage im Grenzbereich mitteleuropäischer und skandinavischer Reiche und Kulturen von Beginn an immer wieder in den Brennpunkt politischer und kirchenpolitischer Interessenkonflikte gerieten. Davon sprechen insonderheit die Quellen. Es sollte dabei aber nicht die ruhige und kontinuierliche Arbeit auch der Schleswiger Kirche durch die Jahrhunderte für die ihr in ihrem Verständnis anvertrauten Bürger in Stadt und Land vergessen werden.

Unser Dank gilt in erster Linie den Autoren dieses Sammelbandes. Ohne ihre spontane Aufgeschlossenheit unserem Plan gegenüber und ihre gleichbleibende Bereitschaft zur Zusammenarbeit wäre das Buch nicht zustande gekommen. Schon in einem frühen Stadium der Überlegungen hat die Leitung des Verlages »Schleswiger Druck- und Verlagshaus« ihr Interesse an der Übernahme des Buches in ihr Verlagsprogramm bekundet. In den an Herrn Verlagsdirektor A. Dittrich gerichteten Dank ist die Herstellungsabteilung des Verlages eingeschlossen, die den Prozeß der Drucklegung engagiert und umsichtig betrieben hat. Obwohl die Finanzlasten zur Produktion des Buches auf mehrere Schultern verteilt werden konnten, wäre an eine Realisierung des Vorhabens in der vorliegenden Form nicht zu denken gewesen, wenn sich nicht eine Reihe von Institutionen durch die mäzenatenhaft großzügige Bereitstellung von Druckmitteln daran beteiligt hätte: die Ev.-Luth. Domgemeinde Schleswig, der St.-Petri-Domverein Schleswig, der Herr Ministerpräsident des Landes Schleswig-Holstein, der Landeskulturverband Schleswig-Holstein e. V., der Deutsche Grenzverein e. V. Flensburg, der Verein für Schleswig-Holsteinische Kirchengeschichte, der Rotary Club Schleswig, der Lions Club Schleswig, die Kreissparkasse Schleswig-Flensburg, die Stadtsparkasse Schleswig und die Volksbank Schleswig. Ihnen allen gilt unser aufrichtiger Dank.

Mit seiner Aufnahme in die Reihe I der »Schriften des Vereins für Schleswig-Holsteinische Kirchengeschichte« ist die Schleswiger Dom-Festschrift 1984 in die lange Tradition historischer Arbeiten zur Kirchen- und Kunstgeschichte des Landes gestellt, in der das Buch, wie wir wünschen, seinen angemessenen Platz einnehmen wird.

Schleswig, im Frühjahr 1984　　　　　　　　　　　　　　　　　　　Chr. Radtke und W. Körber

Der Schleswiger Dom
Versuch einer Deutung seiner Raumformen

Von Wolfgang J. Müller

Wenn wir in diesem Jahr das 850jährige Bestehen des Domes, der Schleswiger Bischofskirche, feiern, tritt das Jahr 1134 in unser Bewußtsein, und wir fühlen uns aufgerufen, die seither vergangenen Jahrhunderte beim Besuch dieses Bauwerkes als Entstehungsgeschichte des Domes sichtbar zu erfahren; im Anblick der äußeren Gestalt des Schleswiger Domes und beim Erleben seines Innenraumes werden wir als Menschen des 20. Jahrhunderts auch fragen, welche Auffassungen von Christentum und Kirchenbau die Geistlichen und die Bauleute der vergangenen Jahrhunderte veranlaßt haben, dieses Bauwerk als Ganzes und in seinen Einzelformen so auszuführen, wie wir den Schleswiger Dom jetzt in seinem Äußeren und Innenraum erfahren, zu begreifen und zu verstehen suchen, – nicht nur als etwas »Schönes«, das in heutzutage ungewöhnlicher Gestalt und trotz seines Alters erhalten geblieben ist, jedoch nicht als einheitlich ausgeführter Großbau. Der Schleswiger Dom, zusammengefügt aus Bauteilen von unterschiedlicher Höhe, errichtet aus verschiedenen Natursteinen und Backsteinen, steht unserem Begriff eines Domes, eines Bauwerkes von feierlich erhabener Einheit entgegen. Auch der Besuch des Inneren, dessen vielfältige Raumwirkungen und Einzelformen, lassen uns fragen, wie der Schleswiger Dom seine heutige Gestalt gewonnen hat: Wie sah der Dom aus, von dessen Bestehen erstmals im Jahre 1134 berichtet wird? Seine Erwähnung geschah nicht zu Lob und Feier eines geplanten oder vollendeten Bauwerkes, sondern aus düsterem Anlaß: Beim Besuch der Stadt Schleswig im Jahre 1134 wurde der dänische König Niels (1104–1134) von Schleswigern verfolgt, weil sie an ihm wegen seiner Mitschuld an der Ermordung des Herzogs Knud Laward im Jahre 1131 Rache nehmen wollten. Deshalb rieten einige Bürger dem König, im Dom Zuflucht zu suchen. Diese nahezu beiläufige Erwähnung des Schleswiger Domes wird durch keine Nachricht seiner Gründung oder seiner Gestalt ergänzt, und nur wenig Sichtbares, nur Einzelteile, erinnern an diesen Dombau. Aber eine Vielzahl von Einzelbeobachtungen, aufgezeichnet seit der Restaurierung des Domes von 1888–1894, ergänzt durch vergleichende Bauforschungen und Deutung von Nachrichten über Politik und Kirchengeschichte des Herzogtums Schleswig, können helfen, Gestalt und Bedeutung dieses ersten Dombaues in Schleswig zu erschließen. Zusammengefaßt und beträchtlich ergänzt wurden diese Tatsachen und Schlußfolgerungen veröffentlicht durch Dietrich Ellger und seine Mitarbeiter am Landesamt für Denkmalpflege Schleswig-Holstein als 2. Band der »Kunstdenkmäler der Stadt Schleswig« im Jahre 1966: Der Dom und der ehemalige Dombezirk, mit über 700 Seiten und mehr als 500 Abbildungen und Plänen. Hier wird, ausgehend von der heutigen Gestalt, die Geschichte des Schleswiger Domes, seiner Einrichtung und Ausstattung, als Zusammenfassung aller bislang gewonnenen Erkenntnisse mit vorbildlicher Sachlichkeit und Genauigkeit geboten; diesem Werk sind die nachfolgenden Darlegungen dankbar verpflichtet.

Erfahrungen, gewonnen bei Ausgrabungen im Dom im Jahre 1954, und ergänzende ältere Beobachtungen am heutigen Baubestand lassen die Gestalt des ersten Schleswiger Dombaues gewissermaßen in Umrissen erkennen: Der im Jahre 1134 erwähnte Dom zu Schleswig wurde errichtet aus dem Granit einheimischer Findlinge, aus schwedischem Sandstein von der Halbinsel Schonen, und aus Tuffstein, der zu Schiff aus der Eifel und dem Rheingebiet herangeführt worden war. Dieser Steinbau war im Jahre 1134 vielleicht noch nicht vollendet, aber mit einiger Sicherheit läßt er sich beschreiben als rechteckiger Chorbau mit einer nach Osten angefügten halbrunden Apsis; damals war auch der westlich anschließende Bau zumindest geplant, vielleicht schon begonnen, eine dreischiffige Basilika, deren erhöhtes Mittelschiff nördlich und südlich begleitet wurde von je einem niedrigeren Seitenschiff, das sich unter schweren Rundbögen zwischen wuchtigen Pfeilern zum Mittelschiff öffnete. Der östlichste dieser etwa 4,50 Meter hohen rechteckigen Pfeiler ist, freigelegt unter späterer Backsteinmauerung, im südlichen Seitenschiff des Domes sichtbar. Außer der mit einer Halbkuppel überwölbten Apsis des Chores waren alle Raumteile des Domes mit hölzernen Balken und Brettern flachgedeckt, das Mittelschiff erhob sich über schweren Pfeilern von viereckigem Grundriß als »Raumblock«, beleuchtet von einer Folge hochgelegener Fenster. Über die farbige Behandlung dieses Kirchenraumes, über seine Ausstattung mit Bischofsthron und Altären wissen wir nichts, aber die Gestalt und Wirkung dieses steinernen Basilikalbaues lassen sich erschließen durch Betrachtung der aus dem 12. Jahrhundert stammenden, großenteils erhaltenen Dombauten in Ribe und Lund, den nordeuropäischen Vorbildern des Schleswiger Dombaues. Nur zu ahnen ist jedoch die Wirkung dieses großen Steinbaues der Schleswiger Bischofskirche auf die Bewohner der wohl durchweg aus niedrigen Holzbauten bestehenden Stadt. Der massige Steinbau, gefügt aus sorgfältig bearbeiteten, wenn auch verschiedenartigen Steinblöcken, war in Grundriß und Aufriß, in Einzelformen und als Raum gestaltet nach der Grundform des Rechten Winkels. Auch in seiner vielleicht noch nicht vollendeten Gestalt mag dieser steinerne Dombau den Menschen des 12. Jahrhunderts erschienen sein als »monumentum«, mahnendes Zeichen des überzeitlich dauernden Christentums, der Kirche, die der Apostel Petrus, der Fels, nach Christi Gebot errichtet hat (Matth. Kap. 16, Vers 18) – Petrus, dem der Schleswiger Dom geweiht ist, die Bischofskirche einer erst seit kurzem missionierten Landschaft. Die Bedeutung dieses Baues wurde außerdem verbildlicht durch die heute an verschiedenen Stellen des Domes eingefügten granitenen Löwen, die tierische Wesen überwinden, Abbilder des siegenden »Löwen aus Juda« (Offenb. Kap. 5, Vers 5). Seit dem 12. Jahrhundert wurde die Bedeutung eines Kirchenbaues bis in seine Einzelteile erklärt und weit verbreitet durch die Schriften des Honorius Augustodunensis, der bis gegen 1150 – während der Bauzeit des ersten Schleswiger Domes – wahrscheinlich in Augsburg gewirkt hat als einer der bedeutendsten mittelalterlichen Theologen in Darlegung und Begründung der »Symbolik des Kirchengebäudes«, die Joseph Sauer erstmals 1902 in einem mehrfach neu aufgelegten Werk dieses Titels erklärt hat. Die Formenstrenge in den zuverlässig erschlossenen Resten des ersten Schleswiger Dombaues läßt sich auch verstehen als Wirkung und Zeichen der vom burgundischen Kloster Cluny ausgehenden kirchlichen Reformbewegung; sie wurde in mönchischer Strenge während des 12. Jahrhunderts in Deutschland verbreitet, ausgehend vom Wirken Wilhelms, Abt des im Schwarzwald gelegenen Klosters Hirsau († 1091). Diese Vorschriften haben wahrscheinlich auch das Leben und Wirken der Domgeistlichkeit in Schleswig bestimmt, die in Anwesenheit des in der Apsis thronenden Bischofs zu verschiedenen Tages- und Nachtzeiten im rechteckigen Chorraum dem Vollzug der Liturgie dienten. Das nach Westen an den Chor anschließende Langhaus, ein dreischiffiger Basilikalbau, war für die gläubigen Laien, die Gemeinde, bestimmt; dabei galt das südliche Seitenschiff, dem Chor als das rechte Seitenschiff zugeordnet, als Raum für die männlichen Teilnehmer am Gottesdienst, das nördliche, »linke« Seitenschiff war den weiblichen Kirchgängern vorbehalten – eine bis ins 13. Jahrhundert befolgte, auch symbolisch zu verstehende Gottesdienst-Ordnung. Nach dieser bis in die Frühzeit des Christentums zurückreichenden Sitte war das Mittelschiff, als feierlicher Hochraum durch die hochgelegenen Fenster beleuchtet, in der Regel den feierlichen Prozessionen zum Chorraum hin vorbehalten (Abb. 1).

Ob der Bau einer dreischiffigen Pfeilerbasilika im Schleswiger Dom gegen 1150 vollendet war, läßt sich nur vermuten. Ebenso fehlen Urkunden und zeitgenössische Nachrichten über eine bedeutende Erweiterung dieses ersten Schleswiger Dombaues, den Bau des Querhauses, das – anders als Chor und Langhaus des ersten Dombaues – im heute bestehenden Dom noch zum Großteil erhalten ist. Der mächtige, zwischen Chor und Langhaus quergerichtete Bau wurde am Südquerhaus begonnen, das nach Art des Erstbaues bis über die halbe Höhe der Wände in Granit und Tuffstein aufgemauert wurde. Die oberen Wände des Südquerhauses wurden aufgemauert in

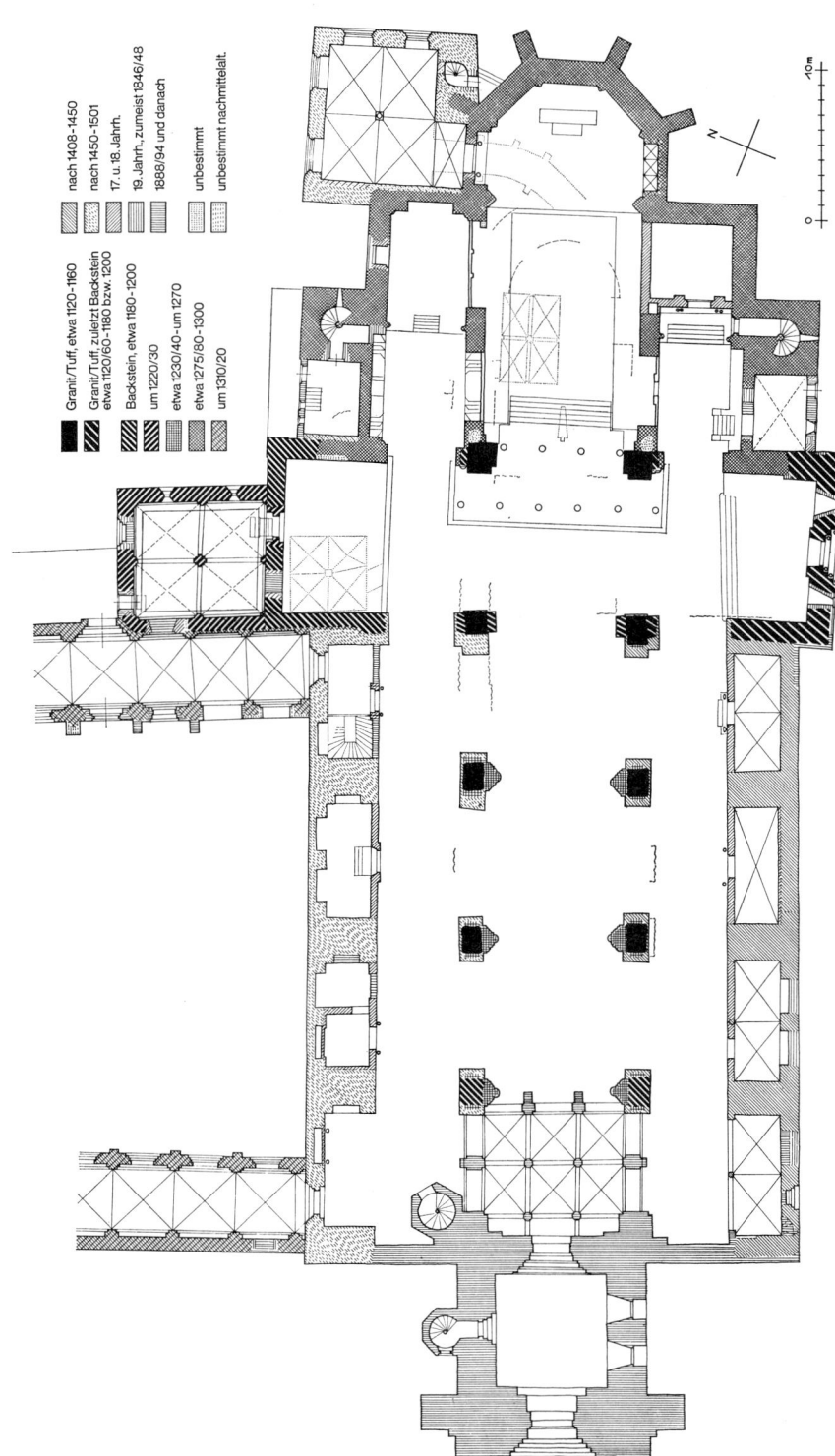

Abb. 1 Grundriß des Domes mit Bauphasen. Nach dem Dominventar D. Ellgers von 1966. Mit freundl. Genehmigung Deutscher Kunstverlag, München.

Backsteinen, dem damals neuartigen Baustoff eines im eigenen Lande hergestellten »Kunststeines«. Backsteine ließ der dänische König Waldemar I. (1157–1182) seit etwa 1160 für den Ausbau des Danewerkes benutzen; die Einführung dieser bedeutenden bautechnischen Neuerung wird sogar ausdrücklich erwähnt auf der Grabtafel des 1182 gestorbenen Königs, die in der dänischen Benediktinerkirche Ringsted auf Seeland bewahrt wird.

Als kreuzförmige Basilika wurde der Ratzeburger Dom schon vor 1173 begonnen, und der ebenfalls von Heinrich dem Löwen wesentlich seit 1173 geförderte Bau des Lübecker Domes wurde ebenso auf kreuzförmigem Grundriß errichtet. Auf dem Grundriß einer kreuzförmigen Basilika wurden schon gegen Ende des 12. Jahrhunderts auch die dänischen Dombauten in Roskilde und Aarhus erbaut. Über den Baubeginn des Querhauses am Schleswiger Dom, über die Gründe für diese eingreifende Veränderung der Bischofskirche, gibt es keine urkundlichen Nachrichten; die genannten Dombauten in Deutschland und Dänemark haben vielleicht die nachträgliche Einfügung des Querhauses in den Schleswiger Dombau angeregt, aber auch an diesen Bauten geht die ursprüngliche Planung und Errichtung eines Querhauses nicht allein auf vorbildliche Dombauten in Mitteleuropa zurück. Die Bauform eines Querhauses, das rechtwinklig die West-Ost-Richtung eines Kirchenbaues unterbricht, bezeichnet eine neue Baugesinnung, sie führte zur Ausbildung einer quadratischen Vierung innerhalb des kreuzförmigen Grundrisses, ihre Maße und ihre Einwölbung führten zur Einführung des »gebundenen Systems« im europäischen Kirchenbau. Das Vierungsquadrat wurde zur bestimmenden Maßeinheit für alle Raumteile des in der Folge zumeist gewölbten Kirchenbaues. Die Bedeutung des Querhauses als selbständigen und bestimmenden Bauteil zwischen Chor und Langhaus hat G. Bandmann in seinem Werk: Mittelalterliche Architektur als Bedeutungsträger (Darmstadt 1951) aus theologisch-symbolischen Vorstellungen der geistlichen Bauherren und der entwerfenden Architekten erklärt, er verweist auf das Querhaus in spätantiken Kaiserbasiliken, weltliche Thronsäle. In der Mitte der Längsseite derartiger Räume befand sich eine halbrunde Nische als Ort des Kaiserthrones, vor dem in langen Reihen stehend die Untertanen dem Herrscher ihre Huldigung darbrachten. Auch aus dieser Tradition dürfte die Bauform des Querhauses, seine Anlage und Bedeutung im frühmittelalterlichen Kirchenbau herzuleiten sein. An der Ostmauer des nördlichen Querhauses im Schleswiger Dom ist noch der Bogenansatz einer Nebenapsis erkennbar, wie sie auch für das südliche Querhaus anzunehmen ist, als Platz für Nebenaltäre. So ist die Ausrichtung des in Nord-Süd-Richtung verlaufenden Querhauses nach Osten, in Richtung auf den ehemals quadratischen Chorraum und die halbrunde Apsis zu erklären als Bereich einer erweiterten Liturgie, ausgeführt von einer vermehrten Zahl der Domgeistlichen, die, geschieden von den Gläubigen, im vorerst noch flach gedeckten Querhaus zu verschiedenen Tages- und Nachtzeiten die Liturgie vollzogen.

Hervorgehoben wird diese Bedeutung des Querhauses für die Domgeistlichkeit des späten 12. Jahrhunderts durch die Anlage des Petersportals an der Südfassade des Querhauses, die dadurch zum Ort des feierlichen Einzuges für den Bischof und die Geistlichen erhoben worden ist, und zugleich den heilsgeschichtlichen Sinn des Dombaues anschaulich macht. Vierfach gerahmt ist dieses Portal durch Halbpfeiler, Säulen und Bögen, errichtet aus Natursteinen verschiedener Herkunft. Sein oberes Halbrund wird von einem teilweise verwitterten Flachrelief eingenommen, in dessen Mittelachse, leicht nach rechts verschoben, der thronende Christus dargestellt ist. Umgeben von den vier Evangelistensymbolen hält er in seiner erhobenen linken Hand ein Schriftband, das eine – rechts im Relief stehende – männliche Gestalt in demütiger Neigung entgegennimmt. Mit seiner Rechten hält der thronende Christus einen großen Schlüssel, den – links im Relief – Petrus als Nachfolger Christi entgegennimmt. Diese bedeutsame Darstellung Petri hat dem Portal und dem Dom seinen Namen gegeben. Das Schriftband bezeichnet die rechte Gestalt als den Apostel Paulus. Außer diesen beiden Erzaposteln ist ganz links im Relief, wie zusätzlich eingeschoben, ein gekrönter Stifter dargestellt, der sich mit dem Modell einer zweitürmigen Kirche zu Christus wendet. Trotz teilweiser Verwitterung sind die Buchstaben der lateinischen Inschrift auf dem von

Christus an Paulus übergebenen Schriftband noch lesbar als Missionsaufforderung an den Apostel Paulus: »Du vertreibe mir den Tyrannen der Welt, und rufe zurück die Verehrenden (Frommen).« So vereint das etwa 1 m hohe Relief gleichermaßen die Bedeutung Christi als den Ursprung des vierfachen Evangeliums und den Weltenherrscher, die von Christus vollzogene Einsetzung Petri als Nachfolger, den Missionsbefehl an Paulus, und schließlich die Frömmigkeit eines fürstlichen Stifters, vielleicht zu benennen als König Waldemar d. Gr. († 1182), der in den 1170er Jahren durch umfangreiche Stiftungen diesen Dombau gefördert hat. Im Bogenfeld des Petersportales ist demnach Ursprung und Geschichte der christlichen Kirche dargestellt, bis in die Gegenwart des 12. Jahrhunderts, in dessen Verlauf dieser Dom als Schleswiger Bischofssitz seine erste, jedoch nicht mehr in Einzelheiten erkennbare Gestalt erhalten hat – aber auch seinen bis heute gültigen Sinn und Auftrag.

Gegen das Jahr 1200 konnte wahrscheinlich der Ausbau des Querhauses abgeschlossen werden, jedoch noch ohne Gewölbe, wie D. Ellger in seiner oben genannten Veröffentlichung schlüssig nachgewiesen hat. Daß im Verlaufe des 12. Jahrhunderts die Domgeistlichkeit an Zahl und Bedeutung erheblich gewonnen hat, läßt sich auch an der Errichtung der Kanoniker-Sakristei am Nordende des Querhauses erkennen. Seit der Wiederherstellung ihrer ursprünglichen Gestalt (1951) als Saalbau auf quadratischem Grundriß, mit vier Gewölben über einem Mittelpfeiler beeindruckt die Kanoniker-Sakristei als selbständiger Bauteil, mit den ältesten erhaltenen Gewölben am Dombau, als Einheit aus Wänden, Pfeiler und Gewölben; sie wurde während der 1220er Jahre errichtet. In diesem selbständig und geschlossen wirkenden Anbau wird das Bestreben des 13. Jahrhunderts spürbar, Bauherr und Baumeister verlangten nach einheitlich-majestätischer Wirkung eines in allen Teilen durch Wandaufbau, Gewölbe und Pfeilerform rhythmisierten Kirchenbaues. Planerische Grundlage eines solchen, in allen Teilen durch Gewölbe und Pfeilerform geordneten Kirchenbaues wurde die Vierung auf quadratischem Grundriß, sie wurde zur Maßeinheit des »Gebundenen Systems« eines einheitlichen Basilikalbaues aus Chor, Querhaus, Vierung, Langhaus und Seitenschiffen – eine Bauform, die als Inbegriff des »romanischen Stiles« noch heute gilt. In der Einheit eines solchen Baukörpers, der Geschlossenheit seines Außenbaues und seiner rhythmisch aufeinander abgestimmten Raumteile aus Wand und Gewölbe, verbunden durch Pfeiler und Rundbögen, wird auch schon das Streben nach umfassend gültiger Systematik der anschaulich-sichtbaren Kirche greifbar, das als »scholastisches Denken« die Theologen erfüllte und in Frankreich schon während des 12. Jahrhunderts zur Planung und Gestaltung der gotischen Kathedralarchitektur geführt hat.

So dürfen wir vermuten, daß bei der Einwölbung des Querhauses und beim darauffolgenden Umbau des Langhauses zur gewölbten Basilika die Bauherren und die Architekten des Schleswiger Domes, von verwandten Vorstellungen angeregt und beeindruckt von den imponierenden Gewölbebauten in Ratzeburg, Segeberg und Lübeck, während der Jahre nach etwa 1240 mit der Einwölbung des Querhauses begannen. Der Anfang wurde wohl in der bedeutungsvollen Vierung gemacht, diesem Gewölbe folgte das Nordquerhaus; beide Räume wurden mit rippenlosen Kuppelgewölben abgeschlossen, zuletzt wurde im Südquerhaus ein Gewölbe eingezogen, nunmehr getragen von vier Rippen, deren Schnittpunkt im Scheitel des Gewölbes durch eine ringförmige Rippe bezeichnet wird. Die Belegung dieser zuletzt im Querhaus errichteten Kuppel mit Rippen nach Art eines gotischen Gewölbes bezeichnet im Schleswiger Dom noch eindeutiger als die voraufgehende Einwölbung von Vierung und Nordquerhaus mit rippenlosen Hängekuppeln eine gewandelte, sozusagen zögernd verwirklichte neue Raumauffassung, den Zusammenschluß des gesamten Querhauses als gewölbten Raum. Betont wurde diese Raumwirkung ursprünglich gewiß durch ornamentale und figürliche Ausmalung der Pfeiler und Gewölbe, deren Reste jedoch in den 1890er Jahren ergänzend restauriert wurden, so daß diese Malereien heute nur bedingt zur Deutung der ursprünglichen Raumauffassung des 13. Jahrhunderts herangezogen werden können.

Diese im Schleswiger Dom erstmalige Verwendung von Rippen im Gewölbe des Südquerhauses, der dadurch erwirkte senkrechte Zusammenschluß eines hohen Raumes, wurde in den Jahren um 1250 gewiß als bedeutsame Neuerung, als Ausdruck einer gewandelten Architekturauffassung verstanden. Deshalb entschloß man sich, anschließend auch das gesamte Mittelschiff des Langhauses einzuwölben. Für diese eingreifende Umwandlung der flachgedeckten Basilika mit ihrer ebenmäßigen Folge gleichartig gebildeter vierkantiger Pfeiler in eine vierjochige Basilika mit gotischen Rippengewölben mußten an jedem zweiten Pfeiler »Vorlagen« angebracht werden, schlanke Stützen, feinteilig gegliedert durch abwechselnden rechtwinkligen und runden Querschnitt, auf denen die jochteilenden und gewölbetragenden Gurtbögen errichtet werden konnten. Auf diesen über die gesamte Höhe der Mittelschiffswand geführten Vorlagen erheben sich die vier von je acht Rippen getragenen steilen Gewölbe, die den Längsraum des Mittelschiffs nicht nur vierfach unterteilen, sondern jedem einzelnen Joch die turmartige Steigkraft eines nahezu selbständigen Raumteiles geben, die in rhythmischer Abfolge bis an den Vierungsbogen reicht und Einblick in das Querhaus gibt. Die sich über Jahre hinziehende Errichtung der Pfeilervorlagen und der nachfolgenden Einwölbung ist ablesbar an den Kapitellen dieser Pfeiler, die gegen Westen die Entwicklung zum hochgotischen Blattkapitell durchlaufen. Das Langhaus, nunmehr mit der Folge seiner vierfachen Wölbung in seinen Pfeilern von Grund auf emporsteigend, muß auf die dort versammelte Gemeinde wahrhaft erhebend gewirkt haben, weil dieses Mittelschiff noch von niedrigeren Seitenschiffen begleitet wurde, ehe auch diese Nebenräume der Seitenschiffe bis gegen 1300 eingewölbt wurden, wie Einzelbeobachtungen andeuten. Genaues läßt sich über Art und Zeitpunkt der Einwölbung der Seitenschiffe nicht feststellen, weil sie in ihrer Raumform während des 15. Jahrhunderts verändert worden sind, wie noch zu besprechen ist. Mit seiner rhythmisierten Wandgliederung und seiner Gewölbefolge hat das Langhaus des Schleswiger Domes im Laufe des späteren 13. Jahrhunderts seinen eigenständigen Raumgehalt gewonnen, den auch der heutige Besucher beim vergleichenden Besuch des Querhauses erfahren wird. Weil im Mittelalter das Langhaus im allgemeinen der Sammlung der Gemeinde vorbehalten war, während die Handlung der heiligen Messe, feierlich entrückt und in lateinischer Sprache, in Querhaus und Chor ablief, dürfen wir im Umbau des ursprünglich flachgedeckten Langhauses zur Gewölbebasilika vielleicht auch eine neue Bewertung des Kirchenvolkes durch die Geistlichkeit erkennen, erklärbar aus der zunehmenden Bedeutung des seßhaften städtischen Bürgertums, das im 13. Jahrhundert durch Handel und Gewerbe ein ausgeprägtes Standesbewußtsein gewonnen hat.

Aus dieser nachträglich-vorsichtigen Deutung der Einwölbung des Langhauses führt die kurze Nachricht in den Rüder Annalen über eine Baukatastrophe am Schleswiger Dom zurück in einen neuen Abschnitt seiner Baugeschichte: Im Jahre 1275 stürzten zwei Türme des Domes ein, heißt es, ohne daß hierfür Gründe oder der Standort dieser Türme angegeben wird. Manches spricht für die Annahme, daß sie im Bereich des alten, im 12. Jahrhundert erbauten Chores lagen, so daß ihr Einsturz auch den alten Chor weitgehend zertrümmert hat. Die Bauformen des heutigen gotischen Domchores und seine Lichtwirkung weisen auf seine Errichtung als vergrößerter Neubau im ausgehenden 13. Jahrhundert, während der Regierungszeit des Bischofs Berthold (1287–1307), denn sein Bildnis, eine Wandmalerei im südlichen Nebenchor, versehen mit seinem Namen, gilt als Erinnerung an seine Verdienste um den Neubau des Chores, denn er ist kniend dargestellt, seine Rechte segnend erhebend. Dieser noch heute bestehende Chor des Schleswiger Domes ist mit drei gleichhohen Schiffen unmittelbar an das ältere Querhaus angefügt worden, die Seitenlänge und die Höhe des Vierungsquadrates bestimmen die räumliche Ausdehnung des Chormittelschiffes; beabsichtigt war gewiß, dem älteren Querhaus, seiner Vierung, den neuen Chor ohne auffallende Trennung, aber als einen Raum eigener Bauweise und Raumwirkung anzufügen, damit das ältere Querhaus und den neuen Chor als Gesamtbereich der vermehrten Domgeistlichkeit bewahrend. Dennoch wollte man im Raum des erweiterten Chores neuartige Vorstellungen verwirklichen, seinem Mittelschiff sind fast gleichhohe Seitenschiffe zugeordnet, im Osten flach geschlossen, während das Chormittelschiff durch das weiter nach Osten geführte, freistehende Chorhaupt als lichter kapellenartiger Raumteil emporsteigt, errichtet auf dem Grundriß der fünf Seiten eines Achtecks. Schlanke, gleichhohe Fenster, den einzelnen Wandabschnitten der Seitenschiffe und in größerer Breite den schmäleren Wänden des achteckigen Chorhauptes eingefügt, vereinten ursprünglich die drei Schiffe des Domchores zu einem allseitig durchlichteten Gesamtraum, dessen Weite seine Raumhöhe übertrifft, aber durch einen unter allen Fenstern umlaufenden schmalen Laufgang zusammengeschlossen wurde, ehe das im Jahr 1512 im Mittelschiff des Chores eingebaute Chorgestühl zwar den höheren Rang des Mittelschiffs betonte, jedoch die Seitenschiffe daneben wie abgetrennte Nebenräume erscheinen läßt, zumal sie in späteren Jahrhunderten abweichende Fußbodenhöhe erhalten haben.

Trotzdem, in den schlanken gotischen Fenstern, den gleichartig gespannten Gewölben des dreischiffigen Chores erfahren wir noch heute die Bedeutung der raumumgreifenden gotischen Bauweise, wie sie auch gewiß von der Domgeistlichkeit des ausgehenden 13. Jahrhunderts bewußt gewählt wurde, im Einklang mit damals neuartigen theologischen Anschauungen. Abt Suger, der Erbauer des ersten folgerichtig und einheitlich im gotischen Stil errichteten Baues, des 1140 geweihten Chores der französischen »Königskirche« St. Denis nördlich von Paris, rühmt diesen ungewöhnlichen Bau wegen seiner »lux continua et mirabilis«, des ungebrochenen und wundersamen Lichtes, das die Gläubigen erleuchten wird. Vielleicht gab es auch im Schleswiger Domchor schon damals farbige Glasfenster mit heilsgeschichtlichen Darstellungen, die den neuen Chorraum als Stätte der Erleuchtung durch den Glauben erleben ließen. Die neuartige Raumwirkung dieses Chorraumes, gestaltet als lichterfüllte Halle, haben Bauherren und Baumeister wahrscheinlich an den seit den 1260er Jahren errichteten Hallenchören der Marienkirche und des Domes in Lübeck erfahren; im 14. Jahrhundert wurden diese beiden Chorbauten nochmals verändert. Die Nachricht, daß Herzog Waldemar IV., 1312 verstorben, im Domchor zu Schleswig begraben wurde, bezeichnet gewiß die Vollendung dieses Baues, – und den Beginn eines neuen mittelalterlichen Baustiles, den wir mit dem viel später geprägten Begriff als »Gotik« bezeichnen, der aber den Zeitgenossen dieses Neubaues nicht bekannt gewesen ist; sie gestalteten und erlebten die neuartige Bauweise als anschaulichen Beginn einer vergeistigten Auffassung von Religion und Theologie, die sich auch an der durch Restaurierung noch erhaltenen Ausmalung des Domchores mit Marienszenen und heilsgeschichtlichen »Typologien« aus dem Alten und Neuen Testament, sämtlich in den 1330er Jahren geschaffen, erkennen läßt: Veranschaulichung der seit dem Anfang der Welt bezeugten Heilsgewißheit der Menschheit. Auch die hier nicht im einzelnen zu besprechenden, fein ausgeführten Bauornamente im Domchor zeigen dieses neue, gleichnishaft vergeistigte Verständnis kirchlicher Bauten in allen ihren Teilen. Aus dieser tief gewandelten geistigen Haltung ist auch die hier nicht zu besprechende Anlage und Ausmalung des Schwahls zu verstehen, seine Bauform als Kreuzgang und seine Ausmalung kennzeichnen diesen etwa gleichzeitig mit dem Domchor errichteten Bau als Meditations- und Pilgerweg zum ewigen Heil.

Ein gewissermaßen persönliches Verstehen eines Kirchenraumes als Stätte der Anbetung hat, ausgehend von der neuen Raumform des Domchores in Schleswig, wahrscheinlich in der Vierung des Domes, zur Aufstellung lebensgroßer und wirklichkeitsnaher holzgeschnitzter Bildwerke an den zum geistlichen Domchor leitenden Vierungspfeilern geführt. Die überlebensgroße Gestalt der Gottesmutter Maria mit dem Jesuskind, und die Heiligen Drei Könige sind heute als flächige und fast bildhafte angeordnete Gruppe unter einem vierteiligen Baldachin im südlichen Nebenchor aufgestellt. Ursprünglich haben diese um 1300 geschaffenen Gestalten wahrscheinlich erhöht und einzeln an den Pfeilern der Vierung gestanden, und damit diesen Teil des älteren Querhauses der eigentlichen Anbetungsstätte des gotischen Chores zugeordnet. Die vier Gestalten dieser Anbetung des neugeborenen Heilands und seiner Mutter Maria folgen als Gruppe und in bildhauerischer Gestaltung den steinernen Skulpturen am Außenbau französischer Kathedralen. Daß diese Großfiguren, bemalt und aus Holz gearbeitet, nicht am Außenbau des Schleswiger Domes angebracht werden konnten, ist nicht nur ein äußerlich bedingter Grund für ihre Aufstellung als Gruppe, aber verteilt an den vier Raumstützen der Vierung, denn vielfach läßt sich an deutschen Bildwerken des 13. Jahrhunderts ablesen, daß ihre Aufstellung im Innern einer Kirche den Sinn und die Wirkung des Kirchenraumes als Andachtsstätte in einer noch heute überraschenden Weise vertieft. Der Besucher des Kirchenraumes erlebte die körperliche, doch erhabene Wirklichkeit der ersten Anbetung des zukünftigen Weltenherrschers – jedoch nicht als gemütvoll dargestellte Erzählung; der Betrachter der Gruppe nimmt teil an vergegenwärtigter Offenbarung. Auch der heutige Besucher des Domes erfährt in der vergleichenden Betrachtung des Reliefs über dem Petersportal und der nun flächig aufgestellten Gestalten der Drei-Königs-Anbetung den Unterschied zwischen der Zeichenhaftigkeit im Flachrelief und den feierlich still in den Raum wirkenden Menschengestalten, er kann buchstäblich im neuen Licht den Weg vom frühen zum hohen Mittelalter begreifen, wie im Bildwerk des 13. Jahrhunderts religiöse Inhalte glaubwürdig vermenschlicht wurden. Daß sich in der wahrscheinlich während des späteren 14. Jahrhunderts erfolgten Einordnung dieser ursprünglichen Freifiguren in einen flachen Schrein auch die damals beginnende Entwicklung und Wandlung der Schnitzkunst zur Schaffung großer Schnitzaltäre anbahnte, kann in unserem Zusammenhang nur beiläufig erwähnt werden.

Seit dem nachmittelalterlichen Bedeutungswandel und der Umgestaltung des Schleswiger Domes vom Bischofssitz zur Herzoglich Gottorfischen Hofkirche wissen wir nicht mehr genau, mit welcher Art von Altären und Andachtsbildern im Laufe des 14. und 15. Jahrhunderts das Innere des Domes ausgestattet war. Mit einiger Deutlichkeit läßt sich erkennen, daß Chor und Langhaus des Domes in ihren unterschiedlichen Raumformen den Abstand zwischen den Domgeistlichen und dem Kirchenvolk, den Laien, betont haben. Gewiß war die spätmittelalterliche Frömmigkeit vielgestaltig nach sozialen Gruppen und in den Formen ihres gottesdienstlichen Handelns, daher regte sich wahrscheinlich auch im Schleswiger Dom bei der Gemeinde das Verlangen nach größerer Ausdehnung ihres Kirchenraumes, des westlich der Vierung gelegenen dreischiffig und basilikal gestalteten Langhauses im Gleichmaß ihrer zunehmenden Zahl und wirtschaftlich-sozialen Bedeutung. Auch dieser tiefgreifende Wandel hat die heutige Gestalt des Schleswiger Domes geschaffen, den Hallenraum des dreischiffigen Langhauses mit seinen flachen Kapellen an den Außenwänden.

In seiner heutigen Raumform wurde – während der letzten ausgedehnten Bautätigkeit des Mittelalters am Schleswiger Dom – das seit dem ausgehenden 13. Jahrhundert überwölbte basilikale Langhaus mit seinen niedrigeren Seitenschiffen zum weiten Hallenraum umgebaut. Nach Abbruch des etwa von 1270 bis nach 1300 errichteten niedrigen, südlichen Seitenschiffes wurde im Jahr 1408 an seiner Stelle ein Neubau begonnen, der an Weite und Höhe dem Mittelschiff nur wenig nachstand. Im Jahre 1450 war dieser erweiterte Bau vollendet, er wurde zum Mittelschiff geöffnet, indem man in die Hochwände des Mittelschiffes die noch heute bestehenden hohen Rundbögen einbrach, in Formen sachlicher Schlichtheit ohne Eigenbedeutung allein der Ausweitung des Raumes dienend. Die südliche Außenwand des neuen Seitenschiffes wird von massigen Strebepfeilern gestützt; im Außenbau der Südseite des Domes treten sie jedoch nicht hervor aus der einheitlich in gelben und grün glasierten Backsteinen aufgemauerten hohen Wand, weil der Raum zwischen ihnen in der Form flacher Seitenkapellen dem Seitenschiff und damit dem Gesamtraum des zur Halle umgestalteten Langhauses zugeordnet ist. Diese südliche Kapellenreihe ist nicht als Reihe flacher Nebenräume zu verstehen, ihre Reihe bildet eine flache, von hohen Fenstern durchlichtete Raumschicht zwischen der Außenwand und dem Innenraum des nur wenig höheren Seitenschiffes, der durch die weiten Öffnungen der schon erwähnten Rundbögen dem ehemals basilikalen Mittelschiff zugeordnet wird. In der Folge, wahrscheinlich seit den 1470er Jahren, wurde auch das nördliche Seitenschiff des Domes durch Umbau in eine nahezu gleichartige Gestalt nach dem Vorbild des südlichen Seitenschiffes gebracht, allerdings in schlichteren Einzelformen.

Durch diese Erweiterung und Erhöhung beider Seitenschiffe und die sie begleitenden flachen Kapellen wurde das Langhaus des Domes zu einer beinahe als fünfschiffig wirkenden Halle umgestaltet, in ihren nur mäßig zum Mittelschiff ansteigenden Gewölbefolgen vermittelt sie auch dem heutigen Besucher bewegendes Raumerlebnis, wenn er in die Höhe blickt, denn aufwendige Kapellen-Einbauten des 17. und 18. Jahrhunderts verstellen die unteren Teile der Raumschicht im Norden wie im Süden und mindern dort die Lichtwirkung in dem zur Halle umgebauten Langhaus des Domes, das dennoch als Ganzes zu begreifen ist, als originales Bauwerk und Zeugnis spätgotischer Baugesinnung im ausgehenden Mittelalter: Im Jahre 1501 waren auch der Umbau des nördlichen Seitenschiffes und seine Verbindung mit den älteren Bauteilen des Schwahls vollendet.

Die Eigenständigkeit des Langhauses beruht in seiner Raumwirkung; sie ist von eigener Art im Vergleich mit den zuvor angesprochenen Vorgängerbauten aus dem 12., 13. und 14. Jahrhundert und noch heute besonders deutlich abgesetzt vom Raum des Querhauses, dem ältesten und nahezu unverändert bewahrten Bauteil des Schleswiger Domes. Die besondere Raumform des zur einheitlich wirkenden Halle umgestalteten Langhauses erklärt sich aus seiner bis heute erlebbaren Bestimmung von altersher, dies ist der Raum der bürgerlich-städtischen Gemeindekirche, als Ganzes und in ihren Einzelformen den Flensburger Bürgerkirchen St. Nikolai und St. Marien recht ähnlich, die als Vorbilder auf die Schleswiger gewirkt haben mögen. Auch in nachmittelalterlicher Zeit, nach der Umwandlung des Domes zur lutherischen Bischofskirche im Jahre 1527, blieb die Teilung des Domes in Gemeindekirche und Chorraum bewahrt, die gegen 1500 noch durch den Einbau des Lettners festgelegt wurde. Deshalb erscheint die Wiederherstellung des nach 1847 abgebrochenen Lettners aus erhaltenen Teilstücken während der Jahre 1939–41 noch heute als gerechtfertigt, wie sich an der kürzlich erfolgten Aufstellung einer spätmittelalterlichen Kreuzigungsgruppe (ehemals im Graukloster aufbewahrt) erweist; auch das zwischen Chor und Langhaus gelegene Querhaus, heute beinahe nur noch als Durchgangsraum zum Chor mit dem Brüggemann-Altar genutzt, hat durch die Neuaufstellung einer mittelalterlichen Kreuzigungsgruppe einiges von seiner ursprünglichen Bedeutung zurückgewonnen.

In der hier nur in verkürzter Überschau gewürdigten heutigen Gestalt seines Äußeren, und eindringlicher noch in seinem vielgestaltigen Innenraum, veranschaulicht der Schleswiger Dom eine kirchen- und baugeschichtliche Entwicklung, die durch Vielfalt ihrer Bedeutung in verschiedenen Raumformen bis heute fortwirkt auf Teilnehmer an den Gottesdiensten – und auf »nur kunstliebende Besucher«. Im heutigen Dombau erleben die Menschen an den zahlreichen nachmittelalterlichen Kunstwerken auch die Bedeutung des Domes als Herzoglich Gottorfische Hof- und Residenzkirche, seit 1658–60 in dieser neuen Bedeutung genutzt.

Diesem vielgestaltig eingreifenden Bedeutungswandel verdankt der Dom sein bedeutendstes Kunstwerk, den 1521 von Hans Brüggemann ursprünglich für die Klosterkirche in Bordesholm geschaffenen Hochaltar, eine Stiftung des Herzogs und späteren Königs Friedrichs I. für die Grabstätte seiner Gemahlin und seiner Vorfahren. In der Gestaltenfülle dieses Altares hat vor kurzem Frau Ingeborg Kähler zwischen christlichen auch schon humanistisch beeinflußte Aussagen erkannt – der Altar, vielfach noch als »Bordesholmer Altar« bezeichnet, wurde vollendet im gleichen Jahr 1521, als Luther vor dem Reichstag zu Worms seine neue Lehre verteidigte. Im Jahre 1666 wurde der Altar als alte herzogliche Stiftung aus der Bordesholmer Kirche des inzwischen dort aufgelösten Augustiner-Ordens, dem einst auch Luther angehört hatte, in den nunmehr als Hofkirche genutzten Schleswiger Dom verbracht. Ähnlich läßt sich der neuzeitliche Bedeutungswandel des Domes auch ablesen am Außenbau der jetzigen herzoglichen Grabkapelle, eingerichtet in den 1660er Jahren in der ursprünglichen Bischofssakristei und Schatzkammer, erbaut zwischen 1460–80 an der Nordseite des gotischen Domchores: Eingangsportal, in der Nähe des Brüggemann-Altares im Domchor errichtet, fürstliche Sarkophage und Bildnisbüsten haben die ursprüngliche Bedeutung dieses spätgotischen Anbaues fast vollkommen umgewandelt. Dennoch, über den seit Jahrhunderten wirkenden Bedeutungswandel einzelner Bauteile hinaus, verehren wir den Schleswiger Dom als Stätte christlichen Gottesdienstes, erstmalig an dieser Stelle bezeugt zum Jahre 1134.

(Diese Ausführungen bilden die Grundlage eines Vortrages zum Domjubiläum am 4. 6. 1984, der mit zahlreichen Lichtbildern zu wiederholtem Besuch des Schleswiger Domes anregen, ihn aber nicht ersetzen will.)

Turmbau und Erneuerung des St. Petridomes in Schleswig 1888–1894

Von Claus Rauterberg

Planung und Bau des Westturms

Der Schleswiger Dom ist durch das 1966 erschienene Inventarwerk von Dietrich Ellger wie kaum eine andere deutsche Kathedrale in allen Einzelheiten erforscht und beschrieben. Von seiner Natur her ist allerdings ein wissenschaftliches, amtliches Kunstdenkmälerinventar ein dem Laien schwer zugängliches und in seiner Informationsfülle verwirrendes Werk, das sich, wie Landeskonservator Dr. Beseler in seiner Einführung sagt, dem eiligen Leser verschließt. Es ist daher nicht ohne Reiz, Einzelbeiträge wie die Aufsätze dieser Festschrift zu nutzen, um in geschlossener, erzählender Weise bestimmte Aspekte der Bau- und Kunstgeschichte des Domes unter Verwendung des reichen, von Ellger gesammelten Materials näher zu betrachten.

Bis in die Nachkriegszeit hatten die Baugeschichte und die denkmalpflegerische Inventarisation ihren Schwerpunkt in der Erforschung der abgeschlossenen historischen Epochen und Stile bis zum Barock und Klassizismus. Erst im Laufe der 60er und 70er Jahre rückte die bis dahin als Stilnachahmung abqualifizierte Baukunst des Historismus der zweiten Hälfte des 19. Jahrhunderts stärker in das öffentliche Bewußtsein. Sie wurde in ihrem eigenständigen Wert erkannt und Ziel denkmalpflegerischer Tätigkeit. Ellger, der von seinem damaligen Auftrag her das Schwergewicht auf die älteren Epochen legte, hat dieser Tatsache immerhin so weit Rechnung getragen, daß er alle wesentlichen Informationen über die Arbeiten des 19. und 20. Jahrhunderts am Dom stichwortartig gibt und sich auch kurz mit der neugotischen Umgestaltung auseinandersetzt (Dominventar, S. 63). Eine erste Betrachtung des Schleswiger Domturmes mit Einzelheiten des Planungsablaufes brachte bereits Horst Appuhn (1960). Sinn meiner Untersuchung ist, nach Einsicht in die durchweg von Appuhn und Ellger genannten und benutzten Quellen[1] eine kurze Übersicht über die Planungen und Baumaßnahmen zu geben, die in der Zeit des wilhelminischen Kaiserreiches dem Dom eine Gestalt gaben, die ihn ungeachtet der bautechnisch notwendigen, gestalterisch umstrittenen Vereinfachungen der 30er und 50er Jahre unseres Jahrhunderts im wesentlichen noch prägt.

Als König Wilhelm von Preußen nach der Besetzung des Herzogtums Schleswig 1864 und der Einsetzung der preußischen Provinzregierung den Dom besuchte, wurde ihm das Bauwerk als unvollendeter und dazu noch schadhafter Torso vorgestellt (Abb. 1). Ein mächtiger, wenig gegliederter und bis auf einen kleinen barocken Dachreiter turmloser Baukörper überragte mit riesigen Dächern die niedrige Bebauung der Stadt; Architekturgliederungen waren im Gegensatz zu den Backsteinkirchen der alten preußischen Gebiete kaum vorhanden oder durch rücksichtslose Vereinfachungen, wie Abwalmung der Giebel und Beseitigung der Fenstermaßwerke zur Erleichterung der Bauunterhaltung, entfernt. An der Westseite, wo die gotische Kathedrale den Besuchern mit ragenden Türmen, Portalgruppen und reicher Architekturgliederung zu empfangen pflegt, erhob sich unmittelbar hinter dem Häuschen des Zimmermeisters Hansen eine formlose, von zwei plumpen nachmittelalterlichen Strebepfeilern gestützte Backsteinwand, die vom Wetter und Gewölbeschub so angegriffen war, daß das kleine Portal zum Schutz der Besucher vor herabfallenden Steinen ein Vordach benötigte. Das Geläut hing in einem niedrigen Glockenhaus nordöstlich des Domes und konnte wegen dessen Baufälligkeit kaum noch erklingen. Eine vom dänischen Staat 1846–1848 durchgeführte Domrestaurierung (Ellger 1965) hatte zwar den Innenraum neu geord-

Abb. 1 Südansicht des Domes 1835 von L. Hagn.

net und instand gesetzt, am Außenbau jedoch waren nur Reparaturen und Vereinheitlichungen der Fenster vorgenommen worden. Ein erstes Projekt eines Westturmes, wohl von dem planenden dänischen Architekten Niels Sigfrid Nebelong, scheiterte an den Kosten von 50 000 Reichstalern[2].

Dabei wurden in dieser Zeit an vielen Orten in Preußen und anderen deutschen Ländern mittelalterliche Bauten wieder auf ihren tatsächlichen oder vermeintlichen ursprünglichen Zustand hin rekonstruiert, ergänzt und weiter ausgeschmückt. Erwachendes Geschichtsbewußtsein, Erforschung der Baudenkmäler, dazu romantische und patriotische Begeisterung für das deutsche Mittelalter und auch eine in beiden Konfessionen als Reaktion auf die Aufklärung und den Rationalismus sowohl bei den regierenden Fürsten als auch in der adligen und bürgerlichen Gesellschaft erwachte und durchaus zur Schau getragene Frömmigkeit führten zur Vollendung von Domen und Großkirchen, die seit dem Mittelalter unfertig standen, insbesondere zum Neu- oder Ausbau ihrer Türme. Preußens Könige setzten ab 1848 mit dem Bau der Kölner Domtürme das Beispiel für zahlreiche weitere Turmbauten, wie Ulm, Regensburg, Konstanz, Frankfurt, Bremen und Prag. In diesem Zusammenhang muß der angeblich 1868 gefaßte Entschluß Wilhelms I. gesehen werden, die größte Kirche seiner neuen Provinz durch das Geschenk eines Turmes zu vollenden und ihrer Bedeutung gemäß zu zieren.

Noch bevor der Kaiser 1876 die Schenkung durch Allerhöchsten Erlaß bekräftigte, lagen die ersten Turmprojekte vor. Johannes Otzen[3], damals Baumeister und beurlaubter Baubeamter der Schleswig-Holsteinischen Bauinspektion in Altona, legte im Auftrag der Kgl. Regierung in Schleswig bereits im September 1869 Zeichnungen für eine eintürmige und eine zweitürmige Westfront des Domes vor. Sofort wird das Problem deutlich, die breite spätgotische Halle und ihren mächtigen Dreiecksgiebel mit Turmbauten zu versehen. Am ehesten war das mit einer Doppelturmfront in voller Breite der Kirche möglich (Abb. 2), die Otzen mit quadratischen, von Eckstrebepfeilern gefaßten und in hohen Achteckhelmen über vier Giebeln endenden Türmen und einem Mittelteil mit wimperggekrönter Vorhalle, großer Fensterrose und blendenverziertem Giebeldreieck ausbildete; eine an zahlreichen, doppeltürmigen Backsteinkirchen der Neugotik vorkommende Gestaltung, bei der die relativ schlichten Türme entfernt an St. Marien in Lübeck erinnern. Bei der eintürmigen Lösung (Abb. 3) legte Otzen einen in der Seitenansicht sicherlich höchst problematischen Querriegel vor den Kirchengiebel, der in quadratischen Nebentürmen endet und aus dessen Mitte ein schlanker, zweistufig aufgebauter Hauptturm aufsteigt. Sein verjüngter Oberbau wird ähnlich wie der später ausgeführte Domturm von achteckigen Nebentürmchen begleitet, deren Spitzen den achtseitigen Turmhelm einfassen. Otzen variiert hier den Turmentwurf seiner zu jener Zeit im Bau befindlichen St. Johanniskirche in Altona, seinem ersten großen Werk.

Noch während des Deutsch-Französischen Krieges entstand im Mai 1871 ein zweitürmiger Entwurf (Abb. 4) vom Baumeister F. W. Herrmann, der zu jener Zeit »technischer Hilfsarbeiter« an der Regierung in Schleswig war und von 1875–78 das Amt des Kreisbauinspektors bekleidete. Seine lehrbuchhaften Architekturformen sind wenig backsteingemäß. Charakteristisch sind die achteckigen Oberbauten der Türme, die von hohen Ecktürmen eingefaßt sind. Über neugotischen niedrigen Giebelchen erheben sich Helme in einer dem Schleswiger Klima wenig angemessenen Mauerwerksbauweise, gekrönt von mächtigen Kreuzblumen.

Am 8. März 1874 schloß der Architekt (»Baumeister«) Eberhard Hillebrand[4] in Hannover die Arbeiten an drei Projekten für den Westabschluß des Domes ab und legte sie der königlichen Regierung in Schleswig zur Revision vor. Wie Otzen stammte er aus der Schule des hannoverschen Neugotikers Conrad Wilhelm Hase und beherrschte wie jener das ganze Repertoire der gotischen Bauformen, das er bis zur Überfülle und z. T. in untektonischer Weise anwandte. Seine Zweiturmfront (Projekt A, nur noch im unteren Teil und in den Details erhalten) stellt die Türme vor Seitenschiffe und Kapellen der Kirche. Vor dem Mittelschiff wird als Verbindung zwischen den Türmen eine übergiebelte Vorhalle so niedrig angeordnet, daß der obere Giebelteil der Kirche, mit neuer Blendengliederung versehen, zwischen den Türmen in der rückwärtigen Flucht erscheint. Die Türme steigen mit schlanken quadratischen Schäften in drei hohen Geschossen auf, im 2. Obergeschoß wird das Grundrißquadrat durch Trompen ins Achteck als Basis für spitze Steinhelme überführt.

Hillebrands Projekt B (Abb. 5) ist eintürmig, der Turm bei etwas anderer Geschoßgliederung und Einfügung der Portalzone ähnlich konzipiert wie im Zweiturmentwurf. Dabei wird der ganzen Westwand des Domes eine neue Schale vorgelegt, deren Außenenden durch eigentümlich geformte erkerartige Ecktürmchen betont werden. Da eine endgültige Zusage des Kaisers 1874 noch ausstand, legte Hillebrand als weiteren Vorschlag eine turmlose Fassung des Westgiebels in Wiederholung der Seitenteile und des Portales aus dem Einturmentwurf und mit reicher Blendengliederung des Giebeldreiecks vor.

1875 beschäftigte sich auch die Bauabteilung des preußischen Ministeriums für Handel und öffentliche Arbeiten mit der Turmplanung. Unter Aufsicht des Regierungs- und Baurats Giersberg entwarf der Baumeister Carl Elis im Juni 1875 einen Turm (Abb. 6), der sich im Charakter von den vorhergehenden Projekten wesentlich unterscheidet und Elemente der märkischen und pommerschen Backsteingotik, wie Formsteinfriese, Blendgiebelchen und backsteingerechte Maßwerkformen, bringt. Der schwere Turmschaft steigt quadratisch bis zur Höhe des Langhausdachfirstes auf; hinter einer »Schürze« aus drei Blendgiebelchen erhebt sich darauf ein achteckiger, in acht Giebelchen schließender Oberbau, der einen runden(!), hohen Helm trägt. Die Westwand erhält einen gegliederten Abschluß aus Blendgiebelchen und achteckigen Fialen.

Abb. 2 Doppelturmentwurf von J. Otzen 1869.

Abb. 3 Einturmfassade von J. Otzen 1869.

Abb. 4 Doppelturmentwurf Blatt I von F. W. Herrmann 1871.

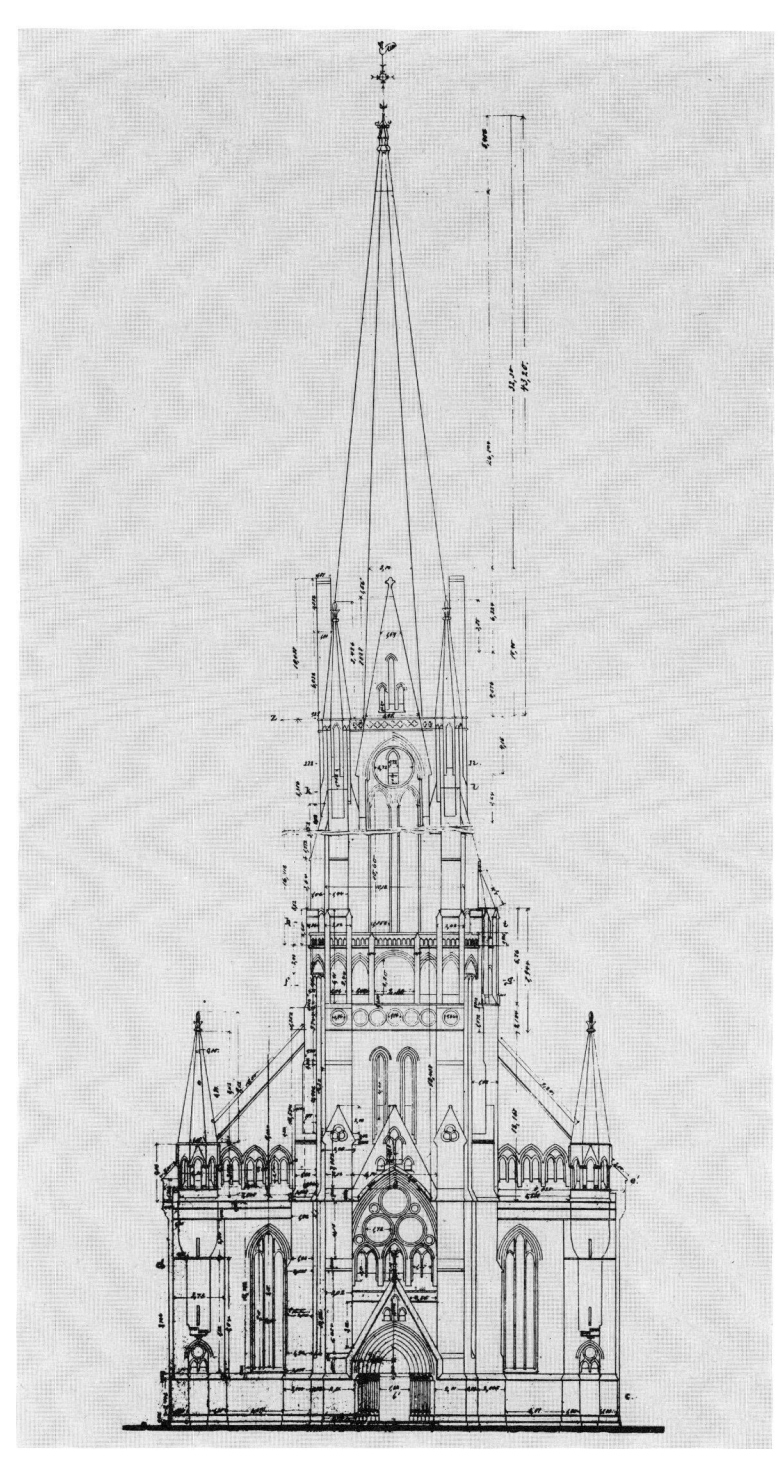

Abb. 5 Turmentwurf von E. Hillebrand 1874.

Abb. 6 Turmentwurf von Giersberg und Elis 1875.

Von ähnlicher Grundhaltung, aber noch sparsamer sind die beiden Elisschen Entwürfe vom 29. 11. 1877 und 14. 12.1877, bei denen recht einfache Unterbauten achteckige Aufsätze und schwere Steinhelme tragen. Besonders der frühere Entwurf mit seinem Zinnenkranz um den Ansatz des Helmes, der in der zweiten Fassung zugunsten von Ecktürmchen am Helmfuß aufgegeben wird, gibt dem Turm einen wehrhaft anmutenden, an die Tortürme ostdeutscher Städte erinnernden Charakter. Diesen Eindruck geben besonders gut zwei zu diesem Entwurf gehörende kleine Aquarelle von Elis (Abb. 7) wieder, die den Turm vor dem im übrigen unveränderten Dom zeigen.

Nachdem 1876 der Kaiser seine Zusage zur Finanzierung des Turmbaues aus seinem Dispositionsfonds bestätigt hatte, wurde auf seinen Befehl der Elissche Entwurf vom Dezember 1877 im Ministerium für öffentliche Arbeiten nach weiteren Angaben Giersbergs und Überprüfung durch den Leiter der Abteilung für Kirchenbau, den Geh. Baurat Prof. Friedrich Adler, zur Ausführungsreife durchgearbeitet und der königlichen Regierung in Schleswig zur Aufstellung der Kostenanschläge für die Nebenarbeiten, die nur vor Ort zu ermitteln waren, übersandt. Dabei nahmen die 1880 hergestellten Entwurfszeichnungen erstmals Rücksicht auf die realen Grundstücksverhältnisse. Ein frei vor das Westjoch des Domes gestellter Turm, wie ihn alle bisherigen Planungen vorsahen, hätte einen Teil des Hansenschen Grundstücks unmittelbar westlich des Domes eingenommen und den Abbruch des Hansenschen Hauses erfordert. Man entschloß sich daher, das Westjoch zur Hälfte abzutragen und den Turm mit seinem Ostteil so in den Rest des Westjochs einzufügen, daß er zur Hälfte frei, zur Hälfte in den Baukörper der Kirche eingebunden gestanden hätte. Der nur in drei Detailblättern erhaltene Entwurf Elis' von 1880 ist eine Weiterentwicklung seines Projektes vom Dezember 1877 mit dem Ziel einer Vereinfachung der Detailformen, die backsteingemäßer gestaltet sind.

Gleichzeitig beschäftigte sich in Schleswig der Architekt und Baubeamte Adalbert Hotzen, ab 1882 Kreisbauinspektor des Baukreises Schleswig, mit der Turmplanung und zeichnete mit Datum vom 14. 12. 1880 das letzte zweitürmige Projekt (Abb. 8). Anlaß war eine Eingabe des Domkirchenvorstands gegen die Cabinettsordre vom 11. 4. 1875, mit der die Planung nur eines Turmes angeordnet wurde. Ohne besonderen Bezug zum vorhandenen Dom bot Hotzen eine hochgotische Musterfassade, wie sie eigentlich nur in Werkstein ausführbar ist, mit strenger Dreiteilung in der kräftig betonten Vertikalen, klassischer Portalgruppe, Mittelrose und hohen, ins Achteck übergeleiteten Türmen. Diese werden von zierlichen Ecktürmchen begleitet, die ähnlich wie an den großen Kathedralen Frankreichs in der Diagonalen auf die Eckstrebepfeiler aufgesetzt sind und deren achteckige Oberbauten in offene Bogenstellungen aufgelöst sind; ein Motiv, das für Schleswig-Holsteins Klima ebenso ungeeignet ist wie die vom Straßburger Münster entlehnten offenen Bogenschleier beiderseits der Fensterrose.

Am 31. 1. 1882 wurden der Einturmentwurf Elis' von 1880 und der Entwurf Hotzens von der Kgl. Akademie für Bauwesen in Berlin gutachterlich beurteilt[5]. Die Zweiturmlösung wurde abgelehnt, da sie bei den gegebenen Grundstücksverhältnissen das ganze Westjoch des Turmes in Anspruch nehmen würde und der Dom dann unproportioniert kurz würde und eine Zweiturmfassade nicht zum Baukörper des Hallenbaues passe. Die (von der Domgemeinde bestrittenen) Mehrkosten seien nicht vertretbar. Das zweitürmige Projekt sei nicht im Charakter eines Ziegelbaues gehalten und passe in Gestaltung und Formenbildung nicht zu dem einfachen gewaltigen Kirchenbau. Aber auch das Einturmprojekt Elis' wurde verworfen, da der halbe Abbruch des Westjoches, die Anordnung des Turmes halb in, halb außerhalb des Kirchenkörpers und die zu komplizierten, zerklüfteten Bauformen bedenklich erschienen. Die Adademie empfahl, einen neuen eintürmigen Entwurf zu fertigen, der das Westjoch des Mittelschiffes voll einnehmen, die Seitenschiffe in voller Länge bestehen lassen und den Turm in einfachen Backsteinformen aus der Dachfläche wie bei alten hanseatischen Kirchen, z. B. St. Petri und St. Jacobi in Lübeck, herausragen lassen sollte.

Abb. 7 Südansicht des Domes mit Turmprojekt November 1877. Aquarell von C. Elis im LBAS.

Die weitere Turmplanung übernahm Elis' Chef, Friedrich Adler, selbst[6]. Adler wurde am 15. 10. 1827 in Berlin geboren, studierte an der dortigen Kunstakademie und an der von Schinkel gegründeten Bauakademie, absolvierte die Laufbahn eines kgl. preußischen Baubeamten und wurde 1863 Professor für Baugeschichte. 1877 stieg er zum Geh. Baurat und Vortragenden Rat im Ministerium für öffentliche Arbeiten auf. Seine Architektur wurzelt nicht in der frühen Neugotik, sondern im spätklassizistischen »Rundbogenstil« der Jahrhundertmitte, wie er von Schinkel begründet und von dessen Schülern August Stüler, Ludwig Persius und Heinrich Strack weiterentwickelt wurde, und der seine Anregungen aus der römischen Antike, der altchristlichen Kunst und der italienischen Romanik und Renaissance erhielt. In dieser Stilhaltung entstand noch Adlers

Abb. 8 Doppelturmentwurf von A. Hotzen 1880 (nur im Foto erhalten).

erster bedeutender Kirchenbau, die Thomaskirche in Berlin-Kreuzberg 1864–1869. Als Mitglied der deutschen archäologischen Institute in Rom und Athen, als Teilnehmer an den Ausgrabungen in Olympia 1874–1881 und Architekt des dortigen Museums war er fest in der Antike eingewurzelt. Seine universale technische, künstlerische und wissenschaftliche Begabung wurden mit der Verleihung der Ehrendoktorwürde der Ingenieurwissenschaften und der Theologie und der Mitgliedschaft in der preußischen Akademie der bildenden Künste anerkannt. Zur Gotik, insbesondere der Backsteingotik der Mark Brandenburg, führte ihn die Erarbeitung und die Herausgabe einer Sammlung mittelalterlicher Backsteinbauwerke in Preußen, deren erster Teil 1862 erschien. Die meisten seiner Kirchenbauten blieben dem Rundbogenstil, den er mehr und mehr zu einer stilgerechten Neuromanik weiterentwickelte, verhaftet. Der Schleswiger Domturm ist wohl Adlers bedeutendste Leistung auf dem Gebiet des neugotischen Backsteinbaues.

Adlers Entwurfsskizze I mit Datum vom 29. 3. 1883 (Abb. 9), nach seinem Erläuterungsbericht (Appuhn 1960, S. 362 f.) im Winter 1882/83 nach einer Studienreise durch die Städte der Ostseeküste erarbeitet, bindet den Turm zur Hälfte in das Westjoch ein, das im Gegensatz zu Elis und im Widerspruch zu den tatsächlichen Grundstücksverhältnissen in den Seitenschiffen voll erhalten bleibt. Der Aufriß entspricht bereits in den wesentlichen Punkten dem ausgeführten Bau: Der quadratische Turmschaft hat im unteren Bereich die gleiche Breite wie das Mittelschiff des Domes. Im Winkel gestellte tiefe Strebepfeiler fassen ihn so ein, daß seine Ecken sichtbar bleiben. Der Raum zwischen den westlichen Strebepfeilern wird von einem Portalvorbau unter einer Schräge eingenommen, der das von einer hohen Wimperge übergiebelte Säulenportal aufnimmt. Die Traufhöhe der Kirche markieren am Turm ein Gitterfries und ein Gesims, auf das vier Blendnischen für große Plastiken aufsetzen. Über dieser Nischenreihe, die den unteren Bereich des Turmes abschließt, werden der Schaft und die Strebepfeiler durch große gemauerte Schrägen kräftig eingezogen. Es folgt das Hauptgeschoß des Turmes mit einer zweischalig ausgebildeten Wand. Seine vordere Ebene bildet eine dünne hochgotische Stabarchitektur, die hohe Öffnungen unter Wimpergen mit Giebelrosen einfaßt, dahinter setzt die eigentliche Turmwand mit kleinen Fenstern neu an. Über den Wimpergen und einem Maßwerkfries wird die Zweischaligkeit durch Anordnung einer Aussichtsgalerie als Bogengang wieder aufgenommen. Damit endet der zweite Abschnitt des Turmaufbaues. Die Strebepfeiler werden zusammengeführt und erhalten Fialtürme als abschließende Bekrönung. Eine weitere große Schräge folgt, der Turmquerschnitt wird nochmals kräftig reduziert. Der obere dritte Abschnitt, das Glockengeschoß, ist von achteckigen Fialtürmen, die hinter den Strebepfeilerabschlüssen auf der Schräge neu ansetzen, eingefaßt. Die Turmflächen erhalten je eine große Schallöffnung mit dreiteiligem Maßwerk. Seitliche Blenden und Rosetten füllen die Restflächen, ein Vierpaßfries nach märkischen Vorbildern zieht sich als abschließender Schmuckreif um den Turm. Über ihm ragen die schlanken Spitzen der Ecktürme und die mit Rosetten verzierten steilen Giebel auf. Der mit gewelltem Kupfer gedeckte Turmhelm ist achtseitig, seine krabbenverzierten Grate sind in der Art von Kirchen der Ostseeküste, z. B. St. Marien in Lübeck, so geführt, daß sie auf den Ecken des Turmschafts und den Spitzen der Giebel enden. In Anpassung an den Formenreichtum des Turmes hat in diesen und den nachfolgenden Plänen der Westgiebel der Kirche einen Abschluß durch Maßwerköffnungen mit kleinen Giebelchen zwischen achteckigen Fialtürmchen erhalten, wozu Giebelausbildungen des 14. und 15. Jahrhunderts in der Mark und im Ostseeraum, z. B. am Rathaus in Grimmen, Vorpommern, das Vorbild boten.

Wesenszüge der Adlerschen Turmidee sind die Schlankheit der Proportionen, die das breitgelagerte Langhaus weit überragende Höhe, das Beibehalten des quadratischen Querschnitts im Gegensatz zu den oft achteckigen Oberbauten neugotischer Türme und vor allem die Aufgliederung in drei große Abschnitte mit kräftiger zweimaliger Verjüngung. Letztere gibt dem Turm die leichte Eleganz, durch die er sich von allen vorhergehenden Projekten unterscheidet. In den Einzelformen ist der erste Entwurf recht aufwendig und noch sehr von Motiven des Werksteinbaues bestimmt. So finden wir die zweischalige Gliederung des Mittelgeschosses mit den Wimpergen

Abb. 9 Turmentwurf I von Fr. Adler 1883.

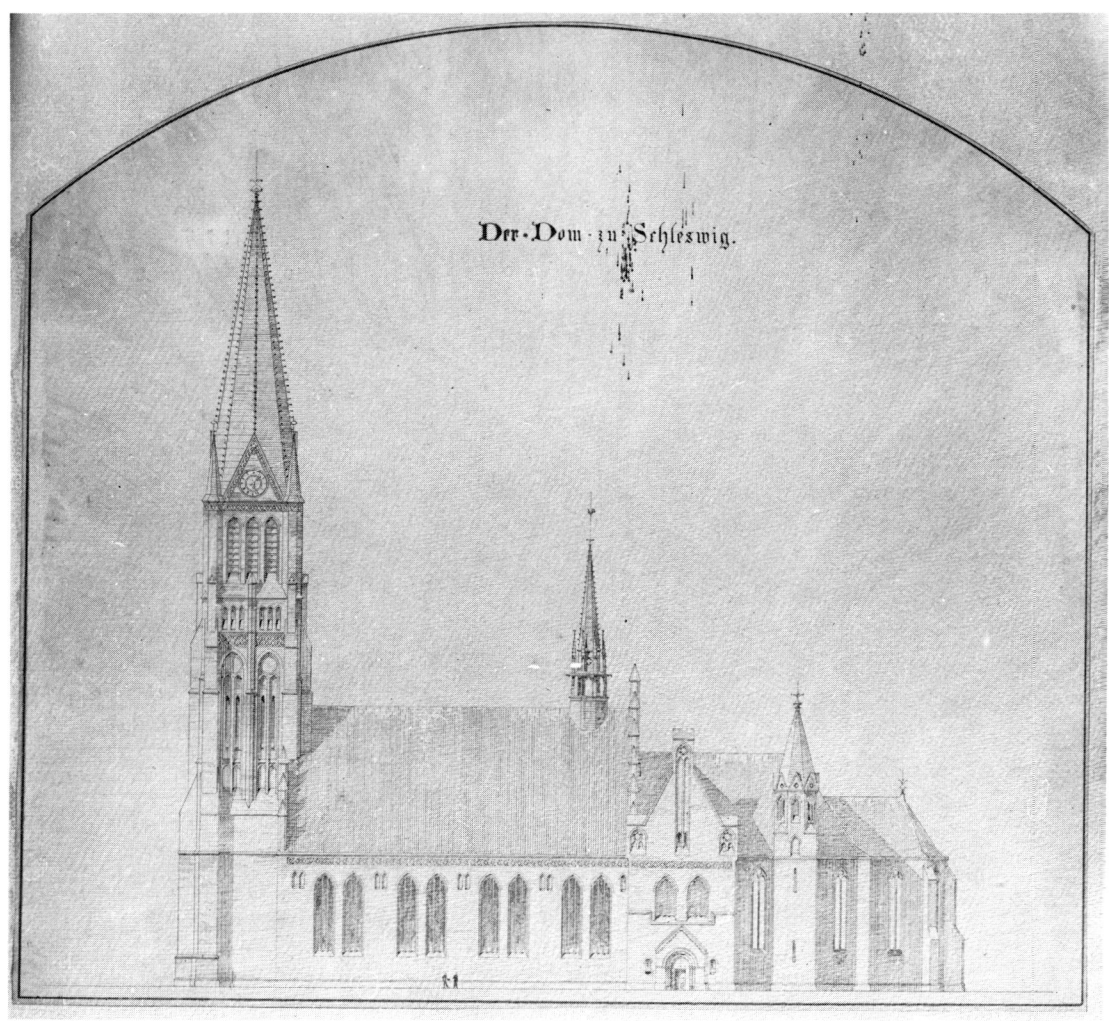

Abb. 10 Turmentwurf II mit Restaurierungsvorschlag für den Dom. Südansicht. Bleistiftskizze von Fr. Adler 1883.

und den zwischen ihnen wegen der Einachsigkeit des folgenden Geschosses ins Leere stoßenden Fialturm an den Kölner Domtürmen wieder.

Obwohl die Akademie für Bauwesen mit gewissem Befremden in einer erneuten Sitzung über das Turmprojekt am 22. 12. 1883[7] feststellen mußte, daß Adler ihre ersten Empfehlungen zum Turmbau völlig außer acht gelassen hatte und eine ganz andere Lösung vorschlug, hielt sie sein Projekt jedoch für so bedeutsam, daß sie ihre Bedenken hinsichtlich der Kosten und der Bauschadensanfälligkeit zurückstellte und die Ausführung grundsätzlich empfahl. Sie machte allerdings zur Bedingung, daß der Turm unter Ankauf des Hansenschen Grundstückes frei vor die Westflucht der Kirche gestellt und in seiner Architektur wegen des Schleswiger Klimas wesentlich vereinfacht würde.

Daraufhin legte Adler am 29. 2. 1884 einen zweiten Entwurf (Abb. 10) vor, der zwar die Grundzüge des ersten Projekts beibehielt, aber die Höhe von 110 m auf rund 100 m, insbesondere durch

Änderung des oberen Glockengeschosses und der Dachneigung des Helms, reduzierte. Die Figurennischen über dem Portalbereich wichen einfachen Blendbögen. Die zweischalige Maßwerkgliederung des Hauptgeschosses wurde einschließlich der Wimpergen aufgegeben und durch hohe, zweiteilige Blenden ersetzt, die Abschlüsse der Strebepfeiler vereinfacht, das große Maßwerkfenster jeder Seite des Glockengeschosses wich einer Dreifenstergruppe. Da die Grundstücksverhandlungen mit Hansen inzwischen Erfolg versprachen, konnte Adler nun den Turm vor den Westabschluß des Domes setzen und das Westjoch voll bestehen lassen.

Abb. 11 Südansicht des Domes 1897 nach Aufmaß Ehrhardts.

In dem letzten, dritten Entwurf Adlers vom 16. 1. 1885, dem die von Bauinspektor Baurat Hotzen und dem Regierungsbaumeister Ehrhardt zum Kostenanschlag vom 25. 11. 1886 ausgearbeiteten 16 Ausführungszeichnungen entsprechen und den Adler nach Vollendung des Domes 1897 in der Zeitschrift für Bauwesen publizierte (Abb. 11), wird der Turmaufriß wieder gestreckt und auf die heutige Höhe von 112 m gebracht. Aus dem ersten Entwurf kehren das Wimpergmotiv des Hauptgeschosses in Form von verputzten Blenden, die feingliederige Aussichtsgalerie und die Fialenendigungen der Strebepfeiler zurück. Das Glockengeschoß wird unter Beibehaltung der Gliederung des Projektes II erhöht. Die Wände des unteren Abschnitts sind durch Wechsel von glasierten und roten Ziegeln, analog der spätgotischen Langhauswände, sowie Zierfriese um die abschließenden Nischen belebt. Damit wurden die harmonische Eleganz und die anspruchsvolle Formensprache des ersten Entwurfes, die in der zweiten Fassung gemindert waren, unter Vermeidung konstruktiv problematischer Punkte und unnötiger Kleinteiligkeit wiederhergestellt und sogar noch verbessert. Im Innern sind die beiden unteren großen Abschnitte in je zwei Geschosse geteilt, wobei die Eingangshalle zur Steigerung der Wirkung des Kirchenschiffes bewußt niedrig gehalten ist. Der obere Abschluß als Glockenstube ist bis zur Helmspitze offen.

Aus den Ausführungszeichnungen, dem Kostenanschlag und den Bauakten ergibt sich die ausgeführte Konstruktion des Turmes: Er steht auf einer 2 m starken Fundamentplatte, deren Sohlentiefe durch die bereits 1877 durchgeführten Bohrproben auf fast 4 m (1 m unter Grundwasserstand) bestimmt wurde und die aus Traßbeton hergestellt wurde. Darauf ist das abgetreppte Fundamentmauerwerk aus Ziegeln in Normalformat (Reichsformat) mit Traßmörtel aufgesetzt. Der Turmsockel ist mit gespaltenen Graniten analog zum mittelalterlichen Bau verblendet. Das aufgehende Mauerwerk beginnt mit einer Stärke von 9 Steinen (= 2,60 m) und ist durchweg aus Ziegeln im Klosterformat 28 × 13,5 × 9,4 cm bzw. 21 × 13,5 × 9,4 cm in Kalkzementmörtel hergestellt. Die Ausführungsansichten sind als Schichtenpläne gezeichnet mit Angabe der Schichtzahl für jedes architektonisch wichtige Bauglied. Bis zum Ansatz der Giebel um den Helm ist der Turm genau 600 Schichten hoch. Die Verblendung sollte im Blockverband aus nicht zu glatten, roten Vollsteinen, so hart gebrannt, daß sie kein Wasser aufnahmen, erfolgen. Lieferant der Verblendsteine, die sich in Wahrheit als recht glatte, auch gelochte Maschinensteine erwiesen, war die Tonwarenfabrik Rasch in Bad Oeynhausen, Westfalen. Die Hintermauersteine lieferten die Ziegeleien Hansen, Schleswig-Friedrichsberg, und Anker in Kappeln, Glasursteine kamen aus Liegnitz in Schlesien, der Traß für Beton und Mörtel mit dem Schiff aus dem Rheinland. Die Maurerarbeiten führten die Unternehmer Jürgensen und Prien, Schleswig, aus, den Bau des imposanten Holzgerüstes, der oberen Zwischendecken aus Kiefernholz und des eichenen Glockenstuhls neben anderen Zimmererarbeiten der Zimmermeister Oldenburg, Schleswig. Der Turmhelm erhielt den heute noch vorhandenen Dachstuhl aus gewalztem und geschmiedetem Profileisen in genieteter Konstruktion und die bewundernswerte, freitragende Eisenwendeltreppe, beide nach Entwurf Hotzens und Ehrhardts in den Eisenwerken in Lauchhammer bei Cottbus hergestellt, in Teilen mit der Bahn nach Schleswig gebracht und von Monteuren des Eisenwerkes aufgestellt[8]. Vorbild für die Stahlkonstruktion war nach Hotzens Aussage der Turm der St. Petrikirche in Hamburg, der 1878 nach Entwürfen von Alexis de Chateauneuf vollendet worden war[9]. Dieser Turm gab auch die Anregung, den Helm mit gewelltem Kupferblech auf Eichenholzpfetten einzudecken, abweichend von der üblichen gefälzten Tafeldeckung. Die Kupferarbeiten einschließlich der Turmbekrönung und der Spitzen der Ecktürme und Giebel sowie der Krabbenverzierungen auf den Graten, die den Kupferhelm gotischen Steinhelmen annähern sollten, führte die Firma Gebr. Söhlmann/Hannover aus.

Zu den veranschlagten Gesamtkosten des Turmes von 469 000,– M, die am 29. 5. 1888 vor Kaiser Friedrich III. bewilligt wurden, gehörten auch Bauleitungskosten in Höhe von 32 640,– M, da die Gehälter der ausschließlich für den Dom tätigen Staatsbediensteten für die Dauer der Bauzeit aus den Baukosten des Domes bestritten wurden und ein Baubüro einzurichten war. Der unter Hotzens Aufsicht mit der unmittelbaren Bauleitung und Bauplanung beauftragte Regierungsbaumeister Ernst Ehrhardt erhielt 300,– M, der ihm beigegebene Bauaufseher Lübke 120,– M, der Bürodiener und Schreiber 75 M monatlich[10].

Ehrhardt, nach Ausweis der Quellen und nach dem Bericht Doris Schnittgers (1894, S. 13) der eigentliche »Dombaumeister« vor Ort, wurde am 6. 9. 1855 in Staßfurt als Beamtensohn geboren. Er studierte 1876–1880 an der Technischen Hochschule Berlin-Charlottenburg und legte nach fünf Jahren staatlicher Bauführertätigkeit, unter anderem am Kaiserpalast in Straßburg, 1885 mit Auszeichnung das Examen als Regierungsbaumeister ab. Vor der Tätigkeit in Schleswig 1888–1895 reiste er durch Italien und Dänemark. Nach Beendigung der Bauarbeiten in Schleswig und einer kurzen Dienstzeit als Landbauinspektor am Ministerium ließ er sich am 1. 4. 1897 beurlauben, um die umfangreiche, von Max Salzmann begonnene Renovierung und Rekonstruktion des Bremer Domes bis 1901 zum Abschluß zu bringen. Nach einer weiteren Berliner Tätigkeit beim Reichsamt des Inneren und Ernennung zum kaiserlichen Regierungs- und Baurat übernahm er 1908 die Leitung der Hochbauverwaltung der Hansestadt Bremen als Baudirektor und begründete neben einer umfangreichen städtischen Bautätigkeit die Denkmalpflege in Bremen, in der er auch nach seiner Pensionierung 1920 bis zu seinem Tode am 6. 8. 1944 tätig war[11].

Abb. 12 Domturm im Bau, wohl im Herbst 1890, von Südwesten.

Da 1886 endgültig der Abbruch der baufälligen Westwand des Domes angeordnet wurde, mußten in die Kostenabrechnung auch die Niederlegung und der Wiederaufbau des Westjoches des Domes einschließlich einer neuen, gewölbten Orgelempore zu Gesamtkosten von 82 200,– M aufgenommen werden, und zwar gesondert, weil diese Kosten im Rahmen der staatlichen Baupflicht aus preußischen Patronatsmitteln zur Erhaltung der Kirche finanziert wurden.

Der Ablauf des Turmbaues wie der anderen Renovierungsarbeiten am Dom läßt sich in allen Einzelheiten aus dem sorgfältig von Ehrhardt geführten Bautagebuch ablesen[12]. Danach begannen die Arbeiten am 2. August 1888 mit dem langsamen Abbruch von Westjoch und Westgiebel. Im Februar 1889 war das Westjoch beseitigt und der Dom durch eine provisorische Scheidemauer gegen Westen abgeschlossen. Mit dem Aushub der Baugrube begann am 21. 3. 1889 der eigentliche Turmbau. Dabei wurden mächtige Fundamente aus Feldstein aufgedeckt und beseitigt, die vermutlich die Grundlage einer mittelalterlichen Zweiturmfassade bilden sollten. Gegen das Grundwasser mußte die rund 4 m tiefe Grube mit hölzernen Spundwänden abgedichtet und ständig

Abb. 13 Westportal 1894.

abgepumpt werden. Am 4. Juni war das Traßbetonfundament fertig, am 8. August wurde in feierlicher Weise auf dem Fundamentmauerwerk der Grundstein gelegt, anschließend der Sockel gemauert und im September das Mauerwerk des Erdgeschosses begonnen. Es blieb am 25. Oktober bei Einbruch des Frostes in halber Höhe zusammen mit den ersten Schichten des neuen Westgiebels liegen. Nach Wiederaufnahme der Arbeiten am 9. April 1890 wuchs der Turm bis zu der erneuten Einstellung der Arbeiten Anfang November bis zur Schicht 346, also um über die Hälfte des Schaftes an (Abb. 12). Für den Materialtransport stand in einer Hütte neben dem Dom eine dampfgetriebene Winde zur Verfügung. 1891 begannen die Arbeiten im April mit der Herstellung

Abb. 14 Schwerin, Dom von Nordwesten.

der großen Wimpergen. Am 15. 6. erreichte man die Aussichtsgalerie, im August wurde das Glockengeschoß angefangen. Am 24. Oktober gingen die Maurerarbeiten mit der Schicht 600 am Ansatz der Giebel zu Ende, während im Eisenwerk Lauchhammer bereits an der Konstruktion des Turmhelms gearbeitet wurde. Den Winter 1891/92 nutzte man zur Wiedereinwölbung des neu aufgemauerten Westjochs. 1892 ruhten die Arbeiten am Turm zunächst, bis am 21. 6. die Monteure aus Lauchhammer mit dem Aufsetzen der Helmkonstruktion begannen. Von Juni bis September entstanden Giebel und Nebentürme, im August war das Westjoch wieder ganz hergestellt, am 20. 8. fand mit dem Aufsetzen der Kugel auf die Turmspitze das Richtfest in preußisch sparsamen Rahmen statt. Am 24. 10. war der Turm eingedeckt.

1893 begann im April der Innenausbau des Turmes mit der Aufstellung des Glockenstuhls, dem Einsetzen der Fenster und der Herstellung der Gewölbe über dem Erdgeschoß und 1. Obergeschoß. Am 2. 10. waren die vier Glocken aufgehängt, am 23. 10. wurde die Turmuhr in Gang gesetzt. Mit der Herstellung des neuen Westportals (Abb. 13) und der Ausschmückung der Felder des inneren und äußeren Portals durch die Mosaiken »Weltgericht« und »Christus der Heiland« von der Fa. Odorico, Frankfurt a. M., nach Entwürfen der Düsseldorfer Historienmaler Moritz Ehrlich und Willi Döring, wurde das Bauwerk im Sommer 1894 vollendet.

Die abgerechneten Baukosten lagen mit 477 090,- M nur um 8 090,- M über dem mit äußerster Sparsamkeit aufgestellten Kostenanschlag, wobei der größte Teil der Kostenüberschreitung (ca. 6 000,- M) auf Mehraufwendungen bei der Bauleitung entfielen.

Die Planung des Domturmes blieb nicht ohne Einfluß auf gleichzeitige und spätere neugotische Backsteintürme. Mit einigen Änderungen und Vereinfachungen entspricht der schlanke Turm der Nazarethkirche in Berlin-Wedding, 1891–1893 vom Baurat Max Spitta errichtet, dem Adlerschen Domturm; auch der Baurat Friedrich Schulze dürfte beim Bau des Heilandskirchturms in Berlin-Moabit 1892–1894 den Schleswiger Plan vor Augen gehabt haben.

Fast zeitgleich zum Schleswiger Turm entstand 1889–1892 der neue Turm des Domes in Schwerin (Abb. 14) nach Entwurf des Geh. Oberbaurats Georg Daniel, mit 117 m noch 5 m höher als der Schleswiger Turm. Beide Domtürme zeigen auffallende Ähnlichkeiten: der quadratische Grundriß auch im Oberbau, die zweiachsige Gliederung des Hauptgeschosses – in Schwerin allerdings ohne Wimpergen – die Galerie, die dreifache Anordnung der Schallöffnungen, die vier Giebel und die Helmausbildung. Entscheidende Unterschiede sind der Verzicht auf die Hochführung der Ecktürmchen bis zum Helmansatz und die wesentlich einfachere Gliederung bei gedrungeneren Proportionen am Schweriner Turm. Vor allem fehlt aber in Schwerin die kräftige zweifache Reduzierung der Turmstärke, die dem Schleswiger Turm seine eigentümliche Eleganz gibt, welche ihn auch nach den rigorosen Vereinfachungen der 50er Jahre unseres Jahrhunderts noch auszeichnet.

Die Renovierung des Domes

In dem Gutachten vom 9. 2. 1882 zum ersten Turmprojekt Adlers knüpfte die Akademie für Bauwesen ihre grundsätzliche Zustimmung zu dem Entwurf auch an die Bedingung, daß der Dom selbst einen Umbau erfahren müsse, da er neben einem so reichen Turm in seiner jetzigen Verfassung nicht bleiben könne. Seine im Nachmittelalter immer mehr vereinfachte Gestalt wurde bereits eingangs geschildert. Der Innenraum wurde geprägt von der gründlichen Restaurierung, die auf Initiative und unter Aufsicht des Oberbaudirektors Christian Friedrich Hansen und nach Plänen Nils Sigfrid Nebelongs durch den Schleswiger Bauinspektor Wilhelm Friedrich Meyer 1846–1848 erfolgte. Ziel dieser Restaurierung war es, den bis dahin malerischen und ungeordneten, dazu stark von den barocken Ausstattungsgegenständen und Denkmälern geprägten Raum in eine einheitlich durchgeformte, symmetrisch eingerichtete, feierliche Halle im Geiste des romantischen Spätklassizismus unter Verwendung gotischer Einzelformen zu verwandeln. So fiel der Lettner dem Wunsch nach einem ungehemmten Durchblick auf den Bordesholmer Altar zum Opfer, dessen Schönheit man gerade wiederentdeckt hatte. In zwei Hälften geteilt, dienten die Reste des Lettners als Unterbauten von gleichartigen Emporen in den Querschiffen, die sich als Seitenemporen über den Gruftkapellen des Langhauses fortsetzten. Eine Neugestaltung der Holzwand vor der Westempore, ein einheitliches neugotisches Gestühl mit breitem Mittelgang, ein durchgehender Asphaltfußboden, hölzerne Rippen am nördlichen Querschiffgewölbe und ein undifferenzierter Anstrich der Gewölbe in bläulicher, der Wände in gelblicher Farbe auf glattem neuen Putz ergänzten das Bild eines von historischen Befunden unabhängigen »gotischen« Idealraumes.

Nur vier Jahrzehnte später sollte der Dom abermals restauriert werden, ebenfalls im wesentlichen neugotisch, aber in einem ganz anderen Geist. An die Stelle des romantischen Klassizisten Hansen mit von griechischer Baukunst geprägten, im Grunde genommen ahistorischen Schönheitsidealen waren der Baugeschichtswissenschaftler Friedrich Adler und seine historisch geschulten Baubeamten getreten, denen kontrollierend und korrigierend der Geh. Rat Persius vom Kultusministerium als Chef der preußischen Denkmalpflege gegenüberstand. Zwar hatten auch jetzt die Architekten das Bild der vieltürmigen gotischen Kathedrale vor Augen, doch sollte es nicht in möglichst großer Unabhängigkeit vom bestehenden Bauwerk, sondern durch sorgsame Erfassung und Erforschung seiner ursprünglichen Gestalt und Weiterentwicklung der von ihm vorgegebenen baulichen Grundlagen und durch selektive Verwendung geeignet erscheinender Motive von anderen bedeutenden Backsteinkirchen gewonnen werden.

Dazu gehörte vor allem die Vollendung des als Torso empfundenen Außenbaues in Ergänzung zum neuen Turm. Giebelabschlüsse für die abgewalmten Querschiffdächer, eine Vollendung der in Höhe der Dachtraufe liegengebliebenen Treppentürme am Chor und eine stilgerechte Umarbeitung des barocken Dachreiters waren die wichtigsten Wünsche. Bereits auf Blatt 2 seines Turmentwurfes vom Mai 1871 (Abb. 15) hatte Bauinspektor Herrmann einen neugotischen Giebel mit Blenden und Eckfialen für das Südquerhaus und zwei weitere, achteckige Geschosse mit Helmpyramiden für die Osttürme sowie die Beseitigung des barocken Dachreiters geplant.

Zur Erfüllung der Bedingung der Bauakademie legte Adler 1883 in seinem Projekt II in einer Südansicht des Domes einen Ausbauvorschlag (vgl. Abb. 10) vor. Der Südquerarm sollte ein eigentümlich steiles Giebeldreieck mit maßwerkgeschmückten Eckabstufungen und einer langen Maßwerkblende in der Giebelmitte erhalten, die in die rechteckige Erhöhung der Spitze geführt wurde und beiderseits große Mauerflächen leer ließ. Für den Ostgiebel des Langhauses war statt der barocken Abwalmung ein Fialengiebel, ähnlich dem neuen Westgiebel geplant. Unter der Dachtraufe des Langhauses zieht sich ein breiter Zierfries märkischer Art aus Formsteinen hin. Die Satteldächer der Osttürme sind durch ein niedriges, quadratisches Obergeschoß ersetzt, auf das sich das hohe, von großen Fenstern durchbrochene Achteckgeschoß aufsetzt, das in acht Giebeln und einer wohl gemauerten Helmpyramide mit Kreuzblume schließt[13]. Ein neuer achteckiger Dachreiter steigt als luftige hochgotische Konstruktion nach dem Vorbild der früheren Dachreiter des Domes und der Marienkirche in Lübeck fast bis zur Höhe des Abschlußgesimses des Westturmes auf.

Am 12. 11. 1889 teilte die Regierung dem Kreisbauinspektor Hotzen mit, daß die Restaurierung des Domes im Anschluß an den Turmbau beschlossen sei. Eine Skizze Adlers sei ihm zugegangen, er solle danach die genaue Planung mit Kostenanschlag ausarbeiten. Bei den zu erneuernden Teilen seien der Stil der gotischen Hallenkirche sowie eine Einfachheit der Gliederungen und Formen zu beachten. Ergänzend wurde Hotzen am 10. 4. 1890 angewiesen, die Wiederherstellung in erster Linie auf die Freilegung der Reste aus der Zeit des Mittelalters und die Ausbesserung zu beschränken. Ergänzungen sollte er nur an den Querschiff- und Langhausgiebeln und den Treppentürmen »mit größter Sparsamkeit und Rücksicht auf den ernsten, einfachen Charakter des Bauwerkes« vornehmen. Die 1846–1848 eingezogenen Emporen über den Langhauskapellen sollten bleiben.

Am 16. Mai 1890 legten Hotzen und Ehrhardt einen nur noch in Teilen erhaltenen Entwurf mit Kostenanschlag und Erläuterungsbericht vor. Im letzteren sind an baulichen Änderungen im Innern der Neubau der Orgelempore im neuen Westjoch und vor allem entgegen dem Regierungsauftrag die Beseitigung der Langhausemporen und der Kapellenwände »aus der Zeit des tiefsten Verfalls der kirchlichen Baukunst im 17. und 18. Jahrhundert« sowie ihr Ersatz durch eiserne Gitter vorgesehen.

Die Baukunst des Barock war in ihrem Eigenwert noch nicht in das Bewußtsein dieser am Mittelalter geschulten Architektur getreten. In liturgischer Hinsicht sollte die Trennung von Chor und Kirche, die 1846–1848 zwar optisch durch Wegnahme des Lettners bereits erfolgt war, aber prak-

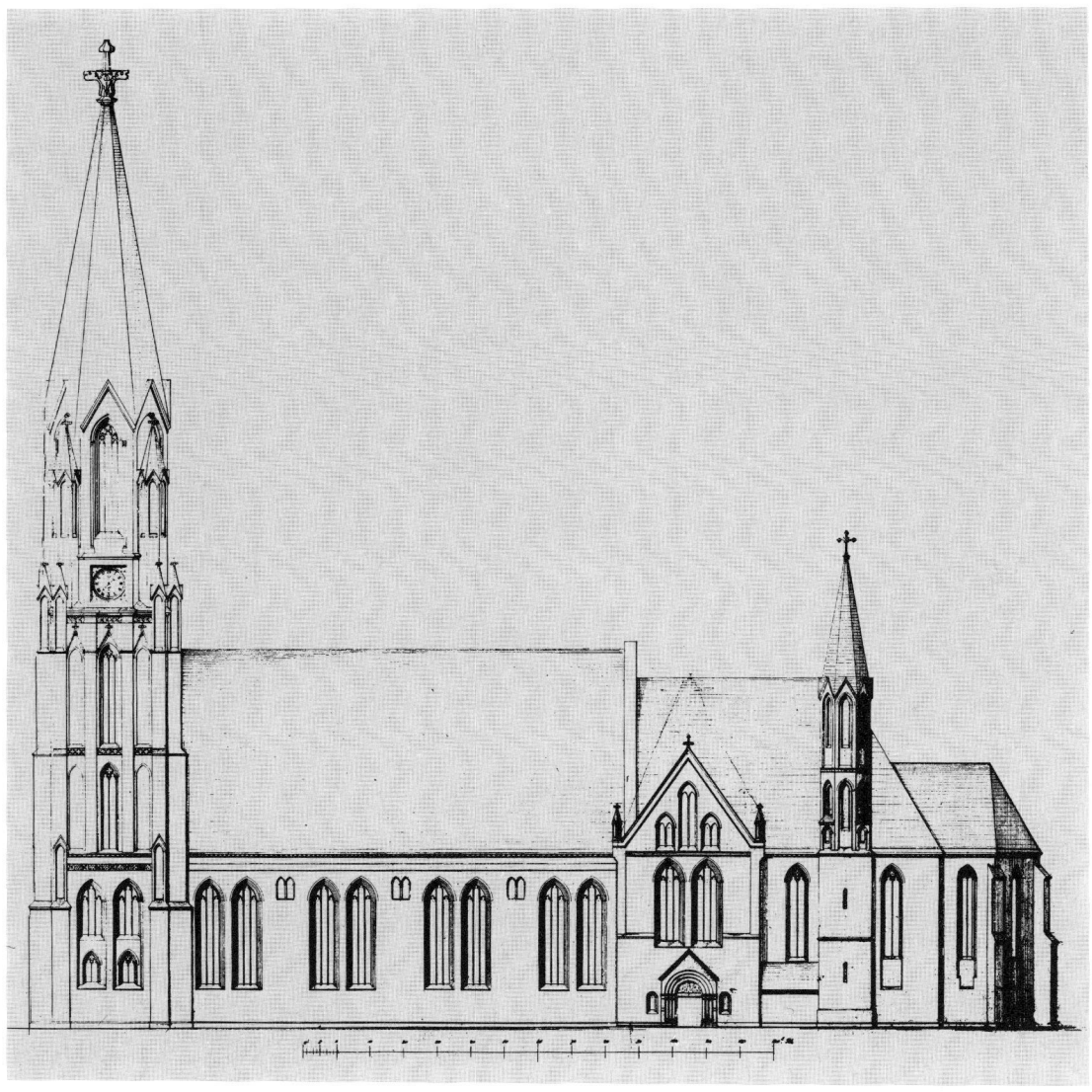

Abb. 15 Doppelturmentwurf (Blatt 2) von F. W. Herrmann 1871. Südansicht mit Restaurierungsvorschlag für den Dom.

tisch durch Abgitterung des hohen Chores und Wiederaufstellung eines Gemeindealtars in der Vierung noch immer bestand, endgültig aufgehoben werden und der Bordesholmer Altar ungeachtet seiner Entfernung vom Langhaus als einziger Altar bestehen bleiben. Die frühgotische Triumphkreuzgruppe der Kirche zu Haddeby wollte man als zusätzlichen Blickpunkt des Raumes übernehmen.

Am Außenbau wurde der Südgiebel über dem Petersportal neuromanisch in Tuffsteinmauerwerk nach dem Vorbild des Ripener Domes vorgeschlagen. Der schon von Adler geplante Ostgiebel des Langhauses sollte eine offene Maßwerkarchitektur mit Wimperggiebeln und achteckigen Fialen in Analogie zu dem bereits in der Ausführung befindlichen Westgiebel erhalten. Die Treppentürme wurden gegenüber der Adlerschen Skizze von 1883 im achteckigen Oberbau erheblich erhöht. Die Dachstühle sollten völlig erneuert werden. Die Fürstengruft war anstelle des bisherigen Schleppdaches mit einem Walmdach zu versehen, damit die vermauerten Fenster an der Nordseite des Chores wieder geöffnet werden konnten.

Das Jahr 1891 verging mit der Erarbeitung genauerer Ausführungszeichnungen, an denen der neu eingestellte Regierungsbauführer Eugen Rohne mitwirkte. Mit wissenschaftlicher Genauigkeit erfaßte Ehrhardt durch streifenweises Putzabschlagen rundum im Dom Bausubstanz und Bauschäden und stellte die Notwendigkeit umfangreicher Reparaturen an den Gewölben und an den gerissenen Vierungspfeilern fest, die im Sommer 1892 durchgeführt wurden.

Am 19. Februar 1892 legten Hotzen und Ehrhardt die ausgearbeiteten Pläne vor (Abb. 16). Ehrhardt hatte festgestellt, daß der Giebel des Südquerarms bis zu 9,20 m Höhe ursprünglich in Tuff gemauert war und zog daraus in seinem Erläuterungsbericht die Konsequenz, daß er, wie bereits

Abb. 16 Südansicht des Domes, wohl zur Ausführungsplanung Hotzens und Ehrhardts 1892.

1890 vorgesehen, aus Tuffsteinen von Ziegelformat mit Werksteingliedern romanisch rekonstruiert werden müsse. Neben dem Dom in Ripen sollten auch rheinische Bauten Vorbild sein. Er habe bereits mit einem Steinmetzbetrieb in Königswinter Kontakt aufgenommen. In dem Entwurf, der in zwei gering voneinander abweichenden Varianten vorliegt[14], war über dem Petersportal, das seinen 1846–1848 geschaffenen Giebel behielt, ein Horizontalgesims vorgesehen, über dem sich zwei große Rundbogenfenster anstelle der vorhandenen gotischen Fenster öffneten und auf dem die Lisenen, die durch Rundbogenfriese verbunden wurden, aufgesetzt waren. Das Giebeldreieck sollte eine fünfachsige Blendengliederung mit Doppelbögen über Halbsäulen erhalten. Diese Gliederung mischte den Aufbau des Ripener Querschiffgiebels mit rheinischen Motiven und wurde für den Nordquerarm bereits in einer Zeichnung von 1890 gezeigt. Nunmehr wurde für den Nordquerarm die tatsächlich ausgeführte Backsteingliederung entwickelt. Die erhaltenen, aber z. T. vermauerten romanischen Fenster wurden nach unten verlängert, ein Rundbogenfries auf den vorgefundenen Lisenen schließt zusammen mit einem doppelten deutschen Band die Fläche unterhalb des Giebeldreiecks. Dieses wird von steigenden Rundbogenfriesen gefaßt und durch fünf zweiteilige Rundbogenblenden mit ornamentaler Ausmauerung gegliedert.

In der Entwurfszeichnung von 1892 ist der Ostgiebel am Langhausende zu einem Stufengiebel vereinfacht. Der Dachreiter sitzt noch auf dem Hauptdach. Bemerkenswert ist der offenbar in Malerei vorgesehene figürliche Schmuck der spätgotischen Blendnischen am Langhaus.

Die endgültige Gestalt (vgl. Abb. 11) erhielt der Außenbau erst aufgrund eines Protokolls einer ausführlichen Beratung zwischen Adler, dem Reg.-Rat Steinhausen vom Kultusminister, Reg.-Rat Sihow und Baurat Beisner von der Provinzialregierung und Ehrhardt, ohne Anwesenheit Hotzens, am 13. Mai 1892 und weiterer Einzelentscheidungen während der Bauzeit. Nachdem das Kultusministerium am 17. 3. 1893 endlich die Außeninstandsetzung genehmigt hatte, wurden die Arbeiten am 13. 4. begonnen. Bereits im August waren der Dachreiter aufgesetzt und die neuen Giebel aufgemauert, am 20. September beide Chortürme fertig, am 24. Mai 1894 galt der Außenbau als »im wesentlichen vollendet«.

Damit hatte sich die Außenerscheinung des Domes, abgesehen vom Westturm, in folgender Weise verändert: Das Mauerwerk war überarbeitet, fast alle Fensterbögen und Fensterleibungen erneuert, in den Langhausfenstern dreiteiliges Maßwerk wohl entsprechend der ursprünglichen Form eingefügt. Dabei wurde der spätgotische Wechsel von glasierten und unglasierten Steinen von den Mauerflächen übernommen. Der von Adler ursprünglich vorgesehene Formsteinfries unter der Dachtraufe wich einem glatten Putzstreifen. Das mächtige Dach und der Dachstuhl waren entgegen früheren Plänen nur repariert, auf einen neuen Ostgiebel wurde aus Gründen der Statik und des Bauunterhalts schließlich verzichtet, der Streifen zwischen Chordach und Langhausdach erhielt eine Schieferverkleidung. Vom barocken Dachreiter wurde das Ständergerüst wieder verwendet, allerdings unter Verlegung über den Mittelpunkt der romanischen Vierung. Auf einer Plattform über der Dachebene erhebt sich die achtseitige offene Spitzbogenlaterne des neugotischen Teiles in schlankerem Querschnitt, die Differenz zur größeren Plattform überbrücken Strebebögen, die gegen dünne Fialen laufen. Hinter acht Giebeln steigt die schlanke kupfergedeckte Spitze mit krabbenverzierten Graten auf. Zu der zarten Dachreiterkonstruktion bilden die Osttürme mit ihrer bis zu den Sandsteinkreuzblumen gemauerten Konstruktion und ihrer sparsamen Gliederung nur durch die kleinen Maßwerkfenster und die Giebel einen reizvollen Kontrast, der 1933/34 durch neue schlanke Spitzen abgeschwächt wurde. Dachreiter, Osttürme und Westturm verliehen dem Schleswiger Dom nun die gebührende Stellung neben den vieltürmigen Kathedralen anderer Bischofsstädte (Abb. 17).

Die Fürstengruft hebt sich durch das neue Walmdach als eigenständiger Baukörper vom Chor ab, dessen Fenster alle wieder geöffnet sind. Beide Querarme erhielten ihre Giebel zurück, der Nordquerarm in der bereits beschriebenen romanischen Backsteinfassung, der Südgiebel schließlich doch in gotischen Backsteinformen unter Beibehaltung der beiden Fenster des 15. Jahrhun-

Abb. 17 Dom von Nordosten. Skizze wahrscheinlich von E. Ehrhardt 1893. (Dachreiter entspricht nicht der Ausführung.)

derts, die unter dem Giebeldreieck von Kreisblenden begleitet werden. Das Giebeldreieck zeigt noch die Aufsätze der früheren Planungen, aber ohne Verzierungen und wird durch fünf zweiteilige Spitzenbogenblenden belebt. Das Petersportal verlor aufgrund einer Bauuntersuchung Ehrhardts das Giebeldreieck, die Portalrahmung ist nun durch ein horizontales profiliertes Gesims abgeschlossen.

Damit hatte der Dom die äußere Erscheinung erhalten, die ihn trotz geringfügiger Änderungen, sieht man vom Westturm einmal ab, noch heute prägt und in der sich Mittelalter und Historismus in glücklicher Weise verbinden.

In der bereits erwähnten großen Baubesprechung am 13. Mai 1892 legten die Teilnehmer die Renovierung des Inneren in acht Punkten fest. Darauf stellte Ehrhardt am 22. Mai 1892 einen Kostenanschlag in Höhe von 33 300 M auf. Nicht enthalten ist darin die für den Raumeindruck des Langhauses wichtige Westempore, die während dieser Zeit im Zuge des Wiederaufbaues des Westjochs errichtet wurde. In das westliche Joch des Mittelschiffes wurde eine dreischiffige, zweijochige Halle in Ziegelrohbau aus roten und glasierten Steinen eingebaut, die sich in drei Spitzbögen zum Mittelschiff öffnet, und mit Kreuzrippengewölben überdeckt ist, die den Orgelboden tragen. Die Emporenbrüstung, inzwischen durch eine moderne Bretterkonstruktion beiderseits des Rückpositivs ersetzt, war durch eine Reihe von Kleeblattbogenblenden gegliedert. Zur Empore führt, vom nördlichen Seitenschiff aus, ein kunstvoll gemauerter sechseckiger Treppenturm mit reicher Blendengliederung.

Am 7. Juni 1892 wurde der Dom für Gottesdienst und Besucher geschlossen, für zwei Jahre und vier Monate mußte die Domgemeinde sich mit der Kapelle des Grauen Klosters begnügen. Der Raum wurde eingerüstet, um nach der bereits erwähnten Sicherung der Vierungspfeiler und Gewölbe durch Vergießen mit Zement mit der Herstellung einer neuen Farbgebung zu beginnen. In den Protokollen vom 13. Mai war eine Tünchung und Färbung von Wänden und Gewölben vorgesehen.

Ehrhardt hatte allerdings schon an verschiedenen Stellen den 1846/47 aufgetragenen glatten Putz entfernt und festgestellt, daß der Dom in seinen romanisch-frühgotischen Abschnitten teilweise steinsichtig gewesen war. Sofort nach Einrüstung des Chores ließen Hotzen und Ehrhardt dort den Putz der Wände abschlagen und die Tünche der Gewölbe abwaschen und deckten dabei umfangreiche figürliche Malereien auf. Der Maler August Olbers aus Hannover, der in den Jahren zuvor die Malereien im Schwahl freigelegt, restauriert und ergänzt hatte (siehe den Beitrag von W. Teuchert in diesem Band, S. 79 ff.), wurde hinzugezogen und fertigte Aquarelle von den aufgedeckten Malereien an[16]. Weitere Reste legten Ehrhardt und Olbers im Querschiff und Langhaus frei. Die Regierung stimmte im Oktober 1892 nach Rücksprache mit den Ministern und dem Generalkonservator Persius einer Erhöhung der Mittel für die Innenrenovierung auf 53 000 M mit Wiederherstellung der Malereien zu. Der Auftrag wurde freihändig an Olbers vergeben, mit dem am 8. 12. 1892 ein Arbeitsvertrag über die Gesamtausmalung des Doms geschlossen wurde. Für den Raumeindruck des Domes wird in diesem Vertragstext (Auszüge im Dominventar S. 214) die Generalforderung erhoben, daß Olbers unter Beachtung der von der Bauverwaltung gegebenen Anweisungen das Innere der Domkirche so ausmalt, daß der ganze Raum nach der Vollendung der Malerei einen harmonischen, das Auge befriedigenden Eindruck macht und nirgends kalte Flächen sich unangenehm bemerkbar machen. In § 4 werden von der Bauverwaltung genaue Anweisungen für die Behandlung der einzelnen Raumteile unter Zugrundelegung des historischen Befundes gegeben. Das Ziel war nicht mehr eine abstrakte Idealkirche, wie 1846–1848, jedoch auch nicht ein museales Herauspräparieren der originalen Reste des Mittelalters im Sinne der modernen Denkmalpflege, sondern ein möglichst originalgetreu mit allen zur Vollständigkeit des Eindrucks notwendigen Ergänzungen auf der Basis der Befunde und des inzwischen erworbenen kunstgeschichtlichen Wissens rekonstruierter Raum.

So wurden die (im Dominventar, S. 210 ff., beschriebenen) figürlichen Malereien der Gewölbe und Bögen in Chor und Querschiff ergänzt, fehlende Szenen nach Angaben Ehrhardts neu gemalt, die spätgotischen Rankenmalereien der Langhausgewölbe nach Spuren erneuert. Die Pfeiler erhielten in der Vierung eine granitfarbene Quaderbemalung, die Wände und Langhauspfeiler blieben backsteinsichtig, wobei ähnlich wie im Mittelalter ein einheitliches Bild durch Lasuren und Nachmalen von Fugen erzielt wurde. Kämpfer und Unterseiten der Bögen in Langhaus und Querschiff prangten in üppigen geometrischen Ornamenten. Ein gemalter Teppich schmückte die unteren Teile der Chorwände, die hellen Wände zwischen den Chorfenstern und an den Langhauskapellen gliederte ein Quaderfugenwerk. Auch wenn bei der Restaurierung von 1933–1940 manches verändert und vereinfacht wurde, ist der sonore harmonische Farbeindruck, mit dem der Raum noch heute auf uns wirkt, das Ergebnis der von Ehrhardt und Olbers geschaffenen Verschmelzung mittelalterlicher und im Geiste des Mittelalters neu gemalter Gewölbemalereien mit den Farbvorstellungen und der ornamentalen Phantasie des ausgehenden 19. Jahrhunderts (Abb. 18).

Zum Ärgernis wurde die Frage der Erhaltung der Grabkapellen. Obwohl die Regierung die Beibehaltung des vorgefundenen Zustands einschließlich der Langhausemporen auf den Kapellen angeordnet hatte, verfolgte der eigenwillige Bauinspektor Hotzen seine Idee, die Kapellenwände zur Verbesserung des Lichteinfalles zu entfernen und höchstens die Barockportale, begleitet von niedrigen Balustraden, stehen zu lassen. Er ließ im Sommer 1892 die Gewölbe der Nordkapellen abtragen, der Abbruch der Mauern begann, und in einer nächtlichen heimlichen Aktion wurden 43 Särge aus den Kapellen zum alten Domfriedhof geschafft und dort beigesetzt[17]. Die Regierung griff in Abstimmung mit dem Minister für öffentliche Arbeiten wegen dieser Unbotmäßigkeit hart durch: Hotzen mußte am 15. September 1892 die Oberleitung der Innenrestaurierung an den Reg.- und Baurat Beisner abgeben und die Mehrkosten für die Wiederherstellung der Mauern (die bereits abgebrochenen Gewölbe und Emporen ließ man fort) aus eigener Tasche bezahlen.

In der Folgezeit wurde die Gloxinsche Gruft zwischen Südquerarm und südlichem Chorturm als Sakristei neugotisch umgestaltet. Den Fußboden des Turmes erneuerte man völlig mit Wesersandsteinplatten im Mittelgang, in der Vierung und im hohen Chor sowie Asphaltboden auf Flachschichtpflaster unter dem Gestühl und in den Seitengängen, ähnlich wie schon 1846–1848. Das neugotische Gestühl von 1847 wurde mit einem schmalen Mittelgang und größerem Freiraum im Vierungsbereich wieder aufgestellt und in Holzimitation gestrichen. Hotzens Vorschlag, es wieder mit den in verschiedenen Museen vorhandenen geschnitzten Wangenköpfen des 16. und 17. Jahrhunderts zu versehen, fand keine Zustimmung. Auf den Widerspruch der Domgemeinde stieß Adlers und Hotzens Planung, daß die Liturgie zukünftig nur noch vorm Bordesholmer Altar gehalten würde. Die Pastoren forderten wegen des zu großen Abstandes von der Gemeinde einen zweiten »liturgischen« Altar im Vierungsbereich. Auf einem neugeschaffenen Podest in der Vierung vor der Abgitterung des Chores ließ Ehrhardt einen neugotischen Altarblock, gemauert aus roten und glasierten Steinen in wechselnden Schichten, herstellen und entwarf ein Altarkreuz für einen in der Kunstkammer aufbewahrten Corpus. Das Kruzifix mußte bereits 1899 einem Neurenaissanceaufsatz weichen. Die Damen der Gemeinde wurden von der Pastorenfrau und Kunstkennerin Doris Schnittger angeregt, die Altardecken zu fertigen und die von Flensburger Diakonissen gearbeiteten Antependien des neuen Altars zu stiften. Von den Ausstattungsstücken des Domes wurden das Kielmannseggsche Epitaph instandgesetzt, die Dreikönigsgruppe von Olbers farbig gefaßt und der Brüggemannsche Christophorus von dem steingrauen Anstrich von 1847 befreit. Schließlich erfüllte die Regierung auch den Wunsch der Domgemeinde nach einer Beheizung des Domes und ließ 1894 eine Heißwasserheizung nach dem Perkinssystem mit Heizrohren unter den Bänken und Heizkörpern unter Gittern in den Gängen von der Firma Zimmerstädt, Elberfeld, einbauen. Dafür mußte unter dem Nordquerarm ein Heizkeller geschaffen und nördlich am Dom ein Kohlenraum angebaut werden.

Abb. 18 Mittelschiff nach Westen. Zustand 1928.

Krönender Abschluß der Domrenovierung sollte schließlich die **farbige Neuverglasung** aller Fenster werden. Der Dom hatte seit der Barockzeit keine bunten Fenster mehr, sondern nur eine farblose Bleiverglasung wohl in der üblichen Rautenform, die inzwischen so schadhaft war, daß sie im Zuge der ohnehin nötigen Wiederherstellung der Fenstergewände und Pfosten ersetzt werden mußte. Staatlicherseits sollte ursprünglich nur eine einfache Verglasung aus weißem oder leicht getöntem Kathedralglas (Gußglas) erfolgen. Jedoch wurde Hotzen schon am 1. September 1889, also vor Beginn der eigentlichen Planung zur Innenrestaurierung, beauftragt, den Kostenanschlag für eine reichere farbige, in den Chorfenstern auch figürliche Verglasung aufzustellen, »da die Bereitwilligkeit besteht, daß aus privaten Mitteln beigesteuert wird«.

Mit der Wiederentdeckung der Gotik zu Beginn des 19. Jahrhunderts war das Licht farbiger Glasfenster, das Barock und Klassizismus aus den Kirchenräumen verbannt hatten, wieder als wesentliches Motiv im mittelalterlichen oder im Stil des Mittelalters gebauten Raum entdeckt worden. Die Technik der Glasmalerei, im 17. und 18. Jahrhundert fast in Vergessenheit geraten, wurde wieder belebt. Es entstanden mit staatlicher Förderung Werkstätten und Institute, wie die 1828 von Ludwig I. gegründete kgl. bayerische Hofkunstanstalt oder das 1843 von Friedrich Wilhelm IV. ins Leben gerufene Kgl. Institut für Glasmalerei, die alte Fenster instandsetzten und für die zahlreichen neuromanischen und neugotischen Kirchenbauten sowie für die vielen Kirchenrestaurierungen ornamentale und figürliche Fensterverglasungen lieferten[18]. In der Absicht, aus dem Kirchenraum und seiner Ausstattung ein einheitliches Gesamtkunstwerk zu machen, ließen die Architekten es sich nicht nehmen, selbst die Entwürfe zu den Fenstern zu zeichnen und die Ornamente zu entwerfen. Die akademisch geschulten Maler, oftmals Mitarbeiter der Glaswerkstätte, waren dabei lediglich zur Herstellung des Kartons für die figürlichen Teile nötig.

In Schleswig forderte die Regierung von den Architekten über den Entwurf hinaus sogar das ikonographische Programm, das anhand »der christlichen Überlieferung« aufzustellen war. Am 16. Dezember 1889 legte Hotzen der Regierung seinen Plan mit Kostenvoranschlag, Grundrißskizze (Abb. 19), Fensteraufmaßen und umfangreichem Erläuterungsbericht vor. Darin schlägt er für die Seitenschiffenster Grisaillemusterung und im Kopf figürliche Darstellung vor, für die rundbogigen Querschiffenster tieffarbige figürliche Medaillons, für die Chorfenster reiche figürliche Darstellung. Die für einen Architekten ungewöhnliche Aufgabe der Auswahl der Bildthemen erfüllt er mit einer erstaunlich tiefen Kenntnis des evangelischen Glaubensgutes. Ein gegen den Uhrzeigersinn sich von der Turmhalle um den Dom herumziehender Bilderzyklus sollte die drei Artikel des christlichen Glaubens anschaulich machen. Der »Liebesrath Gottes des Vaters, die von ihm abgefallene Menschheit zu sich zurückzuführen«, sollte an der Südseite der Kirche durch Szenen aus dem Alten Testament von der Schöpfung bis zur Wegführung des Volkes Israel deutlich gemacht werden. Im Chorbereich war mit Szenen des Neuen Testamentes, gipfelnd in der Verklärung Jesu im Scheitelfenster hinter dem Bordesholmer Altar, die Verbildlichung der »Versöhnung des sündlichen Menschengeschlechts durch den Opfertod und die Auferstehung Gottes des Sohnes« vorgesehen. Besonders schwierig mangels geeigneter Vorbilder war schließlich an der Nordseite die Verdeutlichung des 3. Artikels, »die Einleitung und Erhaltung bei Gott, das ist die Heiligung der versöhnten Menschheit durch Gott den Heiligen Geist«, durch Szenen aus den Legenden und dem Leben der Apostel, der Kirchenväter, des nordischen Missionars Ansgar und für die lutherische Kirche schließlich des Reformators Martin Luther und des großen Liederdichters Paul Gerhardt.

Mangels ausreichender Finanzmittel ließ die Regierung diese ehrgeizige Planung, die nach Hotzens Worten vielleicht Ausgangspunkt bilden könne für einen selbständig sich entwickelnden protestantischen Kirchenschmuck, erst einmal ruhen. Die Angelegenheit kam wieder in Bewegung, nachdem sich 1892 ein »Comitee zur Beschaffung farbiger Fenster für die Domkirche in Schleswig« aus Persönlichkeiten des öffentlichen Lebens und der Kirche bildete, das zu Spenden aufrief. Nachdem im Herbst 1892 noch immer die Genehmigung der Regierung für Hotzens Planung ausstand, andererseits die Verglasung zumindest der Fenster des wiederaufgebauten Westjoches

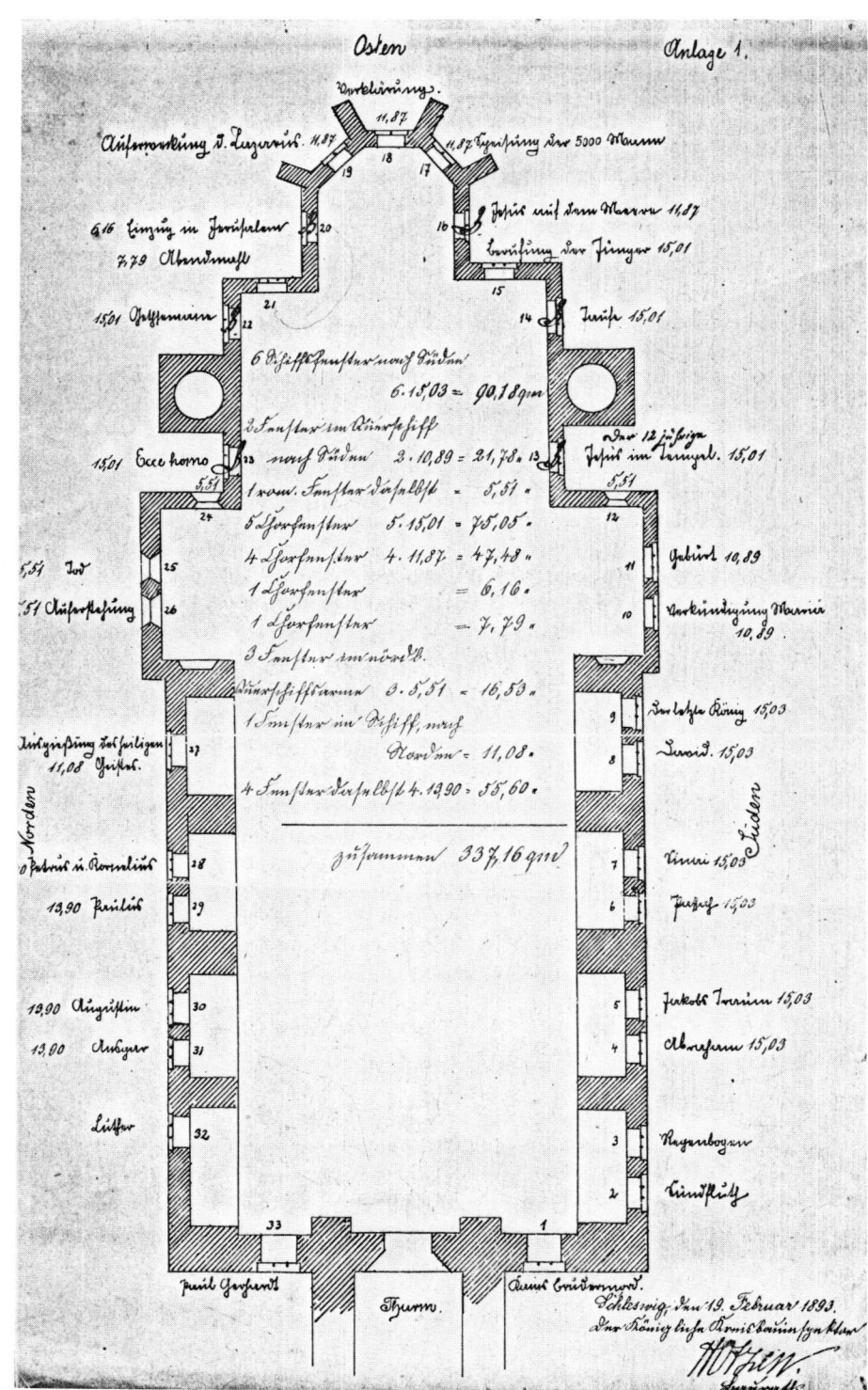

Abb. 19 Verglasungsprogramm A. Hotzens. Grundrißskizze 1893.

Abb. 20 2. Fenster von Westen im südlichen Seitenschiff. »Regenbogen«. Entwurf A. Hotzen, Karton der Bildfelder A. Olbers. Ausführung Henning und Andres. 1893. Oberer Teil.

immer dringender wurde, schloß Hotzen in eigener Verantwortung am 22. 10. 1892 Lieferverträge für die fünf Fenster des Westjochs mit zwei Glaskunstwerkstätten in Hannover. Die Firma Alois Freystadtl sollte die beiden nördlichen Fenster mit den Darstellungen aus dem Leben Luthers und Paul Gerhardts, die Firma Henning und Andres die drei südlichen Verglasungen mit der Kain und Abel-Geschichte, der Sintflut und dem Opfer Noahs liefern. Fensteraufteilung und Ornamente wurden von Hotzen genau angegeben. Für die Kartons der Bildfelder muß die Mitarbeit Olbers angenommen werden, der nachweislich den Karton zum Opfer Noahs selbst malte.

Während die Fenster in den Werkstätten nahezu fertig waren, lehnte der Kultusminister Hotzens nachträglichen Genehmigungsantrag im August 1893 schließlich ab. Das ehrgeizige Projekt, das »eine Quelle der Erbauung und Belehrung für die Gemeinde« werden sollte, wurde von Berlin wohl auf Betreiben Adlers zugunsten einer neuen Konzeption zu Fall gebracht. Zwar baute man Anfang 1894 die ausgeführten fünf Fenster schließlich doch ein; der interessante Plan, im Dom einen protestantischen, wohl durchdachten Bilderzyklus zu schaffen, blieb jedoch Fragment.

Die Hotzenschen Fenster (Abb. 20) zeigen in den drei senkrechten Bahnen wie aus Fliesen zusammengesetzte, von Randstreifen eingefaßte Ornamentbänder in kräftiger Farbigkeit. Über dem obersten Quereisen setzt übergangslos die Füllung der Bogenfelder mit Einzelbildern kleinen Formats ein, die in manchmal etwas naiver Erzählweise in realistischer Darstellung mit viel Schwarzrotschattierungen und kräftigen Konturen hergestellt und von portalartigen, turmgekrön-

Abb. 21 Entwurfsskizze zu den Wappenfenstern im südlichen Seitenschiff.

ten Architekturen überwölbt sind. Im ganzen Dom eingesetzt, hätten die Fenster den Raum in mystisches Dunkel gehüllt, so daß die Ablehnung des Ministers hier und in den zu wenig wirksamen Bildfeldern wohl ihren sachlichen Grund gehabt hat.

Ohne Beteiligung Hotzens stellten Adler und Ehrhardt unter Mitwirkung des Komitees im Laufe des Jahres 1893 ein neues Programm für die weiteren Fenster auf. Bildliche Darstellungen sollten sich auf die drei östlichen Fenster des Chorpolygons, die Abschlußfenster der Seitenchöre und die gotischen Fenster des Südquerarms beschränken. Ein theologischer Zyklus wurde nicht mehr angeboten, die Themen sprach man mit den Stiftern ab. Alle Fenster der Nord- und Südseite sollten außer der in Architekturformen gehaltenen Fassung der Glasflächen dann Schmuck durch Wappen bekommen, wenn dieser von den Stiftern bezahlt wurde. Die adligen Familien des Landes wurden von Ehrhardt angeschrieben, der ihnen die Aufnahme ihrer Familienwappen in die Fenster der Südseite gegen entsprechende Geldbeträge anbot. Indem diese Fenster über den Kapellen mit adligen Gräbern hergestellt wurden, nahm man nun die Tradition des persönlichen Erinnerungsmals in der Domkirche, vorgegeben durch Grabmale, Grüfte und Epitaphien, wieder auf. Für

Abb. 22 Fenster im Südquerschiff. Gekreuzigter Christus. Nach einem früher Dürer zugeschriebenen Bild in der Dresdener Gemäldegalerie. Entwurf Fr. Adler und E. Ehrhardt (?). Bildkarton von Ehrlich und Döring. Ausführung Kgl. Institut für Glasmalerei, Berlin.

die Adler-Ehrhardtschen Fenster wurden die Vorlagen im Ministerium für öffentliche Arbeiten und von Ehrhardt in Schleswig erarbeitet. Ein Blatt mit Skizzen zu den Wappenfenstern des südlichen Seitenschiffs hat sich im Landesbauamt Schleswig erhalten (Abb. 21). Die Glasmalerwerkstatt hatte nach diesen Vorlagen und weiteren Angaben der Architekten die Kartons zu malen, die der Bauleitung der Regierung und dem Komitee vor Umsetzung in die Verglasung vorzulegen waren.

Anfang 1894 wurden die Arbeiten vergeben: Die schon von Hotzen beschäftigte Werkstatt Henning und Andres erhielt die weiteren Langhausfenster, die der Seitenchöre und die Seitenfenster des Chorpolygons übertragen. Für die Fenster des Querschiffs und die figürlich herzustellenden Fenster in Chor und Südquerarm ging der Auftrag an das bereits genannte Kgl. Institut für Glasmalerei in Berlin-Charlottenburg, das auch die von der Kaiserin gestifteten und in keiner Baurechnung erscheinenden figürlichen Verglasungen des Chorschlusses herstellte.

Der große Zeitdruck, unter dem die Fenster bis zum Herbst 1894 fertig werden mußten, mag mit dazu beigetragen haben, daß bei den figürlichen Glasmalereien mit Ausnahme des Mittelfensters im hohen Chor keine Vorlagen zeitgenössischer Künstler verwendet wurden, sondern in freier und virtuoser Umsetzung Werke Albrecht Dürers sowie zwei Plastiken des Sebaldusgrabes von Peter Vischer in Nürnberg übernommen wurden (Abb. 22). Das von der Geistlichkeit des Herzogtums Schleswig gestiftete Kreuzigungsfenster und das vom Provinziallandtag bezahlte Auferstehungsfenster, beide im Südquerarm, sowie die Ostfenster der Seitenchöre sind darüber hinaus unmittelbare Zweitfassungen von Verglasungen in der von Adler 1883–1892 umgestalteten Schloßkirche zu Wittenberg, die vom Kgl. Institut nach Kartons der bereits genannten Maler Ehrlich und Döring hergestellt worden waren.

Mit Ausnahme der mit tieffarbigen Teppichmustern gefüllten romanischen Querhausfenstern und den farbenglühenden Fenstern, die von der Kaiserin für das Chorhaupt gestiftet und ohne jede Mitwirkung Ehrhardts hergestellt waren, zeigen alle 1894 geschaffenen Verglasungen die gleiche architektonische Struktur bei großer Mannigfaltigkeit im Ornament: Helle Glasbahnen mit wenigen farbigen Einsprengseln geben dem Raum ausreichendes Licht und sind von farbigen Randbordüren eingefaßt. Bogenfelder und Zwickel zeigen reiches Rankenwerk und Maßwerk nach spätestgotischen Vorbildern. Farbenprächtige Wappen der Stifterfamilien beleben die Südfenster, die beiden westlichen der Südseite zeigen dazu den Ritter Helmold von Plessen und den Bischof Gottschalk von Ahlefeldt als berühmte Vorfahren der Stifterfamilien.

Diese bis heute nahezu vollständig erhaltene historistische Verglasung, die bei allem Verzicht auf große Malerei zu den besten ornamentalen und handwerklichen Leistungen ihres Fachs und ihrer Zeit gehört, hat dem Dom etwas von der geheimnisvollen Wirkung gotischer Kathedralen mit ursprünglicher Verglasung wiedergegeben. Das durch sie in feiner Abstufung in den Raum einfließende farbige Licht steigert die Wirkung der freigelegten Malerei und des neuen Farbgewandes sowie der reichen Ausstattung des weiten Kirchenraumes[19].

Am 25. Oktober 1894 schloß der preußische Reg.-Baumeister Ernst Ehrhardt sein Bautagebuch mit der Eintragung: »Sämmtliche Arbeiten an der Domkirche waren am 25. Oktober 1894 vollendet... Die Einweihung in Gegenwart Ihrer Majestät der Kaiserin verlief glücklich, ohne störende Zwischenfälle«.

Abkürzungen

LAS Landesarchiv Schleswig
LBAS Landesbauamt Schleswig

Anmerkungen

1. LAS Abt. 309/13552, 13553, 13558–64, 13570, 13585, 13598, 13600 (Regierungsakten). – Abt. 333/420–439, 443, 449 (Akten der Dombauverwaltung und der Kreisbauinspektion). – Bautagebuch des Reg. Baumstrs. Ehrhardt im Landesbauamt Schleswig. – Fotos von Plänen und alten Bauzuständen im Landesamt für Denkmalpflege Kiel. Weitere Quellen und die gesamte bis 1966 erschienene Literatur über den Dom vgl. Dominventar, S. 1 ff.
2. Nach D. Ellger (1965, S. 29) dürfte es sich um die zwei undatierten und unsignierten Turmentwürfe in LAS Abt. 410/B X, II a und b handeln.
3. Johannes Otzen, geb. 1839 in Sieseby an der Schlei, gest. 1911 in Berlin. Architekt und Professor der TH Berlin. Erfolgreichster ev. Kirchenbaumeister am Ausgang des 19. Jh., leitete mit dem »Wiesbadener Programm« die Abkehr des protestantischen Kirchenbaues von der mittelalterlichen Kirchenform ein. Biographie: Bahns, J. 1971: Johannes Otzen, 1839–1911. München.
4. Hillebrand baute u. a. in Hannover die Gartenkirche und die Pauluskirche, beides neugotische Backsteinbauten, und lieferte für die Domschule in Schleswig einen im Landesbauamt erhaltenen Glasfensterentwurf.
5. Zentralblatt der Bauverwaltung 1882, S. 447 (Abschrift: LAS Abt. 309/13585).
6. Über Adler ist z. Z. eine kunsthistorische Dissertation von Peter Lemburg an der FU Berlin in Arbeit. Ich danke Herrn Lemburg für manchen Hinweis.
7. Zentralblatt der Bauverwaltung 1885, S. 425 (Abschrift LAS Abt. 309/13585).
8. Zur Eisenkonstruktion des Turmhelms und für das Turmmauerwerk ist bereits eine einfache, teilweise mit graphischen Methoden arbeitende statische Berechnung Hotzens vom 25. 11. 1886 vorhanden (LAS Abt. 333/421). Wie die späteren Schäden zeigten, wurde der Kräfteverlauf im Mauerwerk nicht richtig erfaßt.
9. Als weiteres Vorbild wird der Eisenturmhelm der Katharinenkirche in Osnabrück genannt. Hotzen wurde eine Dienstreise zur Besichtigung dieses Turmes und des Petriturmes in Hamburg verweigert, da beide Türme in Zeitschriften veröffentlicht seien.
10. Zum Vergleich Schleswiger Handwerkerstundenlöhne aus den Baurechnungen um 1890: Zimmergeselle 0,60 M, Maurergeselle 0,40–0,50 M, Hilfsarbeiter 0,32–0,36 M.
11. Lührs. P. 1969: Bremische Biographie 1912–1962, S. 133 f., Bremen. – Für Hinweise zur Person Ehrhardts danke ich Herrn Landeskonservator Dr. Hoffmann, Bremen.
12. E. Ehrhardt, Dom-Bautagebuch 1888–1894. Manuskript. LBAS. Die Führung von Bautagebüchern gehörte bei großen Bauvorhaben jener Zeit zur Pflicht des bauleitenden Beamten. Ehrhardts Tagebuch ist wegen der vielen Beobachtungen zur Baugeschichte und der zahlreichen Skizzen von besonderem Wert.
13. Anregend für die Ausbildung der Osttürme könnte der von Adler publizierte Turm der gotischen Jakobskapelle in Brandenburg gewesen sein (Adler 1862, Bl. VII).
14. Als weitere Alternative wurde ein gotischer Giebel in Weiterentwicklung des Adlerschen Entwurfes von 1883 gezeichnet.
15. Vgl. die Südansicht von H. N. A. Jensen von 1829/30 (Dominventar, S. 47).
16. Im Landesamt für Denkmalpflege erhalten (vgl. auch Abbildungen im Dominventar, S. 220 ff.).
17. Verzeichnis der Särge im Beerdigungsbuch des Domfriedhofes 1892, Gräber Nr. 3–43.
18. Über das Kgl. Institut für Glasmalerei vgl. Berlin und seine Bauten, hg. vom Architekten- u. Ingenieurverein zu Berlin. Teil I. Berlin 1896, S. 59–595.
19. Weitere Angaben zu den Glasfenstern wird ein in Vorbereitung befindlicher Aufsatz des Verf. in der Zeitschrift »Nordelbingen« enthalten.

Literaturnachweis

Dominventar: Der Dom und der ehemalige Dombezirk. Bearbeitet von D. Ellger. Die Kunstdenkmäler der Stadt Schleswig 2. Die Kunstdenkmäler des Landes Schleswig-Holstein. München 1966. – Dort findet sich alle wesentliche Literatur zum Schleswiger Dom bis 1966.
Adler, F. 1862: Mittelalterliche Backsteinbauwerke des preußischen Staates. Bd. 1. Berlin.
– 1897: Der Dom in Schleswig. Zeitschrift für Bauwesen.
Appuhn, H. 1960: Vor 75 Jahren: Der Entwurf des Domturms in Schleswig. Die Heimat, S. 360–365.
Dehio, G. 1971: Handbuch der Deutschen Kunstdenkmäler. Hamburg, Schleswig-Holstein. Bearbeitet von J. Habich. München.
Ellger, D. 1965: Die große Domrenovierung 1846–1848. Beiträge zur Schleswiger Stadtgeschichte 10, S. 17–30.
Schmitz, H. 1912: Die deutsche kirchliche Glasmalerei der neuesten Zeit. In: Die Kirche IX.10, S. 221–248.
Schnittger, D. 1894: Der Dom zu Schleswig. Geschichte und Beschreibung. Schleswig.

Abbildungsnachweis

Abb. 1, 7–10, 12, 15, 17–18: Landesamt für Denkmalpflege, Kiel.
Abb. 2–6, 16, 21: Nordelbisches Kirchenamt nach Zeichnungen im LBAS.
Abb. 11: Zeitschrift f. Bauwesen 1897 (Foto TU Braunschweig).
Abb. 13: J. G. Koch, 1894 (im Besitz von Herrn Militärdekan i. R. Clasen).
Abb. 14: Bilddruck Magdeburg.
Abb. 19: LAS Abt. 333/443.
Abb. 20, 22: W. Körber, Schleswig.

Aus der jüngeren Baugeschichte des Schleswiger Domes

Von Karlheinz Schlüter

Nach den großen Bauaufgaben am Schleswiger Dom, die im wesentlichen bis zum Ende des 19. Jahrhunderts ihren sichtbaren Abschluß mit der Errichtung des Westturmes fanden, wird es Verpflichtung dieser und kommender Generationen sein, den Fortbestand des Bauwerks zu sichern, es zu erhalten und mit seiner Bausubstanz mit sehr viel Rücksichtnahme und Sorgfalt umzugehen. Das Bauwerk bedarf der ständigen Beobachtung und laufender Unterhaltung. Aus dem Respekt vor dem Überkommenen und dem Zwang zum Notwendigen werden erfahrungsgemäß im Rahmen der denkmalpflegerischen Gegebenheiten und der technischen und finanziellen Möglichkeiten Maßstäbe eingehalten und Grenzen gesetzt werden müssen. Zur Erfüllung dieser Aufgaben sind besonders die für die Erhaltung des Bauwerks Verantwortlichen im gemeinsamen Zusammenwirken gefordert: staatliche Bauverwaltung, Denkmalpflege und Kirche.

Es war von jeher ureigenste Aufgabe der staatlichen Bauverwaltung – welcher Organisationsform und Zugehörigkeit auch immer – die ihr anvertrauten Bauten in Obhut zu nehmen, sie zu bewahren und vor Verfall zu schützen. Diese Verpflichtung gilt in besonderem Maße für den Schleswiger Dom, eines der bedeutendsten Baudenkmäler im norddeutschen Raum.

Nach der Reformation wurde das Verhältnis zwischen Kirche und Staat hinsichtlich der Eigentumsverhältnisse enger. Hieraus ergibt sich die fachliche Zuständigkeit der staatlichen Bauverwaltung für den Dom. Sie ist bis in die Dänische Zeit der Herzogtümer Schleswig und Holstein zurückzuverfolgen. Nachdem diese beiden Herzogtümer im Jahre 1867 preußische Provinz geworden waren, ging auch der Schleswiger Dom in das Eigentum des preußischen Staates über. Demgemäß fielen nun der preußischen Bauverwaltung die Bauaufgaben für den Schleswiger Dom zu.

Diese Bauverwaltung war in insgesamt zehn »königliche Bauinspectionen« aufgeteilt, darunter die Bauinspection Schleswig. Diese Baudienststellen wurden später mehrfach umbenannt, so 1911 in »Königliches Hochbauamt« und nach 1918 in »Preußisches Hochbauamt«. Von 1931 bis zur Auflösung Preußens im Jahre 1945 hießen diese Bauämter »Preußisches Staatshochbauamt«. Nach dem zweiten Weltkrieg schließlich wurde aus dem Preußischen Staatshochbauamt das heutige Landesbauamt Schleswig. Das Landesbauamt blieb weiterhin für die bauliche Betreuung des Schleswiger Domes zuständig, auch, nachdem der Dom am 4. Dezember 1957 in Vollzug des Staatskirchenvertrages und seiner Zusatzvereinbarung vom 23. April 1957 an die Evangelisch-Lutherische Landeskirche Schleswig-Holstein übergeben wurde.

Im folgenden Beitrag soll über die neuere Baugeschichte, über Aufgaben und Sorgen um die Erhaltung des Domes berichtet werden, beginnend nach der letzten großen Bauphase zum Ausgang des 19. Jahrhunderts. Dabei können längst nicht alle Maßnahmen erfaßt werden, es werden, ohne Anspruch auf Wertigkeit und schon gar nicht auf Vollständigkeit zu erheben, nur einige Beispiele aufgenommen werden können, die nach Meinung des Verfassers den am Baugeschehen des Domes Interessierten von Bedeutung sein könnten.

Zu Beginn des 20. Jahrhunderts machten die Arbeiten zur Erhaltung des Baudenkmals besonders im Innern zunächst gute Fortschritte. Diese Bemühungen wurden jedoch mit Kriegsbeginn 1914 unterbrochen. Nach kurzem Aufleben substanzerhaltender Bautätigkeiten in den dreißiger Jahren trat wiederum durch den zweiten Weltkrieg und die Nachkriegszeit eine Stagnation ein, so daß bauliche Instandsetzungen an dem Bauwerk längst überfällig waren. So ist es gekommen, daß ein großer Nachholbedarf anstand und Maßnahmen, die in der ersten Hälfte des 20. Jahrhunderts infolge der beiden Kriege unterblieben waren, in verstärktem Umfang erst in der zweiten Hälfte des 20. Jahrhunderts zum Zuge kommen konnten. Daher mußte das Landesbauamt Schleswig schon bald nach dem zweiten Weltkrieg große Aufgaben in Angriff nehmen.

Der Domturm

Die größte Sorge bereitete allen Verantwortlichen der Zustand des Turmes. Dem Schleswiger Dom war in der Bauphase 1888 bis 1894 ein bis dahin nicht vorhandener Westturm angefügt worden. Neben vielen anderen Beweggründen waren es nicht zuletzt statische Erfordernisse gewesen, die zu einer konstruktiven Lösung der in Mitleidenschaft gezogenen westlichen Giebelwand des Kirchenschiffes zwangen: Der Gewölbeschub der westlichen Joche hatte die westliche Giebelwand trotz vorgemauerter mächtiger Strebepfeiler stark herausgedrückt. Viele Bemühungen zur Sanierung und Erhaltung der Westwand blieben ohne Erfolg, sie drohte einzustürzen. Mit der Erneuerung der Westjoche und dem Abbruch der Westwand ging der Bau des Domturmes einher. Nach seiner Fertigstellung im Jahre 1894 wurde das Bauwerk als »ein Denkmal kaiserlicher Frömmigkeit, Huld und Gnade, ein Ehrenmal deutscher Baukunst, auf das alle stolz sein können, die als Leiter, Meister und Gesellen daran arbeiteten«, gepriesen. Das Stilgefühl jener Epoche, die sich selbst über das baukünstlerische Ergebnis außerordentlich befriedigt zeigte, mag auch die Tafel mit der kurzgefaßten Entstehungsgeschichte veranschaulichen, die im unteren Turmgeschoß angebracht wurde: »Auf Befehl Seiner Majestät des in Gott ruhenden Kaisers Wilhelm I. vorbereitet, durch die Gnade des hochseligen Kaisers Friedrich III. Majestät gesichert, ist der Bau dieses Thurmes unter der Regierung Seiner Majestät des Kaisers und Königs Wilhelm II. nach dem Entwurf Friedrich Adlers in den Jahren 1888 bis 1894 ausgeführt worden«. Die vielen Lobpreisungen über diese Ruhmestat schienen kein Ende nehmen zu wollen (Abb. 1.1).

Doch die allgemeine Begeisterung über das Bauwerk währte nicht sehr lange. Es zeigten sich nämlich Risse in der Verblendung. Bereits 1909 – 15 Jahre nach der Fertigstellung – wurden Schäden am Turm aktenkundig gemacht. Der Minister für öffentliche Arbeiten stellte in seinem Erlaß vom 12. November 1909 fest, daß der Domturm die aufgetretenen Schäden nicht aufweisen würde, wenn er mehr nach den Erfordernissen der Ziegelbautechnik, das heißt ohne so starke Auflösung seiner Massen und ohne die vielen Abschrägungen entworfen worden wäre. Nachdem er aber einmal in dieser Weise zur Ausführung gebracht worden sei, erscheine es nicht ratsam, an seiner an und für sich schönen Erscheinung Veränderungen vorzunehmen, durch welche diese beeinträchtigt wird.

Diese von höchster Stelle geäußerten Gedanken sollten sich fortan wie ein roter Faden durch alle Planungsüberlegungen ziehen.

Nachdem eine allgemeine Ernüchterung über den Turmbau Platz gegriffen hatte, wurden schon frühzeitig manche Vorschläge gemacht, den Turm zu sanieren. Doch die Vorstellungen blieben verschwommen, tiefgreifende Untersuchungen wurden nicht gemacht, die Schäden waren noch zu neu, zu überraschend und zu enttäuschend. Die Planungen wurden dann schließlich nicht weiter verfolgt, weil der erste Weltkrieg ausbrach. Auch in den Nöten der Nachkriegszeit war an die Möglichkeit einer Sanierung gar nicht zu denken. Erst in den dreißiger Jahren wurden Planungen und Untersuchungen wieder aufgenommen, nun unter Zeitdruck, weil sich der Zustand des Turmes zusehends verschlechterte.

Im Jahre 1938 waren sich die Beteiligten zunächst darin einig, daß eine durchgreifende Auswechslung der Verblendung unvermeidlich sei und außerdem an gewissen Einzelheiten der Gliederung Vereinfachungen vorgenommen werden müßten. Nach Auffassung des damaligen Konservators der Kunstdenkmäler im Reichs- und preußischen Ministerium für Wissenschaft, Erziehung und Volksbildung in Berlin – Ministerialrat Hiecke – würden aber diese Vereinfachungen eine so fühlbare Veränderung der – wenn auch landfremden und dem Klima nicht entsprechenden, doch in allen Einzelheiten wohldurchdachten – Gliederung des Bauwerkes bedeuten, daß ein vollbefriedigender Eindruck nicht entstünde. Es sei daher angesichts der hohen Kosten für die Sanierung bei durchgreifender Vereinfachung der Gestaltung eine Lösung zu suchen, die dem Charakter der Landschaft entspricht und möglichst große Gewähr hinsichtlich der künftigen Unterhaltungskosten

 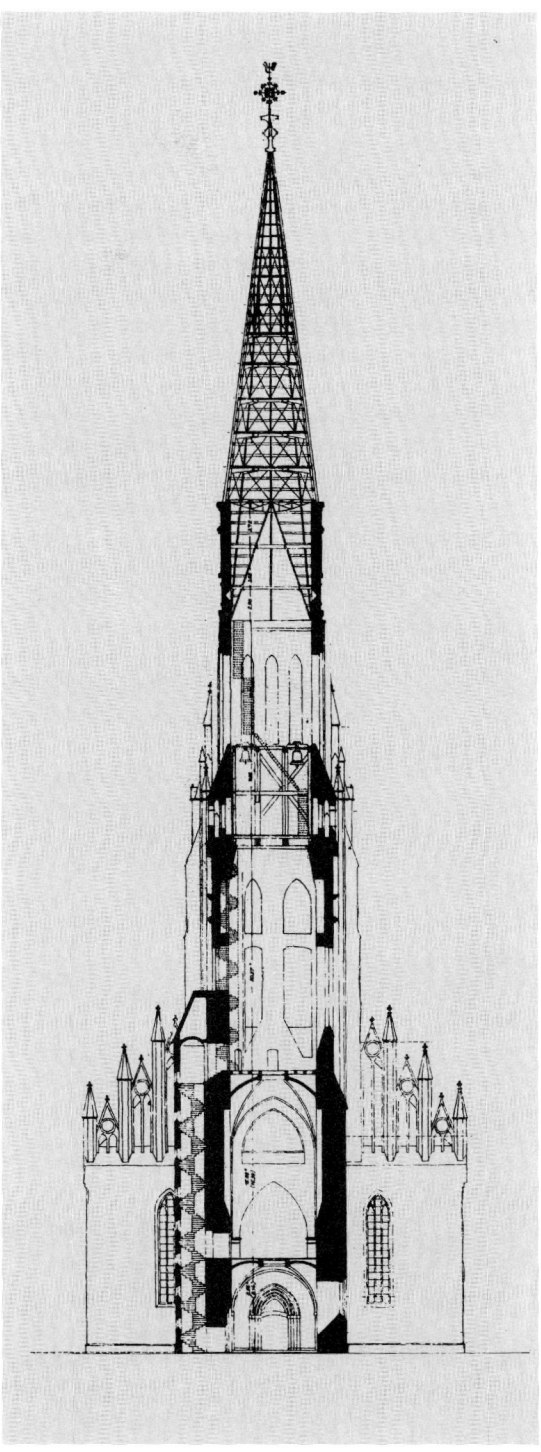

Abb. 1 Der Domturm in der Fassung 1894. Aufriß (1) und Querschnitt im Zustand 1950 (2).

bietet. Eine derart völlige Umgestaltung sei auch gegenüber dem Architekten des Turmes weitaus leichter zu verantworten als ein Eingriff in die von ihm sorglich berechneten Einzelheiten einer an sich abgerundeten Planung. Dieser Stellungnahme schlossen sich drei Vorschläge für eine Lösung an:

Lösung I (Abb. 2.1)
> Beseitigung des hohen Helmes und stattdessen Aufbringung eines in Mönch-Nonne gedeckten Satteldaches. (Im Jahre 1938 spielte die Rohstofflage eine große Rolle, es wurde daher davon ausgegangen, daß das starke Kupfer-Wellblech des hohen Helmes zur Verminderung der Baukosten veräußert werden könne.) Verkürzungen und Verminderungen der Schallöffnungen auf jeder Seite. Ersatz der Abschlüsse an den Strebepfeilern durch Granitquader.

Lösung II (Abb. 2.2; 3)
> Entsprechend der Ausführung bei der Instandsetzung des Turmes der Marienkirche in Königsberg/Neumark: Herunterziehen des hohen Helmes (unter Verwendung des Wellblechkupfers) um etwa 10 m, damit die überschlanke Form des Turmleibes kräftiger erscheint.
> Die Stahlkonstruktion des Helmes sowie das oberste Geschoß sollten als tragende Teile erhalten bleiben. Daneben wurden weitere Vereinfachungen in der Abdeckung der Strebepfeiler und starke Reduzierungen der Schallöffnungen vorgeschlagen.

Lösung III (Abb. 2.3)
> Sollte der Lösung II entsprechen, wobei der Steilhelm durch ein niedriges Zeltdach ersetzt werden sollte, um eine wesentlich gedrungenere und kräftiger wirkende Erscheinung des Turmes zu erzielen.

Der Konservator der Kunstdenkmäler gab damals der Lösung I den Vorzug, bei der sich nach seiner Auffassung die Bauteile am besten zu einem Ganzen zusammenschließen würden. Zu diesen Vorschlägen wurden in Berlin Modelle angefertigt, die die drei Lösungsmöglichkeiten aufzeigten. Zwei dieser Modelle sind im Landesbauamt Schleswig erhalten.

Später, im Jahre 1940, hat dann der Konservator der Kunstdenkmäler unter Beibehaltung seiner ersten drei Vorschläge zwei weitere hinzugefügt. In Abweichung seiner ersten Empfehlung gibt er nun der Lösung V den Vorzug. Diese Lösung behält den Spitzhelm bei. Unter Verzicht auf die dem Backsteinbau »nicht gemäße reiche Gliederung« nähert sich dieser Vorschlag schon weitgehend der heutigen Fassung.

Der zweite Weltkrieg ließ dann wieder die Planungen ruhen. Sie kamen zwar nicht ganz zum Erliegen, Kriegs- und Nachkriegszeit verdrängten jedoch eine Verwirklichung der Sanierung. Indessen verfiel der Turm immer mehr. Im Mauerwerk zeigten sich lange, durchgehende Risse von einigen Zentimetern Breite. Der Bereich um den Turm war längst abgesperrt worden, um eine Gefährdung von Menschenleben durch Absturz loser Mauerteile zu verhindern. In den »Schleswiger Nachrichten« erschienen 1950 Schlagzeilen wie »Und sie fallen weiter«, »Schleswigs Wahrzeichen hinter Stacheldraht«, »der Dom wirft seine äußere Schale ab«. Es wurden erneut – diesmal jedoch umfassendere und tiefgreifendere – Untersuchungen, zu denen Statiker und Bausachverständige verantwortlich beitrugen, angestellt. An der statischen Bearbeitung war in erster Linie die Prüfstelle für Statik bei der Hansestadt Lübeck beteiligt. Die Untersuchungen führten zu dem Ergebnis, daß mehrere Ursachen für die Schäden in Frage kämen; im wesentlichen sind zu nennen:

1. Der innere konstruktive Zusammenhalt des schlanken Turmes (Abb. 1.2) reichte in seinem Mittelteil nicht aus. Infolge der hohen horizontalen Beanspruchung, vor allem durch Windkräfte, war der Turm im mittleren Bereich in einer Höhe von ca. 25 bis 60 m gerissen, weil die Ringzugfestigkeit insgesamt nicht ausreichte. Bis in etwa 65 m Höhe hatte der Turm keinen zugfesten Zusammenhalt. Im unteren Bereich war diese Festigkeit zwar vorhanden, ebenso unterhalb der

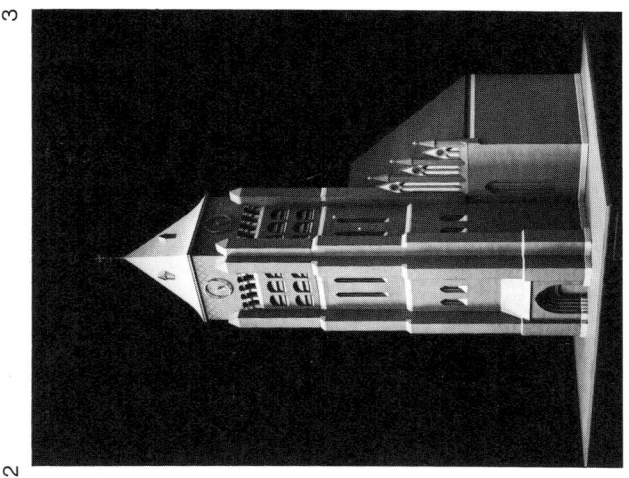

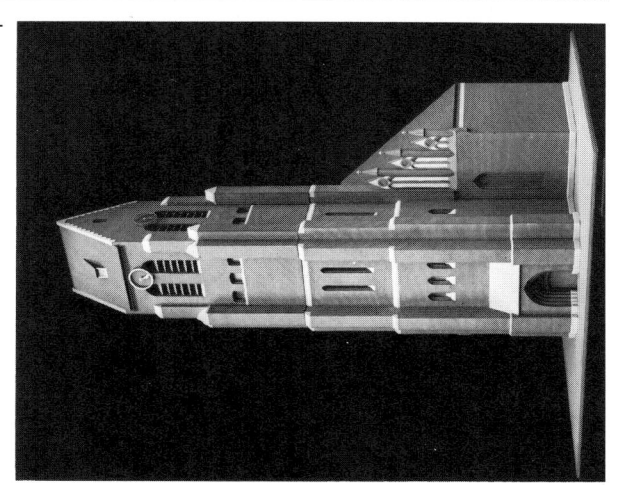

Abb. 2 Umbauentwürfe aus dem Jahre 1938. Modellaufnahmen. Lösungsvorschläge I (1), II (2) und III (3).

Abb. 3 Umbauentwurf aus dem Jahre 1938. Schaubild des Lösungsvorschlags II.

Eisenkonstruktion des Spitzhelmes, dennoch konnten diese beiden stabilen Bereiche den mittleren Abschnitt nicht überdecken.
2. Infolge des mangelhaften Zusammenhaltes war die vorgeblendete Mauerschale gerissen, Regenwasser konnte durch die Risse eindringen, insbesondere aber war der Verblender selbst ungeeignet; als gelochter Maschinenstein war er von großer Oberflächendichtigkeit und konnte das eingedrungene Regenwasser nur schwer wieder abgeben.
3. Die Verblendschale und das Kernmauerwerk wiesen unterschiedliche Härtestrukturen auf. Dadurch traten – begünstigt durch Windkräfte – in den Pfeilervorlagen starke Überlastungen auf Druck und Schub auf, die ebenfalls zu Rissen in dem Mauerwerk führten.
4. Die vielfältigen neugotischen Zierformen, Fialen, Vor- und Rücksprünge, Gesimse, Bekrönungen, verputzte Blenden, die durch das Formgefühl des ausgehenden 19. Jahrhunderts bestimmt waren, erwiesen sich als ungeeignet in unserem Klima, sie bildeten Angriffspunkte für den Schlagregen und bargen »Frostnester«.

Es bestanden nach den statischen Untersuchungen keine Zweifel darüber, daß das Fundament tragfähig war, auch waren keine Anzeichen für Schäden am Fundament gegeben. Ebenso hatte sich die Befürchtung, daß die Schäden am Mauerwerk durch das Geläut der Glocken mitverursacht sein könnte, nicht bestätigt. Die Horizontalkraft der Glocken wurde nicht über 15 Tonnen eingeschätzt, die der Windlast dagegen mit rund 180 Tonnen.

Angesichts dieser festgestellten Ursachen für die Schäden am Turm und der für deren Beseitigung zu erwartenden hohen Kosten wurden Zweifel laut, ob sich eine Instandsetzung des Turmes überhaupt lohne. Manchem schien der Gedanke verlockend zu sein, die Baufälligkeit des Turmes zu nutzen, um ihn ganz abzubrechen und nicht wieder aufzubauen. Zumindest aber – wenn sich eine solche radikale Lösung nicht durchsetzen ließe – den Turm in Anlehnung an frühere Überlegungen drastisch zu verkürzen. Diejenigen, die den Turm ablehnten, begründeten ihre Forderung damit, daß der 1888 bis 1894 angebaute neugotische Turm keine Verschönerung darstelle. Er sei kunstgeschichtlich ohne Bedeutung, der neugotische Stil und die gesamte Architektur der Gründerjahre seien es nicht wert, erhalten zu werden. Auch sei seine schlanke Form – ganz abgesehen von den Witterungsverhältnissen – im norddeutschen Raum nicht üblich. Außerdem sei der Schleswiger Dom seit dem Mittelalter ohne Turm ausgekommen, seine Dominante sei die Horizontale, nicht aber die Vertikale.

Diejenigen, die den Turm erhalten wollten, hielten den Kritikern entgegen, daß das Kirchenschiff ohne Turm in mittelalterlicher Zeit das Stadtbild beherrscht habe, weil bei der Beurteilung nur der Altstadtkern mit seinen niedrigen Häusern in Betracht zu ziehen gewesen sei, im Laufe der Zeit habe sich aber die Bebauung der Stadt Schleswig erheblich ausgeweitet, besonders auf die nach Norden ansteigenden Hänge, so daß der Turm in städtebaulicher Hinsicht unentbehrlich geworden und nicht mehr wegzudenken sei. Die Befürworter forderten deshalb die Erhaltung des Turmes, seine statische Sicherung und eine Vereinfachung der äußeren Gestaltung. Die Auseinandersetzungen um Erhalt oder Abbruch des Turmes wurden bis in die Landesregierung vorgetragen. Die Domturmfrage beschäftigte sogar den Schleswig-Holsteinischen Landtag. Schließlich wurde das Landesbauamt Schleswig aufgefordert zu untersuchen, ob der Turm

1. ganz abzubrechen und an anderer Stelle ein Glockenturm nach altem Vorbild neu zu errichten,
2. zu verkürzen durch Herabziehen des Turmhelmes oder
3. zu erhalten und instand zu setzen war.

Nach eingehenden Untersuchungen schied die Lösung 1 – völliger Abbruch – aus, weil sie in städtebaulicher Hinsicht einen unersetzlichen Verlust bedeuten würde. Außerdem müßten aufs neue umfangreiche Maßnahmen ergriffen werden, um den Westgiebel und die anschließenden Gewölbe in den westlichen Jochen des Kirchenschiffs konstruktiv zu sichern.

Die Lösung 2 – Verkürzung des Turmes durch Herabziehen des Turmhelmes – wurde zeichnerisch untersucht (Abb. 4.1), aber nicht weiter verfolgt, weil sie – abgesehen von einer nicht befriedigenden Form – die teuerste aller drei denkbaren Lösungen darstellte. Es hätte außer der notwendigen konstruktiven Sicherung und Erneuerung der Außenhaut auch der Turmhelm abgebaut und wieder neu errichtet werden müssen.

Das Landesbauamt gab der Lösung 3 den Vorzug und begründete seine Entscheidung damit, daß unter bewußter Würdigung der Leistung der Jahre 1888 bis 1894 nur das in Ordnung gebracht werden sollte, was den Zeitläufen nicht widerstanden hatte. Eine Kritik am Turm sollte nicht weiter ausufern, als tatsächlich feststellbare bauliche Mängel zu beseitigen. Der Turm war als Ausdrucksform seiner Zeit zu sehen und zu würdigen. Wie jede Kulturepoche Anspruch darauf habe, sich in ihrer eigenen Formensprache auszudrücken und die ihr gemäße Ausdrucksform zu finden, sollte dies Zugeständnis auch dem Schleswiger Domturm aus dem Jahre 1894 eingeräumt werden. Schließlich sei aus den Erläuterungen des damaligen Architekten wie auch der Akademie des Bauwesens zu erkennen, daß die Bauschaffenden jener Zeit durchaus mit hohem Verantwortungsgefühl an die gestellte Aufgabe des Turmbaues herangegangen waren. Nicht zuletzt waren auch die Stimmen der Schleswiger Bürger, die die Überlegungen lebhaft und mit großem Interesse verfolgten, ausschlaggebend. Die Schleswiger wollten ihren Domturm erhalten und nicht verkürzt oder abgebrochen sehen. Diese Auffassung setzte sich durch. Es mehrten sich die Stimmen derer, die den Turm erhalten wollten. Zu den stärksten und engagiertesten Befürwortern gehörte der damalige Vorsteher des Landesbauamtes Schleswig, Dr.-Ing. Julius Hinrichsen.

Die Entscheidung über die Erhaltung des Turmes fiel in die Zeit einer angespannten Haushaltslage des Landes. Dennoch entschied die Landesregierung, den Turm zu erhalten und instandzusetzen. Es folgte eine Phase sorgfältiger, vorbereitender Planungsarbeit, teilweise unterstützt durch Gutachten der Architekten Dipl.-Ing. Ernst Prinz aus Kiel und Dr.-Ing. Fendrich aus Lübeck. Nach Vorlage der vom Landesbauamt Schleswig erarbeiteten baureifen Pläne, Kostenberechnungen und Untersuchungen, nach statischen Berechnungen, Material- und Mörteluntersuchungen und nach Schaffung der haushaltsmäßigen Voraussetzungen konnte am 5. Oktober 1953 mit dem Bau begonnen werden.

Zunächst begannen die Maßnahmen für die innere Aussteifung des Turmes. Es wurden fünf Stahlbetondecken eingezogen. Die Verbindung zwischen Decke und Turmmauerwerk wurde durch lange Stahlanker zusätzlich gesichert. Der Einbau wurde durch Anbohren des Mauerwerks mit nachträglichem Vergießen unter hohem Druck vorgenommen. Auf der obersten Decke fand ein neuer Glockenstuhl in Stahlkonstruktion seine Aufstellung. Der Glockenstuhl wurde zunächst mit vier Glocken bestückt, später kam eine fünfte hinzu. Am Pfingstsonnabend 1954 wurden die neuen Glocken in einem Gottesdienst im Dom feierlich geweiht.

Nach Einrüstung des Turmes mit einem Stahlrohrgerüst wurde die gesamte Außenhaut des Turmes mit Ausnahme kleiner Restpartien im unteren Bereich an der Nord- und Südseite abgestemmt. Hierbei zeigte sich, wie zerklüftet das Mauerwerk durch die Witterungseinflüsse war. Die Verblendung wurde mit Backsteinen im Klosterformat aufgemauert, die im Handstrichverfahren von der Ziegelei Ancker in Kappeln hergestellt waren. Es handelt sich um Steine von großer Festigkeit, die aber eine ausreichende Atmungsfähigkeit aufweisen. Entsprechend dieser Festigkeit des Steines wurde auch die Mörtelmischung hergestellt. Auf ein nachträgliches Verfugen wurde ausdrücklich verzichtet, um ein späteres Versickern und Herausfallen der Fuge zu vermeiden. Beim Aufmauern wurde das Mörtelbett so voll angelegt, daß beim Herausquetschen des Mörtels die Fuge lediglich mit einem Holzstab abgestrichen wurde. Einer Trennung zwischen Schale und Innenmauerwerk wurde bewußt entgegengearbeitet. Dies war um so notwendiger, als das vielfältig zerklüftete, alte Kernmauerwerk andere Überlegungen gar nicht zuließ. Es mußte daher Bedacht darauf genommen werden, eine möglichst enge Verbindung zwischen Schale und Kern zu erreichen. Hierfür wurde eine Verankerung mit Stahlankern vorgesehen. Da diese mit Rücksicht auf den Kalkmörtel allein

Abb. 4 Umbauentwürfe von 1951. Zeichnerischer Vorschlag zur Verkürzung des Turmes durch Herabziehen des Turmhelmes (1). Alternativer Vorschlag zur heutigen Fassung unter Beibehaltung der Portalzone in der Fassung von 1894 (2).

Abb. 5 Der Domturm in Modellaufnahme. Links ausgeführte Fassung 1956, rechts Fassung von 1894.

keine ausreichende Gewähr bieten konnten, wurden sie mit Beton ummantelt, so daß Stahlbetonplomben entstanden, an denen sich das neue Mauerwerk aufhängen und anklammern konnte. Dies war bei der Stärke der Mauerschale möglich, da im wesentlichen nicht unter Einsteinstärke vorgemauert wurde. Nur der obere Teil zwischen den Ecktürmen hat eine einhalbsteinstarke Verblendung erhalten, wobei korrosionsfeste Metallanker bei besonders sorgfältiger Einbauarbeit verwandt wurden. Gleichzeitig wurden verschiedene Betonringanker außen eingebaut, die zusätzlich dafür sorgen sollten, den über die gesamte Höhe nicht unerheblichen Fugenschwund aufzunehmen. Wo nötig, wurden von Fall zu Fall weiterhin Stahlbetonsicherungen berücksichtigt. Es sind rund 265 000 Steine verbraucht worden. Mit Ausnahme eines Sonderformats für die Ecken der kleinen Achtecktürme sind keinerlei Formsteine zur Verwendung gekommen. Die Steine wurden in den Farben rot, gelb und bunt angeliefert. Jeder Stein weist mit diesen so einfach angesprochenen Farbbezeichnungen in sich einen natürlichen Farbwechsel auf. Nach verschiedenen Proben wurde nach den am Kirchenschiff enthaltenen Beispielen des alten Mauerwerks eine Farbmischung gewählt, die etwa einem Verhältnis von zehn roten, zehn gelben und fünf bunten Steinen entsprach. Die Ausführung erforderte besondere Sorgfalt, da nicht nur die drei Farben zu berücksichtigen waren, sondern auch Lieferungen aus verschiedenen Produktionen. Nach der Fertigstellung hat sich jedoch ein farbig bewegter und dennoch einheitlicher Eindruck ergeben. Alle Mauerschrägen erhielten eine Abdeckung aus Kupferblech, um ein Eindringen von Wasser in das Mauerwerk möglichst zu verhindern. Aus dem gleichen Grunde wurde der bisher offene Umgang in ca. 45 m Höhe verglast. Der Turmhelm blieb, da er noch gut erhalten war, unverändert. Die Modellaufnahme (Abb. 5) zeigt die alte und die neue Fassung des Turmes.

Am 4. November 1956 wurde der instand gesetzte Domturm im Rahmen eines Festgottesdienstes wieder seiner Zweckbestimmung übergeben. In konstruktiver und gestalterischer Hinsicht, in der Wahl der Steine für die Außenhaut und der Mörtelzusammensetzung sind alle Anstrengungen unternommen worden, um den Turm zu erhalten. Sturm, Regen, Frost und Schnee nagen jedoch weiterhin an dem Bauwerk. Diesen Unbilden der Witterung wird der schlanke Turm standhalten müssen. Ob sich die Außenhaut dauerhaft bewährt, wird die Zukunft lehren. Spätere Generationen werden darüber zu befinden haben, ob sich der 1894 errichtete Turm nicht doch als Danaergeschenk erwiesen hat.

Der Schwahl

Gegen Ende des 13. Jahrhunderts war an der Nordseite des Langschiffes der Kreuzgang, eine gotische Dreiflügelanlage (Abb. 6) aus Backsteinen angefügt worden. Die Anlage wird als ein Stück der Meisterwerke mittelalterlichen Bauens gepriesen. Die Außenseiten sind bis auf Portale im Norden und Osten geschlossen, die Innenseiten zum Hof durch gotische Bögen geöffnet. Ursprünglich war der Kreuzgang zweigeschossig. Im Erdgeschoß fanden Prozessionen statt. Der Kreuzgang ist später bekannt geworden durch die Bezeichnung »Schwahl« (aus dem dänischen sval = kühl; svale = sich abkühlend – »luftiger kühler Gang«).

Die statischen Verhältnisse beim baulichen Zustand des Schwahls unterscheiden sich grundlegend von denen des Domturms: Hier waren im Laufe der Jahrhunderte Setzungen des Baugrundes aufgetreten. Diese hatten zur Folge, daß sich die Außenmauern allmählich nach außen neigten – besonders nach Norden – und dadurch Rissebildungen an den Gewölben hervorriefen. Aus diesem Grunde war das Obergeschoß bereits im Jahre 1743 abgebrochen worden. Die Spuren des ehemals vorhandenen Obergeschosses sind noch deutlich erkennbar. In den Jahren 1804/05 schlug der Magistrat vor, den Schwahl gänzlich abzubrechen, um eine Verkehrsverbesserung für die Norderdomstraße zu erreichen. 1823 wurde diese Forderung erneuert, damit sich die Kirche »in

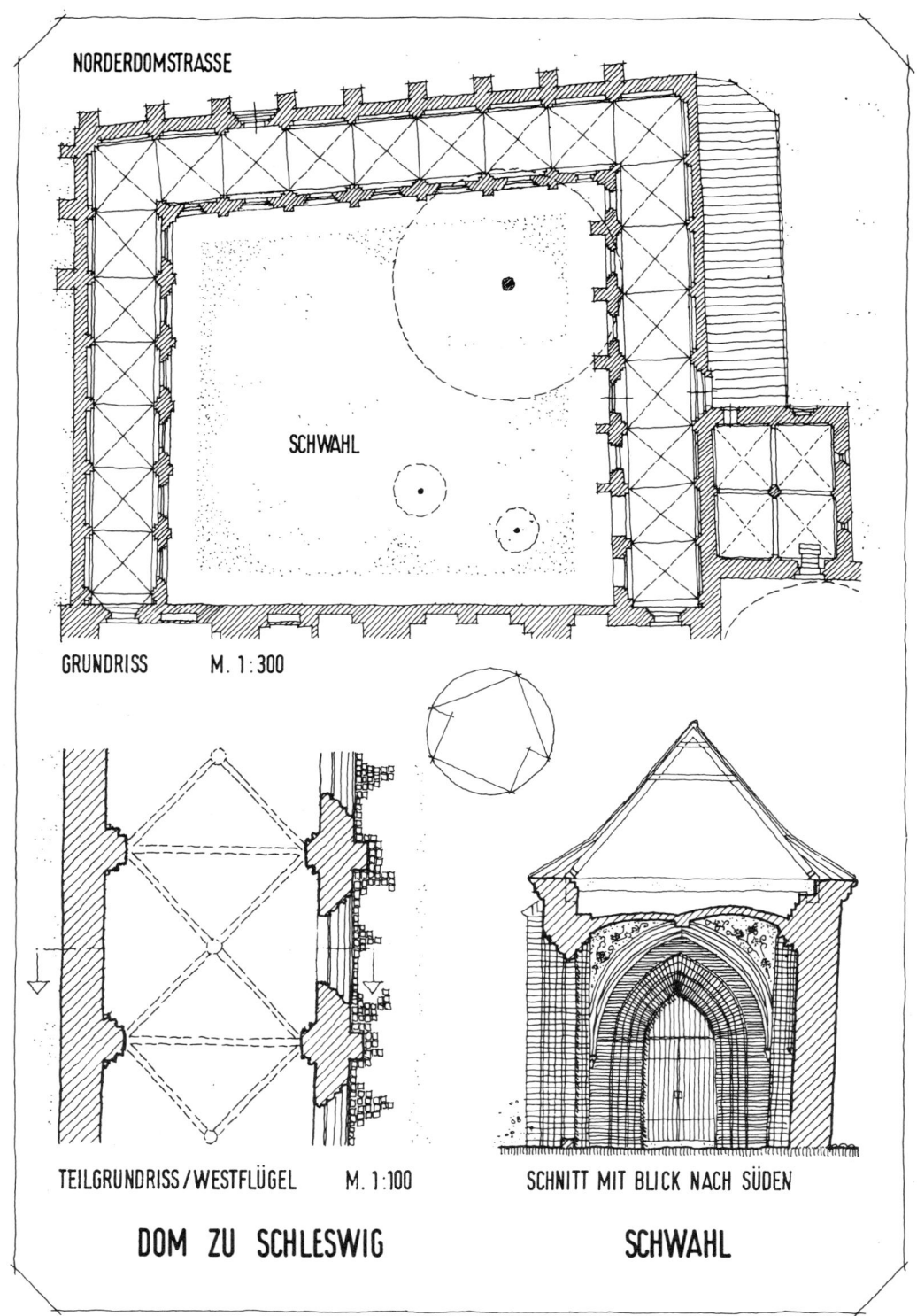

Abb. 6 Der Schwahl und die Kanonikersakristei. Grundriß- und Schnittzeichnungen.

ihrer imponierenden Größe zeige« (Ellger 1966, S. 46–48). Doch nach einem Besuch des Oberbaudirektors Christian-Friedrich Hansen im Winter 1824/25 entschied der König gegen den Abbruch und erlaubte zu Gunsten des Dommarktes eine Westtür am Südende des Westflügels. Schon vor mehr als zweihundert Jahren war dem drohenden Abkippen der Außenwände dadurch entgegengewirkt worden, daß nacheinander starke Mauerpfeiler an der Nord- und Westwand errichtet wurden. Dadurch war ein gewisser Ruhestand erreicht worden. Dennoch traten weitere Setzungen auf, weil die Tragfähigkeit des Baugrundes insgesamt nicht ausreichte und sich in neuerer Zeit Einflüsse durch den Schwerlastverkehr in der Norderdomstraße an der Nordseite des Schwahls nachteilig auswirkten.

Um den Kreuzgang vor weiteren Schäden zu bewahren und seine wertvollen Malereien zu erhalten, mußten Maßnahmen getroffen werden, die eine Sanierung des Bauwerkes ermöglichten. Es wurde daher nach Lösungen gesucht, um weiteren Verformungen Einhalt zu gebieten. Von einer nachträglichen Bohrpfahlgründung der meist nur auf Felssteinfundamenten von geringer Tiefe gegründeten Außenmauern wurde abgesehen, um dem Bauwerk nicht noch größere Schäden zuzufügen. Bei allen Überlegungen war davon auszugehen, daß die eingetretenen Verformungen in Kauf genommen werden mußten; sie waren nicht mehr rückgängig zu machen. Da die Neigung nach außen auf den heterogenen Baugrund zurückzuführen war, mußte dem Fließen des moorigen Untergrundes entgegengewirkt werden. Dies geschah auf zweierlei Weise: Unter der Nordwand

Abb. 7 Innenhof des Schwahls nach der Restaurierung 1981.

und der Nordwestecke wurden die durch Baugrunduntersuchungen in dem sehr torfhaltigen Boden festgestellten Risse durch Zementinjektionen und anschließende Verpressung bis zum Sättigungsdruck gefüllt; dadurch entstand eine Art Wurzelgeflecht aus Zement. Die Injektionen wurden in Abständen von etwa 0,5 bis 1 m in die entsprechende Tiefe vorgebracht. Die insgesamt verpreßte Zementmenge beträgt etwa 73 000 kg. Es zeigte sich, daß wesentlich mehr Zement verpreßt werden mußte als ursprünglich vorgesehen war. Danach wurde an der über den Torfen liegenden sandigen Deckschicht eine chemische Verfestigung vorgenommen, und zwar durch Injektionen mit Kieselsäure-Gel. Auf diese Weise erhielten die verfestigten Sande eine gesteinsartige Beschaffenheit. Mit diesem kombinierten Verfahren wurde eine ausreichende Sicherheit gegen weitere Verformungen der Außenwände des Kreuzganges erzielt. Als vorbeugende Maßnahme wurde außerdem die Norderdomstraße für den Schwerlastverkehr gesperrt.

Nach der Sanierung des Baugrundes wurden die Pfeilervorlagen des aufgehenden Mauerwerks, teilweise auch im Bereich der Fundamente, ausgebessert sowie danach die Gesimse instand gesetzt und den Mauerkronen der Außenmauern Stahlbetonringanker aufbetoniert, die über den Gewölben durch insgesamt 25 Stahlbeton-Querbalken (Zuganker) gehalten werden, um das Gesamtgefüge des Kreuzganges zusätzlich zu sichern. Bei der Erneuerung der Dachkonstruktion und der Dachdeckung wurden die roten holländischen S-Pfannen mit einer besonderen Kupferklammer befestigt, um bei Sogwirkungen ein Abdecken des Daches zu verhindern. Dieses Verfahren wurde vom Landesbauamt Schleswig entwickelt und hatte sich schon am Hauptdach des Domes bewährt.

Damit die Wandmalereien keinen weiteren Schaden nehmen und geschützt werden, sind die gotischen Öffnungen zum Innenhof des Schwahls mit Fenstern aus feuerverzinkten Stahlprofilen mit farblosem Antikglas verglast und geschlossen worden (Abb. 7). Um eine gleichmäßige Durchlüftung des nicht beheizten und nicht klimatisierten Kreuzganges zu gewährleisten, wurden allseitig zwischen Fensterrahmen und Leibung, der Unebenheit des Mauerwerks angepaßt, etwa 1 bis 1,5 cm breite Luftschlitze belassen (Abb. 8). Dieser Maßnahme war eine über sieben Jahre erprobte provisorische Abdichtung der Öffnungen aus einer folienbespannten Holzkonstruktion vorausgegangen. Außerdem wurde auch der Innenhof des Kreuzganges saniert, um die Feuchtigkeitseinflüsse zu verringern. Die gesamte Entwässerung wurde durch Einbringen von Bodeneinläufen verbessert, ein umlaufendes Traufpflaster angebracht, der für das Mauerwerk schädliche Efeubewuchs entfernt, die gärtnerischen Anlagen im ganzen gelichtet und neu gestaltet. Die Mauerwerksköpfe der Pilaster erhielten eine Kupferabdeckung. Nach der Sicherung der äußeren Substanz wurden die Gewölberisse geschlossen. Hierbei ist bemerkenswert, daß zwar starke Risse aufgetreten waren, diese aber dennoch nicht die Ausmaße angenommen hatten, die nach der starken Verformung der Außenmauern erwartet werden durften. Dies macht deutlich, daß sich Kreuzrippengewölbe gegenüber Setzungen wesentlich elastischer verhalten als andere Konstruktionsglieder. Da die Gewölbe durch das Stahlbeton-Balkenrost aus Ring- und Zugankern gegen Ausweichen gesichert sind, wurden Nirostakeile in die Risse eingeschlagen und anschließend das Ganze mit Zementmörtel vergossen, um die Gewölbe zu festigen. Nach diesen Sanierungsarbeiten konnten die Restaurierungen an den Wand- und Gewölbemalereien fortgesetzt werden (Abb. 9). Die konstruktiven Maßnahmen und Restaurierungen sind im Herbst 1981 zum Abschluß gebracht worden.

Abb. 8 Fenster m Innenhof des Schwahls nach der Restaurierung 1981.

Abb. 9 Ostflügel im Schwahl, nach Süden.

Die Heizungsanlage

Heizungsanlagen in Kirchen haben Planer und Ausführende stets vor besondere Probleme gestellt. Es ist zu bedenken, daß eine nicht oder nicht ausreichend beheizte Kirche der Gemeinde nicht zugemutet werden kann. Andererseits sind Kunstwerke – besonders Malereien oder Kunstgegenstände aus Holz – äußerst empfindlich gegenüber Temperaturschwankungen. Der Grundsatz, daß Kunstwerke in Kirchen solange erhalten werden konnten, als die Kirchen nicht beheizt wurden, mag sicher in manchen Fällen Gültigkeit haben. Nun wird aber eine Kirche außerhalb der Gottesdienste in den wenigsten Fällen ständig gleichmäßig beheizt werden können, dies wäre aus wirtschaftlichen Gründen kaum denkbar. So werden Planung und Betrieb von Heizungsanlagen in Kirchen immer von den gegebenen finanziellen Bedingungen abhängig sein. Es kommt hinzu, daß eine Kirche nicht nach den Grundsätzen neuzeitlicher Wärmedämmung ausgestattet werden kann, besonders nicht im Bereich der großen Fenster; dies ist schon aus denkmalpflegerischen Gründen nicht möglich. Es werden daher immer Kompromisse gemacht werden müssen, um den Kunstwerken möglichst nicht zu schaden, der Gemeinde aber den Aufenthalt in der Kirche nicht zu verleiden. Im Schleswiger Dom befinden sich sehr viele Kunstwerke aus Holz. Bei der Planung der Heizungsanlage mußte darauf Bedacht genommen werden, diese Kunstwerke vor vorzeitigem Verfall zu schützen.

Der Dom ist in der Bauphase 1888–1894 mit einer Heißwasserheizung ausgestattet worden. Das Rohrsystem führte unter die Fußbänke des Kirchen- und Chorgestühls und an die Außenwände des Kirchenschiffes. Abgesehen von den unbefriedigenden Auswirkungen auf die innere Gestaltung der Kirche, war dieses Heizsystem völlig veraltet, im Betrieb unwirtschaftlich und schließlich nicht mehr aufrechtzuerhalten. Im Jahre 1939 reiften daher Pläne für eine Luftheizung. Die Überlegungen wurden dann 1950 vom Landesbauamt Schleswig wieder aufgenommen. Nach vielerlei Planungen, die durch einen sehr begrenzten finanziellen Rahmen bestimmt waren, wurde eine Warmluftheizung nach dem Schwerkraftsystem eingebaut. Ihre Ein- und Austrittsöffnungen wurden an zentraler Stelle im Querschiff des Domes im Bereich der Vierung angeordnet, weil aus finanziellen Gründen auf lange Kanalführungen verzichtet werden mußte und aus technischen Gründen noch kein Gebläse eingebaut werden konnte. Durch dieses System traten zwangsläufig an den Austrittsöffnungen hohe Temperaturen auf, weil das ganze Kirchenschiff von dieser zentralen Stelle aus temperiert werden mußte. Dies war den Kunstwerken keineswegs zuträglich. Außerdem erforderte dieses System einen verhältnismäßig hohen Energieaufwand. An diesem grundsätzlichen Mangel änderte auch die spätere Umstellung von Hartfeuerung auf Öl nichts. Es mußten daher neue Überlegungen angestellt werden. Dabei galt es, den Dom gleichmäßig zu beheizen, hohe Austrittstemperaturen zu vermeiden, aber dennoch ein allgemein erträgliches Raumklima zu schaffen. Daher wurde im Jahr 1981/82 im nördlichen und südlichen Seitenschiff in der ganzen Länge der Kirche von der Vierung bis zur Westwand ein Heizkanal mit jeweils mehreren Austrittsöffnungen eingebaut. Diese Kanalführung war bautechnisch schwierig. Sie erforderte einen großen Aufwand, weil auf die unter dem Kirchenfußboden liegenden Pfeilerfundamente durch konstruktive Maßnahmen Rücksicht genommen werden mußte. Dies galt besonders für den Vierungsbereich. Die Bauarbeiten wurden abschnittsweise durchgeführt, damit den Wissenschaftlern des Landesmuseums für Vor- und Frühgeschichte, Abteilung für mittelalterliche Siedlungsarchäologie, jeweils zwischen den einzelnen Bauabschnitten Gelegenheit zu Grabungen und Untersuchungen gegeben werden konnte. Um Staubentwicklung, die den Kunstwerken und der Orgel schaden konnten, zu vermeiden, wurden die Arbeiten unter einem Lattengerüst, das mit Staubschutzfolie abgedeckt war, ausgeführt.

Durch ein ganz anderes System wird der hohe Chor beheizt. Um den Chorbereich wärmetechnisch vom Langschiff unabhängig zu machen, wurde unter den Sandsteinplatten eine Warmwasser-Fußbodenheizung eingebaut. Dadurch soll eine noch gleichmäßigere Raumtemperatur erreicht werden, damit dem Bordesholmer Altar möglichst kein Schaden zugefügt wird. Auch soll im Chor die Möglichkeit gegeben sein, für einen kleineren Kreis von Kirchenbesuchern den Gottesdienst in einer Art Winterkirche abzuhalten. Bei Hochzeiten und Taufen im Chor braucht bei diesem getrennten Heizsystem nicht das ganze Langschiff mitbeheizt zu werden. Kleine Räume, wie Sakristei und Kartenraum, sind mit einer Heißwasser-Radiatorenheizung ausgestattet worden. In der restaurierten Kanonikersakristei wurde eine Heißwasser-Konvektorenheizung installiert. Letztlich soll die neue Heizung auch zu einer besseren Regelung der Anlage und damit insgesamt zu einem sparsameren Energieverbrauch führen.

Die Kanonikersakristei

In einem Raum, der in der Vergangenheit wenig Beachtung fand, wurden in den letzten Jahrzehnten gleich zwei Restaurierungen vorgenommen: in der sogenannten alten Kanonikersakristei. Dieser kleine, im zweiten Viertel des 13. Jahrhunderts an das Nordende des Querhauses angefügte spätromanische Saalbau besteht aus Backsteinen. Der Grundriß ist fast quadratisch. Der kleine Saal ist mit vier romanischen Kreuzgratgewölben eingewölbt, getragen von einem gemauerten Mittelpfeiler. Die Kanonikersakristei hat verschiedenen Zwecken gedient, so zum Beispiel ab 1567 als auditorium paedagocicum (Hörsaal des Gymnasiums; Ellger 1966, S. 35). Später wurde der Raum längsgeteilt und die Westhälfte nochmals unterteilt. Diese Räume dienten untergeordneten Zwecken.

Im Jahre 1951 – in Zeiten begrenzter finanzieller Möglichkeiten – wurde der kleine Saal in seinen ursprünglichen Zustand versetzt. Bei der Entfernung der später eingebauten Zwischenwände wurde der Fuß des Mittelpfeilers freigelegt. Der freigelegte Säulenfuß machte die ganze Schönheit dieser mittelalterlichen Backsteinsäule vollkommen. Daher wurde der Fußboden um etwa 0,5 m tiefer gelegt. Hierdurch änderten sich die Raumverhältnisse in so günstiger Weise, daß der ursprüngliche Raumeindruck viel deutlicher zum Vorschein kam. Da jedoch die Randfundamente des Raumes höher lagen als der Säulenfuß, liegt die Vermutung nahe, daß sich – entsprechend der ursprünglichen Nutzung des Raumes als Sakristei der Chorherren – an den Wänden entlang gemauerte Sitze befunden haben.

Nach der Tieferlegung des Fußbodens wurden die mittelalterlichen, gebrannten Fußbodenplatten wieder verlegt. Soweit diese nicht mehr vorhanden waren, wurde der Fußboden durch alte Grabplatten aus dem Schwahlhof ersetzt. Der bisherige Zugang nach Norden (außen) wurde an die Westseite der Nordwand verlegt. Die Öffnung zum Schwahl wurde innenseitig zugemauert, der ursprünglich vorhandene Zugang zum Querschiff wieder geöffnet. Das Fundament der Mittelsäule wurde gefestigt, einzelne beschädigte Steine der Säule ausgewechselt. Säule und Gurtbögen dieses kleinen Saales wurden von übermalten Kalkschichten gereinigt, so daß die natürliche farbige Struktur des Backsteins wieder zum Vorschein kam. Gewölbe und Wandflächen erhielten einen grauweißen Kalkanstrich. An den Wänden wurden einfache Backsteinbänke angeordnet und mit Holzbohlen abgedeckt. Nach der Restaurierung fand die Bronzetaufe von 1480, die mehrfach ihren Standort gewechselt hatte (Ellger 1966, S. 344), dort Aufstellung. Der Raum sollte als Taufkapelle dienen. Er fand jedoch kaum Zuspruch, in erster Linie wohl deswegen, weil er nicht beheizt war. Die Taufe erhielt abermals einen anderen Standort, sie wurde 1971 in den Chor, ihren jetzigen Standort, gebracht.

Im Zuge des Einbaues der neuen Heizung im Jahre 1982 ist dann auch, wie erwähnt, die Kanonikersakristei in das Heizsystem einbezogen worden. An den Wänden entlang wurden neue eichene Bänke mit Rückenlehnen eingebaut, hinter denen die Konvektorheizung angeordnet wurde. Gleichzeitig ist der Raum mit bleiverglasten Wandleuchten ausgestattet worden. Gewölbe und Wände wurden mit einer eigens dafür hergestellten Sumpfkalkfarbe gestrichen (Abb. 10).

Abb. 10 Die Kanonikersakristei nach der Restaurierung 1981.

Heute findet der schöne Raum eine vielseitige Verwendung, für kleinere Andachten, Vorträge und Versammlungen. Damit ist ein lange Zeit kaum beachtetes Kleinod mittelalterlicher Baukunst den Kirchenbesuchern wieder erschlossen worden.

Ausblicke

Der Schleswiger Dom hat – im Gegensatz zu den Lübecker Kirchen zum Beispiel – keine Kriegsschäden erlitten. Dennoch ist nicht zu übersehen, daß die Bausubstanz auf natürliche Weise altert. Bei einem solchen Baukörper mit seinen großen Ausmaßen sind laufende Instandsetzungen an den der Witterung besonders ausgesetzten Bauteilen unumgänglich: An Dächern und Dachanschlüssen, Gesimsen, ausgewitterten Mauerflächen, Eingangsportalen, an den vielen hohen Fensterleibungen und den Fenstern selbst. Dies alles ist nicht sehr spektakulär. Dennoch gehört es zur fast täglichen Pflege und vollzieht sich – fast unbemerkt – mit Sachverstand im Rahmen der jährlich zur Verfügung stehenden Bauunterhaltungsmittel. Dabei müssen Wünsche offen bleiben oder deren Erfüllung zurückgestellt werden. Deshalb sind alle Verantwortlichen bemüht, auch außerhalb der laufenden Bauunterhaltung größere Instandsetzungen durchzuführen. Im Jahr 1983 ist das westliche Joch des südlichen Seitenschiffes restauriert worden. Das Joch mußte eingerüstet werden, um Schäden am Gewölbe zu beseitigen. Danach wurden die Wand- und Deckenmalereien restauriert. Gleichzeitig sind die besonders an der Westwand stark in Mitleidenschaft gezogenen Fensterleibungen instand gesetzt worden.

Endlich konnte mit der Restaurierung der farbigen ornamentalen und figürlichen Glasfenster aus den Jahren 1892–1894 begonnen werden. Bei den Fenstern hat sich die Bleieinfassung gelockert, die Windeisen bieten keinen sicheren Halt mehr, an den Leibungen zeigen sich Mauerwerksschäden und Fugenauswaschungen, das Glas ist verschmutzt und teilweise gesprungen. Sechs Fenster, angefangen mit den am stärksten betroffenen zu beiden Seiten des Turmes an der Westseite, wurden nacheinander herausgenommen, jedes einzelne Glas gereinigt, soweit es zerstört war, erneuert, mit Blei neu eingefaßt und nach gründlicher Instandsetzung bzw. Erneuerung der Windeisen wieder eingesetzt. Diese Maßnahmen sollen fortgesetzt werden.

Längst überfällig ist die Restaurierung der spätgotischen ehemaligen Sakristei am Chor. Seit der Mitte des 17. Jahrhunderts werden dieser kleine Saal und das darunterliegende, nicht zugängliche Geschoß als Fürstengruft genutzt. Die äußere Substanz dieses Baukörpers ist schon vor längerer Zeit gesichert worden. Das Innere der sogenannten oberen Fürstengruft, in der unter anderen die Gebeine des Herzogs Christian Albrecht und die seines Vaters, des Herzogs Friedrich III., ruhen, soll nunmehr restauriert und in einen würdigen Zustand versetzt werden. – Die Erhaltung des Domes wird den Verantwortlichen weiterhin Sorge bereiten. Die Sicherung dieses großartigen Bauwerkes wird alle Anstrengungen rechtfertigen.

Quellen- und Literaturnachweis

Akten und Zeichnungen im Archiv des Landesbauamtes Schleswig.
Ellger, D. 1966: Der Dom und der ehemalige Dombezirk. Die Kunstdenkmäler der Stadt Schleswig 2. Die Kunstdenkmäler des Landes Schleswig-Holstein. München.

Bildnachweis

Alle Abbildungen Landesbauamt Schleswig.

Die Restaurierungen der Wandmalereien im Schwahl des Schleswiger Domes zwischen 1883 und 1981

Von Wolfgang Teuchert

»Ich kam am 1. März 1886 aus dem Ministerium der öffentlichen Arbeiten nach Schleswig, um dort bei der Dombauinspektion die Bauzeichnungen und den Kostenanschlag für den neuen Glockenturm anzufertigen. Schleswig lag tief im Schnee. Im Hotel hockten die reisenden Kaufleute und spielten Karten, weil die Züge im Schnee steckengeblieben waren. Der Schnee reichte stellenweise bis zu den Spitzen der Telegraphenstangen. Der Kreisbauinspektor Hotzen ging nachmittags mit mir zum Dom. Vor der Tür zum Westflügel des Schwahls zog er einen Schlüssel aus der Tasche und schloß auf, wir traten ein und befanden uns in einem enggedrängten Jahrmarktstreiben. Auf Tischen lagen Waren ausgebreitet, brannten Kerzen. Im Schwahl eine erstickende schwüle Luft. Da bemerkte ich, daß an der Westwand große Bilder aus der Heilsgeschichte durch eine helle Tünche schimmerten. Ich konnte auch erkennen, was sie darstellten. Damals war der Schwahl noch verglast. In ihm hatten die Husaren exerziert. An den Wänden waren Grabsteine aufgerichtet. Durch ein Fenster sah man auf den tiefverschneiten Kreuzganghof und auf die Mauer des Domes«[1].

Mit diesen Worten schilderte der Baudirektor E. Ehrhardt genau 55 Jahre nach diesem Ereignis in einem Brief vom 18. Februar 1941 an den schleswig-holsteinischen Provinzialkonservator Dr. E. Sauermann seine erste Begegnung mit dem Schleswiger Dom und den Malereien im Schwahl, der für viele Jahre sein sorgsam betriebenes berufliches Tätigkeitsfeld sein würde.

Was Ehrhardt über die Wandmalereien sagte, betraf nur die im Westflügel, denn im Nordflügel waren bereits die Malereien auf allen acht Feldern freigelegt dem Auge sichtbar. Sein dienstlicher Vorgesetzter Adalbert Hotzen, der Leiter des preußischen Baukreises Schleswig, hatte bereits 1883 offenbar zunächst nur das Bild der Kreuzabnahme, dann auch die übrigen im Nordflügel eigenhändig freigelegt (Abb. 1). War Hotzen auch nicht der Entdecker dieser Malereien – bereits 1826 hatte man die Malereien, »die nicht ohne Wert zu sein schienen« (Dominventar, S. 212), bemerkt, und hatte ihm sein unerlaubtes Vorgehen auch dienstlichen Tadel eingetragen – so war es seinem Bemühen noch vor Beginn der großen Restaurierungsarbeiten gelungen, ein breiteres Interesse an diesen Malereien zu wecken. Mehrere Jahre lehnte die Provinzialverwaltung die Beschäftigung mit den Malereien ab, doch nach ihrer Besichtigung durch den preußischen Konservator Geheimrat Persius im Sommer 1886 kam ihre Restaurierung in Gang. Hotzen konnte im Juli 1887 den Historienmaler Schaper von der Technischen Hochschule in Hannover zu einer Besichtigung der Malereien gewinnen, der urteilte, »daß die noch vorhandene Zeichnung durch Nachziehen zu erneuern sei«. Schon zuvor hatte die Regierung entschieden, daß »nur eine Wiederherstellung und Ergänzung der Conturen unter Erhaltung des Vorhandenen« erfolgen sollte. Damit war die Generallinie der Restaurierung angezeigt, nämlich daß das Original zu erhalten sei, doch beide Anweisungen enthielten darüber hinaus Differenzierungen: Die Regierungsanweisung zielte auf Komplettierung, Schaper hatte nur eine Verdeutlichung des Vorhandenen im Sinn. In der engen Bahn zwischen diesen beiden Leitlinien bewegte sich auch die ab 30. 9. 1887 einsetzende Restaurierung.

Schapers Assistent, der Maler August Olbers, der künftig vielfach im Lande tätig sein würde, hatte, zunächst noch unter der Leitung Schapers stehend, schließlich den Auftrag zur Restaurierung erhalten. Olbers begann seine Arbeit im Nordflügel an der Darstellung der »Kreuzabnahme« und der »Kreuzigung«, restaurierte 1888 dann dort die übrigen – alle ja schon freigelegten – Malereien, anschließend das einzige alte im Ostflügel, den »Marientod«, und schließlich 1889 die

Abb. 1 Kreuzabnahme (Feld XII) nach der Freilegung durch Hotzen 1883. Pause einer eigenhändigen Zeichnung Hotzens von 1884. Die Malerei ist teilweise noch verdeckt durch eine der Grabplatten, welche 1873 im Kreuzgang aufgestellt worden waren.

Felder im Westflügel (Abb. 2 a). In den folgenden beiden Jahren restaurierte er die Gewölbemalereien, die Malereien an den Wandabschnitten beiderseits der Fenster und ergänzte weisungsgemäß den Christuszyklus auf den leeren Wandfeldern (das erste im Westflügel und fünf im Ostflügel) um thematisch zugeordnete bildliche Darstellungen.

Über seine Arbeitsweise hatte Olbers Anfang der 1920er Jahre Otto Plambeck, der damals als Doktorand der Kunstgeschichte über die Malereien arbeitete, berichtet: »Wo die rotbraunen Linien sehr schwach und schwer zu erkennen waren, wurden sie durch Anfeuchten deutlicher gemacht und dann nachgemalt. Allerdings waren dann in den Linien noch manche kleine Unterbrechungen, die aber so unwesentlich waren, daß« bei den vorgenommenen Ergänzungen »ein Irrtum in der Linienführung so gut wie ausgeschlossen ist. Die Bilder der Westwand sind ebenso behandelt worden, die Unterbrechungen waren aber größer und, es sind aus dem Grunde ganze Partien, die nur geringe Reste der Zeichnung zeigten, unvollendet geblieben. Die Tierfriese sind bei diesen Bildern, weil ich ihr früheres Vorhandensein an vielen kleinen Spuren feststellen konnte, der Vollständigkeit wegen neu hinzugefügt worden«. Er ergänzte seinen Bericht 1940 später in einem Brief an den schleswig-holsteinischen Provinzialkonservator Sauermann um die Mitteilung, daß er mit großer Mühe allen alten Spuren mit Farbe nachgegangen sei, sich dabei vor kühnen Ergänzungen hütend, was man ihm von manchen Seiten verübelt habe. In der Tat waren 1888 durch die Regierung fehlende Ergänzungen bei »Kreuzabnahme« und »Kreuzigung« kritisiert worden. Doch hieß es schließlich im Abnahmeprotokoll vom 25. 6. 1888 zu den Wandmalereien: »Alles wurde vollständig ergänzt bis auf die ‚Hüter des Grabes'... Bei allen anderen Malereien hatte er (Olbers) unschwer ergänzen können oder nach anderen, besser erhaltenen, neu konstruiert, besonders viel bei den stark zerstörten Tierfriesen und Umrahmungen«.

Plambeck bezeichnete in seiner Dissertation die Arbeitsweise Olbers' als eigentümlich schwankend; manchmal schiene er nur die vorhandenen Linien nachgezogen zu haben, denn es seien große Lücken freigeblieben, in anderen Fällen habe er auf großen Flächen neu ergänzt und letztlich sogar die Tierfriese an der Westseite neu erfunden und hinzugefügt. Plambecks Kritik ließ außer den Forderungen der Provinzialregierung nach Ergänzungen außer acht, daß Olbers seine Tätigkeit an den schon freigelegten und gut erhaltenen Malereien im Nordflügel begonnen hatte und hier kleinere Fehlstellen hatte hinnehmen können. Dann entdeckte er bei der Freilegung der Malereien im Westflügel, daß die unteren Bildabschnitte schlecht erhalten waren und die Tierfriese ganz fehlten – gleichzeitig fiel der Entschluß, alle leeren Wandfelder figürlich auszumalen: Es blieb Olbers in dieser Situation kaum anderes übrig, als wesentlich zu ergänzen, allein schon deshalb, weil er die neuen Bilder zwischen den alten einpassen mußte.

So war schließlich die mittelalterliche Ausmalung des Schwahls in einer Weise wiedererstanden, welche den Gesichtspunkt der Vollständigkeit nach Form und Inhalt (hierunter rechnet auch die thematisch ergänzende Neuausmalung der leeren Wandfelder) höher einschätzte als die Sprache des Künstlerischen. Das war im Sinne der Zeit. In den »Schleswiger Nachrichten« erfuhr die Restaurierung (der gesamten Malereien in Dom und Schwahl) folgende Bewertung: »Die [Der] Pinsel des Herrn Olbers hat da eine Farbenpracht und Gestaltungsfülle theils wieder aufleben lassen, theils neu geschaffen, welche... unsere Domkirche... zu einer Sehenswürdigkeit ersten Ranges... macht«.

Wir haben heute nach der dritten Restaurierung keinen Zweifel mehr, daß Olbers sich der originalen Malerei mit Takt und Vorsicht angenommen hat. Schon Hotzen hatte am 25. 6. 1888 vermerkt: »Da Olbers es seiner Aufgabe entsprechend nicht für richtig hielt, nach eigener Erfindung die Figuren (im Bilde der Auferstehung) neu zu fassen, blieben sie unvollendet.« Wenn es trotzdem zu größeren Ergänzungen (an bekannten Stellen!) kam, lag das am geschilderten Zwang der Verhältnisse, den Forderungen des Auftraggebers und an den damals gültigen Anschauungen über Restaurierungen.

Was war nun im Kreuzgang an mittelalterlicher Malerei zu sehen? Sie umfaßte in unterschiedlicher Ausführung sämtliche Wand- und Gewölbeflächen sowie die Architekturglieder und wird bald nach Vollendung des Kreuzgangbaus im ersten Drittel des 14. Jahrhunderts entstanden sein (Abb. 3–4).

Die nach Gehalt und künstlerischem Rang bedeutendsten Malereien sind die großfigürlichen Darstellungen der Lebensgeschichte Christi auf den äußersten Bogenfeldern in der Abfolge von West nach Ost. Die ganze Bilderfolge ist ganz ungewöhnlich auf weißem Grund in rotfarbiger

Abb. 2 a Kreuzabnahme (Feld XII) nach der Restaurierung durch Olbers 1887. Aufnahme um 1891.

Abb. 2 b Kreuzabnahme (Feld XII) nach der Restaurierung durch Fey. Aufnahme von 1937.

Abb. 2 c Kreuzabnahme (Feld XII), 1969 aufgenommen.

Abb. 2 d Kreuzabnahme (Feld XII) nach der dritten Restaurierung. Aufnahme von 1976.

Abb. 3 Der westliche Flügel des Schwahls nach Norden. Zustand 1984.

Linienzeichnung wie übergroße Graphiken ausgeführt, eine Technik, die besonders geeignet war, das idealisierte Menschenbild jener Zeit in seiner Unkörperlichkeit, den schwingenden Bewegungen und der beredten Gestik auszudrücken.

Von diesem Zyklus sind im West- und Nordflügel erhalten 14 Szenen vom Ritt der Hl. Drei Könige bis zu den Frauen am Grabe sowie der Marientod im Ostflügel. Verloren sind im Westflügel die beiden ersten Szenen (nicht nur das heutige Leerfeld, denn der Kreuzgang hatte bereits im Spätmittelalter seine südlichsten Joche in Ost- und Westflügel wegen einer Vergrößerung des nördlichen Seitenschiffes eingebüßt!), also vermutlich Verkündigung und Geburt. Im Ostflügel fehlen mit Ausnahme des Marientodes sämtliche Darstellungen unbekannten Inhalts. J. Kolbe vermutet mit gutem Grund (Dominventar, S. 274), daß sie vielleicht das Marienleben zum Thema hatten.

Abb. 4 Deckenmalerei im Schwahl. Zustand 1984.

Gänzlich anderen Charakters war die Ausmalung der Gewölbe. Farbig angelegt und flächenfüllend überzog sie die Kappen nach einem einheitlichen Grundmuster, doch im einzelnen von Joch zu Joch wechselnd mit Rankenwerk und phantastischen Lebewesen, wie Drachen- und Vogelmenschen, Unholden und Kentauren.

Auch die Einzelfiguren unter Baldachinen, die auf den hofseitigen Wandfeldern, jeweils rechts und links der Fenster, Platz gefunden haben, sind vollflächig in Farbe angelegt. Zu sehen waren – schon zu Olbers Zeit schlecht erhalten – im Westflügel Propheten, im Nordflügel Könige und im Ostflügel Apostel.

Trotz der Unterschiedlichkeit der Malereien ist ein Sinnzusammenhang zwischen ihnen anzunehmen. Hauptgegenstand der bildlichen Ausgestaltung des Schwahles war der Christuszyklus, dessen Ereignisse eine Prozession im Umgang von West nach Ost begleitend nacherleben konnte. Wenn auch zwischen den Christusbildern und den zugeordneten Gewölbemalereien keine direkte inhaltliche Beziehung besteht, so geschah solche Gegenüberstellung sicher absichtlich. Hier eine in kräftigen Farben geschilderte Welt des Dämonischen, menschlicher Unzulänglichkeiten und Gefährdungen, dort als stilles Gegenüber die Geschichte Christi, ein ständiger Hinweis auf die Erlösung des Menschen durch das Opfer Christi. Künder, Deuter und Zeugen der göttlichen Heilsverkündigung sind die heiligen Männer auf den Wandfeldern der Hofseite.

Die Kunstgeschichte hat verhältnismäßig spät von den Schwahlmalereien (und den anschließend freigelegten im Domchor) Kenntnis genommen. A. Haseloff, Ordinarius für Kunstgeschichte in Kiel und bedeutender Forscher mittelalterlicher Buchmalerei, bekundete sein Interesse, indem er um 1920 Otto Plambeck die Wandmalereien im Schwahl als Dissertationsthema gab. Diese Arbeit liegt leider nur in einer vorläufigen Fassung in Maschinenschrift vor[2]. Neben einer Beziehung zu englischer Buchmalerei im weiteren Sinne sah Plambeck zwischen den Wandmalereien im Schwahl und Malereien und Grabplatten in Lübeck eine Beziehung im engeren Sinne. Er wie die späteren Bearbeiter dieses Themas, V. C. Habicht 1939[3], der die Malereien dem Umkreis südniedersächsischer Buchmalerei zuordnete, und Alfred Stange[4], der neben allgemeineren Beziehungen zu sächsischer und englischer Malerei die Schwahlmalereien als Schöpfung einer Lübecker Werkstatt ansah, kannten damals noch nicht die erst durch den Brand der Lübecker Marienkirche 1924 dort zutage getretenen Wandmalereien, auch nicht die Malereien im Bischofsgrab des Lübecker Domes. Diese stehen nun im engstem Zusammenhang mit den Schwahlmalereien, so daß J. Kolbe (Dominventar, S. 275 ff.) sie als die Schöpfung einer Werkstatt ansieht. Jüngst entdeckte Malerei- und Glasmalereifragmente im Graukloster zu Schleswig machen darüber hinaus deutlich, daß die Tätigkeit dieser Werkstatt in Schleswig nicht allein auf den Dom beschränkt geblieben war.

Kreisbauinspektor Hotzen, dem die Freilegung und Restaurierung der Wandmalereien zu danken ist, traf damals eine unglückliche Entscheidung, welche eine schleichende Zerstörung der Malereien einleitete. Er ließ gegen die Bedenken von Bauleiter Ehrhardt die Verglasung im Schwahl entfernen. Ehrhardt trug am 19. 3. 1890 in sein Bautagebuch ein: »Auch die Verglasung wird herausgenommen... Es wird sich herausstellen, ob die Malereien im Innern das Öffnen der Fenster gestatten«. In seinem Brief vom 18. 2. 1941 an Provinzialkonservator Sauermann, aus dem Teile zu Anfang dieses Beitrages zitiert sind, hat Ehrhardt die Anweisung Hotzens und seine Einwände ausführlicher geschildert.

Ehrhardts Zweifel bestätigten sich, denn sehr bald setzten Verfall und Verschmutzung ein. Seit 1914 stellte man Überlegungen zur Rettung der Schwahlmalereien an, beginnend mit Olbers radikalem Vorschlag, die Bilder abzupausen und diese Pausen auf völlig erneuerten Wandputz zu übertragen. Mehrfach wurde die Neuverglasung des Schwahls gefordert (1922 hatte man bereits Glas angeschafft!), doch diese unterblieb. Übergehen wir die langjährigen Verhandlungen, Überlegungen, auch die praktischen Versuche zur Rettung der Malerei und setzen zu der Zeit wieder ein, als 1933 der Restaurator Prof. Ernst Fey aus Berlin den Auftrag zur Restaurierung der Malereien im Schwahl erhalten hatte.

Fey war vom preußischen Generalkonservator Hiecke als Gutachter über den Zustand der Malereien herangezogen worden und hatte an den Gewölben festgestellt (so Hieckes Worte), daß »die unter der Olbersschen Übermalung hervortretenden oder von ihm seinerzeit nicht berührten Teile der ursprünglichen Malerei fest sind«. Prof. Fey begann 1933 mit Mitarbeitern zunächst unter seiner Leitung, bald unter der seines Sohnes Dietrich, der für Jahre im Schleswiger Dom und bald im ganzen Lande tätig sein würde, mit der Restaurierung zunächst nur der Gewölbemalereien. Provinzialkonservator Sauermann vermerkte nach Restaurierung der ersten fünf Gewölbe im Westflügel: »Hierbei hat Herr Fey feststellen können, daß die originale Malerei noch intakt unter dem von Olbers aufgetragenen Kreidegrund erhalten ist«, obwohl bei der vorangegangenen Besichtigung am 10. 8. 1933 die Sache erheblich differenzierter gesehen worden war.

Aus heutiger Sicht bestätigt sich im Vergleich zwischen den wenigen während der Restaurierung gemachten fotografischen Aufnahmen und dem früheren und heutigen Zustand diese eindeutige Aussage nur teilweise, doch damals ermutigte der Erfolg zu weiteren Versuchen an den Wandbildern. Sauermann notierte im Oktober 1935: »Fey hat von den Wandbildern im Kreuzgang eines gereinigt, das in erstaunlich guter Weise wieder zutage getreten ist«. Prof. Ernst Fey bestätigte 1937: »Es sind ja in der Tat außerordentliche Malereien, die freigelegt wurden«. Die in immer bestimmterem Tone vorgetragene These von der Freilegung der Wandmalereien gipfelte in dem auf Drängen von Provinzialkonservator Sauermann am 5. 9. 1940 erstatteten Bericht von Prof. Fey über die Restaurierung der Wandbilder: »Nach der gelungenen Wiederherstellung der Gewölbemalereien im Schwahl begann nun die sehr schwierige Arbeit des Freilegens der Wandbilder, denn auch diese waren in der vorher beschriebenen Art vollständig übermalt... Mit einem feinen Spachtel wurde die neue Schicht abgehoben, so daß die alte Zeichnung wieder zum Vorschein kam« (Abb. 2 b).

Die im Schwahl und später auch im Chor und im Querhaus des Domes durch Prof. Fey und Mitarbeiter durchgeführte Restaurierung der Malereien wurde allgemein günstig aufgenommen, und die Kunde von dem Ereignis zunächst durch Presseberichte ab 1935, hauptsächlich ab 1937, in regionalen und überregionalen Zeitungen, dann durch eine Wanderausstellung von Lichtbildern verbreitet. E. Nöbbe berichtete in den »Flensburger Nachrichten« am 11. 7. 1938 über eine Ausstellung in Flensburg: »Als in den achtziger Jahren des vorigen Jahrhunderts farbige Wandmalereien freigelegt wurden, bestand die Wiederherstellung in Übermalung der vermeintlich verblaßten Umrißzeichnungen. Die in sicherer Hand mit flottem Pinselstrich ausgeführten Bilder wurden in den letzten beiden Jahren von der Übermalung befreit und zu ursprünglicher Schönheit zurückgeführt. Zahlreiche Gestalten, Köpfe feinster Charakteristik, sind unter Aufwendung geringster Mittel von unbeschreiblicher Anmut oder herbem Ausdruck«. Der Kunsthistoriker Prof. Dr. V. C. Habicht von der TH Hannover hatte schon am 7. 12. 1937 nach Besichtigung der Malereien im »Niedersächsischen Tageblatt« Prof. Fey bescheinigt, er habe die Malereien »in mustergültiger Weise von den Zutaten und Übermalungen befreit und wiederhergestellt«. Diese Bewertung wiederholte Habicht (in seinem in Anm. 3 genannten Aufsatz, S. 1 f.) und ergänzte, »daß die jetzt sichtbaren Teile die originale Fassung darstellen«. Alfred Stange, Ordinarius der Kunstgeschichte an der Universität Bonn, äußerte sich (in seinem Anm. 4 zitierten Buch, S. 55) begeistert: »Kaum ein alter Strich war ihnen (den Malereien) verblieben, alles war übergangen, nachgezogen, erneuert. Nur noch ahnen konnte man hinter der klischeehaften Erneuerung, die alles leer, kleinlich und süß gemacht hatte, ihre einstige Großartigkeit und Schönheit. Nun aber sind uns diese Malereien durch die ebenso zurückhaltende wie sorgfältige Freilegung und Pflege wahrhaft wiedergeschenkt worden. Ohne daß ihr Alter und die vielen untilgbaren Schäden vertuscht, vielmehr wie sie offen eingestanden sind und nichts hinzugetan wurde, stehen die Bilder in wundervoller Reinheit wieder vor uns«.

Worin unterschieden sich denn die Wandmalereien nach der Restaurierung durch Fey von der durch Olbers, daß solch hohes Lob gerechtfertigt gewesen wäre? Zweifellos am stärksten im Gesamteindruck. Dort, bei Olbers, der saubere gleichfarbige Grund ohne Verwitterungsspuren, die peinlich genaue Korrektheit der Linienführung, die nazarenische und alterslose Grundstimmung, hier der lebhaftere differenziertere Grund, der deutlichere Charakter des Fragmentarischen, die lockere Strichführung, alles in allem die überzeugendere Präsentation eines altersgeprägten mittelalterlichen Kunstwerkes.

Nach Feys Restaurierung verraten die Linien eine lockere, leichte, manchmal nur andeutende Handschrift; die Linien schließen nicht exakt aneinander, die Farbintensität kann variieren, auch erscheinen die Linien in ihrer reduzierten, fast porösen Art wie vom hohen Alter angegriffen. Schließlich noch haben die Gesichter durch die häufig veränderte Stellung der Mundwinkel eine andere Physiognomie (Abb. 2a–2b).

Aber war das, was jetzt zu sehen war, auch die Handschrift des mittelalterlichen Künstlers? Nach ausführlichen Vergleichungen der jeweiligen Zustände nach den beiden Restaurierungen im 19. Jahrhundert und in den 1930er Jahren in Verbindung mit den Ergebnissen der dritten Restaurierung und der Auswertung der Archivalien soll hier in aller Kürze und betont festgehalten werden, daß die drei Restaurierungen der Wandmalereien keine wesentliche Unterschiedlichkeit ihrer Erscheinung bewirkt haben. Darüber hinaus ist festzuhalten, daß bei der Restaurierung durch Fey offensichtlich unterschiedlich verfahren worden ist: Teilweise sind die Malereien überkalkt und frisch nachgezogen, teilweise Übermalungen von Olbers entfernt und teilweise ist ganz freigelegt worden. Daneben lassen sich im erheblichen Umfang Retuschen nachweisen, besonders in den Tierfriesen. Wenn schließlich nach der dritten Restaurierung Partien zu sehen sind, die weder den Zustand Olbers noch Fey zeigen, sondern in ihrer variierenden und sicheren Strichführung eindeutig der ursprünglichen Ausmalung zugehören, muß daraus geschlossen werden, daß hier weder die Erst- noch die Zweitrestaurierung auf den Urzustand vorgedrungen ist.

Was also die Restaurierung durch Fey im wesentlichen von der durch Olbers unterschied, war weniger das Ergebnis einer Freilegung, als die andere Art des Vortrages. Da waren Fehlstellen deutlich sichtbar, schien die Malerei auf ihren ursprünglichen Kern reduziert, war der Grund lebhafter gefleckt, der Ausdruck der Malerei herber. Allein die Tatsache, daß der Eindruck von Perfektion durch die Restaurierung von Olbers geschwunden war – deren Wirkung allerdings man damals hauptsächlich nur an alten Fotografien ermessen konnte –, mußte angesichts der ablehnenden Haltung dieser Zeit gegen die in der zweiten Hälfte des 19. Jahrhunderts gültigen künstlerischen und restauratorischen Auffassungen allgemein und der abfälligen Urteile über Olbers Tätigkeit im besonderen der Restaurierung durch Fey ein kräftiges Maß an Vertrauenswürdigkeit vorgegeben haben. Dazu kam, daß die Gestalten in ihrer Herbheit dem Zeitempfinden nahestanden: Ähnlich spröden Charme zeigte Uta von Naumburg, deren Abbild in vielen bürgerlichen Wohnungen hing, und eine ähnliche Charakteristik gab der Elmshorner Maler Wilhelm Petersen seinen friesischen Mädchengesichtern.

Die Frage der Qualität der Zweitrestaurierung gewann mit dem bekannten Truthahnstreit eine damals nicht erkannte Bedeutung. Bei den gänzlich von Olbers neu gestalteten Tierfriesen im Westflügel hatte Olbers für die Szene des bethlehemischen Kindermordes vier Füchse im Wechsel mit vier Truthähnen gewählt. In Plambecks (in Anm. 2 zitierter) Arbeit von 1921 findet sich (auf S. 12) über diese Truthähne folgende schriftliche Äußerung von Olbers: »Leider ist mir dabei der Fehler unterlaufen, daß ich den Truthahn aufgenommen habe, der zur Zeit der Entstehung der Bilder bei uns noch gar nicht bekannt war«.

Die von niemand beachteten Truthähne bekamen nach der Restaurierung durch Fey unter dem ideologischen Vorzeichen der nationalsozialistischen Rassentheorie Gewicht, zumal nun nicht mehr vier, sondern gar acht Truthähne zu sehen waren: Die amerikanischen Vögel konnten als neuerlicher Beweis der vorkolumbianischen Entdeckung Amerikas durch die Wikinger dienen. Diese These, erstmals am 26. 3. 1938 in den »Schleswiger Nachrichten« vorgebracht, wurde von der Presse, auch der ausländischen, begierig aufgegriffen und auch von Habicht und Stange vertreten. In wissenschaftlichen Zeitschriften wurde die Frage der Echtheit der Truthähne leidenschaftlich diskutiert bis hin zu dem Versuche, auf Grund des Gefiederschnittes die Truthähne der amerikanischen Wildform oder der mexikanischen Zuchtform zuzuordnen.

Die Auseinandersetzung hätte wahrscheinlich schneller zugunsten der Thesengegner geendet, wenn nicht alle Kontrahenten von der Prämisse ausgegangen wären, die Zweitrestaurierung sei vorzüglich gelungen, die »entstellende Bemalung« (so z. B. sinngemäß Habicht in »Forschungen und Fortschritte« vom 10. 4. 1938) des 19. Jahrhunderts beseitigt, die ursprüngliche Malerei freigelegt und dadurch erst ein »dokumentarischer Zustand« erreicht worden.

Ein genauer Vergleich der Friese vor und nach der Zweitrestaurierung hätte ergeben, daß nicht nur im Fries der Truthähne Abweichungen zu sehen waren, sondern auch in sieben weiteren Friesen. Gravierend ist die Veränderung des Frieses im Felde der Gefangennahme: Hier wurden aus den heraldischen Löwen mit seitlich abgespreizten Pranken »männchenmachende« Löwen mit parallel gesetzten »Hasenpfoten«, und die Adler hatten nun kurze statt lange Schnabelspalten; beides Formveränderungen, die niemals mittelalterlich sein können.

Im Streit um die Echtheit hatten sich Olbers, der schließlich am besten wissen mußte, was er gemacht hatte oder nicht, und der damalige Bauleiter am Dom, Ehrhardt, der Olbers' Autorschaft bestätigte, zu Wort gemeldet. Beide hatten es schwer, sich Gehör zu verschaffen, denn z. T. blieben ihnen die Spalten verschlossen, auch bezichtigte man sie altersbedingter Unglaubwürdigkeit oder gar schlimmerer Schwächen.

Die allgemeine Geringschätzung der Restaurierung durch Olbers hatte Provinzialkonservator Sauermann nie geteilt, obwohl er überzeugt war, daß die Restaurierung durch Fey die ursprüngliche Malerei zutage gebracht habe. Mit Olbers hatte er 1936 wegen der begonnenen Restaurierung Verbindung aufgenommen, war dann wegen der Truthahnaffäre in einen regen Schriftwechsel mit Olbers eingetreten, hatte ihn sogar Anfang September 1940 in Hannover aufgesucht und ihn in geistiger Frische vorgefunden. Er war nun davon überzeugt, daß Olbers die Wahrheit sagte und ist auch öffentlich für Olbers eingetreten. In einem Brief an Prof. Paul Clemen vom 13. 2. 1941, der ihm seine Besprechung über das Buch von A. Stange über den Schleswiger Dom und seine Wandmalereien zugesandt hatte, schrieb er die auch noch heute zu beherzigenden Worte: »Ich halte die Kritik an Olbers' Restauration von 1891 für ungerecht. Wohin kommen wir, wenn wir mit den Erkenntnissen einer seit 41 Jahren fortschreitenden kämpferischen Denkmalpflege Leistungen beurteilen wollen, die 10 Jahre früher erbracht und als richtig beurteilt wurden? ... Kennt Stange überhaupt die Schwahlfresken oder richtigen Bilder vor der Restauration durch Fey? Ich halte es nicht für richtig, die Arbeit des einen Künstlers in Toto zu verwerfen und die Angaben eines anderen so sehr zur Grundlage anzunehmen, daß sie den Wert einer tatsächlichen Feststellung zugesprochen erhalten«. Außerdem habe er mehrfach gefordert, daß jedes Feld nach Freilegung zur Kontrolle fotografiert werden möge; dem sei nicht entsprochen worden. »Es darf einfach nicht mehr vorkommen, daß künstlerische Handschriften im Urtext restauriert werden, bevor der originale Befund festgelegt ist«.

Das Interesse der Wissenschaft an den so bekannt gewordenen Malereien im Schwahl (und an denen in der Kirche) ging zwei Wege. Der eine führte über den Schleswiger F. H. Hamkens in die Sinnbildforschung. Von der Tatsache ausgehend, daß in Dom und Schwahl allerlei Unchristliches gemalt war, und vielleicht angeregt durch R. Haupts Aufsatz »Heidnisches und Fratzenhaftes in nordelbischen Kirchen« in der »Zeitschrift für christliche Kunst« von 1897 Nr. 7 S. 210 ff., hatte Hamkens sich diesem Thema zugewandt. In zahlreichen Aufsätzen, in Zeitschriften und Zeitungen, dann in seiner 1942 erschienenen Hauptschrift »Die Sinnbilder im Schleswiger Dom. Zwischen Heidentum und christlicher Welt« hatte er die Behauptung aufgestellt, daß zwar »die meisten Bilder im äußeren Aufbau christlich seien, dahinter aber »eine andere Welt« stünde, »das germanische Heidentum« (S. 7). In manchen Bildern seien »heidnische Gottheitsgestalten« und »heidnische Sinnbilder« unverhüllt dargestellt. Diese Hypothese mochte einen brauchbaren Ansatz zur Deutung mancher Bilder liefern, aber der Bogen wurde überspannt, und die Beweisführung war zu dilettierend; schließlich galt Alles und Jedes, auch das, was durch jahrhundertealte Tradition im Erscheinungstyp festgelegt war, als germanisch/heidnisch, und Störendes wurde weggelassen. So findet man kein Wort über die ältesten und eindrücklichsten Sinnbilder am Dom, die steinernen Löwen. Hamkens Darstellungen fanden wenig Resonanz, vielleicht deshalb, weil seine Hauptschrift über die zunehmenden Beschwernisse des Krieges wenig beachtet wurde, vermutlich auch deshalb, weil viele sie als überzogen nicht beachten wollten.

Außer dem germanisierenden Sinnbildforscher meldeten sich Vertreter der eigentlichen Fachdisziplin, der Kunstgeschichte, zu Wort, und zwar sogleich mit dem Bekanntwerden der als gelungen angesehenen Restaurierung. Dieses Interesse beruhte ebenso auf dem unbestreitbaren künstlerischen Rang der Malereien wie auch auf der hohen Einschätzung der Kunst der staufischen Zeit in den zwanziger und dreißiger Jahren, der man sich jedoch schon vor der Jahrhundertwende zugewendet hatte. Was die Germanistik längst geleistet hatte, hatte die junge Wissenschaft der Kunstgeschichte Ende des 19. Jahrhunderts mit der Entdeckung einer eigenständigen nationalen Kultur auch im Bereich der bildenden Künste nachgeholt. Vornehmlich die staufische Plastik, der Bamberger und der Magdeburger Reiter sowie die Naumburger Stifterfiguren, wurde als bildliches Zeugnis der hohen Zeit ritterlicher Art und kaiserlicher Reichsmacht gedeutet und gegen die französischen Vorbilder als eigenständige Schöpfung abgegrenzt. Besonders nach dem verlorenen ersten Weltkrieg war die staufische Plastik ein immer wieder aufgegriffenes und auch populäres Thema. Das Buch von W. Pinder »Der Naumburger Dom und seine Bildwerke«, 1925 herausgegeben, erschien 1933 bereits in 4. Auflage; Naumburg selbst wurde von Jahr zu Jahr von wachsenden Scharen deutscher Besucher aufgesucht, da sie hier ein Wesentliches von sich selbst wiederfanden (so sinngemäß H. Beenken in seinem 1939 erschienen Buch: Der Meister von Naumburg, S. 5), und für die weitverbreitete Kenntnis der bald nach 1300 entstandenen manessischen Handschrift, 1888 von Paris nach Heidelberg zurückerworben, sorgte ein 1929 erstmals erschienenes Bändchen der Inselbücherei mit einer Auswahl farbiger Reproduktionen (1962: 334.–413. Tausend).

Diesem Kreise wurden die Schleswiger Malereien ihrem Inhalt nach zugeordnet. In der »Niedersächsischen Tageszeitung« vom 15. 12. 1937 schrieb Prof. Habicht u. a. über den Ritt der Hl. Drei Könige im Schwahl und auf diese Szene bezogen völlig zu Recht, diese Szene sei »im Stoff und der Art der Wiedergabe noch ganz von dem hochgemuten Geist der Stauferzeit erfüllt. Zwar schwebt oben im Zwickel ein Engel mit einem Spruchband über der Gruppe, aber das ändert nicht viel an dem weltoffenen und gegenwartsfrohen Sinn und dem Durchbruch für die stolze Welt der Ritter und Herren. Da die Bilder frühestens 1270 geschaffen sind und damit in eine Zeit fallen, die schon stark von einem Umbruch und auch Verfallserscheinungen überschattet war, kann es nur erstaunen, hier ein Loblied auf diese ritterlich-höfische Kultur zu finden, das eigentlich in sich beruht und ohne Bezug auf das religiöse Thema auskommt« (Abb. 5).

Ganz deutlich wurde die Beziehung in Stanges 1940 erschienenem Werk (Anm. 4) herausgestellt. Stange betonte trotz allem erkennbaren Abstand zu Naumburg staufische Diesseitigkeit und Lebensbejahung als kraftvolle Triebfeder im Werk des Schleswiger Meisters. Darüber hinaus ist aber ein ideologischer Klang nicht zu überhören, wenn von germanischer Renaissance und von nordischem Menschentum die Rede ist, welches die Bilder der Menschen in Schleswig verkörperten. Von einer Datierung der Malereien zu Anfang des 14. Jahrhunderts im ersten Band seiner Reihe: Deutsche Malerei der Gotik, 1934, S. 123, rückte Stange nun ab und setzte sie in die Zeit um 1280. In Habichts etwa gleichzeitiger Veröffentlichung im Marburger Jahrbuch sind – im Gegensatz zu seinem Zeitungsaufsatz – solche allgemeinen Vergleiche unterblieben, obwohl er zu einer gleichen Datierung kam.

Abb. 5 Ritt der Heiligen Drei Könige (Feld II) nach der Restaurierung durch Olbers 1889. Aufnahme um 1891.

Unter überschwenglichen und zurückhaltenden Kritiken, die Stanges Werk galten, greifen wir die von Rudolf Kautzsch in der »Deutschen Literaturzeitung« vom 12.10.1941, Heft 41/42, Sp. 981 ff., heraus. Kautzsch' Besprechung ist im Grunde ein einziges Fragezeichen. Weder akzeptierte er die frühe Datierung noch die »germanische Renaissance« noch das heidnische Element in den Darstellungen, und schließlich äußerte er überhaupt – wie schon angedeutet – Zweifel an der Originalität der Malereien: »So legen wir Stanges Buch mit gemischten Empfindungen aus der Hand. Gerne würde man sein warmes Urteil über die Wandmalereien im Dom zu Schleswig unterschreiben. Aber der kunstgeschichtliche Ort dieser Malereien ist nicht richtig bestimmt, und mit der ‚Germanischen Renaissance des Staufischen Rittertums' können wir schlechterdings nichts anfangen. Es fehlt an einer wirklichen auf ernstes Vergleichen aufgebauten Begründung der Aussagen. Und die Abbildungen – von den 41 Tafeln zeigt mehr als die Hälfte nur Köpfe – lassen eine Nachprüfung nur bedingt zu. Das letzte Wort über die Wandmalereien im Dom zu Schleswig ist noch nicht gesprochen«.

Sehr bald setzten bei den Schwahlmalereien wiederum Verschmutzung und Verfall ein, wohl schneller noch, als nach der Restaurierung durch Olbers. Es mag der Hinweis genügen, daß der Verfasser mit Beginn seiner Tätigkeit am schleswig-holsteinischen Denkmalamt Anfang der 1950er Jahre die Wandmalereien für unrestaurierbar hielt (Abb. 2 c). Die Malereien waren derart geschwärzt, daß sie kaum oder gar nicht zu erkennen waren und, schlimmer noch, an den Feldern der Nordwand, wo seinerzeit Bauinspektor Hotzen offenbar mühelos eigenhändig die Malereien freigelegt hatte und hier der Anteil an originaler Substanz besonders hoch war, war die Malerei in erheblichen Bereichen infolge Überbindung mit Kasein völlig abgeplatzt. Hier waren groteskerweise die Malereien sozusagen im Negativ zu sehen; die ehemals weißen Gründe schwarz, die dunklen Linien weiß. Nur die Szene des »Marientodes« im Ostflügel, rückseitig durch einen Anbau geschützt, zeigte sich wenig angegriffen.

Landeskonservator Hartwig Beseler, aus seiner Tätigkeit am Bonner Denkmalamt im Umgang mit Wandmalerei vertrauter, sah die Sache nicht verloren und bemühte sich bald nach seinem Amtsantritt in Schleswig-Holstein um die Rettung der Wand- und Gewölbemalereien im Schwahl (erstes Gutachten zum Zustand der Malereien durch den nordrheinischen Amtsrestaurator Glaise am 22. 2. 1964). Doch wesentliche Fortschritte ergaben sich erst, als 1969 am schleswig-holsteinischen Denkmalamt die Stelle eines Amtsrestaurators eingerichtet war. Dem ersten Inhaber dieser Position, Frau Barbara Rendtorff, unterstützt und beraten durch den Amtsrestaurator des westfälischen Denkmalamtes, Kurt Schmidt-Thomsen, und Dr. Johannes Taubert vom Bayerischen Denkmalamt, gelang es, die Grundlagen einer Sanierung zu entwickeln.

Denen gingen ab 1969 Versuche voraus: Weder erwies sich die Methode einer Reinigung mit Wasser als sonderlich erfolgreich noch eine Trockenreinigung, da die Malerei teilweise nicht wischfest war; ebenfalls brachte die Anwendung verschiedener Chemikalien unbefriedigende Ergebnisse. Auch stellte sich immer deutlicher heraus, daß die Farbstriche von Olbers und Fey schwer oder gar nicht von den originalen zu trennen waren, aber auch dies, daß alle Linien in bemerkenswerter Kongruenz übereinander lagen. Das führte letztlich zu dem Entschluß, das angestrebte und theoretisch wohl erreichbare Ziel, nämlich mit der Reinigung zugleich die Urschrift der Malerei zurückzugewinnen, nur noch in zweiter Linie zu verfolgen. Zu groß war die Gefahr, daß nur noch Fragmente übrigblieben, Fragmente von hohem ästhetischen Reiz vielleicht; daß aber darüber die Inhalte der Bilder undeutlich zu werden drohten, war nicht auszuschließen, und die waren den damaligen Auftraggebern und sind auch heute noch zum Verständnis der Bilder wesentlicher als die Sprache des Künstlerischen.

So richteten sich die Bemühungen neben einer allgemeinen Sicherung des Malgrundes und der Malereien und das Aufbrechen der alten Kaseinfixierungskrusten mehr auf eine Wiederherstellung des Schauwertes und auf eine konservierende Behandlung der Malereien. Als bemerkenswert erfolgreich erwiesen sich Reinigungsversuche mit der alkalischen Reinigungspaste »Duxola« der Firma Thyssen u. Co. und »Duxola Grün« als Neutralisierungsmittel. Da hierdurch originale Malerei nicht, die der Restauratoren jedoch allzu stark angegriffen wurde und die Gefahr eines zu hohen Schauverlustes gegeben war, ging das endgültige Reinigungsverfahren davon aus, auf diese Weise nur die Weißflächen intensiv zu reinigen, die Farblinien jedoch nur in einem Nachgang. Es ist dabei, wie dargelegt, einiges, besonders im Nordflügel, an ursprünglicher Malerei zurückgewonnen worden, so unerwartet gut an Feld XV (die Zählung folgt der im Dominventar). Auch an Feld I gingen die Farblinien der zweiten Restaurierung fast gänzlich weg, da ohne starke Bindekraft. An Feld XIII schwand darüber hinaus teilweise auch die Bemalung von Olbers.

Anders stellten sich die Probleme in denjenigen Feldern des Nordflügels, wo in erheblichen Teilen totale Farbverluste eingetreten waren: Eine Reinigung hätte einen weißen Grund ohne erkennbare Spuren von Malereien bewirkt. Nach vielerlei Versuchen wurde das Verfahren gewählt, die weißen Linien beidseitig und sorgfältig mit reinigungsfester, doch nicht lichtbeständiger Farbe pünktchenweise zu konturieren (»Filzschreiber«), und anschließend nach Reinigung der Flächen das markierte Liniengefüge in einer Farbe, die erkennbar vom Originalfarbton abweicht, nachzuziehen. Nur an diesen Stellen sind Retuschen vorgenommen worden (abgesehen von Eintönungen frischer und älterer Putzausbesserungen), sonst nirgends.

Bei einer flächenfüllenden farbigen Ausmalung wäre solches Vorgehen sicher problematisch gewesen, da es allzusehr die Phantasie ins Spiel gebracht hätte; hier ging es um einfarbige, geradezu zeichnerische Ergänzungen, die recht genau dem Negativ der originalen Malerei folgen konnten. Der Bildzusammenhang blieb auf diese Weise gewahrt, dennoch der Betrachter über den Umfang der Ergänzungen nicht im unklaren (Abb. 2 d).

Als Schlußbehandlung der Wandflächen wurde nach unbefriedigenden Versuchen mit anderen Mitteln der nicht hydrophobierende Sandsteinverfestiger der Wacker-Chemie gewählt (ausgenommen die mit »Keim-Fixativ« 1 : 6 behandelten Felder III und IV).

Es ist ergänzend nachzutragen, daß bei der Restaurierung der Gewölbemalereien (auch der fensterseitigen Wandfelder) in ähnlicher Weise verfahren worden ist. Hierbei konnten in fast jedem Joch Partien unterschiedlicher Größe freigelegt werden, die sowohl bei der ersten wie zweiten Restaurierung unentdeckt geblieben waren. Auch ließen sich spätere Übermalungen durchweg vermindern. Farbige Retuschen sind gänzlich unterblieben. Die zusätzlichen Malereien von Olbers auf den Wandfeldern I, XVI–XIX und XXI, in Leimfarbe ausgeführt und fast zur Gänze unkenntlich geworden und kaum restaurierbar, wurden mit Ausnahme eines Christuskopfes in Feld XXI aufgegeben und beseitigt. Verzichtet wurde auch auf eine Wiederherstellung der farbigen Fassung der Architekturglieder in Rot und Grün, da nur noch geringe Reste original erhalten waren.

Berichtet werden muß noch von einigen Beobachtungen während der dritten Restaurierungskampagne, da sie für die Geschichte der Wandmalereien nicht unwesentlich sind:

1. Auf den Feldern II, III, IV, VIII, XV und XXI wurden partiell schwarze Linien beobachtet, die unterhalb der Erstausmalung verliefen. Diese Linien stehen in keinem Zusammenhang mit den Rotlinien. In Feld II glaubt man Umrisse einer Figur erkennen zu können. Offenbar handelt es sich um Vorzeichnungen zu einer nicht ausgeführten Malerei anderer Art als die jetzige.

2. Nur in Feld V ließ sich eine farbige Ausmalung der roten Kontur-Malerei nachweisen. Die Blätter des rahmenden Frieses waren wechselweise gelb und grün gehalten, ebenso das zugehörige Doppelband. Auch bei zwei Gestalten waren in Gesicht (Ockerton) und Gewand (rötlicher Ockerton bzw. gelb und grün) Farbreste zu erkennen. Es scheint sich um spätere Kolorierungsversuche zu handeln, die nach den verwendeten Farben vielleicht erst ins 16. Jahrhundert zu datieren sind.

3. An allen Feldern des Ostflügels fanden sich sehr geringe Reste der ursprünglichen Ausmalung (die alten Putzinseln sind bei der jetzt durchgeführten Neuverputzung dieser Felder erhalten geblieben). Der »Marientod« auf Feld XX stand also nicht isoliert, sondern in einen Bildzyklus eingebunden.

4. Die Felder XVI und XXI im Ostflügel weisen Reste einer spätgotischen Ausmalung in Caput mortuum / braun und schwarz auf. Demnach wäre zumindest in diesen Feldern, wenn nicht allen des Ostflügels (ausgenommen den »Marientod«), seit der Zeit die ursprüngliche Malerei nicht mehr sichtbar gewesen.

Einige statistische Angaben zur Restaurierung, über die hier natürlich nur summarisch berichtet werden konnte. Von 1969 bis 1971 Versuche, ab 1972 Beginn der praktischen Restaurierungsarbeit, die jährlich in den Sommermonaten von zwei bis zu sechs Restauratoren durchgeführt wurde und 1981 endete. Lediglich 1977 wurde wegen Bauarbeiten mit der Arbeit ausgesetzt. Die Restaurierung stand bis Sommer 1977 unter der fachlichen Aufsicht von Barbara Rendtorff, danach unter der ihres Nachfolgers im Amt, Hartmut Scholz[5]. Unter den acht Restauratoren, die hier mehrjährig gearbeitet haben, hat der Restaurator Heinz Fernkorn aus Beckum wesentlichen Anteil an der Entwicklung der praktischen Verfahrensweise.

Eine dritte Restaurierung voranzutreiben, ohne die Frage nach dem Scheitern der beiden vorangegangenen zu stellen, wäre leichtfertig gewesen. Von allen Gutachtern, angefangen bei Ehrhardt, ist das Fehlen einer Verglasung als Hauptschadensursache (übrigens mit unterschiedlicher Begründung) angesehen worden. Die Wirkung einer Verglasung konnte glücklicherweise in einem mehrjährigen Versuch durch eine Probeverglasung aus drahtverstärkter Folie von Herbst 1971 überprüft werden, ehe es 1978 zur endgültigen Verglasung kam. Bereits im Februar 1972 waren die Durchfeuchtung des Bodens und der Wände sichtbar vermindert, seitdem weiter verbesserte klimatische Verhältnisse eingetreten. Ließen sich noch 1971 innerhalb von Monaten starke Neuverschmutzungen an frisch gereinigten Stellen feststellen, so sind seitdem neue Verschmutzungen nicht mehr erkennbar. Ein nicht unbeträchtlicher Luftaustausch ist trotzdem ständig gegeben, da die Fensterrahmen nicht dicht am Anschlag sitzen, außerdem besitzt jedes Fenster einen Öffnungsflügel, so daß noch jede Möglichkeit der Verminderung oder Vermehrung der Luftzufuhr besteht.

Doch die Geschichte der dritten Restaurierung weist noch einen unerwünschten Höhepunkt auf. Das Wort von Paul Clemen aus Anlaß einer Besprechung von Stanges Buch über den Schleswiger Dom in der »Frankfurter Zeitung« vom 12. 12. 1940: »Solche...Repristinationen (Auffrischungen) sind wie jede späte Operation an einem alten Kranken nicht unbedenklich« könnte als Überschrift zu ihrem letzten Kapitel stehen. Am Schwahl hatte sich plötzlich die Notwendigkeit seiner baulichen Sanierung ergeben, da seine Nordwand infolge moorigen Baugrundes wegzurutschen drohte. Die im Winter 1976/77 unter einem Winterbauzelt durchgeführten Sicherungsarbeiten hatten ein besonders feuchtes Raumklima zur Folge. Unter diesen günstigen Voraussetzungen konnten sich auf den noch nicht gefestigten Putzgründen Kulturen von Mikroorganismen entwickeln, die wie schwärzliche Teppiche die Wandfelder überzogen; Feld VII war fast nicht mehr zu erkennen.

Dr. Friedrich E. W. Eckhardt vom Institut für allgemeine Mikrobiologie der Universität Kiel identifizierte die dunklen Teppiche als das Mycel eines zu den »Schwärzepilzen« gehörigen Pilzes, das bis zu mehreren Millimetern Tiefe im Putz nachzuweisen war. Das »saure« Milieu und die Mürbheit der alten Putzgründe seien wahrscheinlich diesen Pilzen zuzuschreiben, da sie organische, karonatlösende Säuren ausscheiden. Voraussetzung für die Entwicklung des Pilzes sei im allgemeinen eine hohe Luftfeuchtigkeit um 95 %, die durch die extreme Winterbausituation gegeben sein konnte. Die für das Wachstum der Pilze notwendigen organischen Bestandteile werden durch das Kasein der früheren Restaurierungen auf den Putz gekommen sein, vielleicht auch durch ihre zumindest vorübergehende Anwesenheit (Herbst 1976 Behandlung von 8 Wandfeldern mit Sandsteinverfestiger) im verwendeten Sandsteinverfestiger. Befallene Putzgründe, die mit »Preventol PN« behandelt waren, erwiesen sich als steril, Kulturversuche verliefen negativ.

Die bereits in Proben versuchte Behandlung der befallenen Flächen mit »Preventol PN« als Fungizid wurde daraufhin 1978 auf alle Felder ausgedehnt und hat sich bis heute bewährt. Doch ist nach Eckhardt mit einer zeitlich begrenzten Wirkung des keimtötenden Mittels zu rechnen: Der Schwahl mit seinen Malereien bleibt ein Patient, der ständiger Aufsicht bedarf.

Der Zwischenfall bestätigt nur die allgemein bekannte Tatsache, daß auch heute noch trotz aller Fortschritte in Methode und Technik des Restaurierens mit schwer wägbaren Risiken gerechnet werden muß. Dennoch entbehre die Situation dramatischer Effekte. Es galt hier, mit naturwissenschaftlichen Methoden ein Problem anzugehen, deren Möglichkeiten sich der heutige Restaurator mit Selbstverständlichkeit bedient. In seinem Selbstverständnis dürfte der mit geheimen Wundermitteln arbeitende Magier der Restaurierungskunst früherer Tage kaum noch einen Platz haben.

Mit gleicher Nüchternheit ist die Restaurierung insgesamt betrieben worden. Es bestand kein Erfolgszwang, nun endlich die Malerei des 14. Jahrhunderts aus der Asche hervorzuholen, sondern nur die Aufgabe, zu retten, was zu retten möglich war. Von der Ausbildung des heutigen Restaurators her kann man sich eine Wiederholung der Situation wie die bei der Zweitrestaurierung schwer vorstellen. Olbers kam noch ganz aus der Schule und geistigen Welt der Historienmaler, die zwischen Original und Nachempfindung zugunsten einer künstlerischen und inhaltlichen Ganzheit wenig Unterschied machte; ihre restauratorische Tätigkeit war mehr Nebenzweck ihrer beruflichen Vorstellungen. Die zweite Generation suchte sich gegen ältere Anschauungen und Praktiken abzusetzen, obwohl sie vielfach und vielleicht gerade deshalb dieselbe berufliche Ausbildung als akademischer Maler erfahren hatte wie die ältere. So konnte der Fall eintreten, daß die Erwartungen größer waren als die Erfüllung gestellter restauratorischer Aufgaben mit höheren Ansprüchen an Originalität.

Eine kritische Bewertung der dritten Restaurierung steht dem berichtenden und beteiligten Zeitgenossen noch nicht an. Er kann hier nur den Gang der Ereignisse schildern, die Probleme, die Lösungsversuche benennen und das ernsthafte Bemühen deutlich machen. Aber er wird nicht so vermessen sein zu behaupten, diesmal sei nun endlich und erstmalig alles recht und richtig geschehen. Schon in der Diskussion der 20er Jahre spielte die Frage eine Rolle, ob der in Putzproben aus Kaseinkalk oder kohlensaurem Kalk im Schwahl nachgewiesene Gips durch Schwefelsäure aus der Atmosphäre entstanden sei (Prof. Ratgen in einem Brief vom 25. 5. 1926). Der Pilzbefall der Malereien Ende der 1970er Jahre ist ein warnendes Beispiel.

Wie zu Ehrhardts Zeiten hat der wiederhergestellte Schwahl im 1982 neu belebten Schwahlmarkt zur Weihnachtszeit die Menschen angezogen, 12 000 insgesamt, und wer ihn erlebt hat, wird sich des schönen Bildes des strahlend hellen Schwahls mit den geheimnisvoll aufleuchtenden Bildern und dem geschäftigen Treiben unter den Gewölben gern erinnern und seine ständige Wiederholung wünschen. Welches Klima aber entsteht im Schwahl, wenn die Feuchte der Atemluft von eineinhalbtausend Menschen täglich und die Wärme von Lampen von 300 Watt Leistung pro Joch zusammenkommen und welche Auswirkung hat diese extreme Klimasituation für den Bestand der Malerei?

Alle, die sich für diese Malereien verantwortlich fühlen, werden sich dieser Frage stellen müssen und hoffentlich befinden können, daß die Wiederbelebung des Schwahlmarktes und die Erhaltung der bedeutendsten Malereien in Schleswig-Holstein, Werke von zum Teil ergreifender Eindringlichkeit, die uns das Mittelalter hinterlassen hat, in Einklang zu bringen sind.

Anmerkungen

1. Dieser Beitrag ist unter Benutzung eines etwa doppelt so starken Manuskriptes, das der Verfasser unter dem gleichlautenden Titel im 2. Heft des 41. Jahrgangs 1983 in der Zeitschrift »Deutsche Kunst und Denkmalpflege« veröffentlicht hat, verfaßt worden. Teile dieses Manuskripts, insbesondere der Abschnitt über die dritte Restaurierung, sind wörtlich übernommen. – Die für diese beiden Arbeiten benutzten Quellen und die benutzte Literatur sind aufgeführt in dem Buche »Die Kunstdenkmäler der Stadt Schleswig«, zweiter Band (Der Dom und der ehemalige Dombezirk), bearbeitet von Dietrich Ellger, erschienen im Deutschen Kunstverlag in München 1966, S. 210 ff. (zitiert unter: Dominventar). Hierin hat Johanna Kolbe den Abschnitt über die Wand- und Gewölbemalereien auf S. 210–277 bearbeitet, Grundlage jeder weiterführenden Beschäftigung mit diesen Malereien. Quelle war ferner der private Nachlaß des Oberbaurats Bulle, des ehemaligen Vorstehers des Landesbauamtes Schleswig, der dem Landesamt für Denkmalpflege Schleswig-Holstein vermacht worden ist.
2. Otto Plambeck, Die zeitliche Ansetzung und kunsthistorische Einordnung der Wandmalereien im Kreuzgang des Schleswiger Domes. Kieler Diss. 1921 (vorläufige Fassung). Maschinenschriftliche Exemplare im Kunsthistorischen Institut der Universität Kiel und im Landesamt für Denkmalpflege Schleswig-Holstein in Kiel.
3. V. C. Habicht, Die Wandmalereien im Schwahl des Domes zu Schleswig, Marburger Jahrbuch für Kunstwissenschaft 10, 1939, S. 87 ff.
4. Alfred Stange, Der Schleswiger Dom und seine Wandmalereien, Berlin 1940.
5. Die verwaltungsmäßige Abwicklung der Restaurierung lag in den bewährten Händen des Landesbauamtes Schleswig, das laut Vertrag zwischen dem Land Schleswig-Holstein und der Nordelbischen Ev.-Luth. Kirche in Abstimmung mit dem Eigentümer des Domes, der Nordelbischen Kirche, und in denkmalrechtlichen Fragen in Abstimmung mit dem schleswig-holsteinischen Denkmalamt die Bauunterhaltung wahrnimmt.

Abbildungsnachweis

Abb. 1, 2b–d: Landesamt für Denkmalpflege, Kiel. 2a, 5: Koch, Schleswig. 3–4: W. Körber, Schleswig.

Zur Aufstellung von Brüggemanns Einzelfiguren im Schleswiger Dom

Von Horst Appuhn

Im Schleswiger Dom stehen drei Großfiguren von Hans Brüggemann, der Kaiser Augustus und die tiburtinische Sibylle, die auf ihren hohen Säulen den Bordesholmer Altar einrahmen, sowie der Heilige Christophorus neben dem Petri-Portal. Wenn dieser Aufsatz ihre Aufstellung diskutiert, so geschieht das aus der Bewunderung dieser einmaligen Werke. Damit werden Studien fortgeführt, die mit einer ungedruckten Dissertation über den Bordesholmer Altar (Appuhn 1952) begannen und durch fotografische Aufnahmen, die ich vor 30 Jahren dank der freundlichen Hilfsbereitschaft der Domgemeinde und des damaligen Hochbauamtes Schleswig machen durfte, 1983 ein schmales Büchlein ergaben (Appuhn 1983). Wie darin geschildert, ging es bei den Fotos um Probleme des Raumes und des Lichtes – denn Brüggemann konnte noch nicht damit rechnen, daß wir seine Werke mit Halogenlampen und Fotolinsen betrachten würden.

Das erste Experiment hieß, die Gruppen des Altars ausschließlich im Tageslicht aufzunehmen. Die rückwärtigen Teile der Felder versinken dadurch im Schatten; dafür werden die Figuren des Vordergrundes – und das sind in der Regel die Hauptfiguren – in der feierlichen Komposition Brüggemanns, in den natürlichen Kontrasten von Licht und Schatten sowie in dem warmen Ton des Eichenholzes deutlicher als je zuvor. – Ein zweites Experiment galt den Figuren im Gesprenge, die dunkel vor lichtem Hintergrund stehen. Auch hier bewährte sich das Tageslicht. Brüggemann hat es benützt als Glorie für den Weltenrichter, der zum Jüngsten Gericht erscheint (Appuhn 1983, Abb. S. 31). Weiter war die Höhe der Kamera zu erproben. Ein planimetrisches Reproduzieren der Felder vermeidet zwar stürzende Vertikalen, aber dafür schaut man wie von oben auf die Figuren herab, und der Fußboden steigt unnatürlich an. Die Felder sind nämlich wie kleine Räume angelegt, die der Betrachter von unten sehen soll, wenn er vor dem Altar steht. Nur dann ordnen sich die Figuren natürlich hintereinander, und sie verbinden sich durch ihre Gesten, aus denen der gemeinte Sinn hervorgeht. Dazu ein mehr technisches Beispiel: Über der Kreuzigung hält eine gedrehte Eisenstange die Mitte des Schreins zusammen. Bei üblichen Aufnahmen (z. B. Ellger 1966, Abb. 348) verdeckt sie ausgerechnet den Kopf des Gekreuzigten. Aus der berechneten Untersicht fällt dieses Hindernis fort (Appuhn 1983, Abb. S. 15).

Zu der beabsichtigten Wirkung der Figurengruppen tragen der Baldachin und das Gewölbe über ihnen ebenso bei wie die Maßwerkschleier und der von Astwerk gefüllte Rundbogen, der jedes Feld rahmt. Im wörtlichen Sinn bilden diese dekorativen Teile Raum und Rahmen. Wie sehr die Figurengruppen darauf angelegt sind, in solch einem Gehäuse zu stehen, machen ältere Aufnahmen, die sie aus dem Schrein herausgelöst wiedergeben, geradezu erschreckend spürbar (z. B. Kähler 1981, Abb. 32 A).

Nach diesen Erfahrungen hat Brüggemann berücksichtigt: 1. das natürliche Licht, 2. die Komposition im vorgegebenen Raum, 3. die Untersicht des Betrachters, 4. die Rahmung der Figuren. Ebenso tat er es bei seinen Einzelfiguren, wie ähnliche Versuche an seinem St. Jürgen aus der ehemaligen Marienkirche in Husum ergaben. Von dieser Gruppe ist es sogar überliefert, daß sie »auf einem 10 Fuß hohen Gerüst stand«, ähnlich wie von vielen St. Jürgen-Gruppen derselben Zeit bekannt (Appuhn 1983, S. 34, 38 f.).

Trotz des gewaltigen Größenunterschiedes muß man Augustus und die Sibylle (Abb. 1.1–2), die beiden 1,30 bzw. 1,21 m großen Einzelfiguren auf ihren 4 m hohen Säulen, mit den kleinen, nur 22 cm messenden Figürchen am Rahmen der Felder des Altars vergleichen. Diese stehen auf ähnlichen gewundenen Säulen mit hohen Sockeln, Schaftringen und Kapitellen, aber im Miniaturformat. Am Rahmen sind sie in einer mittleren Höhe angebracht, in der man die Köpfe der Figuren-

Abb. 1 Hans Brüggemann, Tiburtinische Sibylle (1) und Kaiser Augustus (2).

gruppen sieht. Das entspricht Augustus und der Sibylle etwa in halber Höhe des Altarschreins. Weil die Dienste und Rippen des Chorpolygons einen Rundbogen bilden, wiederholt sich das Motiv des Figurenportals, das im Kleinformat jedes Feld rahmt, hier in Riesengröße für den ganzen Altar.

Dazu paßt die Auswahl der Figuren. Im Altar stehen vor den Rahmen einzelne Heilige, vorwiegend aber Propheten; sie kündigten den Messias an. Augustus und die Sibylle weisen ebenso auf das Knäblein, das auf den Arm der Muttergottes erscheint, so berichtet die Legende (Benz 1979, S. 52), die im Mittelalter allgemein bekannt gewesen ist (u. a. auch durch den *Heilsspiegel*). Dabei hat die Sibylle dieselbe Funktion wie ein Prophet. Weil die Muttergottes mit dem Kinde während des weitaus größten Teiles des Kirchenjahres von den geschlossenen Altarflügeln verdeckt wurde, war es in der Marienkirche Bordesholm notwendig, ständig auf sie hinzuweisen. Wenn dann an den Festtagen die Muttergottes tatsächlich erschien, erfüllte sich sichtbar die Prophetie.

Auch wenn wir dieses heute nicht mehr so erleben, weil die Altarflügel ständig offenstehen, spürt doch jeder kritische Betrachter, daß die derzeitige Aufstellung nicht wiedergibt, was die Legende erzählt. Die rechts stehende Sibylle zeigt nicht auf die Madonna mit dem Kinde, sondern in den Chorraum, so daß ihr ausgestreckter Zeigefinger fast als Drohgebärde mißverstanden werden könnte. Kaiser Augustus auf der linken Seite wendet sich der Sibylle statt der Madonna zu. Also muß man die beiden Säulenfiguren zumindest austauschen, damit der Zeigefinger nicht länger ins Leere weist. Die Sibylle würde dann in besserem Licht stehen und ihr gerafftes Kleid, die langen Ärmel und der nach hinten wegwehende Schleier könnten so zur Geltung kommen, wie Brüggemann es beabsichtigt hat, als er sie derart auszeichnete. An ihrem jetzigen Platz zwischen den südlichen Chorfenstern ist sie ohne Kunstlicht schlecht zu sehen, geschweige denn zu fotografieren. Kaiser Augustus dagegen würde an dieser Stelle weniger verlieren, weil die rundum lang herabfallenden Röhrenfalten seiner Schaube auch im Gegenlicht deutlich blieben.

Durch bloßes Austauschen der Figuren würde ihr Sinnzusammenhang immerhin angedeutet. Damit das von der Legende beschriebene Wunder glaubhaft wird, müssen beide Säulenfiguren vorgezogen werden, denn so, wie sie jetzt in einer Ebene mit dem Altar stehen, führen ihre Blickrichtungen weder zusammen, noch hinauf zu der Madonna in der Spitze des Schreins. Eine Verbindung käme andeutungsweise zustande, wenn die beiden Säulen um eine Fensterachse, also um etwa 5 m, nach Westen vor die mächtigen Dienstbündel des Chorpolygons versetzt werden würden. Dort haben sie (wahrscheinlich bis 1831) gestanden, wie ein Gemälde des Domchors von Jes Bundsen aus dem Jahr 1819 darstellt (Abb. 2; vgl. Martius 1956, Abb. 37), und waren ausgetauscht, was ebenfalls aus einer Zeichnung von Böhndel 1820 hervorgeht (Böhndel 1979, Taf. 1). Diese Bildzeugnisse bestätigen also die beschriebenen Beobachtungen.

In der Klosterkirche Bordesholm, in der der Altar bis 1666 stand, konnte man die Säulen noch weiter von ihm abrücken. Dort schiebt sich nämlich zwischen Chorpolygon und den Beginn des Chorgestühls ein Arkadenjoch, das es erlaubte, die Säulen etwa 9,35 m vor die Altarfläche zu ziehen (Kähler 1981, Abb. 1). Das ist genauso weit wie die Breite des Chores. Wenn man sich die Fußbodenfläche vor dem Altar als ein großes Quadrat vorstellt, standen die Säulen an dessen vorderen Ecken. – Dasselbe läßt sich in Schleswig nicht wiederholen. Trotzdem sei an die Vorstellungskraft der Betrachter appelliert, denn diese Situation ist wiederum mit den Figurengruppen des Altars zu vergleichen. Ebenso wie dort auffallende Rückenfiguren im Vordergrund der Felder *Ecce homo* und *Urteil des Pilatus* den Betrachter aufzufordern scheinen, in die Lücke zu treten, die sie für ihn offen lassen; oder wie Christus und die Heiligen ihn anblicken, damit er an der Heilsgeschichte teilnimmt, so nimmt auch das Paar auf den hohen Säulen, wenn es in dem beschriebenen Abstand aufgestellt ist, den Betrachter in die Mitte und fordert ihn auf, das Kind auf dem Arm der Muttergottes anzubeten, wie nach der Legende die Sibylle zu dem Kaiser gesagt haben soll: »Dies ist ein Altar des Himmels. Dies Kind ... sollst du anbeten!« (Benz 1979, S. 52). So weit vorgezogen, waren die beiden Figuren von allen Seiten zu betrachten. Darauf ist ihre Ausarbeitung rundum angelegt. Aus dieser Distanz erblickt der Betrachter auch den Gekreuzigten in der Mitte des

Abb. 2 Jes Bundsen, Innenansicht des Schleswiger Doms, nach Osten. Nach Martius 1956.

Schreins zum ersten Mal frei von der erwähnten Eisenstange, die – aus größerem Abstand – seinen Kopf verdeckt.

Nach der Reformation gerieten sowohl die Legende als auch das künstlerische Kalkül des Meisters in Vergessenheit. Weil der Altar in der Klosterkirche Bordesholm nunmehr als ein Schmuck der Grabstätte von König Friedrichs I. Gemahlin galt, ließ Herzog Christian Albrecht ihn nach der Auflösung der dortigen Gelehrtenschule 1666 nach Schleswig überführen und den Denkmälern seiner Vorfahren im Domchor hinzufügen. Das riesige Schnitzwerk wurde daneben als eine technische Leistung bewundert. Der Bordesholmer Küster Martin Coronaeus erzählte, daß König Christian II. von Dänemark und seine Gemahlin Isabella den Altar betrachteten; Hans Brüggemann habe sie dabei beobachtet und danach Augustus und die Sibylle entworfen (Sach 1875, S. 51). Mag diese Geschichte auch frei erfunden sein, sie bezeugt, daß man dieses Paar als die Vorbilder derjenigen empfand, die das Werk in Bordesholm besuchten.

Der Christophorus

Wie sehr Brüggemanns Figuren den Betrachter unmittelbar ansprechen, wird bei dem ca. 4,50 m hohen St. Christophorus besonders stark empfunden. Er blickt denjenigen an, der zum Petri-Portal strebt. Sein Antlitz bezeugt, wie schwer er an dem Christuskind auf seiner Schulter trägt. Nach der Legende sei es ihm so vorgekommen, als trüge er die ganze Welt (Benz 1979, S. 500). Im Vorüberschreiten zum Portal hin ändert sich das Bild: Neben dem Kopf des Heiligen wird das Christkind sichtbar, das ihn segnet. Aber es schaut nicht ihn an, sondern den Betrachter, wenn dieser gerade vor ihm steht.

Die Ansicht von links und die von vorn hat Brüggemann hervorgehoben, die dritte dagegen, von rechts, vernachlässigt, weil sie von der Ecke aus kaum möglich war. Der mächtige Eichenstamm, aus dem der Riese geschnitzt ist, mußte für den hochragenden Stab und für die beiderseits wegfliegenden Enden des Mantels angestückt werden. Diese drei Teile breiten sich so flach vor der Wand aus, vor der der Heilige steht, daß man es sich nicht vorstellen kann, ihn davon abzurücken, um ihn etwa wie eine allseits freistehende Skulptur auch von hinten zu betrachten.

Der volkstümliche Glaube an St. Christophorus, daß er vor einem unvorbereiteten Tode schütze, verursachte im Spätmittelalter die Vielzahl seiner Darstellungen (Benker 1975). Damit jedermann ihn sah, hat man ihn in der Nähe der Portale in Riesengröße auf die Kirchenwände gemalt oder als Skulptur auf Säulen oder Pfeiler erhöht aufgestellt (zum Beispiel in den Domen von Köln und Münster). Aus diesem geschichtlichem Wissen und dem Erkennen seiner Komposition erhielt Brüggemanns Figur 1958 den heutigen Platz beim Petri-Portal zugewiesen, genauer: an der Ostwand des südlichen Querschiffjochs. Dort sind die beiden beschriebenen Hauptansichten möglich, während die dritte wegfällt. – Wo der Christophorus ursprünglich aufgestellt war, läßt sich nicht mehr nachweisen. Seit der Glaube an die besondere Kraft des Heiligen erlosch, hat man ihn zu oft im Dom hin und her transportiert (Ellger 1966, S. 393 f.). Zuletzt stellte man ihn beim Denkmal König Friedrich I. im nördlichen Nebenchor bei im Gottesdienst nicht mehr benötigten Kunstwerken der Vergangenheit ab. Der Platz war nicht der schlechteste, denn man konnte die Riesenfigur dort aus ihren Hauptansichten in gutem Licht betrachten. (Heute steht die Gruppe der Kreuztragung an dieser Stelle.) Dieser Standort hatte noch einen weiteren Vorteil: Durch den 1,20 m hohen Podest sah man den Heiligen mehr von unten. Vor 1929 war das noch stärker, als zusätzlich ein ca. 64 cm

Abb. 3 Hans Brüggemann, St. Christophorus, alte Aufstellung (1), heutige Aufstellung (2).

hoher Architektur-Sockel eingeschoben war, dessen untere Stufe noch heute auf dem Podest zu sehen ist; eine technisch unvollkommene Aufnahme von 1899 gibt diesen Sockel wieder (Abb. 3.1). Der Vergleich mit dem heutigen Zustand (Abb. 3.2) läßt schlagartig die Veränderung erkennen, wenn Christophorus dem Betrachter nicht – wie heute – auf gleichem Fußbodenniveau entgegentritt, sondern über Kopfhöhe als eine himmlische Erscheinung wahrgenommen wird. Der durch

Wellen bezeichnete Wasserberg, der die Standplatte bildet, wirkt heute, auf dem Backsteinpflaster, unnatürlich. Über Augenhöhe angehoben, wird es glaubhaft, daß der Heilige mit dem einen Fuß im Wasser steht und mit dem anderen mühselig fortzuschreiten versucht, wie wir es von vielen Darstellungen kennen. Noch schlimmer, sein linkes Bein wirkt derzeit so, als passe es nicht recht, so daß man sich wundert, weshalb Brüggemann gerade diese durch ihre besondere Größe ausgezeichnete Figur so mangelhaft proportionierte. Die starke Untersicht durch einen Standort hoch vor der Wand hat Brüggemann offensichtlich berücksichtigt und den Oberkörper der Figur gelängt, denn von unten gesehen verkürzt er sich. Aus dieser Sicht ist das zur Seite gestellte Bein richtig!

Demnach ist zu empfehlen, dem Christophorus am jetzigen Platz wieder einen Sockel zu geben, damit man ihn wie einst von unten sieht. Das würde ihn zudem über den gläsernen Windfang anheben, der ihn jetzt bedrängt, weil dieser nicht nur zu hoch ausfiel, sondern auch – in dem Wunsch, ein geräumiges Entree zu schaffen – zu weit ins Querschiff vordringt. Da bereits vier Stufen von zusammen 0,68 m Höhe vom Seitenschiff in den Querhausarm hinaufführen, müßte ein Sockel von 1,16 m genügen, um dieselbe Höhe wie auf dem alten Foto zu erreichen. Ein gemauerter Sockel dieses Maßes würde allerdings sehr massiv aussehen. Wahrscheinlich hat Brüggemann für den Riesen eine niedrige Säule aus Eichenholz geschnitzt, die in ihrer Gestalt vermutlich den Säulen des Augustus und der Sibylle ähnlich, in ihren Proportionen jedoch wesentlich breiter und niedriger war. Eine solche Säule im Sinne Brüggemanns neu zu erfinden, wird nicht leicht fallen. Wahrscheinlich wird man sich mit einer Notlösung begnügen müssen, entsprechend dem Sockel, der im vorigen Jahrhundert auf das Podest im nördlichen Nebenchor gemauert und mit Zement verputzt wurde, womit sich die gotischen Profile am leichtesten imitieren ließen.

Das Verfahren mag heute kritisiert werden – auch damals war es ein Notbehelf. Vielleicht geben Grundform und Wasserschlag-Profil mehr als eine vage Erinnerung an Brüggemanns Holzsäule wieder? Das Ziel müßte in der Mitte liegen zwischen einem massiven Sockel und einer eleganten Säule. Die Rekonstruktion, die am wenigsten auffällt, wird wie so oft die beste sein, denn sie soll nichts anderes als den Zweck erfüllen, daß der Christophorus wieder so hoch steht, wie es seine Komposition verlangt.

Literaturnachweis

Appuhn, H. 1952: Der Bordesholmer Altar. Diss. masch. Kiel.
  1983: Der Bordesholmer Altar und die anderen Werke von Hans Brüggemann. Königstein/Taunus.
Benker, G. 1975: Christophorus, Patron der Schiffer, Fuhrleute und Kraftfahrer. Legende, Verehrung, Symbol. München.
Benz, R. 1979: Die Legenda aurea des Jacobus de Voragine aus dem Lateinischen übersetzt. 9. Aufl. Heidelberg.
Böhndel, C. Chr. A. 1979: Der Bordesholmer Altar des Meisters Hans Brüggemann gezeichnet 1822–1832. Einführung Horst Appuhn. Bordesholm.
Ellger, D. 1966: Die Kunstdenkmäler der Stadt Schleswig. Bd. 2. Der Dom und der ehemalige Dombezirk. Die Kunstdenkmäler des Landes Schleswig-Holstein. München.
Kähler, I. 1981: Der Bordesholmer Altar, Zeichen in einer Krise. Ein Kunstwerk zwischen kirchlicher Tradition und humanistischer Gedankenwelt am Ausgang des Mittelalters. Studien zur schleswig-holsteinischen Kunstgeschichte 14. Neumünster.
Martius L. 1956: Die schleswig-holsteinische Malerei im 19. Jahrhundert. Studien zur schleswig-holsteinischen Kunstgeschichte 6. Neumünster
Sach, A. 1895: Hans Brüggemann und seine Werke. Ein Beitrag zur Kunstgeschichte Schleswig-Holsteins. 2. völlig neu bearb. Aufl. Schleswig.

Bildnachweis

1: H. Appuhn. 2: nach Martius 1956. 3: Landesamt für Denkmalpflege Schleswig-Holstein, Kiel.

Beiträge zur Geschichte der Beziehungen zwischen dem deutschen und dem dänischen Reich für die Zeit von 934 bis 1035

Von Erich Hoffmann

Die historische Entwicklung für den Bereich der Grenzzone zwischen dem dänischen und dem deutschen Reich während des 10. und frühen 11. Jahrhunderts ist für den Betrachter nur in Schemen erkennbar.

Von deutscher Seite geben zwar chronikale Quellen hier und da Auskünfte über herausragende Ereignisse, die die Zeitgenossen besonders erregten, aber die überlieferten Nachrichten erscheinen oft recht vage und an einigen Punkten widersprüchlich. Die wichtigsten zeitgenössischen Geschichtsschreiber dieser Zeit, Widukind[1] und Thietmar von Merseburg[2], stammen zwar aus dem norddeutschen Raum, sind aber über die nordelbischen und nordischen Verhältnisse oft nicht gerade aufs beste informiert, während der bremische Domherr Adam[3] erst ein bis ein halbes Jahrhundert nach den uns interessierenden Ereignissen seine Hamburgische Kirchengeschichte niederschrieb. Adam bezog zwar nützliche Informationen vom dänischen König Sven Estridson und einem ungenannten dänischen Bischof, aber auch diese konnten ihm nur – oft verworrene – Traditionen über Zeitumstände, die ein bis eineinhalb Jahrhunderte zurücklagen, berichten, und zumindest König Sven betrachtete dabei die Vergangenheit seines Landes und der dänischen Königsfamilie unter einem ganz bestimmten Blickwinkel[4]. Adam selbst, wie hier und da schon vorher Thietmar von Merseburg, entwarf zum Beispiel von der Regierung des Eroberkönigs Sven Gabelbart ein unzutreffendes Bild (vgl. etwa Bolin 1931 a, S. 32 f; Weibull 1911, S. 45 ff.; Koch 1950, S. 72 f.; Seegrün 1967, S. 55 f.), und trotz des Sammelns vielfältiger und zum Teil für uns heute sehr wertvoller Nachrichten über die Geschichte der Nordvölker zeigt Adam bei der Abwägung des Wahrheitsgehaltes einander widersprechender Überlieferungen in einigen Fällen eine bemerkenswerte Unkenntnis der nordischen Zustände. So entscheidet er sich etwa bei der Bewertung der vielen einander widersprechenden Versionen zu ihm gelangter Informationen über den Tod Olafs des Heiligen für den Wahrheitsgehalt einer falschen Version (die Ermordung des Königs im Auftrage Knuts des Großen) und stellt den wahren Tatbestand, den Tod des Königs im Kampf bei Stiklestad, beiseite (Adam II. 61, S. 121).

Von dieser Quellenlage her ist es verständlich, daß immer wieder deutsche und dänische Gelehrte sich darum bemühten, den richtigen Weg durch den dichten »historischen Nebel« zu suchen und dabei immer neue erklärende Hypothesen zu entwickeln. Die folgenden Ausführungen wollen versuchen, den neuesten Forschungsstand zu dieser schwierigen Problematik aufzuzeigen, ohne allerdings bis ins letzte eine Forschungsbilanz über die fast unübersehbare Vielfalt von wissenschaftlichen Thesen zum behandelten Thema zu ziehen; auch hoffen wir im einen oder anderen Fall zur Klärung offener Fragen beizutragen[5].

Von einem dänischen Volk[6] ist in den historischen Quellen schon seit dem 6. Jahrhundert die Rede, doch erst für das 9. und 10. Jahrhundert gewinnt dabei das »dänische Reich« nähere Gestalt. Vor allem für das erste Jahrzehnt des 9. Jahrhunderts berichten die fränkischen Reichsannalen darüber, daß der Dänenkönig Göttrik sich zu einem gefährlichen Gegenspieler Karls des Großen entwickelte, nachdem letzterer in jahrzehntelangem Kriege den sächsischen Stamm unterworfen hatte.

Versuche Göttriks, seinen Herrschaftsbereich über die drei nordelbischen Gaue und den Abodritenstamm auszudehnen, wurden nach seinem Tode aufgegeben und die Eider zwischen dem fränkischen und dem dänischen Reich als Grenze festgesetzt (812) (Jenkis 1955, S. 81 ff.; Jankuhn 1965, S. 699 ff.).

Den Berichten der fränkischen Annalen kann man nach verschiedenen Andeutungen entnehmen, daß schon das dänische Reich der Göttrikzeit wohl fast den ganzen Raum des mittelalterlichen Dänemark umfaßte, mit Jütland, den Inseln und Schonen, während Bornholm und Blekinge, vielleicht auch andere Randzonen, noch nicht dazugehörten. Andererseits stand unter der Herrschaft Göttriks und seiner unmittelbaren Nachfolger auch die Landschaft Vestfold am Oslofjord in Norwegen.

Im Verlauf des 9. Jahrhunderts kam es im dänischen Reich zu häufigen inneren Kriegen. Diese wurden durch Thronfolgestreitigkeiten innerhalb des Königshauses herbeigeführt (Hoffmann 1976, S. 17 f.). Nach alten gewohnheitsrechtlichen Vorstellungen scheint damals jedes Mitglied der dänischen Königssippe ein Anrecht auf den Thron gehabt zu haben, so daß auch gleichzeitig mehrere Verwandte (etwa Brüder) nach ihrer Erhebung durch die Volksthinge von Jütland, Seeland und Schonen gemeinsam zu Königen erhoben wurden.

Dabei konnte es zu harten Rivalitäten kommen, die zu Bürgerkrieg und Reichsteilung führten. So kämpften nach 812 für längere Zeit zwei rivalisierende Königsfamilien (wahrscheinlich Zweige derselben »stirps regia«) um die Macht. Schließlich konnte Horich I. (ein Sohn Göttriks) die Alleinherrschaft erringen. Aber schon in den fünfziger Jahren des 9. Jahrhunderts begannen die Thronkämpfe aufs Neue und brachten verheerende Folgen für das Reich. Mehrere Neffen Horichs stellten Ansprüche auf Beteiligung an der Herrschaft, nachdem sie als Seekönige nordischer Wikingergruppen zu Macht und Reichtum gelangt waren. Denn neben anderen dänischen Großen waren es anscheinend vor allem Mitglieder des Königshauses, die als Anführer gefolgschaftlich organisierter Kriegerverbände Kriegszüge nach England und ins Frankenreich unternahmen. Durch diese Kriegszüge gewannen die Anführer bedeutende Beutehorte an Edelmetall, mit diesen aber konnten sie große Kriegergefolgschaften an sich binden und dann ihren Anspruch auf Thronrechte in der Heimat anmelden. Durch verstreute Nachrichten der fränkischen Annalistik und Rimberts »Vita Anskarii« sind für die Mitte des 9. Jahrhunderts mehrere dänische Thronkämpfe bezeugt. In diesen Kämpfen sollen fast alle Mitglieder der Königssippe umgekommen sein, so daß nur ein Knabe – König Horich II. – übrigblieb. Aber auch dieser war bald dem fordernden Druck wikingischer Seekönige auf Mitregentschaft ausgesetzt. Für die Zeit der Jahrhundertwende ist das von den Quellen aufgezeigte Bild noch verworrener. Die von den zeitgenössischen ostfränkisch-deutschen Annalen überlieferten Königsnamen zeigen meist keine Verwandtschaft zu den Leitnamen der bisherigen dänischen Königssippe.

Für die ersten Jahrzehnte des 10. Jahrhunderts nennt dann der eineinhalb Jahrhunderte später lebende Adam von Bremen, der sich auf Informationen des klugen dänischen Königs Sven Estridson beruft, eine Anzahl von Königsnamen, über deren verwandtschaftliche und zeitliche Zuordnung zueinander er nicht bis ins letzte unterrichtet war. So erklärt er, nicht darüber informiert zu sein, ob diese Könige nacheinander oder gleichzeitig im Bereich des dänischen Reiches ihre Herrschaft ausgeübt hätten.

Eine Betrachtung der verstreuten Quellen für diesen Zeitraum legt daher den Schluß nahe, daß in inneren Kämpfen die alte Königssippe zum großen Teil ausgerottet wurde und wikingische Seekönige vielleicht unterschiedlicher nationaler Herkunft, darunter möglicherweise auch Mitglieder der alten »stirps regia«, die sich auf Wikingerzügen Edelmetallhorte und große Gefolgschaften erworben hatten, sich nacheinander oder gleichzeitig mit Waffengewalt des Reiches oder einzelner Reichsteile bemächtigten. Dabei erscheint es uns auch nicht ausgeschlossen, daß zu Zeiten des Reichsverfalls Mitglieder angesehener Geschlechter der Teillandschaften (der sogenannten »Lande«), etwa einzelner größerer Inseln (wie Fünen oder Seeland), zu Teilkönigen aufstiegen[7].

Adam berichtet (unter Berufung auf das Zeugnis Sven Estridsons) hierzu (Adam I. 48, S. 49; I. 52, S. 54), daß um die Jahrhundertwende Olaf, der von Schweden gekommen sei, das dänische Reich mit Gewalt und Waffenmacht eingenommen habe. Dieser hätte zahlreiche Söhne gehabt, von denen nach seinem Tode Gnupa (Chnob) und Gurd das Königreich erhalten und – wie er an anderer Stelle sagt – im Dänenreich geherrscht hätten. Adam, und damit auch sein Gewährsmann Sven Estridson, sehen also in Olaf und seinen Söhnen keine Teilherrscher eines auf Haithabu und die umliegenden Landschaften beschränkten Reichssplitters, sondern die Könige des »dänischen Reiches«, welchen Raum dieses damals auch immer umfaßte. Hierin stimmen sie auch mit Widukind von Corvey überein, der durchaus die Meinung vertritt, daß Heinrich I. 934 Gnupa, den König der Dänen – und nicht einen Kleinkönig von Haithabu – besiegt habe.

Die Herrschaft dieses Königsgeschlechtes, das sich von »Olaph, qui veniens a Sueonia« herleitete, ist auch nicht als ein »schwedisches Reich« auf dänischem Boden anzusehen, weder in der Form einer Sekundogenitur des schwedischen Herrscherhauses noch als Reichsbildung eines schwedischen Seekönigs mit Hilfe einer speziell schwedischen Großgefolgschaft, die sich als Macht ausübende Eroberschicht über die dänische Reichsbevölkerung erhob. Denn die Indizien, welche man bisher zur Bekräftigung der These von der Existenz eines solchen regulären »Schwedenreiches« auf dänischem Boden, speziell für den Raum um Haithabu, das südliche Schleswig, sowie Langeland, Lolland und andere kleine süddänische Inseln herausstellte, haben einer gründlichen, verschiedenartige Forschungsergebnisse zusammenfassenden Überprüfung durch Nils Lund[8] unseres Erachtens nicht standgehalten.

Man hat ausgehend von anscheinend schwedisch beeinflußten Runenformen der einen der beiden von der Königinwitwe Asfrid (Gnupas Gemahlin) hinterlassenen Runeninschriften auf die schwedische Herkunft der Königsdynastie geschlossen. Aber hier ergeben sich bald Unsicherheiten. Der schwedische Runeneinfluß ist nicht für den gesamten Text der Inschrift völlig evident; es stärkt auch nicht die Festigkeit des Arguments, daß nur eine der beiden Inschriften Asfrids schwedische Einflüsse aufweist, und schließlich meint Lund mit Recht, daß die eventuelle Anwesenheit eines schwedischen Runenmeisters an einem von Fremden viel besuchten Handelsort wie Haithabu nicht unbedingt bedeuten müsse, daß seine königlichen Auftraggeber schwedischer Herkunft waren oder bewußt dieses heimische »Schwedentum« demonstrieren wollten.

Ebenso hat sich die sprachgeschichtliche These Erik Kromans (1947; ders. 1977) über die Erklärung des »musikalischen Akzents« in süd- und westjütischen Dialekten als Spuren zweier schwedischer Überschichtungen – während der Völkerwanderungszeit und des frühen Mittelalters – nicht durchgesetzt. Dasselbe gilt wohl auch für die Ansicht, daß die Ortsnamen, die aus der Zuordnung eines Ortsnamens auf -by zu einem Personennamen gebildet wurden – sie sind vor allem in Schleswig, auf Lolland, im skandinavisch beeinflußten Ostengland (»Danelag«) und in Schweden zu finden – ein wichtiges Indiz für den Kern eines schwedischen Herrschaftsgebiets im Raum Schleswig/Langeland/Falster seien. Denn nach neueren Untersuchungen dürften die schleswigschen Ortsnamen auf -by einer älteren Schicht angehören als die schwedischen (Hjort Pedersen 1960, S. 10 ff.; vgl. Laur 1983, S. 14).

Schließlich ist wohl auch die Verwandtschaft des Typs der Bootskammergräber von Haithabu, die man – möglicherweise zu Recht – mit dem Königshaus Olafs in Verbindung gebracht hat, mit den Kammergräbern des uppländischen Königtums nicht unbedingt zwingend[9].

So ergibt sich die Frage, wie die Herkunft des Königs Olaf, »qui veniens a Sueonia«, am einfachsten und mit möglichst wenigen Spekulationen zu erklären ist. Hierfür scheinen sich unserer Ansicht nach zwei Möglichkeiten abzuzeichnen. Einmal ist die einst schon von Steenstrup geäußerte, und nun von Lund wieder aufgenommene Ansicht keineswegs zu verwerfen, daß dieser aus Schweden nach Dänemark mit Gewalt vorstoßende Olaf ein im schwedischen Exil lebendes Mitglied der dänischen »stirps regia« gewesen sein kann[10]. Für ein solches Eindringen von bisher im Ausland lebenden Thronprätendenten nach Dänemark und anderen skandinavischen Ländern gibt es manche Beispiele. So setzte sich im 10. Jahrhundert der von England kommende jüngste Sohn Harald Schönhaars, Haakon der Gute, gegen seinen Bruder Erik Blutaxt als norwegischer König durch und wurde schließlich seinerseits von seinen Neffen unter Führung Harald Graumantels, die ihn mit dänischer Hilfe besiegten, abgelöst[11]. Rimbert (cap. 19, S. 41 f.) berichtet für das 9. Jahrhundert von dem Rückkehrversuch eines schwedischen Kronprätendenten Anund, der im Exil in Dänemark lebte, und von den Thronforderungen dänischer Königssöhne, die als Seekönige in England und im Frankenreich gekämpft hatten, war schon die Rede (Hoffmann 1976, S. 17 f.). Auch für spätere Zeiten gibt es manche vergleichbare Beispiele. In Norwegen setzten sich Magnus der Gute als bisher in Rußland lebender Exulant[12] und sein Oheim Harald Haardraade, der vor seiner Rückkehr im Dienst byzantinischer Kaiser gestanden hatte, als norwegische Könige im 11. Jahrhundert durch, während in Dänemark im 11. und 12. Jahrhundert zur Zeit der Thronkämpfe die Könige Knut der Heilige, Erich Emune, Knut V., Sven Grathe, Olaf (der Sohn Harald Kesias) und dessen Sohn Harald Skreng von außen her, aus dem schwedischen oder deutschen Exil heraus die Rückkehr nach Dänemark und den Versuch zum dortigen Thronerwerb mit mehr oder weniger Erfolg unternahmen (Hoffmann 1976, S. 54 f., 81–92, 114 f.).

Andererseits scheint es uns aber auch durchaus im Bereich des Möglichen zu liegen, daß ein Mitglied des schwedischen Königshauses, das in der Heimat keine Aussicht sah, ein Thronrecht geltend zu machen, sich nach erfolgreichen Wikingerzügen im Nordseeraum schließlich in einer für ihn günstigen Situation des dänischen Reiches bemächtigte. Seine Gefolgschaft muß in solchem Fall keineswegs zum Hauptteil aus »Schweden« bestanden haben. Alles, was wir über die Zusammensetzung der Wikingerheere in England und Irland und im Frankenreich wissen, weist darauf hin, daß in den auf gefolgschaftlicher Basis organisierten Wikingerheeren, die auf englischem und fränkischem Boden kämpften, meist dänische Krieger vorherrschten. Die Königsherrschaft eines Seekönigs aus ursprünglich schwedischem Königsgeschlecht über das dänische Reich mit Hilfe einer »multinationalen«, aber weitgehend von dänischer Herkunft abzuleitenden Gefolgschaft mußte damit in Dänemark keineswegs als »Schwedenherrschaft« empfunden werden.

Ob nun Olaf und sein Geschlecht Mitglieder der dänischen oder schwedischen stirps regia waren, sie werden in den deutschen chronikalischen Quellen als Könige des »dänischen Reiches«, welchen Umfang dieses damals auch immer hatte, angesehen, und nicht nur als die eines kleineren Teilreichs um Haithabu. Dennoch muß die Verbindung des Olaf-Geschlechtes zum Hafenplatz recht eng gewesen sein, da Gnupas Witwe Asfrid zwei Gedenksteine für ihren Sohn Sigtrygg in der Nähe dieses Ortes errichten ließ (Jacobsen und Moltke 1942, Sp. 10–16; Scheel und Paulsen 1930, Nr. 1–2). Dies erscheint auch nicht weiter verwunderlich, da an dem wichtigsten Handelsplatz Nordeuropas dem den Handelsfrieden schützenden König reichliche Einkünfte zugeflossen sein müssen. Außerdem befand sich in diesem Grenzraum die wichtige Wehranlage des Danewerks, die das dänische Reich nach Süden und Südosten abschirmte.

Der auf dem einen Runenstein überlieferte Name des Vaters der Asfrid, Odinkar, wird auf die Herkunft aus dem Geschlecht der beiden bei Adam (II. 36, S. 97) erwähnten Bischöfe gleichen Namens hinweisen. Von ihnen aber berichtet der Chronist, daß sie dem alten dänischen Königshaus entstammten. Die Eindringlinge suchten demnach durch kluge Heiratspolitik Heil und Tradition der Vorgänger mit dem eigenen Hause zu verbinden. Im Laufe der dreißiger Jahre des 10. Jahrhunderts brach dann jedoch die Herrschaft des Olaf-Geschlechtes über Dänemark zusammen.

Wohl im Jahre 933, als der erste deutsche König aus dem sächsischen Liudolfingergeschlecht, Heinrich I., in entscheidende Auseinandersetzungen mit den Ungarn verwickelt war, nutzte Gnupa die Gelegenheit zu einem Vorstoß nach Friesland. Was auch immer der Anlaß für dieses Unternehmen war, bloße Plünderung oder der Versuch, sich im für den West-Ost-Handel so wichtigen Rheinmündungsgebiet festzusetzen, auf jeden Fall nahm König Heinrich diesen Vorstoß so ernst, daß er nach seinem Sieg über die Ungarn in eigener Person einen Feldzug gegen Gnupa unternahm.

Hierzu berichten die zeitgenössischen Corveyer Annalen lapidar: »Henricus Danos subegit« (MGH SS 3, S. 4), während Widukind von Corvey (I.40, S. 59) einige Jahrzehnte später über die bloße Feststellung des Sieges Heinrichs über die Dänen hinaus davon spricht, daß er sie tributpflichtig gemacht und ihren König Gnupa zur Annahme der Taufe veranlaßt habe. Diese Bedingungen deuten auf die Anerkennung einer losen Oberhoheit Heinrichs, sie erinnern an den damaligen Zustand im Abodritenland, das ebenfalls in Abhängigkeit zu Heinrich stand und dessen Samtherrscher wohl ebenfalls die Taufe nehmen mußte[13]. Von der Anlage einer sächsisch-deutschen Mark im Grenzraum ist in den Quellen nicht die Rede, wie überhaupt Heinrich noch keine Marken einrichtete. Schon bald darauf muß Gnupa gestorben oder im Kampf gefallen sein. Denn der letzte König des Olafgeschlechtes war sein Sohn Sigtrygg, wie dies die eine der beiden Asfridinschriften deutlich bezeugt.

Nach Adams Bericht wurde Sigtrygg von Hardegon, Svens Sohn, seiner Herrschaft beraubt. Der seltsame Name »Hardegon« ist mit einiger Sicherheit hier nur eine falsche Schreibung von »Hardeknut«, welcher Name sonst bei Adam für den Stammvater des Gormiden-Hauses verwendet wird. Unklar bleibt, ob die von Adam angeführten Könige Hardeknut und Gorm, der sonst im andern Fall Hardeknuts Sohn wäre, miteinander identisch waren[14].

Hierfür würden jedoch die einmal von dem Bremer Chronisten vollzogene Zusammenziehung beider Namen zu »Hardeknut Wurm« (Adam I.55, S. 56) und die Tatsache sprechen, daß Erzbischof Unni von Bremen 936 bei einer Reise nach Dänemark dort Gorm (bereits) als König vorfand (Adam I.56, S. 58), während »Hardegon« etwa gleichzeitig Sigtrygg aus seinem Reich vertrieben haben soll. Bei allen Unsicherheiten der Datierungen in Adams Berichten über Ereignisse des 10. Jahrhunderts werden die Umstände über die Reise Erzbischof Unnis nach Dänemark und Schweden in Bremen bekannt gewesen sein.

Das Eindringen in Dänemark und den Aufstieg der Gormiden könnte man auf zweierlei Weise erklären. Allgemein ist zunächst zu sagen, daß dieses Königsgeschlecht nach Adam und seinem Gewährsmann König Sven, dessen Vorfahr mütterlicherseits ja Gorm gewesen ist, aus »Nortmannia« stammen soll (Adam I. 52, S. 53; vgl. Weibull 1917–1921, S. 314; Steenstrup 1900, S. 37 f.). Unter diesem Begriff faßt Adam meist Norwegen, in einigen Fällen auch die Normandie. Ähnlich wie König Olaf werden auch die Vorfahren der Gormiden als Seekönige und Anführer von wikingschen Gefolgschaften zu Macht aufgestiegen sein. Eine Herkunft der Gormiden aus Norwegen erscheint nicht unwahrscheinlich, denn manche Leitnamen der Königsreihe sind mit solchen des Geschlechtes von Harald Schönhaar identisch. Auf der anderen Seite besteht natürlich auch die Möglichkeit, daß es sich bei der neu aufsteigenden Herrscherfamilie wieder um einen Seitenzweig der dänischen Königssippe gehandelt hat, dem nach Gewinn eines großen Beutehortes die gewaltsame Inbesitznahme des heimatlichen Königtums mit Hilfe einer starken Gefolgschaft glückte. Entweder erfolgte der Sieg über Sigtrygg durch einen plötzlichen Einfall zwischen 934 und 936, oder aber es bestand schon seit längerer Zeit ein Machtbereich der Gormiden im nördlichen Jütland, vielleicht mit einem Zentrum in Jellinge beim heutigen Vejle[15]. Dies würde vielleicht die Anlage der Königsgräber von Gorm und Thyra und die Aufstellung von Haralds Monument gerade an diesem Ort erklären, denn das eigentliche Zentrum Jütlands mit Thingplatz und Heiligtum war Viborg. In diesem Fall hätten für einige Zeit auf der Cimbrischen Halbinsel zwei oder mehrere »dänische Reiche« nebeneinander bestanden, so wie man dieses in der Forschung öfter konstatiert hat, ohne daß aber ein überzeugender Quellenbeweis für oder gegen diese These aus dem spärlichen und in sich widersprüchlichen Quellenmaterial zu führen ist. Über das Ende Sigtryggs nach der Vertreibung aus seinem bisherigen Machtbereich gibt möglicherweise die Chronik Flodoards Auskunft, die davon berichtet, daß im Jahre 943 ein in die Normandie eingefallener »rex paganus Setricus« im Kampfe umgekommen sei. Die Quellen geben uns keine direkten Hinweise darüber, ob der neue Herrscher Dänemarks, Gorm, die nominelle Oberhoheit des deutschen Königs, die Gnupa hatte zugestehen müssen, ebenfalls anerkannte. Denn der bei Adam überlieferte Sieg Heinrichs I. über

Gorm ist als eine bloße »Dublette« des Heereszuges gegen Gnupa anzusehen[16]. Heinrich hat in seinem letzten Lebensjahr keinen zweiten Feldzug gegen die Dänen geführt, damit auch keine Mark unter eigenem Markgrafen auf dänischem Boden errichtet und auch keine sächsische Siedlung in Haithabu angelegt.

Sehr umstritten ist die Frage, ob während der Regierung Ottos I. der gleichzeitig regierende dänische König Harald Blauzahn (ca. 940–985), Gorms Sohn, so wie Gnupa in einem losen Abhängigkeitsverhältnis zum deutschen König stand, ja, ob nicht gar im Verlaufe des gewaltigen Machtanstieges Ottos des Großen die Bindung verstärkt und dabei im Raume zwischen Eider und Schlei nun tatsächlich eine Art sächsisch-deutsche »Mark« im Sinne von Adam I. 57 eingerichtet wurde. Demgegenüber steht die gegenteilige Ansicht, daß von einem direkten Machteinfluß Ottos des Großen in Dänemark überhaupt nicht die Rede sein könne. Es wird daher nützlich sein, zunächst das Quellenmaterial vorzulegen, um dann die beiden unterschiedlichen Positionen einander gegenüberzustellen. Dabei halten wir uns an die zeitgenössischen Quellen, Widukind von Corvey und die die neuen dänischen Bistümer betreffenden Urkunden, während Adams Bericht über den angeblichen Heereszug Ottos I. seit langem als unhistorische und sagenhaft verbrämte Darstellung – als eine Verwechslung mit dem Dänenkrieg Ottos II. – erkannt worden ist[17] und auf die übrigen umstrittenen Aussagen des Bremer Chronisten in der Diskussion des Quellenbefundes eingegangen wird.

In Widukinds Chronik ist von den Verhältnissen an der Nordgrenze des ottonischen Reiches nur selten die Rede. Der Kaiser selbst hat – soweit es aus der schriftlichen Überlieferung erschließbar ist – nie persönlich in die nordelbischen Verhältnisse eingegriffen. Für die Zeit der ersten Kämpfe Ottos mit den Herzögen im Innern des Reiches berichtet Widukind (II. 20, S. 85) von Angriffen der äußeren Feinde auf das Sachsenland, die den inneren Zwist ausnutzten, und nennt dabei auch die Dänen (etwa für die Zeit um 939). Diese Grenzauseinandersetzung wird in ihrer Wahrscheinlichkeit gestützt durch eine – wenn auch mit mehreren Ungenauigkeiten durchsetzte – Nachricht des normannischen Chronisten Dudo[18], der von einer zeitweisen Gefangenschaft des Markgrafen Hermann Billung bei den Dänen während der frühen Jahre Ottos des Großen spricht.

Nach dem Ende der Auseinandersetzung mit den Stammesherzögen kam es dann 948 zur Begründung der Bistümer Brandenburg und Havelberg im enger unter die Herrschaft des Reiches gestellten Slawenland der Liutizen und Heveller. Etwa gleichzeitig (947/948) wurden auch die ersten Suffragane für das Erzbistum Bremen bestellt, dem ja die Legation zur Nordmission vom Papste übertragen worden war (Seegrün 1967, S. 43 f.; Glaeske 1962, S. 14 f.; beide mit Lit.). Das besondere hieran aber war, daß die Sprengel der neuen Bischöfe außerhalb des Reichsgebiets auf dänischem Boden lagen. Als Bistumsorte wählte man verständlicherweise die drei wichtigsten jütischen Handelsplätze aus, nämlich Schleswig, Ripen und Aarhus. Zum ersten Male wurden die neuen geistlichen Amtsträger in den Akten der Ingelheimer Synode des Jahres 948 aufgeführt[19].

Bei Widukind ist dann erst für die ersten Jahre nach der Kaiserkrönung Ottos (962) wieder von Verhältnissen an der dänischen Grenze die Rede. Bei der Planung eines Aufstandes gegen den Kaiser wandte sich der jüngere Wichmann, ein mit dem Oheim verfeindeter Neffe Hermann Billungs, an den Dänenkönig Harald Blauzahn mit der Bitte um Hilfe. Dieser aber soll ihm mitgeteilt haben, er würde ihm nur dann glauben, daß er sich mit ihm ohne Hinterlist verbinden wolle, wenn er den dux Hermann oder einen anderen hochadligen sächsischen Herrn erschlagen würde. So sei aus dem angestrebten Bündnis nichts geworden (Widukind III. 64, S. 139).

An diese Mitteilung schließt Widukind seinen Bericht über die Annahme des Christentums durch König Harald (Widukind III. 65, S. 140), woran sich dann in den folgenden Jahrzehnten der Übergang des dänischen Volkes zum christlichen Glauben anschloß, nachdem der Priester Poppo vor ihm ein Beglaubigungswunder vollzogen hatte. Nach Ruotgers Vita Brunonis soll dieses Ereignis während der Erzbischofsjahre von Ottos Bruder Brun von Köln – d. h. in der Zeit zwischen 953 und 965 – stattgefunden haben. Die zeitliche Einordnung bei Widukind würde dafür sprechen, daß der

Termin dabei wohl nahe an 965 heranzuziehen ist. In diesem Jahr ließ dann Otto I. unter dem Datum des 26. Juni die in der Interpretation der Forschung so sehr umstrittene Urkunde zugunsten der Bischöfe von Schleswig, Ripen und Aarhus ausstellen (DO I. 294, S. 411). Auf Intervention des Erzbischofs Adaldag von Bremen befreite er den Besitz der drei Bistümer von allen ihm zukommenden Abgaben und Leistungen, so daß sie den Grafen und sonstigen »exactores« des Fiscus gegenüber ein volles Immunitätsrecht erhielten. Auch die Hörigen und sonstigen abhängigen Bauern, die auf dem Besitz der Bischofskirchen ansässig seien, sollten von allen Dienstleistungen Otto gegenüber befreit und allein der bischöflichen Gewalt unterstellt sein. Die geographische Belegenheit der Bistümer und ihres Besitzes wird dabei mit den vielumstrittenen Worten »in marca vel regno Danorum« umschrieben.

Trotz des Entgegenkommens Haralds in der Glaubensfrage kamen die sächsischen Großen bald darauf im Jahre 967 einer Aufforderung des in Italien weilenden Kaisers nicht nach, den eben beendeten Kampf mit den slawischen Redariern aufs neue zu beginnen, weil damals ein Krieg mit den Dänen bevorzustehen schien und man einen gleichzeitigen Krieg nach zwei Seiten hin vermeiden wollte (Widukind III. 70, S. 147). Als aber Kaiser Otto I. nach erfolgreichem politischem Wirken in Italien nach Deutschland zurückkehrte, und kurz vor seinem Tode in Quedlinburg einen von vielen Gesandtschaften besuchten Reichstag hielt, waren hier auch Sendboten König Harald Blauzahns erschienen, die ihm auch Geschenke überreichten[20].

Um für die Deutungsmöglichkeiten der Quellen eine festere Basis zu erhalten, da in der Forschung zu den behandelten Problemen oft Rückschlüsse eine besondere Rolle spielten und auch heute noch spielen, sollen in der Folge zunächst auch noch die weiteren zeitgenössischen Quellen für die Zeit der deutsch-dänischen Auseinandersetzungen zur Zeit Ottos II. und Ottos III. vorgelegt werden. Die Chronik des Thietmar von Merseburg, der zwar erst einige Jahrzehnte nach den Ereignissen schrieb, dessen Verwandte aber an führender Stelle an den Auseinandersetzungen beteiligt waren und der selbst ein wichtiger Berater von Ottos III. Nachfolger, Heinrich II., war, erscheint dabei als wichtigste Quelle.

Der Bischof berichtet, daß der junge Kaiser Otto II. (973–983) seinen zweiten Feldzug nach Übernahme der alleinigen Regierung gegen »Danos sibi rebelles« unternommen habe (Thietmar III. 6, S. 103 f.). Der verwendete Begriff »rebellis« weist auf Widerspenstigkeit und Unternehmung eines Aufstandes seitens des Gegners. Dabei kann »rebellis« auch geradezu verfassungsrechtlich gefaßt werden. So sieht Georg Waitz (1896, S. 574 f.) in einem sich als einen »rebellis« Verhaltenden jemanden, der die schuldige Treue nicht bewahrt habe.

Der Kaiser eilte »nach Schleswig« (hier ist wohl weniger die Stadt direkt als ihre Umgebung gemeint) und erkannte, daß das feindliche Heer ihm »in der Besetzung des zur Verteidigung der ‚patria' errichteten Grabens (d. h. des Danewerkes) ... zuvorgekommen sei«. Auf Rat des Billungerherzogs Bernhard I. und Thietmars Großvater Graf Heinrich von Stade sei dann aber die siegreiche Überwindung der Befestigung geglückt. Nach dem Siege habe der Kaiser »in hiis finibus« eine Burg angelegt und sie durch eine Besatzung gesichert.

Knapp zehn Jahre später (983) berief Otto II. nach seiner Niederlage bei Cotrone gegen die Araber in Süditalien die deutschen und damit auch die sächsischen Fürsten nach Verona, um dort die anliegenden dringlichen Fragen zu besprechen. Hierzu meldet jedoch Thietmar (III. 24, S. 127), der Billunger Bernhard I. habe von der Reise nach Süden umkehren müssen, denn »eine seiner Burgen, die der Kaiser gegen die Dänen durch Wall und Besatzung gesichert hatte, war von ihnen erneut mit List erobert und nach Niedermachen der Verteidiger niedergebrannt worden«.

Nur wenige Sätze der umfangreichen Chronik Thietmars geben uns somit Aufschlüsse über die Auseinandersetzungen am Danewerk (974) und den dänischen Vorstoß zur Zeit des großen Aufstandes der Elbslawen (der Abodriten und Liutizen) im Jahre 983. Die Details fehlen und auch der Ablauf der Ereignisse ist nicht überaus klar ersichtlich. Kurze »Schlaglichter« vom Kampfesverlauf des Jahres 974 überliefert dann der Hofskalde des großen Jarl Hakkon von Norwegen, Einar

Schalenklang[21]. In zwei Strophen seines Gedichtes »Vellekla« (»Goldmangel«) berichtet der Skalde von der Teilnahme seines Herrn und dessen Mannen an der Verteidigung des Danewerks an der Seite Harald Blauzahns, der zu dieser Zeit die Oberherrschaft über Norwegen ausübte.

In der ersten hier angeführten Strophe wird erklärt, daß es schwer gewesen sei, sich dem Heere Kaiser Ottos entgegenzustellen, dennoch sei Haakon »hart zum Streite« geschritten. Der Kaiser sei mit Friesen, Wenden und Franken von Süden her vorgedrungen. Dennoch habe Haakon sie mannhaft angegriffen. In der zweiten überlieferten Strophe erfährt man, daß Haakon den Wall erfolgreich verteidigt habe und die Sachsen vor ihm und seinen Mannen geflohen seien.

Von Einars Gedichtfragment beeindruckt haben manche frühere Historiker – obwohl Thietmar nur einen Kampf zwischen Otto und den Dänen um das Danewerk kennt – zwei Phasen des Feldzugs des Kaisers konstruiert (dies nicht zuletzt unter Eindruck der späten »Komposition« des historischen Ablaufs in Snorris Deutung der Skaldenstrophen in der Heimskringla)[22]. Danach wäre ein erster Vorstoß Ottos II. von Harald und Haakon mit Erfolg abgewehrt worden und erst ein zweites Unternehmen im selben Jahr habe dann dem Kaiser den Sieg gebracht, wobei Snorri der Meinung ist, daß dieser erst nach Abzug der Norweger erfolgt sei.

Da man aber nach den Ergebnissen der historiographischen Forschung zur Bewertung der Sagas des 12. bis 14. Jahrhunderts als historischer Quellen während der letzten Jahrzehnte deren Quellenwert für Ereignisse des 10. Jahrhunderts nur noch mit großen Einschränkungen bejahen kann, bleiben als wirklich beachtenswerte Nachrichten nur die beiden Strophen aus dem Gedicht Einars. Die hier recht dunkel wirkende Aussage des Skalden wird durch Bolins Interpretation einleuchtend verdolmetscht. Bolin (1931 b, S. 204 f.) schlägt wohl mit Recht vor, die bei Snorri überlieferte Reihenfolge der Strophen umzukehren. Denn hier wie auch sonst ist es bei Zitaten Snorris aus Skaldengedichten keineswegs erwiesen, ob die von ihm gewählte Reihenfolge des Zitates auch der wirklichen Reihenfolge im gesamten Gedicht entspricht. Nach Bolins Vorschlag, einer Voranstellung der zweiten überlieferten Strophe, dem wir zustimmen möchten, würde dann der Ablauf des Kampfs um das Danewerk durchaus mit den dürren Mitteilungen Thietmars in Übereinstimmung zu bringen sein. Dann wäre eine erste Angriffswelle des Heeres Ottos, bestehend aus dem sächsischen Aufgebot, von Dänen und Norwegern zurückgeschlagen worden, während dann ein zweiter anschließender Vorstoß von Franken, Friesen und Slawen erfolgreich war. Denn die Schilderung des mannhaften Widerstandes gegen die vordringenden Feinde kann ohne Schwierigkeiten mit den Darstellungen »siegreicher Rückzüge« des 20. Jahrhunderts in Parallele gesetzt werden. Die »Slawen« im Heere Ottos werden Hilfstruppen der abhängigen Abodriten gewesen sein, die »Friesen« stammten vielleicht aus dem niederländischen Raum. Denn kurz vorher hatte Otto Kämpfe im Hennegau (im Raum des heutigen Belgien) bestehen müssen und hatte vielleicht vom Anmarsch von dorther aus dem Bereich der heutigen Niederlande einige friesische Truppen mitgebracht[23]. Der spätere Verlust der 974 angelegten Burg (983) führte bis zum Friedensschluß von 1025 zu keinen Gegenaktionen von deutscher bzw. sächsischer Seite her, da sowohl die Könige wie die Billunger Markenherzöge mit vielen anderen Problemen beschäftigt (Holtzmann 1961, S. 292–479) waren und sich der entfernten Randzone des Reiches daher nicht zuwenden konnten. Auch die dänischen Könige waren in den folgenden Jahrzehnten mit Plünderungs- und Eroberungszügen nach England beschäftigt und wurden dadurch ebenfalls von den Auseinandersetzungen an ihrer Südgrenze abgelenkt (Christensen 1969, S. 244 ff.). Nur eine Urkunde Ottos III. von 988 (also noch während der Zeit seiner Minderjährigkeit) gibt für die Zeit der ottonischen Könige noch eine Nachricht über ein Interesse des deutschen Königtums an den nordischen Verhältnissen (DO III, Nr. 41). In diesem Diplom bestätigte Otto III. die Immunitätsurkunde Ottos I. von 965. Abweichend von der Vorlage galt nun die Erteilung der Rechte auch für das inzwischen eingerichtete Bistum Odense; außerdem wurde jetzt den Bischöfen das Recht erteilt, überall innerhalb des Königreiches Ottos (also des deutschen Reiches) Eigentümer zu erwerben. Interessant ist vor allem aber auch die abgewandelte geographische Beschreibung der Lage und der Besitztümer der drei Bistümer. Anstelle der Definition »in marca vel regno Danorum« ist nun nur noch von »in regno Danorum« die Rede.

Aus dem vorliegenden Quellenbefund sind, wie wir schon kurz andeuteten, zwei im Grundsätzlichen unterschiedliche Interpretationsversuche und -möglichkeiten erwachsen. Die eine Position, die eine stärkere Abhängigkeit Dänemarks vom Ottonischen Deutschen Reich und das Vorhandensein einer deutschen Mark Schleswig bis 983 vermutet, hat ihre »klassische« Darstellung in dem scharfsinnigen Aufsatz »Danmark och Tyskland under Harald Gormsson« des schwedischen Historikers Sture Bolin (1931 b) gefunden. Seiner Ansicht nach hat Heinrich I. über das Reich Gnupas 934 eine Tributhoheit erhalten, die der Bremer Missionstätigkeit Erzbischof Unnis neue Möglichkeiten bot. Während der Regierungszeit Ottos des Großen sei nur für die Zeit um 939 ein kriegerischer Gegensatz ohne nähere Angabe von Gründen und Folgen festzustellen. Letztere seien aber aus der Einsetzung der drei Bischöfe von Schleswig, Ripen und Aarhus (948) sowie aus der Immunitätsurkunde von 965 heraus zu erschließen. Wie in den slawischen Missionsbistümern des zwischen Elbe und Oder unter deutscher Oberhoheit stehenden Landes habe Otto I. auch für das dänische Jütland von sich aus Bischöfe eingesetzt. Die staatsrechtlichen Zustände in der damaligen Grenzregion erschließt Bolin vor allem aus der Urkunde Ottos I. von 965. Für ihn bedeutet die Umschreibung des Geltungsbereiches des Diploms für »in marca vel regno Danorum« eine klare Scheidung des Raumes nördlich der Eider in zwei unterschiedliche Teile: Das »regnum« sei dem Machtbereich des dänischen Königs Harald Blauzahn gleichzusetzen, die »marca« aber weise deutlich auf einen typischen »terminus technicus« der damaligen deutschen »Verwaltungssprache«. Eine solche Grenzmark sei unter einem Markgrafen direkt der Königsmacht unterstellt gewesen. Die deutsche Mark habe dabei den Machtbereich Gnupas und Sigtryggs in der Endphase der Königsherrschaft des Olafsgeschlechtes umfaßt, nämlich das Gebiet zwischen Eider und Schlei mitsamt dem Handelsplatz Haithabu. Dieser Raum, der das strategisch und handelspolitisch wichtigste dänische Land umfaßt habe, sei noch nicht nach dem Siege Heinrichs I., aber sicherlich während der Jahre zwischen 934 und 965 ein direktes deutsches Markengebiet geworden. Hier habe auch der Schleswiger Bischof seinen Sitz gehabt. Aber auch im »regnum Danorum« habe es einen starken deutschen Einfluß, also eine Oberhoheit, gegeben, da Otto I. den neueingerichteten Bistümern ohne weitere Erwähnung der Regierungsgewalt des dänischen Königs Immunitätsrechte verliehen hätte. Der König und Kaiser wie auch Erzbischof Adaldag als Intervenient und Metropolit der jütischen Suffraganbistümer hätten damit Dänemark (das den Machtbereich Haralds, der somit 965 wohl nur erst Jütland umfaßte) als ein vom Deutschen Reiche abhängiges Land betrachtet.

Daß der Raum südlich des Danewerks mit Einschluß Haithabus schon während der Regierungszeit Ottos des Großen im Bereich der direkten Herrschaft des Deutschen Reiches gelegen habe, meint Bolin auch aus weiteren Quellennachrichten erschließen zu können.

Nach Thietmar fand Otto II. bei seinem dänischen Feldzug den beide Reiche trennenden »Graben« (d. h. das Danewerk) bereits von den Feinden besetzt. Hinter dieser Verteidigungslinie habe auch Schleswig/Haithabu gelegen. Nach Bolins Ansicht war aber Thietmar der Meinung, daß das Danewerk nicht eine Grenzlinie des dänischen Reiches nach Süden, sondern des ottonischen Machtbereichs nach Norden gewesen sei, denn die »vom Graben geschützte patria« sei bei der Interpretation des Textes auf das Land Ottos II. zu beziehen. Dies würde durch die später liegenden Nachrichten Adams über eine ottonische Mark nördlich der Eider und eine deutsche Herrschaft über Haithabu bestätigt.

Eine solche Existenz einer deutschen »marca Danorum« werde auch durch das Diplom Ottos III. von 988 gestützt. Denn nach der durch den siegreichen Vorstoß der Dänen im Jahre 983 veränderten politischen Lage werde nun die Belegenheit aller drei bisherigen dänischen Bistümer und des neuen Bistums von Odense allein als im »regnum Danorum« charakterisiert. Man sei sich also darüber klar gewesen, de facto die Mark Schleswig seit 983 verloren zu haben. Außerdem sei den Bischöfen durch die neugefaßten Passagen der Urkunde nun die Möglichkeit eröffnet worden, auch im Deutschen Reiche Grundbesitz unter Immunitätsstatus zu erwerben. Dies entspreche – zumindest für den Status des Schleswiger Bischofs (der Verf.) – der schwierigen Lage der dänischen Bischöfe nach 983. Vorher aber sei der Einfluß des deutschen Königtums in Dänemark so stark gewesen, daß Otto nach seinem Belieben Bistümer auf dänischem Boden habe begründen können. Für Harald sei es daher geradezu eine Notwendigkeit geworden, das Christentum anzunehmen. Seit 939 habe bei dem vorausgesetzten starken Machteinfluß des deutschen Königs im Norden während Ottos I. Regierungszeit Friedenszustand zwischen beiden Reichen geherrscht, aber der Friede sei nicht gerade »herzlich« gewesen, wie die Wichmannepisode und die drohende Kriegsgefahr in den sechziger Jahren bewiesen.

Haralds »Aufstand« (»uppror«) gegen Otto II. habe bei seinem Mißlingen die Abhängigkeit nur verstärkt, indem nicht nur die alten Zustände wieder hergestellt worden seien, sondern der Kaiser durch die Errichtung der Burg seinen Einfluß noch verstärkt habe. Während der Krise der deutschen Macht im Nordosten nach der Niederlage von Cotrone aber sei es dann Harald gelungen, die deutsche Oberhoheit abzuschütteln und auch die Mark Schleswig zu gewinnen. Nicht zuletzt auf dieses Ereignis weise die Jellinge-Inschrift, in der Harald sich unter anderem rühme, »ganz Dänemark« gewonnen zu haben.

Dieser ausführlich und scharfsinnig begründeten Deutung der Quellen zur Frage der deutschen Oberhoheit über Dänemark haben sich Windmann (1954) und Schlesinger (1972) weithin angeschlossen. Letzterer gibt dabei auch zu bedenken, daß man möglicherweise in dem erst während der Zeit um die Mitte des 10. Jahrhunderts errichteten Halbkreiswall um Haithabu die von Otto II. errichtete Burg vermuten könne, nachdem bisherige Lokalisierungsversuche (sogenannte »Thyraburg« und »Hochburg« bei Haithabu) gescheitert seien.

Das Vorhandensein einer deutschen Mark Schleswig ist schon vor Jahrzehnten häufiger bestritten worden, wie von Steenstrup (1900, S. 47 ff., 90–94) und Biereye (1909, 1916), die im übrigen auch nicht von einer deutschen Oberhoheit über das Reich Harald Blauzahns überzeugt waren, und wie von Liliencron (1914), die jedoch von der Urkunde von 965 ausgehend einen starken Machteinfluß Ottos I. auf das gesamte dänische Reich vermutete. In neuerer Zeit hat vor allem A. E. Christensen (1969, S. 230 f.) die Meinung vertreten, daß die vorliegenden Quellen weder die Existenz einer deutschen Mark noch die politische Abhängigkeit Dänemarks vom deutschen Reiche zur Zeit Ottos des Großen bezeugten. Der Ausdruck »in marca vel regno Danorum«, der die Hauptstütze der Bolinschen These darstelle, drücke nach lateinischem Sprachgebrauch eine Einheit aus, in diesem Falle eine Umschreibung des Namens »Dänemark« oder gar ein kaiserliches Programm für die Zukunft (ohne daß dies je erreicht wurde), ganz Dänemark als Mark des Reiches einzugliedern. Widukinds verstreute Nachrichten bezeugten insgesamt deutlich, daß zu Ottos I. Zeiten keine Expansion nördlich der Eider stattgefunden habe. Eine wirkliche tributare Abhängigkeit Haralds von Deutschland habe es nur während des Jahrzehnts zwischen 974–983 nach Ottos II. Sieg gegeben.

Inge Skovgaard-Petersen (1977, S. 170 f.) hat in ihrer Darstellung über das dänische Frühmittelalter in Gyldendals Danmarks historie im ganzen Christensens Ansichten übernommen, weist aber darüber hinaus mit Recht darauf hin, daß man die vielumstrittene Urkunde von 965 im Zusammenhang mit dem ottonischen Reichskirchensystem und mit der allgemeinen Missionspolitik zur Zeit Ottos I. sehen müsse. Ähnlich urteilt Karl Jordan (1968, S. 24–26), der die Einrichtung der drei Bistümer im Jahre 947/48, die Ausstellung des Immunitätsprivilegs von 965 und die hierbei auftretenden unscharfen Definitionen dadurch gegeben sah, »daß sie (die Bistümer) zwar kirchenrechtlich zum Erzbistum Hamburg-Bremen, politisch aber zu Dänemark gehörten«. Doch ist er der Ansicht, daß unter Otto I. die unter Heinrich I. erzielte »Tributhoheit im Gebiet an der Schlei« (demnach also nicht die Hoheit über eine »schleswigsche Mark« – der Verf.) aufrechterhalten sei. Die 973 überbrachten Geschenke der Gesandtschaft Haralds sieht er als Tributleistung an. Alles in allem kann man sagen, daß noch zu Beginn der siebziger Jahre sich zwei Lehrmeinungen kontrovers gegenüberstanden. Auf der einen Seite die Vorstellung, daß unter Otto I. und Otto II. sowohl eine deutsche Mark im Raum zwischen Eider und Schlei wie auch eine Oberhoheit der Kaiser über das dänische Reich Harald Blauzahns bestanden habe (vor allem Bolin und Schlesinger), auf der anderen Seite die Ansicht, daß hiervon nur für die Jahre von 974–983 die Rede sein könne (zuletzt besonders A. E. Christensen). Vermittelnde und damit auf neue Lösungswege hinweisende Positionen bezogen Jordan und Skovgaard-Petersen.

Wir selbst haben über das komplizierte Problem schon seit Jahren nachgedacht, halten es aber erst zum jetzigen Zeitpunkt für sinnvoll, uns zu diesen Fragen zu äußern, selbst wenn eine letzte Klarheit wohl immer noch nicht zu erreichen ist und manche der folgenden Gedanken sicherlich nur Hypothesen und Zusammenstellungen von Denkmöglichkeiten liefern können. Denn in den letzten Jahren haben verschiedene archäologische Forschungsergebnisse, entscheidend abgestützt durch dendrochronologische Zeitbestimmungen, in bemerkenswerter Weise dazu beigetragen, das Vorhandensein einer schleswigschen Mark in den Bereich der historischen Legendenbildung zu verweisen. Versuchen wir also unter Beachtung der neuen archäologischen Ergebnisse ein Bild der Entwicklung an der deutsch-dänischen Grenze zu entwerfen. Der Vorstoß Heinrichs I. gegen Gnupa ist weniger als Expansionsversuch des erstarkenden ostfränkisch/deutschen Reiches denn als »offensiver Grenzschutz« zu verstehen. Denn Lothringen (zu dem die Niederlande und Friesland gehörten, die Gnupa 933 angegriffen hatte) hatte sich erst seit 923/925 endgültig dem ostfränkischen Reich angeschlossen. Wenn Heinrich dort seine Königsherrschaft behaupten wollte, mußte er beweisen, daß er dem Lande wirksamen Schutz gewähren könne.

Die dem besiegten Gnupa nach Widukinds Bericht auferlegten Bedingungen – Taufe und Tribut – erscheinen durchaus glaubhaft, wenn wir sie mit Heinrichs Vorgehen gegen die Elbslawen (Fritze 1960, S. 157 f.) oder dem Vertrag des angelsächsischen Königs Alfred dem Großen mit dem Wikingerkönig Guthrum vergleichen (vgl. etwa Stenton 1947, S. 257 f.; Sawyer 1982, S. 91, 99 f.).

Die Frage, ob eine solche Tributhoheit nur noch für ein von den vielleicht schon damals in Nordjütland mächtig gewordenen Jellingekönigen auf das Gebiet zwischen Schlei und Eider eingeengtes Herrschaftsgebiet des Olafgeschlechtes oder für einen weiteren Raum des ganzen damaligen Dänemark galt, läßt sich vom Quellenbefund genauso wenig klären wie die, ob später die siegreichen Jellingekönige Gorm und Harald für ihr gesamtes Reich oder doch immerhin die südlichen Teilbereiche eine solche Oberherrschaft des Reiches anerkannten.

Die bei Widukind angeführten Kämpfe mit den Dänen um das Jahr 939 lassen sich leicht von den damaligen Verhältnissen in Nordelbingen verstehen. Hier war es in diesem Gebiet, wo sächsischer, slawischer und dänischer Siedlungsraum zusammenstießen, für das 9.–12. Jahrhundert durchaus üblich, das benachbarte Grenzgebiet während politischer Schwächeperioden der jeweiligen dortigen Zentralmacht durch Plünderungsunternehmungen heimzusuchen (vgl. etwa Helmold, Cap. 35, 51, 55).

Im erstarkenden ottonischen Reich wurde dann aber auch der Schutz der Grenzen fühlbar gefestigt. So unterstellte Otto den Grenzschutz und die Machtausübung der königlichen Gewalt im elbslawischen Raum bei Liutizen und Sorben dem Markgrafen Gero, für das Land der Abodriten und wohl auch für den Bereich der drei nordelbischen Sachsengaue Hermann Billung[24]. Dieser ist zunächst seit 936 als »princeps militiae« im nordöstlichen sächsischen Grenzraum als Heerführer im Auftrage des Königs bezeugt. In dieser Eigenschaft wird er auch die Aufgabe des Grenzschutzes an der Eider übertragen bekommen haben. So klingt auch der Bericht Dudos über eine Gefangenschaft Hermanns bei den Dänen im Zusammenhang mit den bei Widukind für die Zeit um 939 bezeugten Kämpfen durchaus glaubhaft.

Aus dem »militärischen Sonderkommando« erwuchs dann im Laufe der Regierung Ottos für dessen Vertrauten Hermann Billung eine markgräfliche Stellung für das Abodritenland und wohl auch für den Schutz der Nordgrenze. Zu dem in Ostsachsen vorhandenen Eigenbesitz der Billunger samt mehreren dort belegenen Reichslehen, Grafschaften und Vogteirechten traten so auch in Nordelbien die Grafschaftsrechte für Holstein und Stormarn (die sich wohl weitgehend nur auf das Recht zum Heeresaufgebot und zum Grenzschutz bezogen) und das Aufgebotsrecht für Dithmarschen. Da Hermann häufiger bei den mehrfachen Abwesenheiten Ottos I. diesen in seiner Stellung als Stammesführer (oder »-herzog«) vertrat und diese »procuratio« sich immer mehr zu einem Dauerzustand verfestigte, wurde Hermann mehr und mehr auch als »dux« bezeichnet. Er wie seine Nachkommen stiegen allerdings nie zu eigentlichen »Stammesherzögen« in Sachsen auf, sondern waren als »duces« und Markgrafen an der Nordostgrenze nur die angesehensten und mächtigsten Reichsfürsten und »Herzöge« in (nicht »von«) Sachsen.

Von hier aus gesehen hat also sicherlich eine »Grenzmarkenorganisation« im Nordosten des ottonischen Reiches zur Sicherung speziell auch der Nordgrenze bestanden, aber von einer »schleswigschen« Mark und dem Vorhandensein eines besonderen Markgrafen für diesen Grenzbereich ist in allen Quellen (mit Ausnahme der oben erwähnten Adam-Stelle [I. 57, S. 56 f.]) nie die Rede. Auch die Einsetzung von Bischöfen auf dänischem Boden (947/48) durch Otto I. und der Rechtsinhalt der Urkunde von 965 kann man nicht zur Stützung einer Existenz einer schleswigschen »marca Danorum« verwenden. Denn als christlicher König sah sich Otto I., der sich schon bei seiner Krönung (936) bewußt in die Tradition Karls des Großen stellte, grundsätzlich zur aktiven Förderung der Heidenmission berufen.

So wurden um 948 nicht nur die drei dänischen sondern auch für den zum deutschen Reich in enger Abhängigkeit stehenden Elbslawenraum zwei Bistümer geschaffen. Während letztere aber auf Reichsboden entstanden und später mit weiteren Bistumsgründungen dem neugeschaffenen Erzbistum Magdeburg (968) unterstellt wurden, lagen Schleswig, Ripen und Aarhus auf dem Boden des um 948 möglicherweise erst nur Jütland umfassenden Dänenreiches Harald Blauzahns. Daß Otto und nicht der Dänenkönig diese Bistümer einrichtete, ist dabei nicht verwunderlich. Im Gegensatz zu seinem Vater Gorm scheint Harald zwar schon frühzeitig – nicht zuletzt wohl auch aus »politischen Gründen« – die christliche Mission in seinem Herrschaftsbereich geduldet wenn nicht gar gefördert zu haben, den Glaubenswechsel aber wird er wohl erst um 965 vollzogen haben (Christensen 1969, S. 226 f.).

Die Aufgabe zur Mission aber lag in der Hand des Bremer Erzbistums, das seinerseits im Rahmen des werdenden »ottonischen Reichskirchensystems« unter der schirmenden und fördernder Hand, aber auch unter starker Abhängigkeit des Königtums Ottos I. stand (Glaeske 1962, S. 7 ff.) Durch Einsetzung der drei für Dänemark geweihten Bischöfe konnte im übrigen das Bremer Erzstift zum ersten Male Suffraganbischöfe erhalten. Wenn diese aber im dänischen Raum eingesetzt wurden, so war hierzu weniger die Zustimmung des noch heidnischen dänischen Königs wichtig als die des deutschen Königs, des Schutzherrn der Bremer Kirche und ihrer Missionsaufgabe.

Die Bischöfe selbst haben damals kaum über geographisch klar eingegrenzte Sprengel verfügt Ihre Aufgabe in Dänemark war zunächst wohl nur die von drei nützlichen Standpunkten – den Handelsplätzen Schleswig/Haithabu, Ripen und Aarhus – ausgehende intensivierte Mission.

So ist auch die Urkunde von 965 im Zusammenhang der immer stärker werdenden, von Bremer und seinen Suffraganbistümern ausgehenden Mission zu sehen. Wohl erst kurz vor Ausstellung der Urkunde, vielleicht auch erst zum selben Zeitpunkt, entschloß sich der dem Christentum nicht ablehnend gegenüberstehende dänische König Harald Blauzahn zur Annahme des Christentums die ihrerseits auch für die Zeit der folgenden Jahrzehnte die Christianisierung seines Volkes einleitete. Zu diesem Entschluß werden den König mehrere Überlegungen veranlaßt haben (vgl. u. a Christensen 1969, S. 226 f.; Skovgaard-Petersen 1977, S. 170 f.). Der erstaunliche Machtanstieg

Ottos I. mag ihn von der großen Heilskraft des Christengottes ebenso überzeugt haben wie das Beglaubigungswunder des christlichen Klerikers Poppo. Im politischen Bereich wird es ihm nützlich erschienen sein, demselben Gotte zu dienen wie sein übermächtig gewordener deutscher Nachbar, denn als Christ würde er ihm gegenüber einen besseren Stand haben. Dazu wird dieser Entschluß wohl auch davon mitbestimmt worden sein, daß er als dänischer König seinen Großen gegenüber durch die Herrschaft über eine künftige Reichskirche ein starkes Machtinstrument zur Stützung der Königsmacht erhalten würde. Ottos Immunitätsurkunde wird demgegenüber kaum besondere Machtansprüche des deutschen Königtums in Dänemark haben durchsetzen wollen. Hier kam es vor allem auf die Stützung der Rechte der Bremer Kirche und ihrer Suffragane an, die dem Schutz des deutschen Königs unterstanden. Zunächst einmal ging es dem Bremer Erzbischof und seinen drei Suffraganbischöfen darum, einen den übrigen Bistümern des Reiches entsprechenden Status zu erhalten, und dazu gehörte in erster Linie, daß den neuen Bistömern die Immunitätsrechte gewährt wurden. Von diesem Betrachtungspunkt her führt eine zu starke Überzeugung davon, daß die in der Urkunde festgesetzten Bestimmungen wortwörtlich verwirklicht wurden, in die Irre. Sicherlich wurde hier nach dem für den Bereich des deutschen Reiches üblichen Rechtszustand geradezu schematisch nach Regelvorlagen für Immunitätsurkunden drei Bischöfen das Recht der Immunität verliehen.

Sie erhielten damit de iure den gleichen Rang wie die übrigen Bischöfe des ottonischen Reiches. Wenn aber dem Urkundeninhalt nach das Recht der Immunität gegenüber dem deutschen Königtum und den von ihm abgeleiteten Gewalten gelten sollte, kann in der Realität hiervon nicht die Rede gewesen sein. Denn auf dänischem Boden bestanden keine deutschen Grafschaften. Auch der von dem schematisch aus deutschen Verhältnissen übernommenen Urkundentext aufgeführte Besitz der drei Bistümer an Grundherrschaften dürfte damals noch außerordentlich gering an Umfang gewesen sein. Denn König Harald wird wie erwähnt um 965 erst gerade eben den christlichen Glauben angenommen haben. So war eine Ausstattung der Kirchen mit gestifteten Ländereien in größerem Stil erst seit dieser Zeit zu erwarten und nahm wohl auch dann noch keine großen Ausmaße in dem neubekehrten Land an. So berichtet Adam von Bremen, daß das Bistum Ripen einem seiner ersten Bischöfe, dem jüngeren Odinkar – also nicht dem Königtum –, seine anfängliche Ausstattung aus dessen Eigengut verdankte.

Weiterhin wird man die Immunitätsurkunde auch als einen deutlichen Hinweis Ottos an König Harald auffassen können, den hier in der Urkunde erteilten grundsätzlichen Rechtszustand nun im Machtbereich des dänischen Königtums in Zukunft zu verwirklichen. Hier engagierte sich also der deutsche König als Herr und Schützer der Reichskirche für die Interessen des ihm stets in besonderer Weise treuen Bremer Erzbischofs Adalgar (Glaeske 1962, S. 5 ff.) und seiner Suffragane. Nicht ohne Grund ist diese Urkunde aber vom »Kaiser« Otto ausgestellt worden, der vor drei Jahren erst in Rom das römische Kaisertum Karls des Großen wieder erneuert hatte. Sollte man auch den normalen Arengen mittelalterlicher Königs- und Kaiserurkunden mit ihren zum Teil bereits auf spätantike Schemata zurückführenden starren Formeln im allgemeinen bei Urkundeninterpretationen nur wenig Beachtung schenken, so ist doch diese frühe Arenga in der Urkunde zugunsten der drei Bistümer durchaus von dem Programm des kaiserlichen Hofes erfüllt, im Sinne des karolingischen Kaisertums, im Kaiser den Schirmherr der Christenheit und insbesondere der abendländischen Kirche zu sehen[25]. Hieraus aber ergab sich auch die Sorgepflicht für neue Bistümer in Nachbarreichen, die erst eben für das Christentum gewonnen waren und noch nicht den Status einer nationalen Kirchenprovinz mit eigenem Erzbistum gewonnen hatten, wie zu Ottos I. Zeit Dänemark und Polen. Die Anmeldung künftiger Hoheitsansprüche des Reiches über Dänemark, wie Christensen sie für möglich hielt[26], ist also durch diese Urkunde nicht geschehen, sondern die Förderung der Bistümer im bisher heidnischen Missionsgebiet war für den Kaiser einfach eine Selbstverständlichkeit. In Polen war spätestens 968 ein Bistum in Posen eingerichtet worden[27].

Kurz vorher war der polnische Fürst Miesko (966 oder 967) zum christlichen Glauben übergetreten. Die Frage, ob das Posener Bistum zunächst dem neuen deutschen Bistum Magdeburg unterstellt wurde oder nicht, ist in der Forschung umstritten (Schlesinger 1962, S. 32; Claude 1972, S. 106–112; Rohde 1965, S. 10 f.), zumindest eine gewisse Bindung an Magdeburg ist für die ersten Jahrzehnte des Bestehens aber anzunehmen. Miesko selbst befand sich Otto I. gegenüber »in einer ein bloßes Bündnis gewiß übersteigenden Abhängigkeit, jedoch als ‚Freund'... des Kaisers in einer gegenüber den nur Tributpflichtigen bevorzugten Stellung« (Rohde 1965, S. 10). Ein Lehnsverhältnis im Sinne einer nominellen Oberhoheit des Reiches gegenüber Polen wurde erst 986 geschaffen.

Für Dänemark fehlen demgegenüber in den Quellen Anzeichen für eine ähnliche Bindung Haralds an den Kaiser. Dasselbe gilt für Indizien für das Vorhandensein einer dänischen Mark, die ja nach Adams Auffassung damals im südlichen Teil des späteren Herzogtums Schleswig um den Handelsplatz Schleswig/Haithabu herum bestanden haben soll. Die neuesten Grabungen am Danewerk haben dann ergeben, daß der Hauptwall der Anlage um 968 verstärkt (Andersen, Madsen und Voss 1976, S. 77, 79 f., 103; Andersen 1977, S. 51 ff.; Eckstein und Schietzel 1977, S. 159 und Karte S. 160) und mit einiger Wahrscheinlichkeit der Verbindungswall zum Halbkreiswall von Haithabu damals angelegt wurden. Denn für den westlichen Teil des Verbindungswalles liegt hierbei ein genaues dendrochronologisches Datum für das genannte Jahr 968 vor. Daraus muß man die Folgerungen ziehen, daß König Harald im Grenzgebiet die vorhandenen Wehranlagen nach eigenem Willen gegenüber dem mächtigen südlichen Nachbarn verstärken konnte. Der Bau des Verbindungswalles aber setzt logischerweise die Existenz des Halbkreiswalles von Haithabu voraus, der demnach in seinen ersten Phasen spätestens kurz vor 968 errichtet worden sein müßte. Damit fallen unserer Ansicht nach die Vorstellung Adams (I. 57, S. 56 f., II. 4, S. 63) von Schleswig/Haithabu als sächsischer Kolonie in der Zeit Ottos I. und damit auch die Grundthese Bolins (1931 b) fort. Mit A. von Liliencron (1914, S. 44) wird man also sagen können, daß der Passus der Urkunde von 965, der von den drei ersten dänischen Bistümern als »in marca vel regno Danorum« gelegen spricht, »wohl nur den damals (d. h. für Dänemark) im Gebrauch befindlichen Landesnamen« übersetzt. Dieser Landesname war für deutsche Leser, für die eine »Mark« ein staatsrechtlich umrissener Begriff war, recht ungewöhnlich und mußte daher erläuternd in der Urkunde umschrieben werden. »Nur, um seinen Ausdruck völlig eindeutig zu machen, fügte er (d. h. der Diktator der Urkunde) der schlichten Namensübertragung ‚marca Danorum' ein ‚regnum' noch hinzu«[28].

Die allein bei Adam, anders als bei allen andern hochmittelalterlichen deutschen Chronisten, auftauchende Nachricht von der Existenz einer besonderen deutschen Mark Schleswig ist in diesem Zusammenhang sicherlich daraus zu erklären, daß er (wie er selbst berichtet) bei Abfassung seiner Chronik die in Bremen vorliegende Urkunde gelesen hat[29] und mit der darin erwähnten »marca« dann als Erklärung für deren Entstehung den bei Widukind erwähnten Heereszug Heinrichs I. verband, der seiner Ansicht nach zur Begründung dieser Mark geführt haben mußte. In gleicher Weise hat er wohl, vom Wortlaut der Urkunde ausgehend, den ihm vage bekannten Kriegszug eines sächsischen Kaisers gegen die Dänen von Otto II. auf Otto I. zurückdatiert, da er sich sonst die Entstehung einer Mark vor 965 nicht erklären konnte (Adam II. 3, S. 62 f.). Die von Adam berichtete Existenz einer »sächsischen« Kaufmannskolonie in Haithabu wird auf sein Wissen um einen starken Anteil norddeutscher und friesischer Kaufleute unter der Bevölkerung des dortigen Ortes zurückzuführen sein, den er sich wohl aus einer früheren deutschen Herrschaft über den Handelsplatz erklärte.

Eine deutsche Mark nördlich der Eider hat es demnach unserer Ansicht nach bis 973 nicht gegeben, und auch für eine Fortsetzung der tributären Abhängigkeit Gnupas vom deutschen Reiche für Gorm und Harald spricht nur wenig. Die Geschenke überreichende Gesandtschaft König Haralds beim letzten Hoftag Ottos I. ist kaum als Zeichen einer Tributübergabe anzusehen, denn diese

Gesandtschaft wird in einem Zuge mit anderen genannt, darunter der des byzantinischen Kaisers, der Ungarn und Bulgaren, welche in keiner Weise vom Kaiser abhängig waren, während Beneventer und auch einige der pauschal genannten »Slawen« unter seiner Oberhoheit standen (siehe Anm. 20; vgl. Biereye 1916, S. 18). Wahrscheinlich hat sich der dänische König damals dazu entschlossen, dem nach vielen Erfolgen aus Italien zurückgekehrten machtvollen Kaiser gegenüber seine Friedfertigkeit zu betonen und um »gut Wetter« zu bitten. Denn hierfür lag durchaus ein Anlaß vor, da ja die Wichmann-Episode und Widukinds Hinweis auf einen drohenden Dänenkrieg (um 967) wesentliche Hinweise auf ein gespanntes Verhältnis zwischen beiden Reichen zu Ende der sechziger Jahre liefern, die noch durch die kürzlich erschlossenen Befestigungsbauten am Danewerk, am Verbindungswall und wohl auch am Halbkreiswall wesentlich gestützt werden.

Der Anlaß hierfür mag an der in diesen Jahren wesentlich verstärkten sächsisch/deutschen Machtstellung im Abodritenland gelegen haben. Schon nach der etwa gleichzeitig mit der Lechfeldschlacht stattfindenden Schlacht an der Recknitz (955) war der abodritische Stammesverband fester in die Billunger Mark einbezogen worden (Holtzmann 1961, S. 167), während dann um 967 Markgraf Hermann gemeinsam mit dem Stammesfürsten der Abodriten, Mistiwoi, den mit diesem rivalisierenden wagrischen Teilfürsten Selibur besiegte und zur Übergabe der starken Oldenburg zwang (Widukind III. 68, S. 142). Hier wurde dann wohl im folgenden Jahr ein Bistum für die Abodritenmission eingerichtet (968; Beumann 1972, S. 54 ff.), das wie die dänischen Bistümer dem Erzbistum Bremen unterstellt wurde. Noch im Jahre 967 wurde auch ein Aufstand des liutizischen Stammes der Redarier niedergeworfen, der im vorpommerschen Raum seine Wohnsitze hatte (Widukind III. 70, S. 147 f.).

Damit war die deutsche Macht gerade im Dänemark benachbarten Bereich des Billunger Markgrafen, der ja auch vom Holstengau her die Grenze gegenüber Dänemark zu schützen hatte, beträchtlich angestiegen. Dazu wurden vielleicht auch die Expansionspläne König Haralds im südöstlichen Ostseeraum gestört, falls er schon damals seinen Stützpunkt Jumne auf Wollin besaß[30].

Hatte sich der Dänenkönig der möglichen Bedrohung durch den benachbarten Markgrafen Herrmann gegenüber noch ostentativ kampfbereit gezeigt, so sah er als kluger Politiker doch die Notwendigkeit ein, dem zurückgekehrten, übermächtigen, erfolgreichen, alten Kaiser Otto I. seine Reverenz zu erweisen und sich friedlich zu zeigen. Doch nach dem noch im selben Jahre erfolgenden Tode Ottos erschien dann wohl König Harald die Lage zu seinen Gunsten verändert. Der junge, bereits zum Mitregenten des Vaters erhobene Otto II. war bei dem Ableben des Vaters zwar schon rechtsgültig König und sogar Kaiser, aber dennoch wurde auch diesmal der Thronwechsel (wie so oft im Mittelalter) auch eine Zeit der Staatskrise, denn Otto II. war erst achtzehn Jahre alt, der ehrgeizige Vetter des Kaisers, Herzog Heinrich der Zänker von Bayern, trachtete nach starkem Einfluß am kaiserlichen Hof, ja, als ihm dieser nicht in vollem Maße gewährt wurde, nach der Krone (Holtzmann 1961, S. 250 ff.; Uhlirz 1902, S. 31 ff.). Es bleibt von den Quellen her unklar, ob der Gegensatz der beiden fürstlichen Vettern, der im Verlauf des Jahres 974 ausbrach, König Harald bereits bekannt geworden war; auf jeden Fall aber wagte er den Angriff. Dabei muß man bedenken, daß der Gormide inzwischen in den Jahren seiner Königsherrschaft sein Reich bemerkenswert ausgedehnt hatte. Weisen die Amtssitze der drei 947/48 errichteten dänischen Bistümer darauf hin, daß damals wohl nur Jütland zum dänischen Reiche Haralds gehörte, so gelang es ihm im Laufe seiner Regierung, wie es auf dem Jellingestein berichtet wird, »ganz Dänemark« zu gewinnen (La Cour 1934; Christensen 1969, S. 226–241; Skovgaard-Petersen 1977, S. 52 f.; L. Weibull 1911; C. Weibull 1917/21, ders. 1921; Hoffmann 1982), d. h. also auch Fünen, Seeland, die übrigen Inseln und Schonen. Nach neuesten Ergebnissen der frühgeschichtlichen Forschung dürfte es in diesem Zusammenhang nun auch feststehen, daß nicht erst sein Sohn Sven Gabelbart, sondern bereits König Harald die bisher bekannten großen Burgen Dänemarks aus der Zeit der Wende zum 11. Jahrhundert erbaut hat, nämlich die Trelleborg (auf Seeland), Nonnebakken (auf Fünen) und Aggersborg sowie Fyrkat in Nordjütland. Denn dendrochronologische Untersuchungen haben ergeben, daß die Baumstämme, die zur Errichtung der Trelleborg verwendet wurden, im Winter 980/81 geschlagen worden sind (Christiansen 1981, S. 221 f.; vgl. Skovgaard-Petersen 1977 S. 197 f., S. 206), das heißt also zu einer Zeit, als Harald noch dänischer König war. Weil aber alle vier Burgen nach ähnlichem Schema errichtet wurden und die Trelleborg dabei besonders reife Formen zeigt, ist es wahrscheinlich, daß sie alle noch aus Haralds Zeit stammen.

Dies bedeutet aber, daß sie zunächst in erster Linie zur Sicherung des von den Gormiden neu gewonnenen Landes dienten, was nicht ausschließen muß, daß sie später von Sven Gabelbart auch als Ausgangspunkt für seine Unternehmungen zur Eroberung Englands benutzt wurden[31]. Die Errichtung dieser Burgen, zu denen vielleicht noch der Halbkreiswall von Haithabu und auf jeden Fall die Verstärkung und der Ausbau des Danewerkes zu rechnen sind, waren nur einem Herrscher möglich, der über beträchtliche Macht- und Geldmittel verfügte. Diese finanziellen Einkünfte mögen Harald aus der Kontrolle wichtiger Handelswege von Haithabu über die Ostsee bis nach Jumne auf Wollin erwachsen sein. Dazu aber gelang es ihm auch, um das Jahr 970 zeitweise die Oberherrschaft über Norwegen zu erringen (Vårt folks historie 1, S. 360–369; La Cour 1934, S. 75 f.). Denn er stützte den aus Norwegen vertriebenen Jarl des Tröndelag, Haakon der Großen, gegen den eigenen Neffen König Harald Graufell, der zwar mit seiner Hilfe die Herrschaft über Norwegen gewonnen hatte, danach aber die versprochene Anerkennung von Haralds Oberherrschaft verweigerte. Nachdem Harald Graufell – möglicherweise durch ein kompliziertes Intrigenspiel – ausgeschaltet worden war, übernahm Haakon die Herrschaft über West- und Nordnorwegen und erkannte über diesen Herrschaftsbereich zunächst Harald Blauzahns Oberhoheit an, während dieser über das südliche Norwegen (die Landschaft Viken) wohl direkt die Regierung übernahm. So war es also ein Herrscher über einen großen Machtbereich, der 974 Kaiser Otto II. herausforderte. Es ging dabei Harald Blauzahn kaum darum, eine deutsche Oberhoheit abzuschütteln, die – so meinen wir – gar nicht bestand, als vielmehr den übermächtig gewordenen Nachbarn in einer scheinbaren Schwächeperiode zurückzudrängen und im Raum der slawischen Gebiete den deutschen Einfluß zurückgehen und den dänischen wachsen zu lassen. Vielleicht dachte Harald sogar daran, wie einst Göttrik zur Zeit Karls des Großen, den Einfluß des eigenen Reiches bis zur Elbe hin auszudehnen.

Wenn Thietmar von Merseburg in seiner Schilderung der Ereignisse des Jahres 974 den dänischen König als »rebellis« bezeichnet, dann ist er entweder wie einige Jahrzehnte später Adam von Bremen von einer Fehlinterpretation der Urkunde Ottos I. von 965 und damit der Existenz einer »marca Danorum« und einer deutschen Oberhoheit über Dänemark ausgegangen, oder aber er sieht in jeder Erhebung gegen den Kaiser als Schutzherrn der Christenheit überhaupt eine Art »Majestätsverbrechen« und Bruch des Treueverhältnisses. Für eine Erschließung des Angriffsmotives erscheint die von den sonst über den Feldzug von 974 recht verwirrt berichtenden Altaicher Annalen[32] überlieferte Nachricht, daß Harald – der hier aus Prestigegründen nur als »dux Danorum« bezeichnet wird – die »provincia(m) trans flumen Albiae concremavit atque vastavit«, nach dem oben Gesagten durchaus glaubhaft. Harald wandte sich also gegen die drei nordelbischen Sachsengaue, wohl auch Wagrien, die Nordbasis des Machtbereichs des billungischen Markenherzogs Bernhard I., der 973 seinem Vater Hermann Billung in seiner Amtsstellung nachgefolgt war.

Doch der Dänenkönig verrechnete sich in der Abschätzung der Abwehrkraft des deutschen Reiches. Mit einem nach den Strophen Einars aus Sachsen, Franken, Friesen und Slawen (d. h. wohl Abodriten) zusammengesetzten Heer und mit Rat und Hilfe des Billungerherzogs Bernhard I. und des Grafen Heinrich von Stade gelang es dem Kaiser trotz hartnäckigen Widerstands der Gegner – nicht zuletzt des seinem Oberherrn mit seinen Mannen zur Hilfe gekommenen Jarl Haakon von Norwegen – den Durchbruch durch das Danewerk zu erzwingen. Dazu bedurfte es nur einer Schlacht, wie schon K. Uhlirz (1901, S. 54 f.) nachgewiesen hat. Dem Sieg des Kaisers scheint ein schneller Friedensschluß gefolgt zu sein. Doch unklar bleiben die Friedensbedingungen. Bei dem meist verläßlichen Thietmar wird nur davon gesprochen, daß der Kaiser »in hiis finibus« (an »dieser Grenze« oder auch in »diesen Gegenden«) eine Burg errichtet und sie durch eine Besatzung gesichert habe (Thietmar III. 6, S. 103 f.). Die in ihrem Quellenwert umstrittenen, wenn auch den Ereignissen fast gleichzeitigen Altaicher Annalen (vgl. Anm. 32) wollen darüber hinaus um eine Erneuerung schon früher bestehender Tributzahlungen und die Geiselgabe eines Sohnes Harald Blauzahns als Friedensunterpfand wissen. Wie so oft im Bereich der Interpretation der Quellen zur Geschichte Nordelbiens im 10. Jahrhundert bleiben also auch hier manche Fragen offen.

Die von Kaiser Otto II. »in hiis finibus« errichtete Burg hat viele Deutungsmöglichkeiten ergeben. Steenstrup vermutete sie auf der Eiderinsel im Zentrum des heutigen Rendsburg[33], Biereye (1909, S. 108) in der sogenannten »Thyraburg« im Danewerkbereich, Sach (1896, S. 54 ff.) in der sogenannten »Hochburg« oder »Markgrafenburg« nördlich von Haithabu und Schlesinger (1972, S. 82–84) schließlich im Halbkreiswall Haithabu.

Die Rendsburg- wie die Thyraburg-These dürften heute kaum noch Anhänger finden. Die Überlegung Sachs erscheint uns heute noch nicht widerlegt, da bisher keine wirklich erschließenden archäologischen Untersuchungen der Hochburg stattgefunden haben und vor allem noch keinerlei dendrochronologische Datierungen vorliegen. Die Hypothese Schlesingers hat an Glanz verloren, seitdem der neuerdings auf 968 datierte Verbindungswall vom Danewerk nach Haithabu eine Anlage des Halbkreiswalles zur Regierungszeit Harald Blauzahns wahrscheinlich macht. Immerhin sollte man als Möglichkeit in Betracht ziehen, daß zur Zeit Ottos II. der Halbkreiswall eine Verstärkung erhalten haben kann, was dann der »Errichtung einer Burg« im Sinne Thietmars durchaus entsprechen könnte.

Neuerdings ist von Henning Hellmuth Andersen (1978, S. 117 ff.; 1980, S. 78 f.) eine weitere, durchaus erwägenswerte These für diesen Interpretationsbereich erörtert worden. Seine Ausgrabungsergebnisse für die Itzehoer Burg im Bereich der Störschleife ermöglichen deren Gleichsetzung mit dem alten »Echeho« Helmolds von Bosau und eine Datierung der Errichtung dieser Anlage, die durchaus noch auf 974 zurückgeführt werden könnte. Ist also die Burg in der Störschleife die so lange gesuchte 974 errichtete Befestigungsanlage? Wie vage ist doch die geographische Festsetzung des Burgenbaus Ottos II. auf »in hiis finibus«! Hier könnte durchaus auch noch für den »Südelbier«, wie es Thietmar war, die Itzehoer Burg gemeint gewesen sein.

Blickt man bei der Angabe »in hiis finibus« jedoch auf den eigentlichen Grenzraum, so wäre die Burg Ottos II. nach bisherigen Erkenntnissen in dem Halbkreiswall Haithabus in einer ausgebauten Phase oder in der Hochburg zu suchen. Ehe nicht dendrochronologische Daten der Prähistoriker vorliegen, wird es dem Historiker schwer fallen, hier eine Entscheidung zu fällen.

Sollte sich in Zukunft Andersens Überlegung als zutreffend erweisen, dann hätte der Sieg Ottos II. letztlich nur in der Abwehr eines gegnerischen Angriffs und der Behauptung der bisherigen Grenze bestanden. Falls aber die Thesen Sachs oder Schlesingers zu Recht bestehen und dem Bericht der Altaicher Annalen ein gewisser Quellenwert zuzusprechen ist, dann hätte kurzfristig, für die Jahre von 974–983 eine deutsche Einflußzone in dem menschenleeren Öd- und Waldlandgebiet zwischen Eider und Schlei, dem typischen Beispiel einer frühmittelalterlichen Völkerscheide, bestanden und hätte es für dieses Jahrzehnt auch eine Tributabhängigkeit des dänischen Reiches von Otto II. gegeben, die aber kaum stärker als die Polens vom Reiche gewesen wäre. Alles in allem bleibt uns nichts weiteres übrig, als festzustellen, daß wir nichts Exaktes über den Friedensschluß von 974 wissen und daher mehrere gleichberechtigte Hypothesen über seinen Inhalt bestehen.

Auf jeden Fall blieb die verstärkte Repräsentation des deutschen Reiches an der dänischen Grenze auf einen Zeitraum eines knappen Jahrzehnts beschränkt. In diesem Jahrzehnt wird König Harald seine Macht in Dänemark konsolidiert haben; hierfür spricht nicht zuletzt die oben erwähnte Anlage der Trelleborg im Jahre 981. Außerdem weist seine Eheschließung mit Towe, der Tochter des Abodritenfürsten Mistiwoi, darauf hin, daß er um Bundesgenossen mit gleichem Interesse einer Bewahrung der Selbständigkeit gegenüber dem deutschen Reiche bemüht war (Fritze 1960, S. 160; Jacobsen und Moltke 1942, Textband, Nr. 55, S. 94). Als dann die Nachricht von der Niederlage Ottos II. bei Cotrone den Norden erreichte, handelten Harald und Mistiwoi gleichzeitig und sicher nicht ohne Verabredung.

Die Dänen eroberten »mit List«, also wohl in plötzlichem Überfall die von Otto II. angelegte Burg und erschlugen die Besatzung (Thietmar III. 24). Damit war es dem alten König Harald wohl endgültig gelungen, sich »ganz Dänemark« zu gewinnen (falls die eroberte Burg nördlich der Eider lag). Der Billunger Berhard I., der schon zum Reichstag von Verona aufgebrochen war, mußte zurückkehren, um die Grenze zu sichern.

Einen Zug gegen den Dänenkönig, um die Niederlage wettzumachen, konnte er nicht unternehmen, da sich ja auch die Abodriten unter Mistiwoi erhoben (Adam II. 42, S. 102; Thietmar III.17–18, S. 118 f.; Fritze 1960, S. 160 f.), die deutsche Herrschaft abschüttelten, bis Hamburg vorstießen und den Ort in Brand legten. Da auch die Liutizen sich durch einen Aufstand befreiten, waren die billungischen Herzöge für das folgende Jahrhundert mit mehr oder weniger Erfolg damit beschäftigt, die Nordostgebiete Sachsens gegen die benachbarten Slawenstämme zu schützen. So unterblieb auch in Zukunft ein »Revanchezug« nach Norden. Ebenso bestanden für die deutschen Herrscher Otto III. und Heinrich II. wichtigere Probleme als sich mit dem Dänenkönig wegen der Zerstörung der von Otto II. erbauten Burg in einem Feldzug auseinanderzusetzen. Die Vormundschaftsregierung für Otto III. mußte zunächst dessen Thronrecht wahren und die Slawengrenze gegen Liutizen und Abodriten absichern. Den dänischen Bistümern erneuerte man 988 im Namen des unmündigen deutschen Königs die 965 gewährten Rechte und dehnte diese auf das inzwischen neugeschaffene Bistum Odense aus (DO III. 41). Als Geltungsbereich war jetzt nur noch von einem »regnum Danorum« die Rede, wohl weniger weil man inzwischen die imaginäre »marca« verloren hatte, als weil inzwischen der Name Dänemarks der königlichen Kanzlei nicht mehr so ungewöhnlich erschien. Weiterhin war es eine neue Festsetzung im Text des Privilegs, daß die Bischöfe Landbesitz im deutschen Reiche erwerben dürften und daß die Einwohner der Bistümer auf Reichsgebiet Zollfreiheit genießen sollten. Der erste dieser beiden Passus könnte möglicherweise einen Hinweis bieten, daß einer (dann wohl der Schleswiger Bischof) oder mehrere der Bischöfe wegen der Kriegshandlungen von 983 als dem deutscgen Reiche Nahestehende Dänemark aus eigenem Willen oder unter Zwang verlassen hätten und nun auf Landbesitz im ottonischen Reich angewiesen waren.

Während seiner eigenständigen Regierung widmete sich der junge Kaiser dann vor allem der Italienpolitik und der »renovatio imperii«. Sein Nachfolger Heinrich II. aber mußte lange Auseinandersetzungen mit Boleslav Chrobry von Polen führen, der die sorbischen Marken und Böhmen zu erwerben trachtete.

Ähnlich wie die Herrscher des deutschen Reiches wurden auch die dänischen Könige in den folgenden Jahrzehnten von einem besonderem Engagement an der Südgrenze ihres Reiches weitgehend abgehalten.

Dem alternden Harald Blauzahn schwand die Herrschaft unter den Händen. Jarl Haakon sagte sich von seiner Oberherrschaft los, und ein dänischer Versuch, mit einem Flottenunternehmen den Abgefallenen niederzuzwingen, scheiterte in der Schlacht bei Hjørungavaag (Vårt folks historie 1 1962, S. 366 f.). Der vom Siegesheil verlassene dänische König geriet dann mit seinem Sohn Sven Gabelbart in so heftigen Gegensatz, daß er ihn offenbar in einer Art »negativer Designation« von der Thronfolge ausschließen wollte (Hoffmann 1976, S. 20). Doch Sven konnte in siegreichem Aufstand seinen Vater vertreiben, der bald darauf in seinem Ostseestützpunkt Jumne starb (ca. 985; Adam II. 27–28, S. 87). Es besteht kein Grund dafür, der Argumentation Adams von Bremen folgend anzunehmen, daß Sven von einer Welle der heidnischen Reaktion auf den Thron getragen wurde. Immerhin mag er bei heidnisch gebliebenen Großen Anhänger gegen den Vater gefunden haben (Müller 1973, S. 141). Alle Anzeichen deuten jedoch darauf, daß auch unter seiner Regierung die

Christianisierung Dänemarks langsam fortschritt. Die Gründe für diese »Langsamkeit« wird man dabei in neuen politischen Entwicklungen und nicht im innerdänischen heidnischen Widerstand erblicken müssen. Denn Sven Gabelbart nutzte die letzte große aus Dänemark nach England hinüberflutende Wikingerwelle, um sich an die Spitze verschiedener großer Wikingerzüge zu stellen (Christensen 1969, S. 244 ff.; Skovgaard-Petersen 1977, S. 185 f.). Das immer wieder erpreßte »Danegeld« ermöglichte es ihm, eine große Königsgefolgschaft aufzustellen, gegen Ende seines Lebens England zu erobern und sich an Stelle des aus dem Lande getriebenen angelsächsischen Königs Aethelred selbst zum Herrn des Landes zu machen (1013). Die dänischen Verhältnisse, vor allem der weitere Ausbau von Königsmacht und Kirche traten demgegenüber in den Hintergrund.

Dennoch spielten sich wohl im letzten Jahrzehnt des 10. Jahrhunderts auch im Schleiraum wichtige Ereignisse ab. Vielleicht ist der sogenannte Kograben, eine vor dem Hauptwall des Danewerks liegende Verteidigungslinie zur Zeit Sven Gabelbarts erbaut worden; denn die Art der Konstruktion der Anlage erinnert an die Wälle der Königsburgen nach Art der Trelleborg[34]. Sollte diese Datierung zutreffen, dann ist der Kograben wohl als Rückendeckung gegenüber möglichen deutschen Angriffen während der Zeit der Englandfeldzüge zu erklären. Daß man hierbei den Wall weiter nach Süden verlegte, mag daran gelegen haben, daß man Haithabu aus dem »Frontbereich« herausnehmen wollte. Andererseits kam die äußere Gefahr für Dänemark in diesen Jahren der häufigen Abwesenheit des Königs in England aus einer ganz anderen Richtung, da der schwedische König Erich der Siegreiche ins Land einfiel und dabei möglicherweise auch Haithabu einnahm[35]. Im Gegenzug scheint aber Sven den Gegner wieder vertrieben zu haben. Unserer Ansicht nach werden die beiden für herausragende Krieger – davon einer ausdrücklich aus der Mannschaft – eines Königs Sven, der die Stadt belagerte, geschaffenen Gedenksteine im Raume Haithabu mit hoher Wahrscheinlichkeit in dieser Zeit und anläßlich dieser Geschehnisse errichtet worden sein. Bei einem der Krieger wird deutlich von der Teilnahme an einem Zug nach Westen (England) gesprochen. Seit 983 scheint damit der Raum um Haithabu mehrmals von kriegerischen Ereignissen heimgesucht worden zu sein. Es muß also hierbei nicht im Zusammenhang des Krieges von 983 gestanden haben, daß die Schleswiger Bischöfe ihre Diözese verlassen und (wie etwa Esico/Ekkehard in Hildesheim) auf deutschem Reichsgebiet leben mußten. Ekkehards Klageruf über den traurigen Zustand seines Sprengels: »termini episcopatus mei barbarica sunt feritate depopulati, civitas deserta, ecclesia desolata, sedem non habeo«[36] kann sich unserer Ansicht nach noch viel eher auf die Folgen des Einfalls des Schwedenkönigs Erich als auf die Ereignisse von 983 beziehen.

Auch mit einer anderen Gefährdung seiner Macht im Mutterland wurde Sven fertig, als er gemeinsam mit Jarl Erik (dem Sohn Haakons) und dem Schwedenkönig Oluf Schoßkönig die Flotte Olaf Tryggvasons vernichtete (um 1000; Christensen 1969, S. 257 f.; Skovgaard-Petersen 1977, S. 184, 204 f.; Vårt folks historie 2 1962, S. 22 f.), der sich Norwegens bemächtigt hatte und im Bündnis mit den mit Sven verfeindeten Wikingern von Jumne stand. So wurden nach Olaf Tryggvasons Tod in Norwegen die früheren Zustände wiederhergestellt, wobei der Jarl über das West- und Nordland in Norwegen unter dänischer Oberhoheit herrschte, während wohl Viken wieder direkt König Sven unterstand. Das Bündnis mit Schweden hatte der Dänenkönig dadurch erreicht, daß er die Witwe seines verstorbenen Gegners Erik heiratete. Hierdurch gewann er ihren Sohn zum Bundesgenossen und wird auch zu Polen im Einverständnis gestanden haben, da Sigrid die Schwester Boleslaw Chorbrys war. Dies wiederum konnte die Aktivitäten der Jumne-Wikinger dämpfen. Als Sven kurz nach seinem entscheidenden Sieg in England plötzlich starb (1014), geriet sein drei Reiche umfassendes Imperium, das im Nordseebereich und in der westlichen Ostsee auch wichtige Handelsstraßen beherrschte, in eine Krise. Der eine der Söhne, Harald, wurde dänischer König (1014–1018), während Knut vom dänischen Heer in England als dortiger König anerkannt wurde (Hoffmann 1976, S. 20 f.). Doch mußte dieser zeitweise vor einer angelsächsischen

Restauration das Land räumen und konnte dann erst in einem neuen Heereszug (1016), nicht zuletzt durch geschickte Ausnutzung der für ihn günstigen Situation nach dem Tode des angelsächsischen Königs Edmund, den englischen Thron, auch mit Anerkennung vieler angelsächsischer Großer, gewinnen[37].

Als im Jahre 1018 Harald von Dänemark starb, war Knut sein einziger legitimer Erbe. Während der Zeit von 1019–1020 weilte er daher mit seiner Flotte in Dänemark, um das Reich in Besitz zu nehmen. Die Übernahme der Herrschaft scheint nicht ganz reibungslos vor sich gegangen zu sein. In einem Schreiben (DD 1.1. 398, S. 115 f.) an die englischen weltlichen und geistlichen Großen (1020) rühmt der König sich, daß er durch sein dortiges Auftreten eine große Gefahr, die auch ihn bedroht habe, vom angelsächsischen Lande abgewendet habe. »Nun soll kein Unheil mehr von dort kommen, solange das Volk auf rechte Weise regiert wird und mein Leben währen wird«. Ohne die hier sehr dunkel angedeuteten »Gefahren« wirklich deuten zu können, kann man vielleicht vermuten, daß manche dänischen Großen in Knut vor allem den »englischen König« sahen, der ihrem Wunsche, die gewinnbringenden Wikingerzüge nach England wieder aufzunehmen, energisch entgegentreten würde und sich daher gegen seine Thronfolge sträubten. Durch sein machtvolles Auftreten in Dänemark erzwang dann Knut einerseits die Anerkennung seines Thronrechts, andererseits auch die Unterdrückung jeder Angriffslust auf die englischen Küsten.

Wenn auch für Knut in Zukunft England das Hauptreich blieb und er sich meist dort aufhielt, war er dennoch mehr als sein Vater mit den inneren dänischen Angelegenheiten beschäftigt. Er war wohl mehr Staatsmann als Krieger; seine Erfolge erzielte er nicht zuletzt durch Verhandlungen und den Einsatz von Geldmitteln. Manches deutet darauf, daß er den Handel in seinen Reichen förderte, um so die fiskalischen Einnahmen des Königtums zu erhöhen. Nach Heinrich von Huntigdon soll er schon im Jahre 1019 einen Vorstoß gegen die »Wenden« (Abodriten) unternommen haben, der, wenn er historisch sein sollte, von einer Sicherung der Handelswege her zu erklären ist[38]. So war er sicher auch an der Erhaltung seiner Vormachtstellung im Bereich des West-Ost-Handelsweges interessiert und wünschte dann auch, den König Olaf den Heiligen, der sich vielleicht sogar nach einer Absprache mit Knut, der damals noch um den englischen Thron kämpfte, seit 1015 ganz Norwegens bemächtigt hatte (Moberg 1941), aus seiner Herrschaft über dieses Land wieder zu verdrängen, nachdem er sich selbst zu Beginn der zwanziger Jahre den Besitz Englands und Dänemarks fest gesichert hatte. Denn die königlichen Einkünfte würden sicherlich bemerkenswert ansteigen, wenn er auch den Handel über den »Nordweg« kontrollieren würde, über den Pelze, Walroßzähne und Federn nach Süden geleitet wurden. Als sich, wohl in Reaktion auf derartige Pläne Knuts, Olaf der Heilige mit dem Schwedenkönig Anund Jakob, dem in Schweden sehr einflußreichen Jarl Rögnvald und dessen Söhnen Ulf und Eilif verständigte und damit den bisher mit Schweden bestehenden Gegensatz überwand, mußte Knut mit einem ernsthaften Krieg gleichzeitig mit Norwegen und mit Schweden rechnen, das sich anscheinend ebenfalls durch den expansiven Drang des mächtigen englischen und dänischen Königs bedroht fühlte. Knut seinerseits mußte bei seinen von uns vermuteten Plänen wenig Freude über das schwedische Drängen zum Kattegattraum hin empfinden.

So scheint er nicht nur den Gewinn Norwegens, sondern auch von Teilen Schwedens angestrebt zu haben, wie die Umschreibung seiner Herrschertitel auf mehreren Münzen, aber auch in einem Brief an die englischen Großen (1027) andeutet: »rex totius Anglie et Denemarcie et Norreganorum et partis Suanorum (bzw. Suavorum)« (DD. 1.1.422, S. 166–168; Christensen 1969, S. 262–266; Skovgaard-Petersen 1977, S. 186–189).

Nachdem er möglicherweise von Olaf vergeblich die Anerkennung seiner Oberherrschaft gefordert hatte, ging dieser gemeinsam mit dem Schwedenkönig zu einem Präventivangriff auf Seeland und Schonen über, ohne allerdings dabei entscheidende Erfolge zu erzielen. So mußte Knut sich nun zum Kampf mit den beiden Gegnern stellen.

Im Jahre 1026 fand zu Wasser und zu Land eine Schlacht an der Helgeaa an der schonenschen Küste statt, in der gegen Knut als Gegner in den zeitgenössischen Quellen vor allem die schwedische Jarle Ulf und Eilif, aber auch der norwegische König genannt werden. Die norwegischen Skaldenlieder nennen Knut als Sieger, nach der angelsächsischen Chronik könnte man eher mit einem Sieg seiner Feinde rechnen, wenn man nicht die Feststellung der angelsächsischen Chronik, daß die Schweden das Schlachtfeld »behielten« bzw. »einnahmen« mit Moberg daraufhin deutet, daß der Kampfplatz mit ihren Gefallenen bedeckt war, d. h. daß sie die größeren Verluste hinnehmen mußten[39]. Wie der Ausgang der Schlacht auch zu deuten ist, strategisch gewann Knut den Feldzug (Moberg 1941, S. 166). Denn König Olaf mußte seine Flotte aufgeben, da er durch die gesperrten dänischen Gewässer und Meerengen nicht mit seinen Schiffen nach Hause zurückkehren konnte. Nur mit geringem Gefolge zog er über Land in die Heimat zurück. So war die im Norden entscheidende Seeverbindung zwischen Norwegen und Schweden unterbrochen. Die Schweden hielten sich in der Folgezeit bemerkenswert zurück, und Knut seinerseits scheint seine auf Schweden gerichteten Pläne nicht mehr weiter verfolgt zu haben. Er konnte nun also dem isolierten Olaf entgegenziehen, um Norwegen zu gewinnen. Aber Knut pflegte möglichst wenig dem Zufall zu überlassen und suchte seine Ziele soweit wie möglich über diplomatische Aktionen und weniger über die risikoreichen kriegerischen Entscheidungen zu erreichen. So knüpfte er Beziehungen zu den vielen Gegnern Olafs unter den norwegischen Großen an und sparte dabei nicht an Geldzahlungen (Hoffmann 1975, S. 107 f.; Vårt folks historie 2 1962, S. 65 f.).

Andererseits sind aber auch seine Verständigung mit dem Bremer Erzbischof und dem ersten Salier Konrad II. sowie sein Romzug nicht zuletzt von Knuts Auseinandersetzungen im Norden her zu begreifen.

Mit den Erzbischöfen von Bremen bestand seit den Tagen Sven Gabelbarts ein gespanntes Verhältnis, da Sven, aber auch Knut, die Unterordnung der dänischen Kirche unter das Erzbistum weitgehend »übersahen« und in England geweihte Priester ins Land zogen (Seegrün 1967, S. 55 f.; Glæske 1962, S. 30 f., 37 f.).

Als Knut 1019 nach Dänemark zog, setzte er drei aus England herbeigeführte Geistliche als Bischöfe in Fünen, Seeland und Schonen ein. Zumindest Gerbrand von Seeland war dabei vom Erzbischof Aelnoth von Canterbury geweiht (Adam II.55, S. 115). Nach diesen Indizien erscheint es nicht unwahrscheinlich, daß Knut beabsichtigte, die dänischen Bischöfe dem Erzbischof von Canterbury zu unterstellen, der ja der angesehenste Bischof seiner englischen Reichskirche war (Seegrün 1967, S. 58). Eine solche Maßnahme würde Knut von dem Einfluß der »reichsfremden« Bremer Kirche befreien und auf kirchlicher Ebene eine engere Verbindung der beiden Herrschaftsgebiete England und Dänemark herbeiführen. Als Bischof Gerbrand auf einer Reise in bremische Gefangenschaft geriet, wußte Erzbischof Unwan ihn für eine Anerkennung der Bremer Obödienz zu gewinnen; ja, er reiste als Vermittler mit einer Gesandtschaft Unwans zu König Knut. Dieser ging tatsächlich auf Unwans Anliegen ein und erkannte die Metropolitanrechte des Erzbischofs über die dänischen Bistümer an (ca. 1025; Adam II. 55, S. 116). Diese Rechte blieben allerdings auch in Zukunft ohne große praktische Bedeutung, da der König und seine Nachfolger zwar das Weiherecht des Bremers achteten, sonst aber wie die west- und mitteleuropäischen Könige der Zeit faktisch selbst die Bischöfe einsetzten. Wohl im selben Jahr noch ist es durch eine Vermittlung Unwans, der ähnlich wie zu Heinrich II. auch zu dessen Nachfolger Konrad II. (1024–1039) in bestem Einvernehmen stand, zwischen Knut und Konrad zu einer Einigung gekommen (Adam II. 56, S. 116; zu Unwan: Glaeske 1962, S. 33 ff.).

Denn die kriegerische Auseinandersetzung von 983 war allem Anschein nach nur vererbt, da die Beteiligten sich laufend anderen Problemen zuwenden mußten, aber nicht durch regulären Friedensschluß bereinigt worden. Knut mußte daher mit der Möglichkeit rechnen, daß der energische neue deutsche König die Gelegenheit, wenn er selbst einen Feldzug nach Norwegen unternehmen würde, zu einem Revanchezug im Eider/Schlei-Raum nutzen könne. Konrad seinerseits stand vor neuen Auseinandersetzungen mit Polen (Holtzmann 1961, S. 400–452; Claude 1972, S. 303 f.). Hier hatte sich Boleslaw nach Heinrichs II. Tod ohne weiteres Abwarten auf die deutsche Thronfolgeregelung zum König erheben lassen (1025), damit das Lehnsverhältnis zum Reich beiseitegeschoben, und auch sein Nachfolger Miesko (1025–1034) beharrte auf der Rangerhöhung und bedrohte die noch in deutschem Besitz befindlichen Marken im sorbischen Raum. Aus den Erfahrungen der drei polnischen Kriege Heinrichs II. wußte man, daß kriegerische Auseinandersetzungen in den westpolnischen Grenzgebieten Schwierigkeiten mancher Art bringen würden. So wird man am Hofe Konrads auf einen Ausgleich mit dem mächtigen englischen und dänischen König bedacht gewesen sein, der ja ebenfalls einen Feldzug Konrads im Osten zu einem Vorstoß nach Nordelbien nutzen konnte. Hierbei ist auch zu bedenken, daß Knuts Mutter Sigrid dem polnischen Fürstenhaus entstammte und eine Schwester Boleslaw Chrobrys war. Zwar hatte Sven Gabelbart seine Gemahlin nach einigen Jahren verstoßen, aber nach seinem Tode hatten Harald und Knut noch gemeinsam die Mutter aus Polen nach Dänemark zurückgeholt[40]. So konnte Knut dem deutschen König die Anerkennung der Bremer Rechte in der dänischen Reichskirche bieten – dies würde auch für Konrad als Herrn der deutschen Reichskirche ein bemerkenswerter Prestigeerfolg sein –, dieser aber die Anerkennung der Eidergrenze als Gegenleistung geben und damit auf alle Ansprüche auf eine wieweit auch immer gefaßte Einflußzone nördlich der Eider während der Zeit von 974–983 verzichten. Beide Könige aber konnten von einer Verständigung Rückenfreiheit für die kommenden Auseinandersetzungen erhalten. Hierzu würde es gut passen, wenn die Begegnung zwischen Knut und Unwan in Hamburg, bei der wohl die ersten Kontakte zu dieser Verständigung aufgenommen wurden, entweder Ende des Jahres 1025, also vor dem schonenschen Feldzug oder nach der Schlacht an der Helgeaa, als Knut sich zur Romreise anschickte (also in der zweiten Hälfte des Jahres 1026) stattfand (Adam II. 60, S. 119; May Nr. 184, S. 45).

Endgültig werden sich Knut und Konrad in Rom bei des letzteren Kaiserkrönung (März 1027) geeinigt haben, an der Knut und der burgundische König Rudolf III. als Ehrengäste teilnahmen[41]. Hiermit wurde auch deutlich, daß Knut nach Konrad zum zweitmächtigsten und -angesehensten Herrscher der abendländischen Christenheit aufgestiegen war. Die politischen Abmachungen müssen nach Lage der Dinge schon damals von 1025–1027 vollzogen worden sein, auch wenn Adam in seiner Darstellung andeutet, daß Konrads Verzicht auf »Sliaswig cum marcha, quae trans Egdoram est« erst 1035 ausgesprochen worden sei, als das Bündnis durch die Verlobung des jungen Heinrich III. mit Knuts Tochter Gunhild, die ein Jahr darauf (bereits nach dem Tode Knuts) zur Eheschließung führte, bekräftigt wurde (Adam II. 56, S. 116 f.; Wipo 35, S. 54). Für beide Herrscher zahlte sich die Übereinkunft aus. Knut konnte 1028 Olaf aus Norwegen verdrängen und damit drei Reiche unter seiner Herrschaft vereinigen (Vårt folks historie 2, 1962, S. 58 f.; Hoffmann 1975, S. 107 f.), Konrad aber bis 1031 die Lausitz und das Milzener Land wiedergewinnen, Miesko zur Aufgabe des Königstitels sowie Wiederherstellung des Lehnsverhältnisses zwingen und 1035 auch die Liutizen besiegen und zur Anerkennung seiner Oberhoheit bringen[42]. Auch nachdem das Großreich Knuts des Großen sich nach 1042 auflöste, blieb das gute Verhältnis der salischen Kaiser zum dänischen König – es war nun Sven Estridson (1042/47–1074), der Sohn von Knuts Schwester Estrid – bestehen. Heinrich III. und Heinrich IV. sahen in diesem einen nützlichen Verbündeten gegenüber den Billungern (Glaeske 1962, S. 62, 85 f.; Hoffmann 1972, S. 110 f.). Erst als das deutsche Königtum während des Investiturstreits zeitweise seinen Einfluß auf den Norder Deutschlands verlor, versiegten diese Beziehungen.

Knut hatte in Rom von Rudolf III. und Konrad II. auch Zusagen darüber erhalten, daß englische und dänische Kaufleute ihre Handels- und Pilgerreisen unter dem Schutz der beiden Herrscher und unter Zusicherung, von ungerechtfertigten Zöllen befreit zu sein, nach Italien und Rom durchführen konnten.

Dem Papst gegenüber verpflichtete sich Knut zur weiteren stetigen Zahlung des Peterspfennigs aus England und scheint von diesem auch Nachlaß bei der Zahlung von Palliengeldern für die englischen Erzbischöfe erreicht zu haben. Das Ansehen Knuts, als eines vom Papst hochgeachteten Monarchen, wird seine Stellung unter den der St.-Peters-Verehrung besonders verpflichteten Angelsachsen sehr genutzt haben. So »zufällig« diese nebeneinander stehenden Nachrichten aus dem Briefe Knuts an die englischen Großen (DD 1.1.422, S. 166 f.) auf der Rückkehr von der Romreise auch überliefert worden sind, so weisen sie doch auch deutlich mit vielen anderen Indizien darauf hin, daß ihm die Förderung seiner Reichskirchen (Christensen 1969, S. 266 f.; Skovgaard-Petersen 1977, S. 199 f.; Seegrün 1967, S. 56 f.) – zur Stärkung der Königsmacht wie aus Frömmigkeit – wie auch des Handels (Christensen 1969, S. 271; Skovgaard-Petersen 1977, S. 191 f.) – zur Erhöhung seiner fiskalischen Einnahmen – besonders am Herzen lagen. Dies galt auch für seine Herrschertätigkeit in Dänemark (1019–1035). So wurde Knut der eigentliche Schöpfer des Münzwesens in seinem Herkunftsland, das er dort nach englischem Vorbild einrichtete. Münzstätten entstanden in Lund, Roskilde, Ringsted, Slagelse, Odense, Viborg, Ripen, Ørbæk und Haithabu. Innen- und Außenhandel Dänemarks wurden durch die vom König in ihrem Wert garantierten Münzen gefördert, er selbst konnte aus Schlagschatz und Münzverruf Gewinne ziehen.

In besonderer Weise scheint Lund die Förderung des Königs genossen zu haben (Adam IV. 7, Schol. 111, S. 235). Nach R. Blomqvist (1951, 1973, 1975) legte Knut hier einen Königshof an einem Punkt an, wo sich die schonenschen Handelsverkehrsstraßen in allen Richtungen kreuzten. Auch wenn es heute umstritten ist, ob die zu dieser Zeit in Lund befindliche Münzstätte direkter königlicher Kontrolle von vornherein unterlag und obwohl Blomqvists These von einer Verlegung des von ihm vermuteten alten »Dreihügelmarktes« zum Orte des neuerrichteten Königshofes sich nicht hat erhärten lassen, ist man auch heute noch davon überzeugt, daß zur Zeit Knuts des Großen der eigentliche Urbanisierungsprozeß in Lund begann (Andrén 1980, S. 77–84).

An einem solchen Platze konnten die Münze, selbst wenn sie nicht schon bereits zu Anfang vom Königtum kontrolliert wurde, und durchreisende Fernkaufleute Schutz finden.

Andrén (1983, S. 50–61) stellt im übrigen Lunds Entwicklung in engen Zusammenhang mit der einiger anderer größerer dänischer Orte des 11. Jahrhunderts (Schleswig, Ripen, Viborg, Aarhus, Odense und Roskilde). Diese lagen alle im Bereich des »konunglef« (Kron- oder Reichsgut) in Nachbarschaft zu Königshöfen. Häufig waren hier auch Münzen eingerichtet. In den meisten Fällen stieg ein solcher »städtischer« Ort zum Bischofssitz auf.

Es leuchtet ein, wenn Andrén von diesen Beobachtungen her darauf schließt, daß diese Hauptorte wahrscheinlich Zentren königlicher »Verwaltungsbereiche« des 11. Jahrhunderts gewesen seien. Nicht ohne Grund ließ daher wohl einige Jahrzehnte später Sven Estridson in Lund ein Bistum errichten, das sich bald zum alleinigen schonenschen Bischofssitz entwickelte und ein solches Ansehen genoß, daß es 1103 zum dänischen Metropolitansitz erhoben wurde (Seegrün 1967, S. 108 ff.).

Die Kirchenpolitik Knuts ist schon gestreift worden. Offensichtlich nahm er die unter Harald Blauzahn begonnene, aber während der Jahre kriegerischer Expansion unter Sven Gabelbart anscheinend nicht recht vorankommende Bistums- und Pfarrorganisation wieder auf (Christensen 1969, S. 266 f.; Skovgaard-Petersen 1977, S. 199 f.). Von seinen Erfahrungen als englischem König her war es ihm bewußt, eine wie nützliche Stütze für das Königtum eine Reichskirche sein konnte.

Die Bestellung von Bischöfen auch für Seeland und Schonen (Adam II. 55, S. 115), wenn auch noch ohne Zuteilung eines Bischofssitzes, zeigt, daß er die Mission auch in der Osthälfte seines Reiches vorantrieb und wohl die Einrichtung zweier neuer episkopaler Sprengel vorbereitete. Auf ein Vorantreiben auch der Pfarrorganisation könnte der – zeitlich allerdings späte – Bericht Saxos hinweisen, daß Knut »cellas et sacraria« im Lande habe bauen lassen (Saxo, S. 299 f.). Die seit einer Reihe von Jahren in immer größerem Umfange sich abzeichnende Erkenntnis, daß unter manchem romanischen Fundament dänischer Kirchen noch Spuren vorhergehender Holzkirchen festgestellt wurden, wird sicherlich bei Auswertung der Datierungsmöglichkeiten eine größere Klarheit auf diesem Gebiet bringen als bisher.

Nach Knuts Tod trat in Bistums- und Pfarrorganisation eine weitere Zäsur ein, als Dänemark zwischen 1035 und 1047 von Thronkämpfen heimgesucht wurde, die danach erst langsam abebbten. Dann erst gelang es Sven Estridson, dieses Werk zu einem gewissen Abschluß zu führen (Koch 1936, S. 41 ff.)

Eine weitgehend offene Frage bleibt – und sie ist wohl nur von den Archäologen zu lösen –, ob und in welcher Weise sich diese kurzfristige, über eineinhalb Jahrzehnte andauernde Politik Knuts zur Stärkung der dänischen Königsmacht durch Förderung von Handel und Kirche für den Gesamtraum Haithabu/Schleswig sichtbar ausgewirkt hat.

Unserer Ansicht nach ist hierbei insofern von vornherein mit zwei »Siedlungsschwerpunkten« nördlich und südlich der Schlei zu rechnen, da wir annehmen, daß der in der Nähe der Grenze wie der wichtigen Handelsstraße zu postulierende Königshof nicht in der Nähe Haithabus und des Haddebyer Noors lag, sondern auf dem Nordufer; entweder im Bereich der heutigen Altstadt von Schleswig (vielleicht am Platze der späteren, kürzlich entdeckten pfalzähnlichen »aula«) oder in deren Nähe, möglicherweise auf dem nördlich der Altstadt gelegenen Endmoränenzug (vgl. Radtke 1977; Vogel 1983, S. 29 f.; Schlesinger 1972, S. 76 f.). Für eine Lage des Königshofes auf dem Nordufer spricht unseres Erachtens deutlich die frühe Linienführung des Danewerks, die den Raum Haithabu nicht mit einschließt. Ein Königshof aber lag sicherlich hinter dem schützenden Wall. Eine solche, durch einen Wasserarm nur scheinbar getrennte und doch auch wieder eng verbundene, separate Lage von Königshof und Handelsplatz finden wir auch bei den beiden anderen wichtigen schwedischen Handelsplätzen der Wikingerzeit, Birka und Sigtuna (vgl. Arbman 1939; Hall 1974).

Bis heute ist die Frage nach der Lokalisierung der frühen Bischofskirche (sie wird aus Holz errichtet worden sein) in der Zeit nach 947/48 bis 983 oder bis zu den vermuteten Zerstörungen bei der Eroberung durch Erik den Siegreichen ungeklärt. Sie kann beim »volkreichen Ort« am Haddebyer Noor gelegen haben, aber ebenso besteht wohl doch auch die Möglichkeit, daß sie bereits auf dem Nordufer unter dem Schutz des dort von uns vermuteten Königshofes erbaut wurde. Für die Zeit der wieder in Funktion getretenen bischöflichen Gewalt nach 1025 ist damit zu rechnen, daß die Domkirche sich nördlich der Schlei befand (Hoffmann 1980, S. 27). Es wäre nicht verwunderlich, wenn sie am alten Platz wiederhergestellt oder erneuert worden wäre. Auf jeden Fall ist für den Herbst 1042 bei der Hochzeit Ordulfs, des Sohnes des Billungers Bernhard II. mit Wulfhild, der Schwester König Magnus von Norwegen/Dänemark, mit dem Vorhandensein von Domkirche und Königshof zu rechnen (Hoffmann 1980, S. 28; Radtke 1977, S. 29). Die Kirche wird dann aber in aller Wahrscheinlichkeit nach während der Friedensperiode unter Knut dem Großen zwischen 1025 und 1035 erbaut oder zumindest begonnen sein, denn seine Nachfolger Hardeknut und Magnus dürften wegen anhaltender Thronfolgekämpfe nur wenig Zeit zum Initiieren von Dombauten gehabt haben (Hoffmann 1976, S. 22 ff.). Grabungen im Schleswiger Dom in den fünfziger Jahren erschlossen Teile eines älteren Kirchenbaus. Dieser wurde von Kamphausen auf die erste Hälfte des 11. Jahrhunderts, später dann von Ellger auf frühestens um 1120 datiert. Nach ersten Überlegungen über die Ergebnisse einer »Notgrabung« im Zusammenhang mit einem Heizungsbau im Dom hält Volker Vogel es für möglich, daß sich neue Anhaltspunkte zur Stützung der These Kamphausens ergeben könnten[43]. Doch steht eine endgültige und entscheidende Überprüfung dieser Erwägungen noch aus.

Weisen wir also zunächst rein hypothetisch auf Möglichkeiten der Förderung des Dombaus durch Knut den Großen bei der Wiedereinrichtung des Bistums in Schleswig hin, so müßte man wohl auch die Frage der langsamen Verlagerung des Handelsplatzes von der Südstadt in die Schleswiger Altstadt im Verlaufe des 11. Jahrhunderts in den Zusammenhang mit Knuts Aktivitäten zur Förderung des Handels in seinen Ländern stellen.

Das Beispiel der Zusammenfassung von Münze, Königshof, Handels- und »Verwaltungshauptort« und bald auch Bistum für Lund könnte dabei hypothetisch als Modell dienen. Jankuhn (1976, S. 232–234) vertritt die Ansicht, daß Haithabus wirtschaftliche Bedeutung seit etwa 990 zurückging, und daß etwa für Sven Gabelbarts Zeit auch keine Münzprägungen an diesem Ort festzustellen sind. Dieses Faktum sieht er in Zusammenhang mit den Klagen des Bischofs Ekkehard von Schleswig über die Verwüstung seines Sprengels und erwägt dabei auch als Grund hierfür die möglichen Kämpfe um die Stadt zwischen Sven Gabelbart und Erik von Schweden. Dann aber habe es seit der Zeit Knuts des Großen »eine gewisse wirtschaftliche Wiederbelebung gegeben«.

Zu dieser Zeit tauchten wieder Münzen aus westeuropäischen und dänischen Prägestätten auf, auch habe es von da an bis in die Zeit Sven Estridsons Münzprägungen auch in Haithabu selbst wieder gegeben. Andererseits stellt sich natürlich auch die Frage, ob zu einem Zeitpunkt, da seit ca. 1025 auf dem Nordufer im Altstadtgebiet mit einem Königshof wie mit Bischofskirche und Bischofshof zu rechnen ist, nicht schon einige Kaufleute und Handwerker aus der Südstadt es vorzogen, auf das Nordufer überzusiedeln, so wie ja auch in Lund Münze und Königshof als Kristallisationspunkte wirkten.

Anmerkungen

1. Widukindi res gestae Saxonicae, hg. v. Lohmann/Hirsch. MGH SS rer. Germ., 5. Aufl., 1935.
2. Thietmar Merseburgensis episcopi Chronicon / Die Chronik des Bischofs Thietmar von Merseburg und ihre Korveier Überarbeitung, hg. v. R. Holtzmann. MGH SS rer. Germ. NS 9, 1935.
3. Magistri Adam Bremensis Gesta Hammaburgensis ecclesiae Pontificum, hg. v. B. Schmeidler. MGH SS rer. Germ., 1917.
4. Siehe hierzu: E. Arup (1931, S. 55 ff.), E. Hoffmann (1972, S. 95 f.). Der von Adam als Gewährsmann angeführte Bischof könnte Ratolf gewesen sein, wie dies W. Biereye (1909, S. 20, 54; 1916, S. 8 f.) vermutet. Dieser wie mancher andere schleswigsche Bischof auch noch des 11. Jahrhunderts war noch kein Einheimischer. Seine Kenntnisse über die Vergangenheit des Grenzraums dürften gering gewesen sein. Zur allgemeinen Quellenkritik über Adams Werk: S. Bolin (1931 a; 1932, S. 205 f.); L. Weibull (1911); A. Trommer (1957, S. 207 f.).
5. Zum Thema liegt eine sehr umfangreiche Forschungsliteratur vor. Hier sei vor allem verwiesen auf: J. Steenstrup (1900) mit umfassenden Literaturangaben über ältere Darstellungen; L. Weibull (1911); C. Weibull (1917–1921, S. 301 ff.; 1921); W. Biereye (1909; 1916); A. v. Liliencron (1914); L. Jacobsen (1929); V. La Cour (1934, S. 55 ff.); A. E. Christensen (1969, S. 223 ff.) mit umfangreichen weiteren Literaturangaben; I. Skovgaard-Petersen (1977, S. 155 ff.) mit umfangreichen weiteren Literaturangaben; S. Bolin (1931 b, S. 184 ff.); H. Jankuhn (1976; 1957); E. Aner (1962, S. 39 ff.); W. Laur (1983, S. 9 ff.); weitere Verweise in den folgenden Anmerkungen; vgl. auch die bibliographischen Übersichten bei O. Brandt und W. Klüver (1981, S. 65 f., 71 f.).
6. Vgl. etwa die Zusammenfassung des Forschungsstandes bei I. Skovgaard-Petersen (1977, S. 109 f., 148 ff.); E. Hoffmann (1982, S. 147 f.); A. Jenkins (1955, S. 81 f.); H. Jankuhn (1965, S. 699 ff.); E. Hoffmann (1976, S. 17 f.).
7. Zum Verhältnis Gesamtreich-Lande in Dänemark: E. Hoffmann (1981, S. 95 f.).
8. N. Lund (1980, S. 114 ff.) Zu den Runeninschriften hierzu einschränkend W. Laur (1983, S. 17 f.); E. Kroman (1947; 1977); B. Hjort Pedersen (1960, S. 10 ff.), vgl. hierzu W. Laur (1983, S. 14).
9. N. Lund (1980, S. 120 f.) gegen E. Aner (1962) in Berufung auf H. Jankuhn (1976, S. 137–140).
10. N. Lund (1980, S. 122); J. Steenstrup (1900, S. 36) weist darauf hin, daß Olaf nach Adam »var en Fyrste fra Sverige, som gjorde sine Krav gjældende«; aus dieser etwas unscharfen Definition kann man den Schluß ziehen, daß er in Olaf ein Mitglied des dänischen Königshauses im schwedischen Exil sah. Deutlicher fährt er mit der Feststellung fort, daß im Adam-Text nichts darüber stünde, daß ein fremdes Volk unter seiner Anführerschaft das Land erobert habe.
11. Siehe hierzu etwa Vårt Folks Historie Bd. 1 (1962, S. 353–361).
12. Vårt Folks Historie, Bd. 1 (1962), Bd. 2 (1962, S. 88–116).
13. Zu den Abodriten in dieser Zeit: W. Fritze (1960, S. 157 ff.).
14. Eine Identität befürwortete schon J. Steenstrup (1900, S. 39 f.).
15. Zuletzt über dieses Problem mit weiterer Literatur: T. Nyberg (1982, S. 15 ff.).
16. Adam I. 57, S. 56 f.; darüber, daß Adam hier Gorm als Gegner Heinrichs I. mit dem wirklichen Widerpart Gnupa verwechselt, ist sich die gesamte Forschung einig.
17. Angeblicher Heereszug Ottos I. bei Adam II. 3, S. 62 f.; über die Verwechslung etwa K. Uhlirz (1901, S. 54 f.).
18. Dudo von St. Quentin, De moribus et actis Normanniae ducum. MGH SS 4, S. 97.
19. MGH Constitutiones, Bd. 1, hg. v. L. Weiland, 1903, S. 12 f.
20. Widukind III. 75, S. 152; vor allem Annales Hildesheimenses, MGH SS rer. Germ., S. 23, und Lamperti monachi Hersfeldensis opera, MGH SS, hg. v. O. Holder-Egger, 1894, ad 973.
21. F. Jónsson (1912, A Tekst efter Håndskrifterne, S. 129: Einar Helgason Skálaglamm, 3. Vellekla, Strophe 28–29; B Rettet Tekst, S. 122: Strophe 28–29); vgl. E. Kock (1946, Einar Skálaglamm, S. 66 f., hier S. 68, Vellekla, 28–29). Deutsche Übersetzung, auch der diese Quelle auswertenden Schilderung Snorris in: F. Niedner und S. Beyschlag (Hrsg.), Snorris Königsbuch, Bd. 3. Sammlung Thule, Bd. 16, 1965, S. 224–226.

22. Die erste umfassendere Zurückweisung der Vorstellung von zwei Zügen Ottos II. bei K. Uhlirz (1901). Der Snorri-Text Snorri Sturluson, Heimskingla, Bd. 1, udg. Bjarni Adalbjarnarson, Islensk Fornrit XXVI, Saga Olaf Trygvason, Kap. 26 S. 255–258. Übersetzung vgl. Anm. 21.
23. Über die Lage in Niederlothringen vgl. K. Uhlirz (1902, S. 46 f.).
24. Zu Hermann Billung und den Billunger Markenherzögen: H.-J. Freytag (1951, S. 7 f.).
25. DO I Nr. 294: »... Quoniam imperatoriae dignitatis officium esse constat, ut erga divini cultum officii pervigili cura insistant et quicquid augmentum sanctae Christianae religioni adhibere profuerint, indesinenter in hoc studeant ...«
26. A. E. Christensen (1969, S. 232): »... ,in marca vel regno Danorum'... (Anführung der verschiedenen Ansichten) men snarere udtrykker den et kejserligt programm: ønsket om eventuelt at indlemme det jyske rige (d. h. den Machtbereich Haralds) i dets helhed som en tysk grænsemark«. Ähnliche Gedanken bereits bei E. Arup (1925, S. 123).
27. R. Holtzmann (1961, S. 219); zusammenfassend über die damalige Lage in Polen G. Rohde (1965, S. 10 f.), H. Ludat (1963) und H. F. Schmidt (1962, S. 86 f.). Zum Bistum Posen vgl. D. Claude (1972, S. 106 ff.).
28. A. v. Liliencron (1914, S. 44); diese Ansicht der Autorin ist weiter ausgeführt worden von V. La Cour (1934, S. 65 f.).
29. Adam II. 3, S. 64: »Servantur in Bremensi ecclesia precepta regis, qui signant Ottonem regem in sua ditione regnum Danicum tenuisse, adeo ut etiam episcopatus ille donaverit«.
30. Zum Stützpunkt Haralds etwa die Zusammenfassung bei I. Skovgaard-Petersen (1977, S. 182 f.).
31. T. E. Christiansen (1970, S. 43 f.); nach der neuesten Datierung des Baus der Trelleborg ist die wissenschaftliche Kontroverse zu Christiansens Gunsten entschieden; dies schließt unseres Erachtens jedoch eine baldige spätere Verwendung als Stützpunkt für die auf die Eroberung Englands gerichteten Unternehmungen Sven Gabelbarts nicht aus.
32. Annales Altahenses, MGH SS 20, S. 788; O. Scheel und P. Paulsen (1930, S. 49). Zum Quellenwert K. Uhlirz (1901 S. 50 f.).
33. J. Steenstrup (1900, S. 65); er übernahm damit die Mutmaßung von A. D. Jørgensen (1874/78, S. 296).
34. Diese These wurde zunächst vertreten von V. La Cour (1968); ihr schloß sich H. H. Andersen zunächst an; siehe hierzu etwa H. H. Andersen (1975, S. 113 ff.); später ließ Andersen (1976, S. 26 f., 102 f.) die Datierung offen; der Kograber kann danach entweder der Wall Göttriks zu Beginn des 9. Jahrhunderts oder ein Wallbau kurz nach 983 sein.
35. A. E. Christensen (1969, S. 256 f.); H. Jankuhn (1976, S. 91 f.); Quellen: Adam II.30, S. 91, und II.38, S. 98 f.; Scheel und Paulsen (1930, Nr. 9 Haithabustein, Nr. 10 Danewerkstein); Jacobsen und Moltke (1942, Sp. 5–10 Haddeby Stene 1 und 3).
36. Thangmari Vita Bernwardi, MGH SS 4, S. 768.
37. F. Stenton (1967, S. 383 ff.); zu Knuts Regierung vor allem I. Skovgaard-Petersen (1977, S. 186–194, 199 f.), A. E Christensen (1969, S. 260–271). – Für die nordische Politik Knuts nur von geringer Bedeutung die folgenden Darstellungen: L. M. Larson (1912); G. N. Garmonsway (1963); O. Vehse (1943).
38. S. Hirsch (1875, S. 185 mit Anm. 2); Henrici Archidiaconi Huntendunensis Historia Anglorum, ed. Th. Arnold (1879 Reprint 1965, VI, 15. S. 187, sub anno 1019).
39. Über die Auseinandersetzungen im Norden vgl. A. E. Christensen (1969, S. 262–266); I. Skovgaard-Petersen (1977 S. 186–189); O. Moberg (1941, S. 148–178, 166 ff.) zur Schlacht an der Helgeaa bzw. zur Deutung der Quellenstelle in der Angelsächsischen Chronik.
40. Gesta Cnutonis regis, SMHD 2, hg. v. M. Cl. Gertz, København 1922, Kap. 2, S. 398.
41. Wipo, Gesta Chuonradi II. imperatoris, hg. v. H. Breßlau, MAG SS rer. Germ. (1916), 16, S. 36; DD 1.1.422; Vita Cnutonis 21, S. 413 f.
42. H. Breßlau (I 1879, S. 298 f., 328 f.; II 1884, S. 6 f., 79 f.) jeweils mit Anführung der Quellen. Zusammenfassend G. Rohde (1965, S. 21 f.), D. Claude (1972, S. 303 f.).
43. A. Kamphausen (1955, S. 127 ff.; 1967, S. 196 f.); D. Ellger (1966). – Zum Problem hat mir Herr Dr. Volker Vogel Schleswig, dankenswerterweise mündliche Auskünfte über die Ergebnisse der »Notgrabung« erteilt.

Quellennachweis

(Die Herkunft der Quellenangaben wird zuallermeist in den Anmerkungen nachgewiesen; hier sind lediglich Kurzformer aufgeführt.)

Adam: Magistri Adam Bremensis Gesta Hammaburgensis ecclesiae Pontificum., hg. v. B. Schmeidler. MGH SS rer. Germ. 2. 3. Aufl., Hannover, Leipzig 1917.
DD: Diplomatarium Danicum, utg. av Det Danske Sprog- og Litteraturselskab, Række 1, bd. 1 ff. København 1957 ff.
DO I: MGH DD, Bd. 1, hg. v. Th. Sickel, DO I. 1879–1884.
DO III: MGH DD, Bd. 2.1, DO III. 2. Aufl. 1956.
Helmold: Helmold von Bosau, Chronica Slavorum, hg. v. B. Schmeidler. MGH SS rer. Germ. 32. 3. Aufl. 1937.
May: Regesten der Erzbischöfe von Bremen, hg. v. O. May. Hannover, Leipzig 1937.
Rimbert: Rimberti Vita Anskarii, hg. v. G. Waitz. MGH SS rer. Germ. 1884.
Saxo: Saxo Grammaticus, Gesta Danorum, hg. v. J. Olrik und H. R. Ræder. København 1931.
Scheel, O., und Paulsen, P. 1930: Quellen zur Frage Schleswig-Haithabu, hg. v. O. Scheel und P. Paulsen, Kiel.
Thietmar: Thietmar Merseburgensis episcopi Chronicon, hg. v. R. Holtzmann. MGH SS rer. Germ. NS 9. 1935.
Widukind: Widukindi res gestae Saxoniae, hg. v. Lohmann und Hirsch. MGH SS rer. Germ. 5. Aufl. 1935.
Wipo: Wipo, Gesta Chuonradi II. imperatoris, hg. v. H. Breßlau. MGH SS rer. Germ. 3. Aufl. 1915.

Literaturnachweis

Andrén, A. 1980: Lund. Riksantikvarieämbetet och statens historiska museer. Medeltidsstaden. Rapport 26. Stockholm.
– 1983: Städer och kungamakt – en studie i Danmarks politiska geografi före 1230. Scandia 49, S. 31 ff.

Andersen, H. H. 1975: Fragen der Danewerkforschung. Die Heimat 82, S. 113 ff.
- 1977: Jyllands vold. Aarhus.
- 1978: Die Burg von Itzehoe in ihrer besonderen archäologischen und historischen Bedeutung. Steinburger Jahrbuch, S. 117 ff.
- 1980: Die Burg in Itzehoe. Offa-Ergänzungsreihe 4. Neumünster.
  H. J. Madsen und O. Voss 1976: Danevirke. Bd. 1-2. Jysk Arkeologisk Selskabs Skrifter 13. København.
Aner, E. 1962: Zur Schwedenherrschaft in Haithabu. ZSHG 87, S. 39 ff.
Arbman, H. 1939: Sveriges äldsta Handelstad.
Arup, E. 1925: Danmarks historie. Bd. 1. København.
- 1931: Kong Svend 2. s. Biografi. Scandia 4, S. 55 ff.
Beumann, H. 1972: Die Gründung des Bistums Oldenburg und die Missionspolitik Ottos des Großen. In: Aus Reichsgeschichte und Nordischer Geschichte. Jordan-Festschrift. Kieler Historische Studien 16, S. 54 ff. Stuttgart.
Biereye, W. 1909: Beiträge zur Geschichte Nordalbingiens im 10. Jahrhundert. Berlin.
- 1916: Untersuchungen zur Geschichte Nordalbingiens im 10. Jahrhundert. ZSHG 46, S. 1 ff.
Blomqvist, R. 1951: Lunds historia. Bd. 1. Lund.
- 1973: Die älteste Geschichte der Stadt Lund. Vor- und Frühformen der europäischen Stadt im Mittelalter. Bd. 2, s. 128 ff. Göttingen.
- 1976: Anfänge und Entwicklung der Stadt Lund im Mittelalter. In: Stadtherrschaft und Bürgertum in frühen städtegeschichtlichen Beispielen des westlichen Ostseeraums. Colloquium SFB 17, Projekt A 7. Universität Kiel, 1975, S. 3 ff. Landesbibliothek Kiel.
Bolin, S. 1931 a: Om Nordens äldsta historieforskning. Studier över dess Metodik och Källvärde. Lunds Universitets Årsskrift. NF Avd. 1, Bd. 27, No. 3.
- 1931 b: Danmark och Tyskland under Harald Gormsson. Scandia 4, S. 184-209.
- 1932: Kring mäster Adams Text. Scandia 5, S. 205-250.
Brandt, O. und W. Klüver 1981: Geschichte Schleswig-Holsteins. Ein Grundriß. 8. Aufl. Kiel.
Breßlau, H. 1879-1884: Jahrbücher des Deutschen Reiches unter Konrad II. Bd. 1-2.
Christensen, A. E. 1969: Vikingetidens Danmark. København.
Christiansen, T. A. 1970: Træningslejr eller tvangsborg. Kuml, S. 43-63.
- 1981: Archaelogy and History. The Viking fortress Trelleborg. Danish Medieval History New Currents. Danish Medieval Historory and Saxo Grammaticus. A Symposium held in celebration og the 500th anniversary of the University of Copenhagen, hg. v. N. Skyum-Nielsen und N. Lund, S. 221 f. København.
Claude, D. 1972: Geschichte des Erzbistums Magdeburg bis in das 12. Jahrhundert. Teil 1. Die Geschichte der Erzbischöfe bis auf Ruotger (1124). Köln, Wien.
Eckstein, D. und Schietzel, K. 1977: Zur dendrochronologischen Gliederung und Datierung der Baubefunde von Haithabu. Berichte über die Ausgrabungen in Haithabu 11, S. 141-164.
Ellger, D. 1966: Der Dom und der ehemalige Dombezirk. Die Kunstdenkmäler der Stadt Schleswig 2. Die Kunstdenkmäler des Landes Schleswig-Holstein. München.
Freytag, H.-J. 1951: Die Herrschaft der Billunger in Sachsen. Göttingen.
Fritze, W. 1960: Probleme der abodritischen Stammes- und Reichsverfassung und ihre Entwicklung vom Stammesstaat zum Herrschaftsstaat. In: Siedlung und Verfassung der Slawen zwischen Elbe, Saale und Oder, hg. v. H. Ludat, S. 157 ff.
Garmonsway, G. N. 1963: Canute and his empire.
Glaeske, G. 1962: Die Erzbischöfe von Hamburg-Bremen als Reichsfürsten (937-1258). Quellen und Darstellungen zur Geschichte Niedersachsens 60.
Hall, Th. 1974: Sigtuna. Entstehung und Entwicklung einer mittelalterlichen Stadt. Kunsthistorisk Tidsskrift, S. 69 ff.
Hirsch, S. 1875: Jahrbücher des Deutschen Reiches unter Heinrich II. Bd. 3. Leipzig.
Hjort Pedersen, B. 1960: Bebyggelsesnavne på - by sammensat med personnavn. Navnestudier, udg. af Stednavneudvalget 2, S. 10 ff.
Hoffmann, E. 1972: Dänemark und England zur Zeit König Sven Estridsons. In: Aus Reichsgeschichte und Nordischer Geschichte. Jordan-Festschrift. Kieler Historische Studien 16, S. 92 ff. Stuttgart.
- 1975: Die Einladung des Königs bei den skandinavischen Völkern im Mittelalter. Medieval Scandinavia 8, S. 100 ff.
- 1976: Königserhebung und Thronfolgeordnung in Dänemark bis zum Ausgang des Mittelalters. Berlin, New York.
- 1980: Beiträge zur Geschichte der Stadt Schleswig und des westlichen Ostseeraums im 12. und 13. Jahrhundert, ZSGH 105, S. 27 ff.
- 1981: The Unity of the Kingdom and the Provinces in Denmark during the Middle Ages. In: Danish Medieval History New Currents. Danish Medieval History and Saxo Grammaticus. A. Symposium held in celebration of the 500th anniversary of the University of Copenhagen, hg. v. N. Skyum-Nielsen und N. Lund, S. 95-109. Copenhagen.
- 1982: Dänemark. Reallexikon der Germanischen Altertumskunde. Bd. 5, S. 147-155.
Holtzmann, R. 1961: Geschichte der Sächsischen Kaiserzeit (900-1024). 4. Aufl. Darmstadt.
Jacobsen, L. 1929: Svenskevældets Fald.
Jacobsen, L. und Moltke, E. 1942: Danmarks Runeindskrifter. København.
Jankuhn, H. 1957: Geschichte Schleswig-Holsteins. Bd. 3. Neumünster.
- 1965: Karl der Große und der Norden. In: Karl der Große, hg. v. W. Braunfels, Bd. 1, S. 699 ff.
- 1976: Haithabu. Ein Handelsplatz der Wikingerzeit. 6. Aufl. Neumünster.
Jenkis, A. 1955: Die Eingliederung »Nordalbingiens« in das Frankenreich. ZSHG 79, S. 81 ff.
Jónsson, F. 1912: Den norsk-islandske Skjaldedigtning. Bd. 1. København.
Jordan, K. 1958: Herzogtum und Stamm in Sachsen während des hohen Mittelalters. Niedersächsisches Jahrb. f. Landesgeschichte 30, S. 1 ff.
- 1968: Deutsche Könige in Nordelbien während des Mittelalters. In: Schleswig-Holstein und der Norden. Klose-Festschrift, hg. v. A. Kamphausen, S. 22 ff.

Jørgensen, A. D. 1874–1878: Den nordiske kirkes grundlæggelse. Bd. 1–2. København.
Kamphausen, A. 1955: Ursprung und frühe Gestalt des Schleswiger Doms. ZSHG 79, S. 127 ff.
– 1967: Rezension zu Ellger, D. 1966. ZSHG 92, S. 196 f.
Koch, H. 1936: Danmarks kirke in den begyndende Højmiddelalder. København.
– 1950: Den ældre Middelalder indtil 1240. In: Den Danske Kirkes Historie, hg. v. H. Koch und B. Kornerup. Bd. 1. København.
Kock, E. A. 1946: Den norsk-isländska Skaldediktning. Bd. 1. Lund.
Kroman, E. 1947: Musikalsk akcent i Dansk.
– 1977: Det danske rige i den ældre Vikingetid. København.
La Cour, V. 1934: Kong Haralds tre storværker. Aarbøger for nordisk oldkyndighed og historie, S. 55 ff.
– 1968: Kong Gudfres vallum. Sønderjyske Aarbøger.
Larson, L. M. 1912: Canute the Great.
Laur, W. 1983: Zur Schwedenherrschaft in Haithabu und neue Überlegungen zur Frühgeschichte des Schleswiger Raumes. BSSG 28, S. 9 ff.
Liliencron, A. v. 1914: Beziehungen des Deutschen Reiches zu Dänemark im 10. Jahrhundert. ZSHG 44, S. 1 ff.
Ludat, H. 1963: Reichspolitik und Piastenstaat um die Jahrtausendwende. Saeculum 14, S. 325 ff.
Lund, N. 1980: Svenskeværldet i Hedeby. Aarbøger for nordisk oldkyndighed og historie, S. 114 ff.
Moberg, O 1941: Olav Haraldsson, Knut den Store och Sverige. Studier i Olav den Heliges förhållande till de nordiska Granländerna. Lund.
Müller, G. 1973: Harald Gormssons Königsschicksal in heidnischer und christlicher Deutung. Frühmittelalterliche Studien 7, S. 118 ff.
Nyberg, T. 1982: Grenzen erzählen Geschichte. ZSHG 107, S. 15 ff.
Radtke, Chr. 1977: Aula und castellum. Überlegungen zur Topographie und Struktur des Königshofes in Schleswig. BSSG 22, S. 29 ff.
Rohde, G. 1965: Kleine Geschichte Polens. Darmstadt.
Sach, A. 1896: Das Herzogtum Schleswig in seiner ethnographischen und nationalen Entwicklung. Bd. 1. Schleswig.
Sawyer, P. H. 1982: Kings and Vikings. Scandinavia and Europe AD 700–1100. London.
Schlesinger, W. 1972: Unkonventionelle Gedanken zur Geschichte von Schleswig/Haithabu. In: Aus Reichsgeschichte und Nordischer Geschichte. Jordan-Festschrift. Kieler Historische Studien 16, S. 70–91. Stuttgart.
– 1962: Kirchengeschichte Sachsens im Mittelalter. Bd. 1. Köln, Graz.
Schmidt, H. F. 1962: Otto I. und der Osten. Festschrift zur Jahrtausendfeier der Kaiserkrönung Ottos des Großen. MIÖG Erg. bd. 20. 1. S. 70 ff.
Seegrün, W. 1967: Das Papsttum und Skandinavien bis zur Vollendung der nordischen Kirchenorganisation (1164). QFGSH 51. Neumünster.
Skovgaard-Petersen, I. 1977: Oldtid og Vikingetid. In: Gyldendals Danmarks Historie, red. af A. E. Christensen u. a. Bd. 1, S. 15–209. København.
Steenstrup, J. 1900: Danmarks Sydgrænse 800–1100. København.
Stenton, Fr. 1947: Anglo-Saxon England. The Oxfort Histrory of England. Bd. 2. 2. Aufl. Oxfort (Reprint 1967).
Trommer, A. 1957: Komposition und Tendenz in der hamburgischen Kirchengeschichte Adam von Bremens. Classica et mediævalia 18, S. 207–257
Uhlirz, K. 1901: Untersuchungen zur Geschichte Kaiser Ottos II. MIÖG, Erg.bd. 6.
– 1902: Jahrbücher des Deutschen Reiches unter Otto II. und Otto III. Bd. 1. Berlin.
Vehse, O. 1943: Knud der Mächtige. In: Nordische Staatengründer.
Vogel, V. 1983: Archäologische Stadtkernforschung in Schleswig 1969–1982. Ausgrabungen in Schleswig. Berichte und Studien 1, S. 9–54.
Vårt Folks Historie 1962: Forhistorisk Tid og Vikingetid. Bd. 1–2.
Waitz, G. 1896: Deutsche Verfassungsgeschichte. Bd. 6.
Weibull, C. 1917–1921: Om det svenska och det danska rikets uppkomst. Historisk Tidskrift för Skåneland 7, S. 301 ff.
– 1921: Sverige och dess nordiska Granmakter unden den tidigare medeltiden. Lund.
Weibull, L. 1911: Kritiska Undersökningar i Nordens Historia omkring år 1000. Lund.
Windmann, H. 1954: Schleswig als Territorium. QFGSH 30. Neumünster.

Abkürzungen

BSSG	Beiträge zur Schleswiger Stadtgeschichte
MGH	Monumenta Germaniae historica
SS	Scriptores
SS rer. Germ.	Scriptpores rerum Germanicarum in usum scholarum
DD	Diplomata
DO I	Diplomata Ottonis I.
DO III	Diplomata Ottonis III.
SS NS	Scriptores Nova Series
MIÖG	Mitteilungen des Instituts für Österreichische Geschichtsforschung
QFGSH	Quellen und Forschungen zur Geschichte Schleswig-Holsteins
SMHD	Scriptores Minores historiae Danicae medii aevi 1–2
ZSHG	Zeitschrift der Gesellschaft für Schleswig-Holsteinische Geschichte

Anfänge und erste Entwicklung des Bistums Schleswig im 10. und 11. Jahrhundert

Von Christian Radtke

1. Einführung

Als Gottschalk von Ahlefeld, der letzte katholische Bischof von Schleswig, im Jahr 1526 in einer für das Reichskammergericht in Trier bestimmten Denkschrift ausführte, daß das Bistum Schleswig in seiner Zeit zum Herrschaftsbereich des dänischen Königs und nicht etwa zum Deutschen Reich gehöre und auch von Beginn an sowohl in weltlichen als auch in geistlichen Dingen der dänischen Hoheit untertan gewesen sei[1], wollte er damit ganz offensichtlich drohende Forderungen des kaiserlichen Reichsfiskus von seinem Bistum abwenden (Skovgaard 1949, S. 34; Boockmann 1979, S. 20). Man könnte den Text deshalb leicht als vordergründig tagespolitischen Zwecken dienend und somit im Verdacht der historischen Unzuverlässigkeit stehend aus der Hand legen. Tatsächlich steht dieser knappe Exkurs jedoch am Anfang der Schleswiger Lokalgeschichtsschreibung und verdient schon deshalb besondere Aufmerksamkeit. Mit Berufung auf einige mittelalterliche Autoren – Saxo Grammaticus, die Hamburg-Bremer Annalen und den Sachsenspiegel – sowie auf die erst kurz zuvor (1520) erschienene »Saxonia« des gelehrten Hamburger Geistlichen, Politikers und Historikers Albertus Krantzius (1448–1517; vgl. Stoob 1982)[2] begründet Ahlefeld erstmals einige der wesentlichen Strukturmerkmale der Stellung des Schleswiger Bistums innerhalb der skandinavischen Kirchenorganisation des Mittelalters:

– die umstrittenen Anteile der deutschen und der dänischen Herrschaft bei der Gründung und im Verlauf der frühen Bistumsgeschichte
– die Bistumsgrenzen gegenüber dem südlichen Nachbarn
– die geistliche Zugehörigkeit zum Erzbistum Lund.

Es wäre reizvoll, die Herleitung und die Weiterwirkung von Ahlefelds historischem Abriß[3] zu skizzieren; hier kann er indes nur als Hintergrund für den Versuch dienen, die darin angesprochenen Zustände in ihre historischen Zusammenhänge zu stellen und den Blick auf den Beginn und die erste Entwicklung des Schleswiger Bistums richten.

Das Jahr 1526 stellt noch in zweierlei Hinsicht ein historisch bedeutsames Datum dar: Zum einen unternahm Bischof Gottschalk von Schleswig auf dem Kieler Landtag dieses Jahres einen letzten vergeblichen Versuch, das Vordringen der lutherischen Lehre in seinem Bistum zu verhindern (Hoffmann 1982). Zum andern nahm vor 700 Jahren die kirchliche Erschließung Skandinaviens ihren Anfang: am 24. Juni 826 wurde der dänische König Harald Klak in Mainz bewogen, die Taufe zu nehmen, nachdem er vor Kaiser Ludwig um Unterstützung in seinem Kampf um den Königsthron gegen die Götriksöhne nachgesucht hatte (Scheel und Paulsen 1931, Nr. 34 ff.). Als Hofprediger wurde ihm der Corveyer Mönch Ansgar mitgegeben. Mit Ansgar und dem von ihm geleiteten, 831 für die nordische Mission gegründeten Erzbistum Hamburg ist zu ganz wesentlichen Teilen die erste Phase[4] der skandinavischen Missionsgeschichte des 9. Jahrhunderts verbunden (Seegrün 1967, S. 24 ff.). In den Fernhandelszentren Schleswig/Haithabu, Birka und Ribe konnten dabei die Grundlagen einer christlichen Gemeindebildung gelegt werden[5].

Wenn mit Ansgars Tod (865) und vollends mit dem Ende seines Schülers und Nachfolgers Rimbert (888) dieser erste karolingische Missionsansatz auch zum Erliegen kam, so sollten die Momente der Kontinuität zwischen dem ausgehenden 9. und dem 10. Jahrhundert nicht unterschätzt werden. Da die Mission sich in erster Linie auf die geistliche Versorgung der zum großen Teil bereits christlichen Kaufleute in den Handelszentren gerichtet hat, weniger auf die sakrale Durchdringung der umgebenden Regionen, so wird sich dieser Bedarf in den frühstädtischen Zentren nicht wesentlich verändert haben, und Rimberts Beobachtung (cap. 24) aus dem mittleren 9. Jahrhundert, daß sich die Möglichkeit zur Ausübung des christlichen Kultes in Schleswig/Haithabu günstig auf die Intensität des Handelsverkehrs in der Siedlung auswirke, wird auch die politischen und fiskalischen Interessen der Herrschaft am Orte gegen Ende des Jahrhunderts nicht unbeeinflußt gelassen haben. Die Verträge der dänischen Könige Siegfried und Halfdan mit König Ludwig dem Deutschen von 973 über einen ungehinderten Warenaustausch über die Eidergrenze hinweg (Annales Fuldenses, ad a. 873) haben christlichen Kaufleuten aus dem Süden den Weg nach Norden gesichert und in ihrem Gepäck auch der christlichen Religion.

Eine tragfähige kirchliche Organisation und Infrastruktur wurde in dieser Phase der Individualmission im Norden indes nicht erreicht und wohl auch gar nicht erstrebt. Der Verfall der zentralen Gewalt im deutschen Reich, die kirchenpolitischen Auseinandersetzungen um den Erzbistumssitz selbst und die durch verstärkte Wikingerzüge an alle europäische Küsten manifestierte kriegerische Unruhe im Norden ließen eine kirchliche, von politischer Kraft unterstützte Expansion jenseits der Reichsgrenzen im Norden nicht mehr zu. Wenn Saxo Grammaticus um 1200 noch richtig informiert war, hat König Gorm die vermutlich letzte christliche Kirche in seinem Reich in Schleswig/Haithabu um das Jahr 920 gründlich zerstört[6].

2. Abriß zur Schleswiger Kirchengeschichte des 10. und 11. Jahrhunderts

Mit dem Wiedererstarken des Deutschen Reiches unter den sächsischen Königen begann auch eine neue Phase der Missionierung im Norden. Im Schutz und gleichsam im Sog der politischen Expansion über die Nordgrenze des Reiches hinweg und nach Dänemark hinein, die König Heinrich I. im Jahr 934 siegreich bis nach Schleswig/Haithabu führte[7], zog Erzbischof Unni von Hamburg-Bremen (918–936) in königlicher Mission bekehrend durch die nordischen Länder und sammelte die Reste der christlichen Gemeinden (Adam I.61). Er setzte auch wieder Priester ein und konnte bei einem Besuch am Königshof in Jelling (Ramskou 1963, S. 253) zwar nicht König Gorm selbst, wohl aber die wohlwollende Unterstützung durch dessen Sohn und Mitregenten Harald gewinnen. Wie Ansgar suchte er das Heil noch durch persönliche Predigt auszubreiten, bis er 936 in Birka starb (Adam I.62; May Nr. 79).

Sein Nachfolger Adaldag (937–988) hob die kirchliche Einflußnahme auf den Norden noch einmal auf eine qualitativ neue Stufe. »An die Stelle des einfachen Predigtamtes ist eine weit ausschauende ... Missionspolitik getreten« (Dehio I 1877, S. 120). Politische und kirchliche Integration des heidnischen Nordens in den *orbis christianus* sind in der Folgezeit deckungsgleich und in Gewinn und Verlust aneinander geknüpft. Wie es J. Petersohn (1979) in vorbildhafter Weise für den südlichen Ostseeraum demonstriert hat, ist Reichsmission nach Skandinavien in gleicher Weise »in der Regel identisch mit kirchlicher Raumerfassung bzw. hierarchisch-sakraler Durchdringung eines bisher nicht nach den Bedürfnissen des christlichen Kultes organisierten und gegliederten Gebietes« (Petersohn 1979, S. 4). Unsere Fragen richten sich damit auf die Entstehung und die Entwicklung kirchlicher Raumstrukturen in ihren überregionalen – dänischen – ebenso wie in ihren lokalen – Schleswiger – Bezügen und auf die Bestimmung der Träger dieser Missionsimpulse innerhalb eines definierten sakralen Gefüges – in unserem Fall die Schleswiger Bischöfe.

Nachdem Papst Agapet II. nach Intervention des von König Otto I. nach Rom entsandten Abtes Hadumar von Fulda am 2. Januar 948 dem Erzbischof von Hamburg-Bremen die in Ansgars Zeiten verliehenen Missionsprivilegien und das Recht der Bischofsordination bestätigt hatte (May Nr. 106), weihte Erzbischof Adaldag die Bischöfe Hored für Schleswig, Liafdag für Ribe und Reginbrand für Aarhus (Adam II.4). Sie begegnen erstmals auf der Synode von Ingelheim am 6. Juni 948 als Bremer Suffragane (Dehio I 1877, S. 122 ff.; Seegrün 1967, S. 44 f.; Christensen 1977, S. 226 f.). Nach einer Zeit der Vorbereitung, deren einzelne Schritte unbekannt sind, die aber am ehesten mit der staatsrechtlich wohl gesteigerten Qualität des Zugriffs der Reichsherrschaft auf Schleswig/Haithabu seit den mittleren 940er Jahren (Schlesinger 1972, S. 81; vgl. dagegen E. Hoffmann in diesem Bd. S. 105 ff.) eingesetzt haben wird, kann die Berufung und Einsetzung der Bischöfe erst nach dem Agapet-Privileg vom Januar und vor ihrem ersten öffentlichen Auftritt im Juni 948 erfolgt sein, da erst das päpstliche Privileg die kanonische Voraussetzung für die Ordination bot (Beumann 1972, S. 58). Ob die Einrichtung und Besetzung der Bistümer vom Erzbischof (Biereye 1909, S. 49) oder vom Kaiser (Liliencron 1914, S. 18) ausging, ist bei deren identischen Interessen zu dieser Zeit ohne großen Belang und auch nicht zu entscheiden. Nach H. Fuhrmann (1964, S. 163 f.) sind sie am Tag der Synode in Ingelheim geweiht worden (vgl. Beumann 1972, S. 64). In den Synodalakten[8] werden sie gleichberechtigt neben den übrigen 22 teilnehmenden Bischöfen genannt, darunter den ebenfalls 948 eingesetzten Bischöfen von Brandenburg und Havelberg.

Inwieweit in dieser Frühphase der institutionalisierten kirchlichen Verwaltung sakraler Anspruch und Wirklichkeit übereinstimmten, ist schwer zu entscheiden. Noch in der Mitte der 960er Jahre hat die christliche Gemeinde jedenfalls nach dem Bericht eines arabischen Augenzeugen[9] zur Minderheit gehört (Scheel und Paulsen 1931, Nr. 226). Der Anteil der sächsisch-christlichen Bevölkerungsgruppe, die nach Adam von Bremen (I.57) seit 934 in der Siedlung gelegen haben soll, an der Gesamteinwohnerschaft, dürfte dementsprechend gering zu bemessen sein. Immerhin bestätigt der Kaufmann aus Tortosa für 965/966 (Warnke 1965) die Existenz einer Kirche, die nach Lage der Dinge die bischöfliche Kathedrale gewesen sein muß, so bescheiden sich das Bauwerk auch ausgenommen haben mag.

König Harald förderte nach Adams Einschätzungen (I.59) in seinem Herrschaftsbereich zwar die Verbreitung des Christentums, hatte sich für sich und sein Haus bisher jedoch nicht definitiv dafür entschieden. Der Vorgang seiner Konversion kann historisch nicht mehr eindeutig rekonstruiert werden, da dieses unerhörte Ereignis schon der zeitgenössischen Geschichtsschreibung nur in Form einer Wundergeschichte tradierbar erschien (Demidoff 1973). Das Datum läßt sich mit Hilfe der unverdächtigen Angabe in Ruotgers Vita des Kölner Erzbischofs Brun[10] auf den Zeitraum 953–965 einengen und wird gewöhnlich in die Jahre um 960 gelegt (Christensen 1977, S. 227; Ramskou 1963, S. 238). In welche Formen sich die fromme Legende vom Eisenordel, mit dem der *clericus* Poppo König Harald und seinen Hof von der allein sieghaften Kraft des Christengottes überzeugt haben soll, seit der ersten Aufzeichnung bei Widukind von Corvey (III.65) in den Jahren 967/968 im Verlaufe der Überlieferungsgeschichte auch variiert hat: im Grundmuster steht stets das vorherrschende Interesse des deutschen Kaisers, den dänischen König und sein Reich nach der kirchenorganisatorischen Einvernahme durch die Einrichtung der Bistümer (948) jetzt endgültig in das Werte- und Bezugssystem des christlichen Abendlandes einzubeziehen. Diese Tendenz wird sich weitgehend mit König Haralds eigenen Intentionen getroffen haben, so daß seine »Taufe« mit einigem Recht auch seiner eigenen Initiative zugeschrieben werden konnte (Skovgaard-Petersen 1978, S. 168)[10a].

War dieser Anschluß einmal vollzogen und damit ein sicherer Grund für di s Gedeihen auch der dänischen Bistümer aus eigener Kraft geschaffen, konnte der Kaiser auf die ihm als Oberhaupt der abendländischen Kirche (Santifaller 1964; Fleckenstein 1974) zustehenden Einkünfte daraus verzichten, wie es das Immunitätsprivileg von 965 (DO I. 294) signalisiert. Dieser Verzicht auf unmittelbare Einwirkungsmöglichkeiten setzt ein erhebliches Vertrauen in eine kontinuierlich positive Entwicklung voraus. Der friedliche Übergang zum Christentum – ob mehr als Zwangsmaßnahme unter deutschem Druck (Bolin 1931) oder aus Einsicht in die politische Notwendigkeit oder in freiwilliger Entscheidung – hat zweifellos dazu beigetragen. Als König Harald den Glauben wechselte, war »Dänemark für das Christentum reif« (Olsen 1969, S. 50); allerdings jedenfalls nicht allein durch die Stärke der deutschen Mission, sondern offenbar in beträchtlichem Maße auch bereits seit dem beginnenden 10. Jahrhundert durch eine Missionstätigkeit, die aus den dänisch-englischen Verbindungen resultierte (Olsen 1969, S. 52 ff.). Im 11. Jahrhundert soll diese Möglichkeit, sich aus der deutschen Kirchenhoheit zu lösen, immer wichtiger werden.

Die Immunitätsurkunde Ottos des Großen für die dänischen Bistümer vom 20. Juni 965 und ihre Interpretation gehören zu den umstrittensten Problemen der deutsch-dänischen Geschichte im Mittelalter. Für den Gültigkeitsbereich *in marca vel regno Danorum* stellte Otto I. dem Erzbischof Adaldag ein Diplom aus, durch das der Besitz der Bistümer Schleswig, Ripen und Aarhus von jeglicher Abgabe und Leistung an den kaiserlichen Fiskus befreit wurde und deren Hörige und Kolonen *(servi et coloni)* nur im Dienst und in der Gewalt ihres Bischofs stehen sollten. Auch hier sind Anspruch und Wirklichkeit, formelhaft verstandene Auffassung der kaiserlichen Kanzlei und die Verhältnisse vor Ort, nicht leicht in Einklang zu bringen. Die Verleihung der Immunität für Kirchenbesitz ist im Verständnis des ottonischen Staatskirchentums durchaus auch ein Herrschaftsmittel (Bosl 1975, S. 120 ff.). Die Immunität entläßt die drei jütischen Bistümer nicht aus dem Reichsverband, sondern bindet sie als seine Bestandteile der Reichskirche ein. Die Wertung des Ausmaßes deutscher Herrschaft über Dänemark im 10. Jahrhundert gerade auch im Anschluß an das *in marca vel regno Danorum,* über die der Kaiser Verfügungen traf, ist in der Forschung weiterhin umstritten[11] und kann hier nicht im einzelnen erörtert werden.

In kirchengeschichtlicher Sicht könnte dagegen der Ansatz A. von Liliencrons (1914, S. 29) weiterführen, in dem die undatierte Taufe König Haralds und die genau datierte Urkunde Kaiser Ottos vom Juni 965 in einen sachlichen Zusammenhang gebracht werden: Nach dem Brauch christlicher Könige habe Harald nach seinem Übergang zum Christentum die in seinem Reich vorhandenen Bistümer mit Besitztümern ausgestattet, auf deren Erträge der Kaiser darauf urkundlich verzichtet habe. Die Taufe König Haralds auch chronologisch dem gesicherten Datum der Immunitätsvergabe anzugleichen, sie also in die Zeit bald vor dem Juni 965 zu legen, kann aus den Quellen keine sachlich begründeten Einwände erwecken, vor allem aber stünde damit ein historisch plausibles Motiv für das kaiserliche Immunitätsprivileg zur Verfügung.

Die in unterschiedlicher und inhaltlich umstrittener Intensität seit dem Feldzug Kaiser Heinrichs I. vom Deutschen Reich über Schleswig/Haithabu ausgeübte Herrschaft fand nach der Niederschlagung eines dänischen Aufstandes (974) zehn Jahre später (983) ihr definitives Ende (Thietmar III.6,24). Der Bestätigung der Urkunde von 965 durch Otto III. im Jahre 988 (DO III.41) kann deshalb nurmehr Symbolcharakter zugesprochen werden. Mit der Errichtung des Bistums Odense auf Fünen (Thrane, Nyberg u. a. 1982, S. 114 ff.) hatte der dänische König zu diesem Zeitpunkt überdies bereits einen ersten Schritt in Richtung auf eine eigene Kirchenorganisation getan.

Die jenseits der nördlichen ebenso wie der östlichen Reichsgrenzen erschlossenen Gebiete bildeten in der missionspolitischen Strategie Ottos I. ein integriertes Ganzes. Nach seinem Konzept sollte Hamburg-Bremen für Dänemark und die übrigen Länder des Nordens zuständig sein, und das nach seinem Sieg auf dem Lechfeld 955 projektierte und 968 errichtete Magdeburg kirchlich den gesamten slawischen Raum jenseits von Elbe und Saale beherrschen (Beumann 1972). Zweifellos bedeutete die Erhebung Schleswigs zum Bischofssitz in diesem Missionskonzept ein kirchenpolitisches Programm. Als Schleuse des Kontinents in den Ostseeraum bildete es den Ausgangspunkt für die Mission in einen Bereich, der sich *trans mare* über die dänischen Inseln bis in die östliche *Scandia* erstreckte (Adam II.4), während Aarhus für das westliche Skandinavien – Norwegen – zuständig sein sollte (Nyberg 1982, S. 24 ff., 35). Das für 988 nachgewiesene Bistum

Odense wird zu den Früchten dieser Schleswiger Missionsanstrengungen gehört haben – ohne daß es gleich zur »Tocher Schleswigs« (Pauls 1924, S. 40) erklärt zu werden braucht[12] –, und wenn Adam von Bremen bald 100 Jahre später noch richtig unterrichtet war, hatte König Harald auch bereits in Roskilde auf der östlichen Nachbarinsel Seeland eine Kirche gebaut, die ihm selbst († 986) und seinem Sohn Sven († 1014) als Grabkirche diente (Krins 1968, S. 4 f.).

Ein weiteres Aufgabengebiet des von Schleswig ausgehenden Missionsimpulses um die Mitte des 10. Jahrhunderts lag in dem kirchlich bislang unerschlossenen obotritischen Raum mit dem Zentrum Oldenburg. Diese Problematik ist schon im 12. Jahrhundert durch Helmold von Bosaus Angaben (cap. 12) über Bischof Marco verwirrt worden (vgl. S. 143 f.). Danach soll Schleswig anfangs dem Oldenburger Bischof mit untergeben gewesen sein. Es dürfte heute unbestritten sein, daß Helmold die Zustände tendenziös verkehrt hat und der obotritische Bereich bis zur Gründung des Bistums Oldenburg 968/973 zum Schleswiger Missionssprengel gehört hat (Beumann 1972, S. 61 ff.; Petersohn 1979, S. 20 ff.)[13]. Der Zuständigkeitsbereich des Schleswiger Bischofs reichte damit für einen kurzen Zeitraum um die Mitte und bis in die beginnende 2. Hälfte des 10. Jahrhunderts von Südschweden über die dänischen Inseln bis zur Peene im Osten.

Planung und Wirklichkeit begannen jedoch schon bald auseinanderzuklaffen; war jene überwiegend das Ergebnis von Überlegungen zur kirchlichen Aufteilung der Regionen und Völker in den erzbischöflichen und kaiserlichen Kanzleien, so bedurfte diese der politischen, notfalls der militärischen Durchsetzung. Mit der Errichtung von Oldenburg 968/973 wurde der obotritische und mit Odense 988 der inseldänische Sakralraum selbständig. In der Folge des politischen Machtverlustes der Reichsherrschaft nach der Niederlage gegen Harald und Sven 983 mußte das Bistum Schleswig auch an seiner nördlichen Grenze auf der jütischen Halbinsel Gebietseinbußen hinnehmen. Die Grenzziehung zwischen den drei jütischen Bistümern folgte mit größter Wahrscheinlichkeit ursprünglich den vorchristlichen Jurisdiktions- und Aufgebotsbezirken der Syssel, die wiederum in Harden unterteilt waren (Laur 1981). Zu Schleswig dürften dabei der Idstedt-, Ellum- und Barwithsyssel anfangs vollständig gehört haben[14]. Nach einer zuerst von T. Fink (1977) begründeten These brachte der Ripener Bischof Odinkar in einer Zeit der Schleswiger Schwäche und gleichzeitig der eigenen politischen und kirchlichen Stärke am Anfang des 11. Jahrhunderts Teile jenseits seiner südlichen und östlichen Grenzregion unter seine Kontrolle (Nyberg 1982) und ließ sich diesen Gebietsgewinn in Verhandlungen mit dem Hamburger Erzbischof Unwan 1025 bestätigen.

Bis auf diese Abweichungen im Nordwesten und bis auf die Inseln Alsen und Fehmarn ist das Bistum Schleswig in seiner Ausdehnung seit dem 11. Jahrhundert mit dem im 12. Jahrhundert gebildeten Herzogtum Schleswig identisch (Boockmann 1969) und umfaßte das Gebiet auf der jütischen Halbinsel mit der Eider im Süden und den nordfriesischen Inseln bis zur Nordsee im Westen; das Nordseeküstengebiet besaß im Mittelalter allerdings eine von den heutigen Küstenverläufen völlig abweichende Gestalt. (Zu einem möglichen Westküstenbistum *Farria* im 11. Jahrhundert vgl. den Beitrag von T. Nyberg in diesem Bd. S. 173 ff.) Im Nordwesten werden die Süderrangstrupharde, die Frösharde und die Gramharde durchschnitten und signalisieren damit einen sekundären Grenzverlauf. Es kann gut sein, daß in dieser Zeit, Anfang des 11. Jahrhunderts, Bischof Odinkar von Ripen, »der Vizekönig Knuds des Großen in Jylland« (Fink 1977, S. 83), seinen Gebietszuwachs in diesem Bereich nach militärischen Gesichtspunkten vornahm und dabei insbesondere auf den Gewinn der Flußmündungen zur Nordsee hin abzielte. Im Nordosten bildeten die Tyrstrupharde und im Osten die Ostsee die Grenzen.

Nachdem der politische Einfluß des Deutschen Reiches auf Schleswig/Haithabu 983 durch die Jelling-Dynastie[15] zurückgewiesen worden war (Thietmar III.24), gingen die von der Reichskirche und ihrem Repräsentanten, dem Hamburg-Bremer Erzbischof, nach Norden vorgetragenen kirchlichen Einwirkungsmöglichkeiten gleichzeitig weitgehend verloren. Das Bistum Aarhus ging ein (Adam II.46) und seine Diözese wurde von Ribe aus mitbetreut. Für Schleswig wurden Bischöfe zwar weiterhin eingesetzt und geweiht, sie lebten aber, soweit erkennbar, seitdem für bald ein halbes Jahrhundert außerhalb ihres Sprengels, wohl zumeist in Bremen und Hildesheim – ohne daß mit dem Rückzug der kirchlichen Verwaltung auch die Praxis des kirchlichen Lebens am Orte ganz zum Erliegen gekommen sein muß. Mit König Sven Gabelbart, der seinem Vater Harald Gormsson 985/986 nach gewaltsamen Auseinandersetzungen in der Herrschaft gefolgt war, saß keineswegs »das Heidentum wieder auf dem dänischen Thron« (v. Schubert 1907, S. 69): Von Christenverfolgungen beispielsweise ist nichts bekannt. Adams (II.27) Motivation der Thronkämpfe als Glaubenskrieg leidet offensichtlich unter der christlichen Optik des Autors und kann nicht die ganze Wahrheit sein. Viel wahrscheinlicher ist die Vermutung, daß Haralds »Stärkung der zentralen Königsmacht« – auch mit Hilfe der mit der deutschen Reichskirche verbundenen Bistumsorganisation in seinem Lande – »und der damit verbundene Abbau gentiler Herrschaftsstrukturen ... auf den Widerstand der gefolgschaftlich organisierten Wikingerkrieger gestoßen ist«, deren Anführer Sven Gabelbart war (Müller 1973, S. 138).

Auf Wunsch des Hamburg-Bremer Erzbischofs Adaldag erhielten seine Suffragane im Wildeshausener Privileg vom 18. März 988 (DO III.41; vgl. Uhlirz 1954, S. 92 ff.) das Recht auf den Erwerb von Grundbesitz auch außerhalb ihrer Diözesen im Reichsgebiet zugesprochen. Offenbar galt es dabei, einem Leben im Exil die materiellen Grundlagen zu verschaffen. Im Urkundentext von 988 wird zwar die bischöfliche Kirche in Schleswig/Haithabu noch genannt, ob sich darin indes nur Anspruch oder noch Wirklichkeit spiegeln, kann nicht entschieden werden. Im Island des mittleren 13. Jahrhunderts erschien der Gedanke allerdings nicht abwegig, daß man im Schleswig/Haithabu der 980er Jahre eine christliche Gemeinde und eine intakte geistliche Betreuung vorfand, wie das Beispiel der beiden frommen Frauen Auðr und Gunhildr zeigt (Scheel und Paulsen 1931, Nr. 240), die sich dort taufen ließen und weiter nach Rom zogen.

Neben den kirchenrechtlichen Bestimmungen, in denen mit der Bestätigung der Immunität für die dänischen Bistümer formelle Reichsansprüche gewahrt wurden, versuchte man auf dem Reichstreffen, ihre Bindung an das Reich vor allem auch durch wirtschaftliche Vergünstigungen zu fördern. Auf ausdrücklichen Wunsch Bischof Folcberts von Schleswig wurde allen Einwohnern der dänischen Diözesen und darunter allen etwaigen Wanderkaufleuten Zollfreiheit im gesamten Reichsgebiet gewährt. »Das Band des gemeinsamen Glaubens wurde durch die materiellen Vorteile, die seine Annahme gewährten, noch gefestigt« (Uhlirz 1954, S. 93). Zweifellos zielten diese handelspolitischen Vorrechte darauf ab, den Reichsinteressen über die vom Handelsverkehr gefestigten Bahnen erneut Einflußmöglichkeiten im Norden zu öffnen. Ein weiteres Mal sollte die »Handelsgeschichte ... zur Bekehrungsgeschichte« umgemünzt werden (Scheel 1931, S. 282). Der Schleswiger Bischof als Intervenient dieser Passage im Vertragstext gibt damit aber möglicherweise nicht zuletzt auch eigene Handelsinteressen zu erkennen. Für den eigenen Bedarf wie für den Export tätige bischöfliche Werkstätten sowie im Auftrag von Bischofskirchen und Klöstern Handel treibende Kaufleute *(negotiantes ecclesiae)* bildeten im fränkischen und ottonischen Reich feste Bestandteile der wirtschaftlichen Bezüge (Schwindt 1984).

Die Funktion als Gewährs- und Kontaktmann zwischen Kaiser und Erzbischof auf der einen und den dänischen Herrschern auf der andern Seite wird offenbar auch noch von dem vor der Jahrtausendwende amtierenden Schleswiger Bischof ausgefüllt, der im Reichsauftrag Verhandlungen über politische und kirchliche Fragen mit König Erich (988–995) führte und darin die Positionen und Ansprüche des Reiches vertrat[16]. Verhandlungsgegenstände sind die aus Reichssicht ungeklärte politische Stellung des dänischen Königtums und seine mögliche Wiedereinbindung in die *pax christianorum,* die sich im ottonischen Reichskirchensystem spiegelt. Über einen Erfolg dieser Legation ist nichts bekannt. Kirchlicher Mission und Organisation von Süden blieben die Tore nach Norden offenbar weiterhin verschlossen.

Wie ein Jahrhundert zuvor war die Existenz der christlichen Gemeinde in Haithabu bedroht, wenn wohl auch nicht in einem so dramatisch desolaten Ausmaß (vgl. Schlesinger 1972, S. 84), wie es ihr Oberhirte im Herbst des Jahres 1000 darstellte: »Mein Bistum ist durch heidnische Rohheit verheert, meine Bischofsstadt liegt verödet da und die Kirche ist verwaist; ich habe den Bischofssitz nicht inne« (Vita Bernwardi, S. 766)[17]. Ob der hier geschilderte Zustand der Verwüstung noch aus den Kämpfen um Schleswig/Haithabu von 983 oder aus den folgenden dynastischen Auseinandersetzungen resultierte oder auch das Ergebnis der angenommenen Eroberung des Platzes durch König Erich (Adam II.35) war, ist nicht genau auszumachen. In jedem Fall belegt die Aussage, daß dem Bischof zur Residenz an seiner *sedes* vor allem auch die materiellen Voraussetzungen fehlten. Offenbar war nach den anhaltenden militärischen Konflikten der 980er Jahre – die sich für 983 belegen und für 985/986 sowie um 988 erschließen lassen[18] – nicht nur die geistliche, sondern vor allem auch die wirtschaftliche Versorgung im Bistum zusammengebrochen und hatte die Bischöfe ins Exil getrieben. Der hier erkennbare Kollaps der kirchlichen und staatlichen Funktionssysteme in der Siedlung, der von einem auch archäologisch registrierbaren wirtschaftlichen Niedergang begleitet war (Jankuhn 1976, S. 232, 245, 272), könnte als auslösendes Moment für die um die Jahrtausendwende angenommene Verlagerung von Siedlungsschwerpunkten von Süd- auf das Nordufer der Schleibucht (vgl. Schietzel 1981, S. 90; Vogel 1983; Radtke 1983) gewirkt haben.

Der Schwerpunkt der expandierenden dänischen Reichsinteressen hatte sich gleichzeitig von der Ostsee westwärts auf die englische Nordseeküste gelegt und kulminierte in der Eroberung des Landes 1013 (vgl. Skovgaard-Petersen 1978, S. 183 ff.). Das der Ostsee zugewandte Haithabu/Schleswig kann währenddessen für eine Zeitlang gut im Schatten der politischen Brennpunkte gelegen haben.

Politischer Ausgleich, von Erzbischof Unwan vermittelt (Adam II.56), und Friedensschluß zwischen dem deutschen Kaiser, Konrad II., und seinem Freund und künftigen Schwiegervater, Knud, »König von ganz England, Dänemark, Norwegen und Teilen Schwedens«[19], beendeten im Jahr 1025 die Phase der diplomatischen und militärischen Konflikte zwischen den beiden Reichen (RI III, Nr. 48 b; May, Nr. 184) und stellten auch die dänische Kirchenorganisation wieder auf eine gesicherte Grundlage. Besiegelt wurde der Pakt mit einem Eheversprechen und der Teilnahme Knuds an Konrads Kaiserkrönung 1027 in Rom (Wipo cap. 16). Wenn Knud auch die Rechte des Bremer Erzbischofs in seinem Reich formal anerkannte, der exilierte Schleswiger Bischof seinen Sitz wieder einnehmen konnte und der Kaiser auf alle Reichsansprüche in Bereichen nördlich der Reichsgrenze verzichtete, blieben die Wege zu einer gerechten und anerkannten *pax christianorum* umstritten. Mit den kirchlichen Einflüssen aus Knuds englischen Reichsteilen (Adam II.55)[20] und dem direkten Kontakt des Königs mit Papst Johannes XIX.[21] in Rom traten darüber hinaus Elemente in das nordeuropäische kirchliche Bezugssystem, die die Entwicklung im 11. Jahrhundert wesentlich beeinflussen sollten.

Nachdem sich der Hamburg-Bremer Metropolit Bezelin-Alebrand und der norwegisch-dänische König Magnus im Herbst 1042 bereits einmal in Schleswig zu politischen Besprechungen getroffen hatten (Adam II.79), bei denen die Absprachen zur Konsolidierung der Machtsphären zwischen den beiden mächtigsten Herrschern Nordeuropas mit der »politischen Hochzeit« (Schlesinger 1972, S. 72) zwischen dem sächsischen Herzogssohn Ordulf und Magnus' Schwester Wulfhild bekräftigt wurden (vgl. Biereye 1917, S. 398), fanden die entscheidenden Verhandlungen über die zukünftige Organisationsform der dänischen Kirche zehn Jahre später, im Winter 1052/53, zwischen Erzbischof Adalbert und König Sven Estridsen ebenfalls in Schleswig statt (Adam III.18). Dieses Kirchentreffen steht an zentraler Stelle mitten in der großen kirchenpolitischen Bewegung des 11. Jahrhunderts, der Versuche des dänischen Königs und Teilen seines Episkopats zur Lösung aus der Hamburg-Bremer Kirchenhoheit und zur Gewinnung eines eigenen Erzstuhles (Koch 1936, S. 40 ff.; Weibull 1948, S. 19 ff.; Seegrün 1967, S. 108 ff.; Breengaard 1982), die mit der Errichtung des Erzbistums Lund 1103/04 zu einem Abschluß gelangen sollten (DD 1.2.30).

Bemühungen in diese Richtung hatten bereits unter König Knud dem Großen eingesetzt (Hauck III 1954, S. 641; v. Schubert 1907, S. 74 f.; Olrik I 1892, S. 132 f.) und waren jetzt von König Sven seit den 1050er Jahren immer dringlicher betrieben worden (Adam III.33; Fuhrmann 1955 S. 166 f.). Sie waren die natürliche Konsequenz der Umbildung des wikingerzeitlichen Heerkönigtums zu einem Reichsverband nach westlichem Vorbild (Christensen 1968, S. 40). Seit der zweiten Hälfte des 10. Jahrhunderts hatte sich die Herrschaftsstruktur in Dänemark den in abendländischen Reichen gültigen Formen angeglichen. Jetzt richtete sich dieser Vorgang konsequenterweise auch auf das Verhältnis zwischen Reich und Kirche, in dem nach ottonischem Vorbild der König neben dem Papst die gottgewollte höchste Autorität darstellte. Historisch gesehen, hatte sich die Kirchenherrschaft des Bremer Erzbischofs in einem entwickelten Staatswesen wie dem dänischen seit der Mitte des 11. Jahrhunderts überlebt. Mit der Errichtung eigener Erzbistümer in Gnesen und Gran hatte das Reich Polen und Ungarn schon zur Jahrtausendwende aus der Reichskirchenorganisation entlassen (Fleckenstein 1982, S. 106 ff.). Wenn auch der eigentliche Anlaß für die Schleswiger Verhandlungen von 1052 nach Adam (III.18) die Aussöhnung der beiden Potentaten nach der vom Erzbischof, zuletzt auch mit Hilfe eines Papstbriefes (Adam III.12), erzwungenen Lösung des Königs aus seiner unkanonischen Ehe mit der schwedischen Königswitwe Gunhild war, spricht die kirchenpolitisch gespannte Lage gegen einen rein privaten Charakter der Zusammenkunft. Präsentation und Prachtentfaltung auf höchster diplomatischer Ebene während der achttägigen Verhandlungen sind zuallererst als gegenseitige Demonstration der verfügbaren Machtmittel zu bewerten. Der *potentia* des Kirchenfürsten stellte der König dabei seine *divitiae* gegenüber: die von Kaiser und Kurie gestützte Kirchenherrschaft wetteiferte mit der Zurschaustellung äußerer Machtmittel. Im Vordergrund des Treffens stand die Behandlung strittiger kirchlicher Themen[22]. Hauptverhandlungspunkte waren die *pax christianorum* und die *conversio paganorum*, nach Lage der Dinge am ehesten als die strittigen Auffassungen über unterschiedliche Zielvorstellungen zu einer beiderseits anerkannten Kirchenorganisation im Bremer Erzsprengel und das Verhältnis zu den heidnischen Völkern im Norden zu deuten. Wenn das Thema nicht bereits zu einer vorher vereinbarten Tagesordnung der Konferenz gehört hat, wird König Sven den Erzbischof auf dieser Tagung vermutlich erstmals offiziell über seine Pläne zur Errichtung einer dänischen Nationalkirche unterrichtet haben (Dehio I 1877, S. 205; Seegrün 1967, S. 69; Lammers 1972, S. 206) und mit dessen Überlegungen zur Erweiterung des Erzbistums in ein Patriarchat (Adam III.33) konfrontiert worden sein. Mit dieser Konstruktion wäre Adalbert die Kirchenhoheit auch über ein nationaldänisches Erzbistum erhalten geblieben (Fuhrmann 1955, S. 144 f.). Beide Seiten sahen im Ergebnis der Konferenz ihre Verhandlungsziele als erfüllt an und schlossen einen entsprechenden Vertrag *(foedus)*.

Von seiten Adalberts waren gleichzeitig der Kaiser und der Papst in die Verhandlungen einbezogen worden. Papst Leo IX. hielt sich von September 1052 bis März 1053 (Seegrün 1967, S. 69) in Deutschland auf und ergriff mit einer Urkunde vom 6. 1. 1053 (DD 1.2.1) Adalberts Partei, indem er die Hamburg-Bremer Rechte in Nordeuropa sowohl im äußeren Umfang als auch inhaltlich beträchtlich erweiterte[23] – ohne darin die Frage Patriarchat – Erzbistum entschieden zu haben. Die von Adalbert in Schleswig verabredete Zusammenkunft König Svens mit Kaiser Heinrich III. Ostern 1053 in Merseburg endete mit Freundschaftsschwüren (Adam III.18)[24] und schränkte Svens Möglichkeiten einer gegen das Erzbistum und damit gegen das Reich gerichteten aktiven Kirchenpolitik stark ein. Adalberts planvolles Vorgehen und der Einsatz der höchsten Autoritäten für seine Sache sprechen dafür, daß er in dieser Phase der Auseinandersetzungen nicht nur aus der Defensive (Christensen 1968, S. 39) agierte und mit taktischen Mitteln den Status quo zu erhalten bestrebt war, sondern, nach Svens Herausforderung, den aktiven Part zur Erweiterung seiner Machtbefugnisse ergriffen hatte[25].

In die Jahre des ungetrübten Einverständnisses zwischen den Partnern nach der Konferenz – denen in dieser Zeit der Obotritenkönig Gottschalk hinzuzustellen ist – fallen vermutlich auch die häufigen Besprechungen zwischen Sven und Adalbert über den Ausbau der dänischen Kirche an der Eider, von denen Adam (III.21) weiß; – wenn diese Treffen nicht überhaupt auch eher in dem nur eine knappe Tagesreise nördlich gelegenen Schleswig stattgefunden haben. Es fragt sich darüber hinaus, ob die Schriften *(scriptura)*[26], mit denen Adalbert den König auf diesen Zusammenkünften bekannt gemacht hat, sich allein auf geistliche Ermahnung zu einem christlichen Lebenswandel bezogen, wie es in Adams Bericht den Anschein hat, oder nicht eher etwa als die kanonischen Bestimmungen verstanden werden sollten, die er dem König zur kirchenrechtlichen Absicherung seiner Patriarchatspläne (Fuhrmann 1955, S. 120 ff.) vorwies.

Bei der einvernehmlich durchgeführten Neuorganisation der dänischen Stiftseinteilung, die der König um 1060 vornahm[27], blieb die Schleswiger Diözese in ihren damaligen Grenzen ungeschmälert, nachdem sich um die Jahrhundertwende das Bistum Ribe bereits einmal kräftig an ihr bereichert hatte (Fink 1977). Aus Ribe wurden dabei die drei Sprengel Aarhus, Viborg und »Wendila« ausgeschieden und von Adalbert mit Mitgliedern seines Klerus besetzt (Adam III.25). Mit den fünf jütischen Bistümern, dazu mit Odense für Fünen, Roskilde für Seeland und Lund für Schonen lag die Einteilung der mittelalterlichen dänischen Bistumsverwaltung fest.

Solange die Machtverhältnisse zwischen dem deutschen Kaiser und dem Papst nicht entscheidend gestört waren, konnten auch die Stellvertreter ihrer Interessen im Norden, der Hamburg-Bremer Erzbischof und der dänische König, etwa die Erweiterung des dänischen Episkopats als Erfolge für die jeweils eigene Seite verbuchen. Beiden war, wenn auch vielleicht aus unterschiedlichen Motiven, daran gelegen, die Anzahl der Bistümer zu erhöhen, Adalbert, um seine mangelhafte Suffraganbasis zu verbessern[28], Sven dienten die Bistümer nicht zum mindesten auch zur beabsichtigten zentralistischen Durchstrukturierung seines Reiches auf dem Wege von einer Wikingermonarchie zu einem Staatsgebilde abendländischer Prägung (Koch 1936, S. 51; Christensen 1968, S. 40).

Bildete die Schleswiger Synode von 1052 die Grundlage für ein Verhältnis gegenseitiger Loyalität und die Anerkennung der realen Machtverhältnisse durch den König letztlich bis zum Tode Adalberts im März 1072 (Seegrün 1967, S. 76; Breengaard 1982, S. 95) – und war die Verbindung im Juli 1071 durch ein Waffenbündnis mit König Heinrich IV. in Lüneburg[29] noch einmal bestätigt worden (Adam III.60) – so blieben die Chancen, ebenso wie die Mittel, zur Erreichung der kirchenpolitischen Fernziele während dieser 20 Jahre doch in starkem Maße von politischen Konjunkturen abhängig. Die Schwächung des Königtums seit dem Tode Kaiser Heinrich III. im Oktober 1056 und der Tod des deutschen Papstes Leo IX. 1054 haben die Realisierung von Adalberts ehrgeizigen Plänen in dieser Phase verhindert. Mit dem Pontifikat Papst Alexanders II. (1061–1073) gewannen an der Kurie zunehmend kirchenreformerische Kräfte an Gewicht, die der mit dem Patriarchat verbundenen »Einrichtung einer Zwischengewalt zwischen Papst und Erzbischöfen überhaupt entgegen(standen). Seit dem Jahr 1062 mußte daher Adalbert wissen, daß er von seiten der Kurie nicht mehr, wie früher, mit Einsicht und Förderung für den Hamburger Primat rechnen konnte« (Lammers 1972, S. 207).

In dieser Lage berief der Erzbischof, wohl im Jahre 1063[30], ein Konzil aller Bischöfe des Nordens nach Schleswig ein (Adam III.74, 76), auf dem über eine Reihe dringender geistlicher Reformen in den kräftig angewachsenen skandinavischen Bistümern verhandelt werden sollte. Die Synode war mit König Sven offenbar nicht im einzelnen abgesprochen, denn während es gelungen war, die Zustimmung des Papstes zu erhalten, konnte auf eine wirksame Unterstützung des Vorhabens durch den dänischen König nur gehofft werden. Ob diese Hoffnung auf grundsätzlicher Übereinstimmung beruhte (Breengaard 1982, S. 90) oder ob Svens Haltung nicht eher Anlaß war, die vorbereitenden Planungen in der Hoffnung auf Unterstützung an ihm vorbei zu betreiben (Christensen 1968, S. 39), läßt sich nicht mit Gewißheit entscheiden. Das letztere ist wahrscheinlicher. Das Konzil ist jedenfalls nicht zustande gekommen, weil es von einigen der überseeischen Bischöfe[31] boykottiert wurde. Zur Opposition gehörte der seit Knuds des Großen Zeiten amtierende Wilhelm von Roskilde, dessen Ungehorsam Adalbert in einem Brief (Adam III.76) indes seltsamerweise nur milde rügte. Bischof Eilbert von »Farria« und Odense (Adam III.77; vgl. T. Nyberg in diesem Band, S. 176 ff.) hat sich darüber hinaus dreimal geweigert, an der jährlichen Bischofssynode am Erzbischofssitz teilzunehmen (Adam III.75) und ist von Adalbert suspendiert worden. Er wird sich mit Sicherheit ebenfalls geweigert haben, in Schleswig zu erscheinen. Die päpstliche Ermahnung an ihn zum Gehorsam gegenüber dem Erzbischof mündete allerdings in eine »Rechtsmittelbelehrung« (Seegrün 1967, S. 74), daß jede Absetzung eines Bischofs, sei es durch einen Erzbischof oder einen Patriarchen, der Zustimmung durch den Apostolischen Stuhl bedürfe (Fuhrmann 1955, S. 161 f.; Breengaard 1982, S. 91 ff.)[32]. Der Papst stützte den Bremer Metropoliten also weiterhin im Rahmen der Ausübung gültiger Privilegien, beispielsweise hier bei der Einberufung einer Synode zur Durchführung von Reformen in seinem Sprengel, setzte ihm jedoch Schranken, wo er sich kirchenrechtlich nicht abgesicherte Befugnisse anmaßte.

Wenn Adalbert, seit dem Juni 1063 *patronus* des Reiches und kraft päpstlicher Vollmacht vom Januar 1053 als *legatus* und *vicarius* geistliches Oberhaupt der Kirche aller skandinavischer und slawischer Völker zwischen Eider und Peene bis zum Eismeer, die Bischöfe seiner Obödienz im nordischen Umkreis zu einem Konzil nach Schleswig zusammenruft, so muß darin der Versuch zur Realisierung seiner Vorstellung vom Patriarchat gesehen werden – ohne daß ihm diese Stellung bereits zuerkannt war oder sich die Voraussetzungen dafür verbessert hätten. Die Bestimmung Schleswigs als Tagungsort dieser Konferenz ist als programmatische Entscheidung zu werten. Der Vorgang signalisiert die Bedeutung der Stadt im kirchenpolitischen Kontext Nordeuropas. An der Nahtstelle zwischen den altsächsischen, den gerade neu hinzugewonnenen obotritischen und den bereits durchorganisierten und jetzt vom Verlust bedrohten dänischen Obödianzbereichen der Hamburg-Bremer Kirche gelegen, wird Adalbert Schleswig einen hohen Grad von Integrationskraft innerhalb seiner auf die kirchliche Gesamtherrschaft gerichteten Pläne zugemessen haben. Zum einen muß der Erzbischof sich der Bindung des Platzes an seine Konzeption der nordischen Kirche sicher gewesen sein, er muß ihn darüber hinaus auch für die auf der Synode beabsichtigte Pracht- und Machtdemonstration als geeignet angesehen haben. Zum andern setzt der Plan eine denkbar weit entwickelte kirchliche Infrastruktur am Orte voraus, mit Gelegenheiten zum Gottesdienst in angemessen würdigen Räumen ebenso wie zur Unterbringung der versammelten Kirchenführer und ihrer Begleitung sowie zur Beratung und Repräsentation. Versorgung, Beköstigung, Transport und Sicherheit der aus allen nördlichen Himmelsrichtungen zu erwartenden Bischöfe mußten gewährleistet werden können. Wie im Hinblick auf die kirchenrechtliche Organisation seines Reiches, galt es bei einem solchen Kirchentreffen auch den Ansprüchen und der Bedeutung des Königs in seiner Stadt gerecht zu werden. Ein Kathedralbau mit einem Annex von Versammlungsräumen, ein Haus des Königs, eine Pfalz, mit den entsprechenden Räumlichkeiten zur Hof- und Gasthaltung sowie eine für den geplanten Anlaß ausreichend leistungskräftige Handels- und Gewerbestruktur müssen schon für die Auswahl des Tagungsortes eine selbstverständliche Voraussetzung gebildet haben. Das gilt im übrigen bereits für die im Zehnjahresrhythmus zuvor seit 1042 stattgefundenen Besprechungen höchster diplomatischer Dignität.

Das Konzil von 1063 liefert damit, auch wenn es gar nicht zustande kam, Interpretationsansätze in drei Richtungen: für die Planungen des Erzbischofs, die Haltung des Königs und das Stadium der kirchlichen Entwicklung in der Stadt Schleswig selbst.

Seit dem vergeblichen Versuch von 1063, sich unbestritten an die Spitze der nordischen Kirche zu setzen, muß Adalbert mit Erfolgen König Svens in der Errichtung eines eigenen dänischen Erzbistums gerechnet haben. Weder von ihm noch von der Kurie sah er zukünftig eine Unterstützung seiner weitreichenden Pläne und richtete sich deshalb mit einem Notplan, der eigenen Erzdiözese mit zwölf Suffraganen wenigstens den Metropolitanstatus zu erhalten, wenn sich die dänischen Bistümer von ihm gelöst haben, schon ganz auf die Zeit einer befürchteten Isolation ein

(Fuhrmann 1955). Da König Sven sich indes noch 1071 mit dem Kaiser verbünden konnte, wird er die entscheidenden Schritte zu Verhandlungen über einen eigenen Erzsitz *(de metropolitana sede)* allerdings erst nach Adalberts Tod im März 1072 eingeleitet haben (DD 1.2.11, 13; vgl. Breengaard 1982, S. 95 ff.), die dann indes auch wiederum erst ein Vierteljahrhundert später unter seinem zweitjüngsten Sohn Erich zum Erfolg führten: 1103/04 wurde das skandinavische Erzbistum Lund gegründet. Schleswig blieb, soweit erkennbar, an diesen Vorgängen (Seegrün 1967, S. 108 ff.; Skyum-Nielsen 1969; Nyberg 1979; Breengaard 1982, S. 162 ff.) unbeteiligt. In einer vermutlich in der päpstlichen Kanzlei in Rom entstandenen Liste der skandinavischen Bistümer, die vor der Erhebung Lunds zum Erzsitz angefertigt wurde, ist »Hethabia«/Schleswig neben den übrigen dänischen Bistümern aufgeführt (Palmqvist 1961, S. 37, 52 ff.).

3. Die Bischöfe des 10. und 11. Jahrhunderts

Die Träger der Mission und Leiter der Kirchenverwaltung im Bistum Schleswig des 10./11. Jahrhunderts werden bis auf wenige Ausnahmen nur in recht groben Konturen erkennbar. Schon der Hauptquelle, Adam von Bremen, waren in der zweiten Hälfte des 11. Jahrhunderts die Zusammenhänge nicht mehr eindeutig präsent (Adam II.26), und ein möglicherweise etwa gleichzeitig in Bremen (oder vielleicht auch in Schleswig) entstandener Bischofskatalog der Schleswiger Amtsträger, die »Series episcoporum Slesvicensium« (MGH SS 13, S. 349 f.; vgl. Bolin 1931, S. 9 ff.), steht in der Angabe der Amtszeiten zumeist allein und ist überdies nachweislich nicht fehlerfrei. Immerhin konnten nach eigenen neueren Untersuchungen, auf die sich die folgenden Angaben weitgehend stützen (Radtke 1984), wenigstens die Reihenfolge und die Amtsdaten der Bischöfe so gut wie sicher gemacht werden.

1. Horedus 948 nach Januar 2 / vor Juni 6 – [952] † April 21

Adams Angabe (II.4), nach der Hored von Erzbischof Adaldag in dessen 12. Amtsjahr geweiht wurde, läßt sich an den Akten des Ingelheimer Konzils vom Juni 948 bestätigen, in denen *Horedus Slevicensis* unter den Teilnehmern auftritt (MGH Const. I.6; May Nr. 106). Vermutlich wurde er zusammen mit Liafdag für Ribe und Reginbertus für Aarhus auf dem Konzil selbst geweiht (Fuhrmann 1964, S. 163 f.; Beumann 1972, S. 64). Das Ende seiner Amtszeit kann nicht genau festgestellt werden; 24 Jahre, wie es der Schleswiger Bischofskatalog angibt[33], wird sie jedenfalls nicht umfaßt haben. Es deutet manches darauf hin (vgl. bei Marco, S. 143 f.), daß in dieser Zahl auch die Amtszeit seines Nachfolgers enthalten ist, der das Bistum 20 Jahre geleitet haben soll, so daß sich für Horedus ein Todesjahr 952 errechnen ließe. Richtig ist dagegen das in der Series vermerkte Todesdatum 21. April, das mit Necrologeintragungen in Bremen[34] und Merseburg[35] übereinstimmt. Ob daraus auch auf seine Herkunft, etwa aus Merseburg oder Bremen, geschlossen werden kann, muß ganz unsicher bleiben.

Durch das Immunitätsprivileg des Kaisers wie auch durch die für kurz vorher erschlossene Taufe König Haralds wurden im Jahr 965 die dänische und damit gleichzeitig auch die Schleswiger Kirchenorganisation auf eine qualitativ entschieden verbesserte Stufe gestellt. Es kann nicht ganz ausgeschlossen werden, daß diese Neuorientierung auch durch einen Wechsel in der Schleswiger Bistumsleitung ausgelöst worden ist; ein Amtswechsel, von dem etwa die Chronik des fernen Bodenseeklosters Hirsau offenbar Kenntnis erhalten hätte, die für 965 einen von Kaiser Otto in Schleswig eingesetzten Bischof Egward verzeichnet (Scheel und Paulsen 1931, S. 198).

2. Marco [952] nach April 21 – [972] † November 11

Ein Bischof Marco ist – ohne Angabe seines Bistums – im 10. Jahrhundert gut belegt (Breßlau 1894; Beumann 1972, S. 60 f.; Petersohn 1979, S. 21). Als Vorsteher der Michaeliskirche in

Fallersleben erhielt der in hohem Ansehen Stehende *(vir venerabilis nomine Marco)* im Jahr 942 von König Otto I. eine Schenkung (DO I.50) und ist vor 973 als Donator von Kirchengut in Fallersleben an die Magdeburger Kirche nachweisbar[36]. Er war mithin vornehmer sächsischer Herkunft und stand in enger Verbindung zur Reichsspitze wie auch zur Magdeburger Kirche. Wenn sich für einen Schleswiger Bischof des 10. Jahrhunderts Indizien dafür finden lassen, daß er ottonische Reichsinteressen im Norden tatkräftig vertreten haben kann, dann ist es Marco. Vermutlich nicht von ungefähr fällt in die Daten seiner rekonstruierten Amtsperiode die Konversion König Haralds: Marco selbst oder einem seiner Kleriker, der in seinem Auftrag in seiner Diözese missionierte – möglicherweise dann einem Mann namens Poppo – wäre am ehesten der ideologische Druck zuzutrauen, der dem dänischen König den offiziellen Übertritt in die christliche Kultgemeinschaft unumgänglich und gleichzeitig lohnend erscheinen ließ. Wenn, wie angenommen, dieser Vorgang – Haralds »Taufe« – mit der Erstausstattung der Bistümer verbunden war[37], hätte Kaiser Otto in unserem zwar nicht beweisbaren, aber widerspruchsfreien und historisch plausiblen Rekonstruktionsversuch diese Eigenleistung des Königs umgehend mit der Befreiung der geistlichen Besitztümer in Dänemark von Abgaben an den kaiserlichen Fiskus honoriert.

Auch das Ende von Marcos Amtszeit kann nur erschlossen werden. Eindeutig gegen die Angaben in der Series[38] – die ihn an vierter Stelle nachweislich falsch einordnet – und ebenso eindeutig gegen Helmold (cap. 12), der ihn als den ersten Bischof von Oldenburg ansetzt (Petersohn 1983), spricht das meiste dafür, daß er Hored nachfolgte[39] und bei der Errichtung des Oldenburger Bistums schon nicht mehr im Amt war (Beumann 1972, S. 62). Die Errichtung des Oldenburger Bistums liegt mit Sicherheit zwischen 968 und 973 (Petersohn 1983) und kann mit H. Beumann (1972, S. 68) für 972 wahrscheinlich gemacht werden. Es spricht somit einiges dafür, daß Marcos Tod die Entlassung des obotritischen Missionssprengels aus der Schleswiger Obödianz ausgelöst und zur Verselbständigung eines eigenen Oldenburger Bischofssitzes geführt hat. Die Angaben in Helmolds Argumentation von etwa 1170, Schleswig sei nach dem Tode Bischof Marcos von Oldenburg aus gegründet und bis dahin von ihm mitverwaltet worden, wären somit schlicht zu tauschen.

Marcos Doppelfunktion hat offenbar bereits auch den Verfasser der Schleswiger Bischofsliste im 11. Jahrhundert (?) verwirrt, indem er ihn an unsicherer und überlieferungsarmer Zeit um die Jahrtausendwende in den Katalog interpolierte und seine Amtszeit von 20 Jahren der seines Vorgängers hinzurechnete. Horeds angeblich 24jährige Sedenz ließe sich in dem von uns erschlossenen Datengerüst dann in vier eigene und 20 Marco zugehörige Jahre trennen. Hält man der Bischofsliste zugute, daß sich mit Hilfe der von ihr für Marco angegebenen 20 Jahre – und nur mit diesem Hebel – das historisch einwandfrei gesicherte Todesjahr Bischof Ekkehards/Esicos für 1026 errechnen läßt (vgl. S. 145 f.), so ist ihr Quellenwert erheblich höher einzuschätzen als es bisher der Fall war (vgl. Petersohn 1979, S. 21 Anm. 14). In einer Argumentation, die vor diesem Hintergrund

 1. mit Marcos Stellung als Nachfolger Horeds
 2. mit Marcos Amtszeit von 20 Jahren

als historisch wenn auch nicht unumstößlich gesicherten, so doch widerspruchsfrei verfügbaren Daten rechnet, ließen sich auf diesem Wege für Hored eine Datenfolge von 948–952 und für Marco die Amtszeit 952–972 rekonstruieren.

Der Mangel an Evidenz historisch gesicherter Daten sollte in diesem Fall nicht als Evidenz des Mangels historisch erkennbarer Faktenzusammenhänge mißverstanden werden. Vor der Alternative des Verstummens wird methodologisch den begründeten Annäherungswerten der Vorzug gegeben.

Da die Schleswiger Bischofsliste auf einen alten Necrolog zurückgehen dürfte (Wigger 1877, S. 31 ff.; Bolin 1931, S. 20), verdient ihr für Marco angegebenes Todesdatum 11. November hinreichend Vertrauen, solange es nicht widerlegt ist.

3. Adaldagus [972] nach November 11 – [984] † Mai 4

Adaldags Stellung unter den Schleswiger Bischöfen beruht einzig auf der Angabe in der Bischofsliste, die ihn auf Hored folgen und 12 Jahre im Amt sein läßt[40]. Eine mögliche Identität beziehungsweise Verwechslung mit dem späteren Ripener Bischof Odinkar, der nach Adam (II.36) den Taufnamen Adaldag erhalten hat, ist nicht ganz auszuschließen, aber unwahrscheinlich. Trotz der unsicheren Überlieferung, die verschiedentlich zur Streichung seines Namens aus der Bischofsreihe geführt hat (Tessen-Wesierski 1895, S. 19 ff.; v. Schubert 1907, S. 64; Skovgaard 1949, S. 15), und die durch den bei Adam (II.26) ohne Angabe des Stiftes als von Adaldag († 988) geweihten *Adelbrect* nicht verbessert wird, ist während des verstärkten Reichseinflusses auf Schleswig/Haithabu in dem Jahrzehnt nach 974 (vgl. Schlesinger 1972) mit einem ortsansässigen Bischof unbedingt zu rechnen.

4. Folcbertus [984] nach Mai 4 – [991] † Dezember 14

Als Schleswiger Bischof nur in der Series bezeugt[41], wird er jedoch identisch sein mit dem nach Adam (II.26) von Erzbischof Adaldag († 988) für Dänemark geweihten *Folgbract*[42] (vgl. dagegen Tessen-Wesierski 1895, S. 19 f.; Breßlau 1894, S. 156 f.) und dem ohne Angabe des Bischofssitzes auf dem Reichstag in Wildeshausen am 18. März 988 auftretenden *Folgbertus episcopus* (MGH DO III.41), der vermutlich als *nuntius*[43] des greisen Erzbischofs Adaldag dort um die Bestätigung des kaiserlichen Privilegs von 965 nachsuchte (vgl. Uhrlirz 1954, S. 92 ff.). Folcbert selbst hat höchstwahrscheinlich an unbekanntem Ort fern seines Bischofssitzes residiert, da die auf das Ende der deutschen Oberherrschaft über Schleswig/Haithabu 983 (Thietmar III.24) folgenden Thron- und Glaubenskämpfe ein geordnetes kirchliches Leben am Bischofssitz unmöglich gemacht haben werden.

5. Poppo [991] nach Dezember 14 – [996] † Juli 19

Der historische Schleswiger Bischof Poppo ist streng zu trennen von dem Wundertäter Poppo, der vermutlich im Jahr 965 – wie wir meinen – König Harald mit einem Eisenordel zum Christentum bekehrt haben soll (Demidoff 1973). Eine Gleichsetzung der beiden auf der Grundlage von Adam (II.35), wie sie Tessen-Wesierski (1895, S. 41 ff.; vgl. Biereye 1909, S. 59 f.) versuchte, verbietet sich seit L. Dehio (I 1877, Krit. Ausf. III, S. 63 f.)[44]. Von Erzbischof Libentius I. (988–1013) in Erfüllung seines Missionsauftrages zum Bischof von Schleswig geweiht (Adam II.46), soll er als Abgesandter[45] des Kaisers und des Bischofs die politischen und kirchlichen Ansprüche des Reiches gegenüber dem dänischen König Erich vertreten haben, so referiert Adam (II.35) die ihm von König Sven übermittelte dänische Hoftradition. Poppo hielt sich folglich für gewöhnlich nicht an seinem Bischofssitz auf und wurde auch im Bremer St. Petersdom begraben[46] (Adam II.64). Seine in der Series[47] überlieferte Amtszeit von fünf Jahren führt in unserem Datengerüst in die Zeit zwischen 991 und 996 und läßt sich sowohl mit der Weihe durch Libentius als auch mit der Mission zu König Erich vereinbaren. Als sein Nachfolger wurde Ekkehard/Esico eingesetzt (Adam II.46; Schol. 44).

6. Ekkehardus/Esico [996] nach Juli 19 – † 1026 August 2

An der Hildesheimer Domschule aufgewachsen und erzogen[48] (zum folgenden vgl. Meier 1967, S. 374 f.), blieb Ekkehardus auch nach seiner Ernennung und Weihe durch Erzbischof Libentius (Adam II.46) zum Bischof von Schleswig Mitglied des Hildesheimer Domkapitels[49] und besaß dort zeitlebens ein Kanonikat[50]. Er stand bei dem berühmten Bischof Bernward von Hildesheim (993–1022) in hohem Ansehen[51] und übte auf zahlreichen Synoden und Kirchenweihen oft im Gefolge seines Bischofs oder an seiner Stelle bischöfliche Funktionen aus[52]. Seinen Amtssitz Schleswig hat er dabei höchstwahrscheinlich nie gesehen.

Ekkehard kehrte erst nach dem von Erzbischof Unwan von Hamburg-Bremen vermittelten politischen Ausgleich (Adam II.56) zwischen König Konrad II. und König Knud von Dänemark[53] nach Schleswig zurück, starb jedoch auf der Rückreise am 2. August 1026 an der Eider[54], ohne sein Bistum betreten zu haben.

Mit Ekkehards gut bezeugtem Todesjahr 1026 steht die alte Schleswiger Bischofsliste wieder auf chronologisch gesichertem Grund. Der vermeintlich unmotiviert in den Katalog plazierte Marco nimmt dabei eine Schlüsselstellung ein. Mit der für ihn überlieferten 20jährigen Amtsperiode – Horeds 24 Jahren ab- und Ekkehards 11 Jahren hinzugerechnet – mündet die Reihe in ihrem eigenen Rhythmus von Amtsinhabern und Amtszeiten nahezu exakt in Ekkehards historisch zweifelsfrei gesichertes Todesjahr 1026 ein. Marcos 20 Jahre sind also notwendiger Bestandteil der Systematik der Liste. Sie sollten deshalb als gewichtiger Beleg ihrer inneren Stimmigkeit und historischen Glaubwürdigkeit gewertet werden können (vgl. Bolin 1931).

7. Rodulfus 1026 nach August 2 – † 1045 November 4

Entgegen anderslautenden Angaben bei Adam (II.72) und anderen[55], ist Bischof Rodulf 1026 von Erzbischof Unwan geweiht worden und stammt aus der Kölner Geistlichkeit[56], deren mit König Knud gut bekannter Erzbischof Pilgrim Führer der clunyazensischen Reformbewegung war. 1027 September 14/25 nahm er mit Bischof Godehard von Hildesheim an einer Synode in Frankfurt teil[57]. Ohne Nennung seines Stiftes ist er doch mit großer Sicherheit identisch mit dem Bischof Rodulf, der zusammen mit König Heinrich III., den Erzbischöfen von Köln und Hamburg sowie einer Reihe von niederlothringischen Bischöfen 1040 Juni 5 an der Kirchweihe des Klosters Stablo teilnahm (MGH D H III.52; Steindorff I 1874, S. 87 f., Anl. I, S. 526). Abt Poppo von Stablo trat als einer der eifrigsten Verfechter der clunyazensischen Klosterreform hervor. Ende des Jahres 1040 (Dezember 29) war Rodulf, wiederum gemeinsam mit den Metropoliten von Mainz, Köln und Hamburg, bei der Weihe einer Kirche in Münster/Westfalen zugegen[58]. Zwei Jahre später, im Herbst 1042, befand er sich mit Thietmar von Hildesheim und Herzog Bernhard II. von Sachsen im Gefolge des Erzbischofs Bezelin Alebrand bei Verhandlungen mit König Magnus von Dänemark, die in Schleswig stattfanden (Adam II.79; May Nr. 213). Das von der Schleswiger Series[59] für (1045) November 4 angegebene Ende seiner Amtszeit kann nicht kontrolliert werden, hat aber alle Wahrscheinlichkeit für sich.

8. Ratolfus 1045 nach November 4 – (nach 1071 / vor 1085)

Die Daten von Bischof Ratolfs Amtszeit sind nicht genau zu ermitteln. Die Weihe wird, wie aus den Angaben der vermutlich gleichzeitig entstandenen Schleswiger Bischofsliste ebenso wie aus Adam von Bremen (III.77) hervorgeht, im Anschluß an seinen Vorgänger erfolgt sein. Ratolf stammt aus dem Kreis der Bremer Kanoniker (Adam IV.3), es muß deshalb als ausgeschlossen gelten, daß er mit dem noch 1061 als Mitglied des Bremer Domkapitels genannten Ratolfus identisch ist[60]. Daß der Schleswiger Bischofsstuhl etwa während der für die dänische Kirchenorganisation des mittleren 11. Jahrhunderts richtungsweisenden Verhandlungen zwischen Erzbischof Adalbert und König Sven Estridsen in Schleswig Ende des Jahres 1052 (Adam III.18; May Nr. 240) nicht besetzt gewesen sein sollte, erscheint ebenfalls undenkbar. Der Schleswiger Sprengel blieb bei der vermutlich um 1060 vorgenommenen Neueinteilung der dänischen Bistümer (Adam III.25; IV.2; May Nr. 260) anscheinend unversehrt erhalten. Inwieweit Bischof Ratolf an der Vorbereitung der für 1063 nach Schleswig einberufenen und dann am Widerstand einiger Bischöfe gescheiterten dänischen Provinzialsynode (Adam III.74; May 269 f.) beteiligt war, bleibt unbekannt. Verschiedene Indizien (vgl. S. 141 f.) lassen darauf schließen, daß er in den kirchenorganisatorischen Auseinandersetzungen des 11. Jahrhunderts auf der Seite des Hamburg-Bremer Erzbischofs stand und während seiner Amtszeit auch das kirchliche Leben in der Stadt Schleswig kräftig gefördert wurde, obwohl während seiner vermuteten Amtszeit seine Bischofsstadt in den Jahren 1050 vom norwegischen König Harald (Adam III.13) und 1066 von den Obodriten (Adam Schol. 81) zerstört worden ist. Nach seiner für 1071 bezeugten Teilnahme an der Weihe des Domes in Minden[61] ist Bischof Ratolf nicht mehr nachweisbar[62].

9. Siwardus 1085 Mai 21

Wenn Bischof Siwardus von Schleswig überhaupt identisch ist mit dem 1085 in der Schenkungsurkunde für die Lunder Domkirche ohne Angabe der Diözese als Zeuge auftretenden *episcopus Siwardus* (DD 1.2.21), so liegt damit der einzige Nachweis für ihn vor (Skyum-Nielsen 1971, S. 8)[63]. Er gilt als der erste gebürtige Däne auf dem Schleswiger Bischofsstuhl (Skovgaard 1949, S. 17).

10. Gunnerus (nach 1104?) – [nach 1121 / vor 1025] † April 23

Über Bischof Gunnerus liegen, bis auf die Verzeichnung seines Todestages (23. 4.) im Lunder Necrolog (Weibull 1923, S. 68) offenbar keine zeitgenössischen Zeugnisse vor. Schon der Schleswiger Kirchentradition des 16. Jahrhunderts[64] waren die sachlichen und chronikalischen Zusammenhänge nicht mehr vertraut. Zur chronologischen Fixierung mag deren einhellige Angabe stimmen, daß Gunner von Erzbischof Asker von Lund, das heißt frühestens nach der Errichtung des Lunder Erzstuhls 1103/1104, ordiniert worden ist[65]. Der Bischof starb vermutlich nach 1121[66] und vor 1125[67].

4. Ansätze zur Rekonstruktion einer kirchlichen Organisation in der Stadt Schleswig im 11. Jahrhundert

Verläßliche Aussagen über das kirchliche Leben und den Kirchenbau in der Stadt Schleswig des 11. Jahrhunderts sind beim gegenwärtigen stadtgeschichtlichen Forschungsstand erst in geringem Umfang zu treffen. (Die Kirchen des 9. und 10. Jahrhunderts bleiben hier außerhalb der Betrachtung.) Die Untersuchung von Zuständen des 11. Jahrhunderts erscheint auch deshalb lohnend, da in methodisch rückschreitender Betrachtung die neuzeitlich gesicherten Kirchenbauten in Ortskontinuität über das späte Mittelalter bis in das späte 12. Jahrhundert verfolgt und zumindest einer dieser Bauten durch archäologische Untersuchungsergebnisse auch in das 11. Jahrhundert datiert werden kann. Diesem Verfahren kommt der Umstand entgegen, daß der historisch belegbare Zusammenbruch einer geordneten Kirchenorganisation in Schleswig/Haithabu am Ende des 10. Jahrhunderts mit einer politischen und wirtschaftlichen Schwächephase in der Siedlung synchron verlief, die, unter bisher unbekannten Einzelschritten, zur Verlagerung von Siedlungsschwerpunkten vom Süd- auf das Nordufer der Schlei geführt haben wird, und daß der organisatorische Neuansatz der kirchlichen Kultur, der für 1026 angesetzt werden kann, seinen Schwerpunkt nach übereinstimmender Auffassung der neueren Forschung (Schlesinger 1972; Stoob 1975) auf dem Nordufer der Schlei im Bereich der heutigen Stadt Schleswig besaß. Für eine Zeitlang ist nach diesem Vorstellungsmodell, das einer archäologischen Verifizierung indes erst noch bedarf, mit einer beide Schleiufer einbegreifenden Doppelsiedlung zu rechnen.

Es muß beim gegenwärtigen Forschungsstand unter der oben genannten Prämisse als sicher angenommen werden, daß der aus dem Kölner Klerus stammende und von Erzbischof Unwan für Schleswig 1026 eingesetzte Bischof Rodulf in Schleswig residiert hat und zu seiner Zeit mit dem Bau einer Kathedralkirche in der Stadt begonnen wurde. In Anbetracht der offenbar engen Verbindung des Bischofs zu König Knud dürfte dieses Bauwerk in Zuschnitt und Ausstattung in einem angemessenen Verhältnis zum herrschaftlichen Rang seines königlichen Bauherrn gestanden haben; ob aus Holz oder Stein, kann ohne archäologischen Nachweis nicht entschieden werden.

Nach der späten Nachricht Saxos (S. 299 f.) soll auf König Knud eine Reihe von christlichen Kultstätten *(cellas et sacraria)* im Lande zurückgehen. Seine besondere Aufmerksamkeit galt der zentralen Marktstätte Lund in Schonen, wo er offenbar auch den Kirchenbau kräftig förderte (Blomqvist 1974; Mårtensson 1976, 1981). Als die älteste überlieferte Steinkirche Skandinaviens gilt die nach 1026 von Knuds Tochter Estrid um 1030/40 an Stelle eines hölzernen Vorgängerbaus errichtete Trinitatiskirche in Roskilde[68] (vgl. Krins 1968, S. 50 f.). Gleichzeitig (um 1040) wird, mit starken englischen Stileinflüssen, eine steinerne (Clemens-)Kirche auf dem Jørgensbjerg vor Roskilde gebaut (Olsen 1960).

Der Schleswiger Geschichtsschreibung des 16. und 17. Jahrhunderts (Helduader 1603, cap. 7; Petersen † 1735, S. 384) war die Datierung des Schleswiger Doms in die Zeit König Knuds des Großen durchaus geläufig. Verläßliche schriftliche oder archäologische Quellen fehlen bisher indes vollständig. Nach D. Ellger (1966, S. 28) hat sich noch A. Kamphausen (1955) in der Bewertung seiner Ausgrabungsergebnisse im Domchor 1954 von dieser historisch ungesicherten Ansicht leiten lassen, als er die bei baugeschichtlichen Untersuchungen aufgedeckten Fundament- und Bodenreste in den Anfang des 11. Jahrhunderts legte; nach einer kritischen neuerlichen Beurteilung der Befunde und ihrer Dokumentation sind sie eher dem Granitquader-Tuff-Bau des 12. Jahrhunderts zuzuordnen (Olsen 1960, S. 30 f. Anm. 43; Ellger 1966, S. 92 ff., 192 ff.). Der Baubeginn am St. Petridom wird seitdem bis heute unbestritten (vgl. Norn 1982, S. 10) in einen Zeitraum 1120/1160 gelegt. Damit erhebt sich erneut die dringende Frage nach dem kirchengeschichtlich zwingend erschlossenen Vorgängerbau des 11. Jahrhunderts.

Die Frage, ob auf Bischof Rodulf neben dem Bau seiner Kirche auch die Gründung des Benediktinerklosters St. Michael zurückgeht, ist aufgrund seiner Herkunft und offenbar engen Verbindung zu den führenden Kreisen der kluniazensischen Kirchenreform diskutiert worden[69] (Olrik 1892, S. 56 ff.; Seegrün 1967, S. 64 f.; Eilermann 1979, S. 457), bleibt nach dem archäologischen Befund (Vellev 1973) jedoch so gut wie ausgeschlossen.

Gelegenheit nicht nur, sondern zwingende Notwendigkeit, seine Kirche vor den Trägern höchster geistlicher und weltlicher Würden in einem angemessen repräsentativen Zustand vorzuführen, war dem Bischof, soweit die schriftliche Überlieferung davon Notiz nahm, im 11. Jahrhundert dreimal geboten. Als sein geistlicher Vorgesetzter, der Hamburg-Bremer Erzbischof Bezelin Alebrand, sich im Herbst 1042 zu politischen Verhandlungen mit König Magnus in Schleswig aufhielt (Adam II.79) – Verhandlungen, deren erfolgreicher Abschluß mit einer Staatshochzeit besiegelt wurde – muß dieser Schleswiger Dom zu wesentlichen Teilen vollendet oder doch funktionstüchtig gewesen sein. Bischof Rodulf nahm an dieser Konferenz teil und wird bei dem Trauzeremoniell – wo anders als in seinem Dom? – assistiert haben. Nur in Form einer Vermutung soll zu bedenken gegeben werden, ob nicht zu diesem Anlaß bei der Anwesenheit des Erzbischofs, des Königs und zweier weiterer Bischöfe der Kirchenbau geweiht worden sein kann (vgl. Benz 1975).

Unter König Sven Estridsen (1047–1074) hat sich das kirchliche Leben in Dänemark beträchtlich ausgeweitet. Nach Adam (IV.7) soll es zu jener Zeit in Schonen 300, auf Seeland und Fünen je 150 und 100 Kirchen gegeben haben. Jütland, dessen Zahlen hier nicht mitgeteilt werden, war kirchlich nicht nur vor allen anderen dänischen Landschaften, sondern sicher auch am intensivsten erschlossen und unter vier Bistümer aufgeteilt worden. Vermutlich stammen zumindestens einige der dort, und darunter auch im Bistum Schleswig, identifizierten Holzkirchen (Hinz 1981; Ahrens 1982, S. 571 ff.) aus dieser Ausbauperiode. Die Stadt Schleswig, das Aushängeschild seines Reiches gegenüber dem mächtigen südlichen Nachbarn, kann der König dabei nicht übergangen, sondern wird es im Gegenteil besonders kräftig gefördert haben – wenn sich das Schwergewicht der dänischen Königsmacht nach der Jahrtausendwende von Jütland auch zunehmend nach Ostdänemark, insbesondere nach Roskilde und Lund, verlagert hatte (Adam IV.5). Nach dem Friedensschluß mit Norwegen (1064) blieb das deutsche Reich Dänemarks einziges wichtiges außenpolitisches Problem. Den südlichen Reichsteilen mit seinen Befestigungsanlagen, insbesondere aber der »Grenzstadt« Schleswig, mußte daher weiterhin die größte Aufmerksamkeit gelten, und der König war hier präsent, sobald sich von Süden aus Gefahr zeigte (z. B. 1085: Aelnoth, S. 99). Das beherrschende Thema gegenüber dem ottonisch-salischen Reich bestand dabei in den unterschiedlichen Zielvorstellungen über die kirchenpolitische Organisation in Dänemark (vgl. S. 140 ff.). Die Kirchenpolitik ist deshalb einer der Hauptschlüssel zum Verständnis des deutsch-dänischen Verhältnisses im 11. Jahrhundert. Seitdem Kaiser Otto die dänischen Bistümer 965 aus seiner direkten Aufsicht entlassen hatte und nach dem Verlust direkter politischer Einflußmöglichkeiten (983/1025), lag die Wahrnehmung der Reichsinteressen im Norden allein beim Bremer Erzstift.

Zwei große Konferenzen sollten darüber Klarheit schaffen. Als Tagungsort war beidesmal der Platz ausersehen, an dem sich die Kraftlinien gleichsam überschnitten: Schleswig. Diese besondere Stellung der Stadt seit dem mittleren 11. Jahrhundert muß sich auch im Kirchenbau niedergeschlagen haben[70]. Für die Königs- und Bischofsstadt Schleswig ist deshalb ein der kirchenorganisatorischen Bedeutung der Stadt angemessener, ansehnlicher, vermutlich nicht mehr hölzerner Kathedralbau anzusetzen. Auch die für das 12. Jahrhundert belegte Clemenskirche (SHRU I. 199) mit ihrem genuin dänischen Patrozinium (Cinthio 1968) und ein erster Sakralbau St. Michaelis[71] könnten in diese Zeit passen.

Die Konferenz von 1052, bei der »der allerchristlichste König Sven der Große«[72] den Erzbischof mit der Demonstration aller ihm verfügbarer Prachtmittel *(divitiae)* – die sich nach Lage der Dinge auch auf den Bau und die Ausstattung von Kirchen beziehen lassen – zu beeindrucken suchte (Adam III.18), ebenso wie das für 1063 nach Schleswig einberufene gesamtnordische Metropolitankonzil sind selbstverständlich nur mit einer denkbar ansehnlichen Bischofskirche vorstellbar und setzen durch die dabei obligaten *adventus*-Zeremonien und Prozessionen (Dotzauer 1973; Kölzer 1980) eine verhältnismäßig weit entwickelte Sakralkultur in der Stadt voraus – auch ohne daß die zeitgenössische Überlieferung überhaupt davon sprechen mußte beziehungsweise uns Nachrichten darüber nur in gleichsam gebrochenem Ton erreicht haben: Svens Biograph Aelnoth berichtet, daß der König sowohl eine Anzahl bereits vorhandener Kirchen weiterbauen als auch dort, wo noch keine vorhanden waren, Neubauten errichten ließ[73]. Für die »Neugründung« Lund etwa ist das für die Zeit seit Knud dem Großen und besonders um die Mitte des 11. Jahrhunderts mit fünf Kirchen inzwischen baugeschichtlich und archäologisch eindrucksvoll belegt (Cinthio 1960; Blomqvist 1974; Mårtensson 1976, 1982; Andrén 1980; Hauglid 1981). Für das damals bereits traditionsreiche Schleswig muß es erst recht gelten, auch wenn archäologische Nachweise bislang rar sind.

Der heutige Wissensstand über den frühen Kirchenbau in den skandinavischen Städten, für unseren Zusammenhang insbesondere in den dänischen Städten Lund, Roskilde und Odense, ermuntert und berechtigt zu Rückschlüssen auf das gleichzeitige Schleswig, das den genannten Siedlungsplätzen in einer Reihe von Vergleichskriterien gleichkam oder sie noch übertraf (vgl. Randsborg 1980, S. 78 f.). Das gilt insbesondere im Blick auf die in der Hafenanlage (Vogel 1983) dokumentierte Wirtschaftskraft, die als eine der Voraussetzungen für umfangreiche Bautätigkeiten auch an Kirchen angesehen werden muß. Die für die Anlage von Gemeinschaftsbauten erforderliche Bau- und Handwerksorganisation kann damit in der Stadt als gesichert gelten. Auch Schleswigs Funktion als Ort häufiger Königsaufenthalte und Standort einer Königspfalz (Radtke 1977) kann in dieser Richtung ausgewertet werden. Mit anderen Worten: die bisher bekannten fünf Kirchen in Lund: Maria Minor, St. Drotten, St. Stefan aus Holz (Ahrens 1982, S. 602 f.), St. Clemens und St. Laurentius noch im 11. Jahrhundert aus Stein (Andrén 1980, S. 59 ff.); die vier steinernen Kirchen in Roskilde: die Kathedrale St. Trinitatis und Lucius, St. Clemens und die Frauenkirche (Krins 1968, S. 46 ff.) sowie die Rundkirche Alle Helgen (Danmarks Kirker III. 4, S. 2160 ff.); St. Michael, St. Alban und St. Knut in Odense (Nyberg in Thrane, Nyberg u. a. 1982, S. 131 ff.,

142 ff., 156 ff.) lassen für die »civitas« und den »locus celeberrimus« Schleswig (Aelnoth, S. 68, 99) wenigstens in der zweiten Hälfte des 11. Jahrhunderts eine Kirchenlandschaft erwarten, die einen mit Lund, Roskilde und Odense zumindest vergleichbaren Differenzierungsgrad aufwies. Es steht darüber hinaus zu vermuten, daß sich Schleswigs größere Nähe und seine erkennbaren Kontakte zu den wirtschaftlichen und kirchlichen Zentren des festländischen Kontinents (vgl. Radtke 1981) auch im Blick auf die Erfordernisse einer sakralen Durchstrukturierung der Siedlung förderlich auswirkten.

In dem hölzernen Vorgängerbau der Nikolaikirche liegt zweifellos ein Sakralbau der 1060/1070er Jahre vor (Vogel 1971), dessen Funktion als Domkirche auf patroziniengeschichtlicher Grundlage wohl einmal erwogen wurde (Radtke 1975), jedoch unentschieden blieb; ihrer funktionalen Zuordnung zu einem gleichzeitigen, auf das benachbarte Hafenufer bezogenen Siedlungsteil kommt heute eine größere Wahrscheinlichkeit zu.

Ebenfalls vorerst nur im Rang einer Hypothese können Vermutungen stehen, die sich mit einem kürzlich ausgegrabenen, steinernen Sakralbau mit umgebendem Friedhof auf dem Rathausmarkt (Vogel 1983, S. 33 f.; Lüdtke 1984) verbinden lassen. Wenn diese Kirche, wie archäologisch sicher zu sein scheint, in die Zeit vor 1080 zurückreicht und ihr auch bereits das Trinitatispatrozinium eignete (Cinthio 1969, S. 165), wie es für einen eng benachbarten Sakralbau spätmittelalterlich gut belegt ist (Petersen 1960), so steht dieser Steinbau, insbesondere aufgrund seiner herausgehobenen Stellung innerhalb der gleichzeitigen siedlungs- und sakraltopographischen Organisation des Stadthügels (Vogel 1983) und gleichsam im Schutz und Bannkreis des nahen Pfalzbereiches gelegen (vgl. Radtke 1977, Abb. 1), stark im Verdacht der gesuchten Bischofskirche des 11. Jahrhunderts[74]. Eine Bischofskirche mit Pfarrfunktionen (Trinitatis I) im vermuteten topographischen Zentrum in der Nähe des Königshofes, eine auf das wirtschaftliche Zentrum am Hafenufer bezogene Kirche (St. »Nikolai« I), die den himmlischen Schutz über der Stadt symbolisierende Rundkirche St. Michaelis I auf dem Berge vor der Stadt sowie eine an der nördlichen Zufahrtsstraße vermutete Clemenskirche könnten nach unseren Überlegungen als der Bestand an Sakralbauten zur Kultorganisation im Schleswig des 11. Jahrhunderts infrage kommen.

In einem Fall sicher, im anderen vermutungsweise für die Kultstruktur im Schleswig des 11. Jahrhunderts auswertbar sind zwei weitere, ganz unterschiedliche Zeugnisse. Beide stellen die Stadt noch einmal schlaglichtartig auch in die überregionalen Bezüge der Zeit.

Adam von Bremen (III.49; Schol. 79) berichtet bei der Schilderung des Slawenaufstandes von 1066 auch vom Märtyrertod des Mönches Answerus und seiner Schar bei Ratzeburg. Sein Tod – er soll wie der altchristliche Märtyrer Stephanus gesteinigt worden sein – wird schon vom Zeitgenossen Adam legendenhaft überzeichnet. Durch seine Gleichsetzung mit Stephanus hat die Bremer Kirche den neuen Märtyrer sogleich in die eigene, noch junge Stephanus-Kulttradition (Adam III.9) einverleibt.

Nach der »apokryphen« (Petersohn 1979, S. 34), in der ersten Hälfe des 14. Jahrhunderts aufgezeichneten »Passio s. Answeri«, deren erster, historischer Teil nach inneren Kriterien jedoch bereits aus der 2. Hälfte des 12. Jahrhunderts stammen (Hellwig 1888, S. 77; Textabdruck S. 86 ff.) und dann möglicherweise für den von der Hamburg-Bremer Kirche betriebenen Kanonisierungsprozeß gefertigt worden sein könnte, soll Answerus aus adliger Schleswiger Familie stammen, sein Vater Oswald Grenzkommandant im Danewerkbezirk gewesen und sein Bruder auf einem Beutezug umgekommen sein. Seine Mutter Agneta habe ein vorbildlich frommes Leben geführt. Gegen den Willen der Eltern habe der fünfzehnjährige Knabe sich dem Studium geistlicher Bücher und dem Dienst an Gott verschrieben und habe sich zur Erfüllung seines gottgeweihten Lebens unter einem Vorwand in das St. Georgskloster bei Ratzeburg begeben, wo er später Abt geworden und an einem 15. Juli »um das Jahr 1100 oder früher« zusammen mit 28 Mitmönchen gesteinigt worden sein soll.

Historisch vertretbar dürfte darin die Aussage sein, daß man sich in dieser Form im 12. (beziehungsweise bei sehr strengen Kriterien im 14.) Jahrhundert den Beginn einer geistlichen Karriere eines Märtyrers in Schleswig vorstellte. Der »heilsame Rat des mächtigen und barmherzigen Gottes«, der den Halbwüchsigen zur Erfüllung seiner Sehnsucht aus dem Elternhaus trieb, muß ihm in einer Schleswiger sakralen Organisation vermittelt worden sein, die ihm auch Gelegenheit zum Studium frommer Bücher bot. Als ein solcher Platz kommt am ehesten ein Domkloster infrage. Der konvertierte Schleswiger Pastor Johann Adolph Cypräus (1634, S. 118 f.), der die in Schleswig offenbar sehr lebendige spätmittelalterliche Answerus-Tradition aufschrieb[75], führte als den geistlichen Berater Answers, der ihn auch nach Ratzeburg geschickt habe, den Schleswiger Bischof Rudolph[76] ein.

Wie immer man einen möglichen historischen Kern in dieser Vita beurteilt, sie scheint in ihren quellenkritisch unverdächtigen Passagen ein überaus lebendiges geistliches Klima im Schleswig des mittleren 11. Jahrhunderts anzuzeigen, das wir zur Zeit Bischof Ratolfs auch aus anderen Quellen meinten erschließen zu können (vgl. Anm. 62). Möglicherweise ließe sich darüber hinaus in dem geistlichen Kontakt Schleswig-Ratzeburg ein Reflex der politischen und dynastischen Verbindung König Sven Estridsens mit dem Obotritenfürsten Gottschalk erkennen, der bis 1043 in Svens Diensten stand, danach in Alt-Lübeck und in der Mecklenburg residierte (Lammers 1972) und zur Festigung des politischen Bundes mit Svens Tochter Sigrid verheiratet war (Adam III.19, 51).

Ebenfalls in das 11. Jahrhundert weisen zwei Runeninschriften aus der Stadt mit den christlichen Fürbittformeln »Christ helfe...« (vgl. Moltke 1976, S. 195 f.). Der Domrunenstein, Ende des 19. Jahrhunderts in sekundärer Lage aus dem Fundament des nördlichen Treppenturms am Domchor geborgen (Ellger 1966, S. 92), wurde nach runologisch gesicherten Kriterien Mitte des 11. Jahrhunderts von einem schwedischen Runenmeister zum Gedächtnis für einen in »Skia« in England begrabenen Mann – offenbar doch einen Schleswiger – errichtet[77]. Schweden und England bildeten die Achsen der politischen Aktivitäten König Sven Estridsens; war Schweden seine Machtbasis und sein Rückzugsgebiet in den Kämpfen mit König Harald von Norwegen um die Macht in Dänemark, so richtete sich vor seinem Tode sein Herrschaftsinteresse – in mehreren vergeblichen Anläufen – auf die Rückgewinnung Englands (Hoffmann 1972). Beides könnte auf diesem Stein zum Ausdruck kommen.

Der Schleswiger »Spazierstock« mit der Inschrift »Christ helfe Sven Harfenspieler« ist ein Bodenfund (Moltke 1975) und stammt vermutlich ebenfalls noch aus dem 11. Jahrhundert (Moltke 1976, S. 386 f.). Er dürfte einem umherziehenden Wandermusiker gehört haben. Beide Inschriften geben auf ganz unterschiedliche Weise einen lebendigen Eindruck von einer Zeit, in der die Anrufung des Christengottes für Tote wie für die Lebenden zu den gebräuchlichen Heilsformen gehörte.

★

Nach einem Zeitraum von etwa 150 Jahren, an dessen Anfang landfremde und von fremden Mächten gestützte Kirchenführer eingesetzt waren und sich der König des Landes von der Heilskraft des Christengottes nach zeitgenössischem Urteil durch einen Wundertäter überzeugen lassen mußte, sich dann staatlich und kirchlich in unterschiedlich schwierigen Prozessen von der Herrschaft des deutschen Reiches löste und schließlich eine eigene Kirchenorganisation in seinem Reich aufbaute, hatten christliche Kultformen um 1100 alle Ebenen des gesellschaftlichen Lebens in der Stadt durchdrungen und gehörten zum selbstverständlichen Vokabular auch bereits der Spielleute. Die »Einkirchung«, das Ziel sakral bestimmter Raumbildung (Petersohn 1979, S. 4), war abgeschlossen. Als Bindeglied zwischen den deutschen und den dänischen Reichsgebieten – gleichzeitig nördlicher Exponent deutscher Herrschaftsinteressen und südlicher Mittelpunkt der dänischen »Reichssammlung« – kommt dem Bistum und der Bischofsstadt Schleswig dabei eine erhebliche Bedeutung zu.

Anmerkungen

1. Der Text des Schreibens bei J. A. Cypräus (1634, S. 423 ff.). Sein Kernsatz lautet: »Slesvicum semper subfuit superioritati Daniae tam in temporalibus quam spiritualibus« (S. 424).
2. Krantzius ist im Verlauf seiner diplomatischen Tätigkeiten auch in Gottorf gewesen. Seine Dänische Geschichte (Dania) erschien zusammen mit der »Suecia« und »Norvagia« als »Chronica regnorum aquilonarium« erst posthum 1545–1546 (Stoob 1982, S. 87 f., 98) und konnte von Ahlefeld folglich noch nicht benutzt werden. Daneben stand ihm mit Sicherheit jedoch auch das bischöfliche und das herzogliche Archiv zur Verfügung.
3. In den Grundzügen stellt er folgenden Ablauf der Ereignisse auf: Als Kaiser Heinrich das seinem Reich zugehörige Holstein unter seine Herrschaft zurückgebracht hatte, zog er nach Dänemark und setzte in Schleswig einen Markgrafen ein. Nach dem Tod des Kaisers ging die Markgrafschaft unter. Heinrichs Sohn Otto der Große fiel zur Verbreitung des christlichen Glaubens auch in Dänemark ein, verzichtete jedoch auf die Wiedererrichtung der Markgrafschaft, damit in Schleswig ein Bistum errichtet werden konnte, gleichzeitig mit Ripen. Seitdem war Schleswig weltlich und geistlich der dänischen Herrschaft zugehörig.
4. Zwei frühere Missionsansätze legten die Grundlage: »Um 700« (Seegrün 1967, S. 16) traf der aus England stammende, mit päpstlicher Vollmacht und im Auftrage Pippins in Friesland missionierende Erzbischof Willibrord mit dem dänischen König Ongendus zusammen, ohne daß daraus ein erkennbarer Missionserfolg erwachsen wäre. Im Auftrag des Kaisers Ludwigs des Frommen, und als päpstlicher Missonslegat unternahm Erzbischof Ebo von Reims im Sommer 823 eine Missionsreise nach Dänemark.
5. Da diese Vorgänge außerhalb unserer Betrachtung bleiben, sei hier nur auf L. Musset (1967), O. Scheel (1931) und die Stichworte »Ansgar« und »Bekehrung IV. Der Norden« im Reallexikon der Germanischen Altertumskunde (Bd. 1, S. 346 ff. und Bd. 2, S. 193 ff.) verwiesen.
6. *(Gormo) ut priscum delubris cultum restitueret, templum in fundo Slesuicensis a religiosis conditum... ab imis fundamentorum partibus demolitus est* (Saxo, S. 226). – Aus der Zerstörung der »Fundamente« sollte nicht auf eine Steinkirche geschlossen werden.
7. Widukind I.40; Thietmar I.17; vgl. Schlesinger 1972, S. 80 ff.; Skovgaard-Petersen 1978, S. 170 ff. Die Frage der umstrittenen Schwedenherrschaft in Haithabu wurde neuerdings von N. Lund (1980) stark verunsichert; vgl. auch den zustimmenden Beitrag von E. Hoffmann in diesem Bd. S. 105 ff. Da kirchengeschichtliche Zusammenhänge davon allenfalls sekundär berührt werden, kann sie hier unentschieden bleiben.
8. MGH LL IV. Constitutiones I, hg. v. L. Weiland, Hannover 1893, S. 13 f.
9. Nach dem Besuch bei Kaiser Otto in Merseburg gelangte der nordspanische Kaufmann und Diplomat At-Tartuschi auf seiner Reise durch die Zentren des Reiches und der slawischen Länder im Jahre 965 auch nach Schleswig/Haithabu (Warnke 1965). »... außer einer kleinen Anzahl, welche Christen sind, die dort eine Kirche besitzen«, sollen die Bewohner heidnischen Kulten angehangen haben. – Wenn die arabischen Geographen des Mittelalters aus religiös-politischen Gründen auch dazu tendierten, die nichtmohammedanischen Völker als barbarisch und gefährlich zu beschreiben (Birkeland 1954), erscheint dieser Teil in At-Tartuschis Haithabu-Bericht eher unverdächtig.
10. Ruotgori Vita Brunonis archiepiscopi Coloniensis, hg. v. G. H. Pertz, MGH SS rer. Germ. 52, 1841, cap. 40: *eo tempore* (während der Amtszeit Bruns 953–965) *rex eorum Haraldus cum magna suae multitudine gentis regi regum Christo colla summitatens vanitatem respuit idolarum.*
10a. Das mittelalterliche Verständnis kannte bis zum 12. Jahrhundert nicht den »Einzelnen«, das »Individuum« (Schmidt 1967), sondern handelte aus einer »korporativen Bewußtseinslage« (Angenendt 1973, S. 168). Haralds Taufe war deshalb folgerichtig Grundlage für seine Aussage auf dem großen Jellingstein, er habe Dänemark zum Christentum bekehrt (Skovgaard-Petersen 1978, S. 164 ff.).
11. St. Bolin (1931 b), H. Windmann (1954) und W. Schlesinger (1972) etwa halten eine deutsche Vorherrschaft in einem Bereich um Schleswig/Haithabu *(marca)* ebenso wie im Bereich der Jelling-Dynastie *(regnum Danorum)* für erwiesen. W. Biereye (1909), A. Christensen (1977, S. 123 ff.), I. Skovgaard-Pedersen (1978, S. 173 ff.) und zuletzt K. Randsborg (1980, S. 22) betonen eine dänische Souveränität; vgl. auch den Beitrag von E. Hoffmann, in diesem Bd. S. 105 ff.
12. Vielmehr wird sich dort von Beginn an stark englischer Einfluß geltend gemacht haben (vgl. Thrane, Nyberg u. a. 1982, S. 118).
13. Das Agapet-Privileg von Anfang 948 für Hamburg zählt zur Kirchenprovinz die *episcopi Danorum siue Suenorum nec non omnium septentrionalium partium* (Curschmann 1909, Nr. 17) und schließt damit eine Zugehörigkeit Wagriens zum Missionsgebiet des Schleswiger Bischofs für diesen Zeitpunkt aus, läßt jedoch für die Zukunft. Tatsächlich wurde das 968/973 gegründete Bistum Oldenburg dann der Hamburg-Bremer Kirche unterstellt (Beumann 1972).
14. Zu einer damit erkennbaren ursprünglichen Zweiteilung Jütlands vgl. zuletzt T. Nyberg (1982, S. 22 f. mit weiterer Lit.).
15. Zu Jelling als dem Zentrum einer reichsumfassenden, durch Burgen und Städte geprägten Landeseinteilung vgl. K. Randsborg (1980, S. 75 ff., Abb. 20) und E. Roesdahl (1980, S. 194 ff.).
16. *Poppo... de regno Danorum seu pace Christianorum cesaris partes expostulans* (Adam II.35). Die folgende Wundergeschichte beruht auf einem Mißverständnis des Autors.
17. *Termini episcopatus mei barbarica sunt feritate depopulati, civitas deserta, ecclesia desolata; sedem non habeo* (Vita Bernwardi, S. 766). Vorwürfe und Entgegnungen sind auch vor dem Hintergrund der kirchenrechtlichen Auseinandersetzungen im Reich und insbesondere zwischen dem Mainzer Erzbischof und dem Hildesheimer Bischof Bernward zu bewerten, als dessen Vertreter Ekkehard auftrat (Uhlirz 1954, S. 349 f.). – Eine von dieser Fassung abweichende Antwort setzt auf die Unterstützung des Kaisers und der Mitbischöfe bei der Rückgewinnung des Bistums: *respondit, se ecclesiam suam barbarica grassatione vastatam non posse nisi cum imperatoris suoque et coepiscoporum auxilio adire* (Vita Godehardi episcopi prior, S. 183).
18. Wenn die beiden Runensteine, die unfern des Halbkreiswalles von Haithabu für die beiden Gefolgsleute des Königs Sven, Skarthe und Erik, gesetzt wurden, als Reflex dieser Vorgänge zu verstehen sind (Ruprecht 1958, S. 127 f.), dann hatten diese Kämpfe vermutlich gutteils auch Schleswig/Haithabu zum Gegenstand.

19. Knud nennt sich in einem Schreiben von seiner Romreise 1027 an Klerus, Fürsten und Volk in England »*rex totius Anglie et Denemarchie et Norreganorum et partis Suanorum*« (Liebermann I 1903, S. 276 f.). Nach dem Schreiben sollen u. a. Pilgerreisen nach Rom wesentlich erleichtert werden.
20. Sven Aggesens Nachricht (S. 124), Bischof Rodulf von Schleswig stamme aus England und sei von König Knud eingesetzt worden, ist zwar sachlich falsch (vgl. S. 146), kann jedoch auf seine vertraute Stellung beim König zurückgehen.
21. Vgl. W. Seegrün (1967, S. 56 ff.). Bald später erhielt Papst Leo IX. († 1054) von König Sven Estridsen einen Papagei zum Geschenk, der den Papst in Rom als *papa Leo* titulierte (Assmann 1954, S. 287).
22. *De multis rebus ecclesiasticis ibi disponitur, de pace christianorum, de conversione paganorum ibi consulitur* (Adam III.18).
23. Zuletzt mit ausführlicher Interpretation bei C. Breengaard (1982, S. 85 ff.) behandelt.
24. Hermann von Reichenau, Chronicon, MGH SS 5, S. 132.
25. Wenn auch C. Breengaards (1982, S. 82 ff.) Auffassung von »Adalberts kirkepolitiske dominans i forhold til Sven« (S. 87) nicht in dieser Ausschließlichkeit zu folgen sein wird – beispielsweise nicht in der Annahme, beim Schleswiger Treffen 1052 habe die Bedrohung durch König Harald von Norwegen im Mittelpunkt der Verhandlungen gestanden (S. 88) – so ist sein Ansatz, die dänische Kirchenpolitik der Zeit als Reflex des Verhältnisses zwischen dem Reich, dem Hamburg-Bremer Erzsitz und der Kurie in Rom zu begreifen, unbedingt weiterführend. Darüber hinaus findet sich dort die wichtigste Literatur gründlich und kritisch aufgearbeitet.
26. Die literarische Bildung des Königs und sein umfangreiches historisches Wissen werden in den Quellen übereinstimmend betont (*scientia litterarum eruditus* – Adam III.54; *peritia litterarum* – DD 1.2.11).
27. A. Trommer (1957, S. 209, 234 f.) hält eine Datierung in die Zeit um 1063–1066 für wahrscheinlicher; neuere Arbeiten (Christensen 1977, S. 229 f.; Breengaard 1982, S. 88) sind ihm darin nicht gefolgt.
28. Die »multitudo episcoporum« bildet eine der wichtigsten Voraussetzungen in den Falschen Dekretalen, mit denen Adalbert seinen Patriarchatsplan kirchenrechtlich begründen mußte (Fuhrmann 1955, S. 153).
29. Mit W. Biereye (1917, S. 400 ff.) eher in Bardowick.
30. Die Datierung ist nicht gesichert und wird auf 1062 und 1065 gelegt (vgl. Fuhrmann 1955, S. 162 Anm. 203), aber auch auf 1063 (von Schubert 1907, S. 91; May Nr. 317; Seegrün 1967, S. 74; Schlesinger 1972, S. 73) und in das Ende der 1060er Jahre (Breengaard 1982, S. 93). Ein Datum in der Nähe des Amtsantritts Papst Alexanders II. (1061), das Adalbert gleichzeitig nach der Rückgewinnung der Vormundschaft über den unmündigen König Heinrich IV. auf dem Reichstag in Allstedt im Juni 1063 (May Nr. 271; vgl. Lammers 1972, S. 176; Jordan 1982, S. 22 f.) den Blick wieder auf die angestrebte Ordnung der nordischen Kirche richten ließ, erweckt meines Erachtens am wenigsten Einwände (vgl. jedoch Breengaard 1982, S. 90 ff.). – Die Tagung setzt die Neuorganisation der Bistumseinteilung in Dänemark voraus. Erfolgte diese mit A. Trommer (1957, S. 234 f.) und T. Nyberg (Thrane, Nyberg u. a. 1982, S. 141) erst nach dem Friedensschluß mit Norwegen in der Mitte der 1060er Jahre, läge das Datum der nach Schleswig einberufenen Provinzialsynode besser fest. Ein schlüssiger Beweis läßt sich in dieser Sache wohl nicht führen.
31. »Transmarini« (Adam III.74) kann sich auf die dänischen Inseln und Schonen ebenso beziehen wie natürlich etwa auf Norwegen und Island. Adam spricht jedoch in diesem Zusammenhang einmal ausdrücklich davon, daß die Synode *in Dania* abgehalten werden sollte. Im Sprachgebrauch des Autors meint *trans mare* einmal an kennzeichnender Stelle (Adam II.4) Fünen, Seeland, Schonen und Schweden.
32. Dieses Schreiben steht in keinem Zusammenhang mit der Schleswiger Synode und gehört viel besser in das Ende der 1060er Jahre (Breengaard 1982, S. 93). Eilbert reiste 1072 nach Rom, um dort vor dem Papst sein Recht zu suchen (Adam Schol. 115).
33. *Horedus episcopus II Kalendas Maii. Sedit annos XXIV* (Series, S. 349).
34. Diptychon Bremense, S. 291.
35. Das alte Merseburger Todtenbuch, hg. v. E. Dümmler. Neue Mittheilungen aus dem Gebiet der historischen antiquarischen Forschungen 11, 1867, S. 232.
36. UB des Erzstifts Magdeburg I, hg. v. F. Israel und W. Möllenberg. Geschichtsquellen der Provinz Sachsen und des Freistaates Anhalt NR 18, 1937, Nr. 123 a.
37. Der Ortsname Markerup in Angeln wird allgemein mit Bischof Marco von Schleswig verbunden (Kuhlmann 1958, S. 67 f. Anm. 173). Möglicherweise liegt damit ein Hinweis auf die kirchliche Erschließung der Region um den Bischofssitz im 10. Jahrhundert vor. Daß Schleswig/Haithabu um 960 Zentralitätsfunktion für sein Hinterland gewonnen hatte, erhellt aus seiner Charakterisierung als *oppidum capitale* Angelns (Scheel und Paulsen 1931, Nr. 227). Grabfunde von Kreuzen in Thumby-Bienebek an der Schlei und in Süderbrarup (Müller-Wille 1976, S. 47, 57) belegen den Einfluß christlicher Glaubensvorstellung im Angeln und Schwansen dieser Zeit.
38. *Marco episcopus III Idus Novembris. Sedit annos XX* (Series, S. 349).
39. *Ad Slesvig post Hericum Marconem* (Chronicon Roskildense, S. 18 f.); *Harico Marcus ... successit* (Saxo, S. 284).
40. *Adaldagus episcopus IV Nonas Maii. Sedit annos XII* (Series, S. 349).
41. *Folcbertus episcopus XVIV Kalendas Januarii. Sedit annos VII* (Series, S. 349).
42. Die dänische historische Tradition des 12. Jahrhunderts kennt ihn dagegen als Bischof von Ribe (Chronicon Roskildense, S. 19: *post Liafdagum ad Ripam Folbertum*; vgl. auch Saxo, S. 284), wird von der Ripener Bischofschronik darin jedoch nicht bestätigt (vgl. Skovgaard 1949, S. 132).
43. *Omnes fideles nostri dignoscant, quod nos Folgberti nuntii ecclesiae episcopi rogatu...* Die Stelle im nicht erhaltenen Original ist möglicherweise verderbt und das in eine Lücke nach Folgberti interpolierte *nuntii* besser zu *nullius ecclesiae episcopi* zu emendieren (vgl. Breßlau 1894, S. 156 f., Anm. 7), was der historischen Situation eines höchstwahrscheinlich im Exil lebenden Bischofs eher besser gerecht würde; zum sachlichen Kontext vgl. M. Uhrlitz (1954, S. 92 ff.).
44. Damit fällt auch G. Dehios (I 1877, S. 136 f.) weitere Vermutung der Gleichzeitigkeit Poppos mit Ekkehard.
45. Ob die ungewöhnliche Qualifizierung als »celeberrimus« und »sanctus et sapiens« bei Adam (II.35, Schol. 44) sein diplomatisches Geschick oder seine vermeintliche Wunderkraft meinte, bleibt ungeklärt (vgl. Biereye 1916).
46. Das in der Schleswiger Bischofsreihe angegebene Todesdatum (19. Juli) weicht von einem für einen Bischof Poppo im Necrolog des westfälischen Klosters Möllenbek (Necrologium Mollenbecense, hg. v. L. Schrader. Archiv für Geschichte und Alterthumskunde Westphalens 5, 1842, S. 357) für den 9. Juni angegebenen Datum ab. Die Identifizierung der beiden Personen ist indes ganz ungewiß.

47. *Poppo episcopus XIV Kalendas Augusti. Sedit annos V* (Series, S. 350).
48. *Ekkihardus Sliewicensis ecclesiae episcopus ses sub nostrae religionis filiacione enutritum et inbutum* (Vita Godehardi prior, S. 182 f.).
49. Als *frater noster* im Necrologium Hildesheimensis ecclesiae cathedralis (SS rer. Brunsvicensium, hg. v. G. W. Leibnitz, Bd. 1, Hannover 1707, S. 765) aufgeführt.
50. Als *canonicus S. Mariae* im Necrologium monasterii S. Michaelis Hildesheimensis (SS rer. Brunsvicensium, hg. v. G. W. Leibnitz, Bd. 2, Hannover 1710, S. 107) aufgeführt.
51. Er wird charakterisiert als *vere fidelis nostrae ecclesie filius* (Vita Godehardi posterior, S. 205) und tritt in einer Hildesheimer Bischofsurkunde vor dem Dompropst als *domni Beruuardi et sue ecclesie filius et dilectus eius* auf (UB Hochstift Hildesheim, hg. v. K. Janicke, Bd. 1, Leipzig 1896, Nr. 63, S. 59).
52. Sein Itinerar (vgl. Lappenberg 1847, S. 403 ff.; Dehio 1877, I, Kritische Ausführungen 15, S. 64 f.; Bolin 1931 b, S. 17 ff.) sieht ihn nach den beiden Synoden vom Herbst 1000 in Gandersheim (Vita Bernwardi, S. 766; Vita Godehardi prior, S. 183) 1001 August 15 auf einer Synode in Frankfurt (Vita Bernwardi, S. 773), 1005 Juli auf einem Konzil in Dortmund und 1007 Oktober wiederum in Frankfurt (Thietmar VI. 18; Vita Heinrici II. imperatoris, hg. v. G. Waitz, MGH SS 4, S. 795 f.). 1013 traf er mit Kaiser Heinrich II. in der Kaiserpfalz Werla (nach Lappenberg 1847, S. 404) und 1019 in Goslar zusammen (MGH LL 2B, S. 173). 1013 assistierte er bei der Weihe Erzbischof Unwans in Hamburg (Thietmar IV.89) und salbte 1020 als Stellvertreter Bischof Bernwards von Hildesheim Erzbischof Aribo von Mainz (Vita Bernwardi, S. 778). 1022 November ist er an der Gründung des Hildesheimer Michaelisklosters beteiligt (Annales Hildesheimenses, S. 33).
53. Adam II.56; May Nr. 184; RI III. Nr. 48 b; vgl. Glaeske 1962, S. 38 f.
54. Adam Schol. 44; seine Angaben sind im übrigen recht verwirrt. Annales Hildesheimenses, S. 34: Todesjahr; Necrologium Hildesheimenses ecclesiae (wie Anm. 49), S. 765, und Necrologium monasterii S. Michaelis Hildesheimensis (wie Anm. 50), S. 107: Todestag. Vgl. E. F. Mooyer, Das Necrologium des hildesheimensischen St. Michaelisklosters Benedictiner-Ordens in Auszügen. Vaterländisches Archiv des historischen Vereins für Niedersachsen 1843, S. 20. Necrologium Monasterii S. Michaelis Luneburgensis, hg. v. A. Ch. Wedekind. Noten zu einigen Geschichtsschreibern des deutschen Mittelalters 3.9, S. 56. Der Text seines Epitaphs (Epitaphium Eggkhardi episcopi Sleswicensis, hg. v. E. Dümmler. Neues Archiv zur Erforschung des Mittelalters 2, 1877, S. 602):
    Finibus expulsum patriis noua regna petentem
    Protinus ad sedes suffraganei arma dedere.
    Hic jacet corona Ekhardus cubatus in tumba
    Quondam et non victus de Sleswich discurrit cumarmis(!).
    Littora nova petens magna comitate caterua
    lactatem hac demum maluit consistere terra.
    – Die Interpretation der Inschrift gibt noch einige Probleme auf.
55. Vgl. Anm. 20 und W. Biereye (1917, S. 412).
56. *Ekkihardus Slesvicensis episcopus obiit, cui Rodulfus de Coloniensi clerus electus, successit* (Annales Hildesheimerses, S. 34 f.).
57. Godehardi vita prior, S. 190; Godehardi vita posterior, S. 208; vgl. H. Breßlau (1879, S. 227 ff.).
58. Nota Monasterienses, hg. v. G. H. Pertz, MGH SS 16, S. 439; vgl. E. Steindorff (1874, S. 87 f., 99).
59. *Rodulfus episcopus II Nonas Novembris. Sedit annos XIVI* (Series, S. 350). Wenn die Series episcoporum Slesvicensium unter Rodulfs Nachfolger Ratolf verfaßt wurde, was S. Bolin (1931 a, S. 11, 27) zuerst schlüssig nachgewiesen hat, sind diese Daten vermutlich verläßlich.
60. Diskussionen seiner möglichen Identität mit einem Bremer Kanoniker Ratolfus, der als Teilnehmer bei der Gründung des Klosters Goseck (zwischen Merseburg und Naumburg) von 1053 beziehungsweise 1061 genannt wird (May Nr. 264; vgl. Dehio I 1877, S. 262 Anm. 1; Adam S. 429 Anm. 323), sind hinfällig, da die im Chronicon Gozecense (hg. v. R. Ahlefeld. Jahrbücher für die Geschichte Mittel- und Oberdeutschlands 16–17, 1968, S. 17 f.) überlieferte Gosebecker Stiftsurkunde eine Hersfelder Fälschung ist (R. Ahlefeld, Das Chronicon Gozecense, Deutsches Archiv 11, 1954–1955, S. 89 f.). – C. Hamsfort (Slesvicensium episcoporum series, S. 166) leitet vermutlich aus dieser Überlieferung die Herkunft des Bischofs aus der Familie der sächsischen Pfalzgrafen von Goseck her.
61. Hermans von Lerbeck, Catalogus episcoporum Mindensium, hg. v. K. Löffler. Mindener Geschichtsquellen 1, Veröffentlichungen der Historischen Commission für die Provinz Westphalen 9, 1917, S. 47 Anm. 1.
62. Der Schleswiger Bischofskatalog bricht mit der Nennung seines Namens ab und ist daher höchstwahrscheinlich zu seiner Zeit – nach 1045 / vor 1085 (der ersten Nennung seines Nachfolgers) – entstanden, wenn er nicht sogar von ihm verfaßt wurde. Der Katalog weist einige kennzeichnende Übereinstimmungen mit Adam von Bremen auf (Bolin 1931 a, S. 25 ff.), so daß man mit einigem Recht in Ratolf den »kundigen Dänenbischof« vermuten könnte, dessen »verläßlichem Bericht« Adam von Bremen (I.57) seine (Fehl-) Informationen über Kaiser Heinrichs Dänemarkzug und die Einrichtung der Markgrafschaft verdankte (vgl. Biereye 1909, S. 20; ders. 1916, S. 8 f.; Weibull 1948, S. 271). Ein Beweis wird hier nicht zu führen sein. In Bischof Ratolf den Exponenten der »deutschen« Dänemarkpolitik Erzbischof Adalberts (vgl. S. 141 f.) zu sehen, die ihre Ansprüche, vor allem auch mit Hilfe einer Reihe von Fälschungen (Curschmann 1909; Schmeidler 1918), historisch zu untermauern suchte, dürfte seiner Stellung gerecht werden.
63. Die von J. A. Cypräus (1634, S. 100) überlieferte Nachricht von der Einsetzung des Bischofs durch König Sven Estridsen im Jahr 1060 ist zu verwerfen. – Über die Schleswiger Bischofskataloge des 16.–17. Jahrhunderts befindet sich ein Beitrag des Verf. in Vorbereitung.
64. H. Cypräus, Catalogus, S. 178; ders., Chronicon, S. 204 ff.; J. A. Cypräus (1634, S. 126 ff.).
65. Spätere Kompilatoren (Hamsfort, Series, S. 166) fußen darauf und tradieren dieses Datum beziehungsweise auch das Datum 1110 (Hamsfort, Chronologia, S. 271) bis in die neuere Literatur (Skovgaard 1949, S. 17).
66. Das Todesdatum April 23 (Weibull 1923, S. 68) steht auf Rasur, folgt aber der Eintragung über den Tod des isländischen Bischofs Jon von Holár, der 1121 starb und Bischof Gunnar wahrscheinlich darin voranging.
67. Pontoppidan 1741, S. 313 f.; vgl. auch die Angaben bei U. Petersen († 1735, S. 385): 1107 – ca. 1117.
68. *Estrid... ecclesiam lapideam in loco lignee construxit* (Chronicon Roskildense, S. 21).

69. Nach H. Koch (1950, S. 129) entstand das Kloster gegen Ende des 11. Jahrhunderts. Zwei Fundmünzen des ausgehenden 11. Jahrhunderts, die aus archäologischen Ausgrabungen stammen (Steen Jensen 1973, S. 16), können nicht zur Datierung des Klosters, wohl aber für die diesem offenbar vorangehende erste Rundkirche herangezogen werden.
70. Vor einem vergleichbaren Hintergrund ist etwa auch die Anlage der Königspfalz in der Stadt zu werten (vgl. Radtke 1977).
71. In einem im Einzelfall noch nicht näher erforschten Verhältnis zum kirchlichen Festzeremoniell dürfte die erste Rotunde auf der Michaelishöhe nördlich von der Stadt gestanden haben. Das Michaelispatrozinium kann in Dänemark schon im 11. Jahrhundert auftreten und symbolisiert in vielen Fällen den himmlischen Schutz über der Stadt (Musset 1971). Oft liegen diese Kirchen, wie in Schleswig, an wichtigen Einfallstraßen außerhalb oder an der Peripherie der Siedlung (vgl. Jansen, Nyberg und Riis in: Blom 1977, S. 44 f.; für Odense jetzt T. Nyberg in: Thrane, Nyberg u. a. 1982, S. 131 ff.). Die erste Rundkirche St. Michaelis in Schleswig mißt exakt 10 m im lichten Durchmesser (Vellev 1973). Sie ist damit eine denkbar genaue Kopie des Zentralbaus der Heilig-Grabkirche in Jerusalem im Verhältnis von etwa 1:2. Die Anastasis mißt in der lichten Weite 21,80 m (nach Erdmann und Zettler 1977, S. 93). Ihre Maße brachte Abt Wino von Helmarshausen im Auftrag Bischof Meinwerks von Paderborn 1032 mit nach Paderborn, wo 1036/1060 die nach diesem Vorbild konzipierte Busdorfkapelle geweiht wurde (Balzer 1982, S. 275 ff.). Jerusalem, das geistliche Zentrum der abendländischen Christenheit (Konrad 1965), wurde auf diese Weise als Topos formelhaft verkürzt in die Stadt zitiert und beherrschte von der Höhe herab ihre sakrale Topographie. Der Rundbau (mit vergleichbaren Maßen) Alle Helgen in Roskilde (Danmarks Kirker III.4, S. 2160 ff.) ist für die Schleswiger Situation in Bauform und Funktion vermutlich als Parallele zu bedenken. Zu bewußt angelegten Kirchenlandschaften in dänischen Bischofsstädten des 11./12. Jahrhunderts vgl. bei G. A. Blom (1977, S. 41–48); das besonders einprägsame Beispiel Paderborn im 11. Jahrhundert bei M. Balzer (1982): – Paderborn, das möglicherweise auch das Baumuster der Schleswiger Königspfalz geliefert hat (Radtke 1977). – Weiterführende Überlegungen zur Sakraltopographie der Stadt Schleswig müssen Zustände des 12. und 13. Jahrhunderts einbeziehen und sollen später vorgelegt werden (vgl. auch Anm. 74).
72. Im Lunder Necrolog wird Svens Todestag (Weibull 1923, S. 69) am 18. April (1074) als »Anniversarius Suenonis magj. regis christianissimi« gefeiert.
73. *Immo sanctorum ecclesias, in quibus erant locis, regali auctoritate prouexit et, in quibus hactenus non fuerant, erexit* (Aelnoth, S. 85 f.); vgl. auch Saxo Grammaticus (S. 308): *(Sven) etiam sacrarum aedium condendarumque curam intentissime edidit*. – Auch König Erich Eiegod (1095–1103), von dem in einem zeitgenössischen Skaldenvers (Markus Skeggjason, S. 418) gesagt wird, er habe in seinem Reich fünf steinerne Hauptkirchen errichten lassen und auch die schönsten Holzkirchen nördlich des Sachsenlandes erbaut, muß als Bauherr an Schleswiger Kirchen bedacht werden.
74. Exkurs 1
75. Die Answerus-Verehrung in Schleswig im Mittelalter wird auch durch die Aufnahme von Teilen seiner Vita in das Schleswiger Missale Bischof Gottschalks von Ahlefeld (gedruckt Paris 1512) deutlich (vgl. SRD III 1774, S. 380 ff.; Moritzen 1966). J. A. Cypräus (1634, S. 118) glaubt das Geburtshaus Answers in der Schleswiger Hunnenstraße angeben zu können. Vor 1070 war jedenfalls die unmittelbare Umgebung dieses Hauses besiedelt (Vogel 1983, S. 21). Berechnungen des möglichen Geburtsjahres Answerus' könnten ein Jahr um 1040 ergeben (Moritzen 1966, S. 23)..
76. Der von Cypräus (1634, S. 96 ff.) in die Jahre 1038–1060/62 gelegte Bischof Rudolph müßte korrekt durch Ratolf (vgl. S. 146 f.) ersetzt werden.
77. X ließ den Stein errichten für ... an sul... (er) starb (in...); YY und Gudmund (ritzten die Runen). Er ruht in England in Skia. Kr(ist...)... (Lesung nach L. Jacobsen und E. Moltke 1942, Sp. 17 f.); vgl. die Umschrift bei E. Moltke (1976, S. 425). Zur Identifizierung des Ortsnamens Skia kommen Skidby in Yorkshire und Shoesbury in Essex in Frage. Skidby könnte möglicherweise mit der Schlacht an der Stamfortbridge 1066 verbunden werden. In dem fragmentarischen Namenbestand der Runen »Halfdan, Sulkes Sohn« zu erkennen (Jankuhn 1943, S. 61), muß spekulativ bleiben.

Exkurs 1

Genauere Untersuchungen zu dieser Frage werden folgen müssen. Die hier vorgetragenen Überlegungen stellen erste Ansätze aus historischer Sicht dar, die der archäologischen und baugeschichtlichen Überprüfung entgegensehen.

Die Annahme des Trinitatispatroziniums für den Bau auf dem Rathausmarkt setzt die Übertragung des Patroziniums auf eine spätmittelalterlich bekannte Trinitatiskirche voraus, die, in unserer Sicht nach dem Abbruch des Gebäudes am Rathausmarkt wohl im beginnenden oder mittleren 13. Jahrhundert, der Zeit der Neuanlage der Stadttopographie (Vogel 1983, S. 42), an einem um etwa 50 m in der Ostwestachse östlich verschobenen Standort errichtet wurde. Formsteine der zweiten Hälfte des 13. Jahrhunderts könnten Zeugnis von diesem Bau ablegen (Appuhn 1955).

Ein Trinitatispatrozinium der Kirche auf dem Rathausmarkt könnte ihre Funktion als Kathedralbau im Dänemark des 11. Jahrhunderts nur stützen (vgl. Cinthio 1969, S. 164). Die angenommene Domkirche St. Drotten/Salvator/Trinitatis in Lund – nach der Aufgabe der beiden ersten Holzkirchen ebenfalls mit veränderter Funktion an achsial verschobenem Standort in Stein neu errichtet (Mårtensson 1976) –, insbesondere aber St. Trinitatis in Roskilde, dessen erster Kalksteinbau von etwa 1030/1040 (Olsen 1960, S. 30 f.) um 1070/80 als Bischofskirche der baugeschichtlich gut faßbaren doppeltürmigen Westfrontanlage erweitert wurde (Schultz 1951; Krins 1968, S. 46 ff.), bilden unübersehbare Vergleichsstücke. In der Roskilder Konzeption der Westlösung als Zweiturmfront (Krins 1968, Abb. 8–9) liegt meines Erachtens darüber hinaus eine starke Parallele zu dem ausgegrabenen Teil des Schleswiger Baus (vgl. Lüdtke 1984, Abb. 1–2), wenn dessen Abmessungen auch erheblich bescheidener sind. Das baugeschichtliche Vorbild der Gestaltung des Westbaus von Roskilde (über Bedeutung und Funktion dänischer Doppelturmanlagen in der Nachfolge von Roskilde vgl.

Schultz 1935) wird ebenso wie bei der Schleswiger Kirche in nordwestdeutschen-westfälischen Bauten zu suchen sein (Krins 1968, S. 49 f.). Während dem Roskilder Dom Bischof Sven Nordmans von 1070/80 St. Kilian in Höxter formal am nächsten stehen soll (Krins 1968, Anm. 229), bedarf die Suche nach der Vorlage der Schleswiger Kirche noch genauerer Nachforschungen aus baugeschichtlicher Sicht. Ob der 1071 unter Assistenz des Schleswiger Bischofs Ratolf geweihte Dom von Minden (vgl. Panovski 1920, S. 54 f,; Kubach 1955, S. 169) dabei näher bedacht werden muß, wird sich herausstellen. Der Bau war ebenfalls St. Trinitatis geweiht.

Kathedralfunktion könnte der Bau St. Trinitatis (I) allerdings höchstwahrscheinlich nur bis in einen Zeitraum in der ersten Hälfte des 12. Jahrhunderts besessen haben, als um 1120 der Bau am St. Petersdom begonnen wurde (Ellger 1966) und – immer nach dem herkömmlichen Forschungsstand – im Jahr 1134 wenigstens teilweise in Funktion gewesen sein muß. Das Motiv für den Domneubau muß als denkbar schwerwiegend gedacht werden und könnte – neben lokalen Erfordernissen, etwa einer erheblich angewachsenen Bevölkerungszahl – als eine der Auswirkungen der grundlegenden Neuorganisation des skandinavischen Kirchenwesens mit der Errichtung des Erzbistums Lund im Jahre 1103/04 begriffen werden, die gleichzeitig auch in Ribe, Viborg und Lund selbst zu Neubauten von Bischofskirchen in Stein geführt hat (Norn 1982, S. 7). Der nach unserem Modell in Schleswig damit offenbar verbundene Patrozinienwechsel auf St. Peter könnte seine Ursache in bisher im einzelnen noch nicht genau erkennbarer Ausprägung in der kirchenorganisatorisch auch noch wieder in der ersten Hälfte des 12. Jahrhunderts zwischen Bremen und Lund umstrittenen Stellung des Bistums (Radtke 1984, unter Adelbyörn und Occo) haben. Vermutlich ist das (hochmittelalterlich verbürgte) Pfarrpatrozinium des Domes, St. Laurentius, mit seinem deutlicher Bezug auf die erzbischöfliche Laurentiuskirche in Lund als ein Reflex dieser Bezüge zu bewerten.

Der Domneubau ist in Westrichtung deutlich achsial auf seinen angenommenen Vorgängerbau (Trinitatis I) bezogen, ebenso wie der angenommene Nachfolgebau (Trinitatis II) in der Ostrichtung. Ohne hier bereits abgesicherte Erkenntnisse vorlegen zu können, dürfte eine solche Anordnung nicht auf einem Zufall beruhen, sondern das Ergebnis eines bewußten Gestaltungswillens sein. In diesem Fall käme allerdings dem mittleren Bau, der »Kreuzmitte«, eine chronologische und »ideologische« Priorität zu. Erkennbar wird damit eine ostwest-gestreckte Kirchenachse als Querbalken eines die Stadt überziehenden Kirchenkreuzes, als dessen vertikaler Kreuzarm St. Clemens (und St. Olav) verstanden werden könnten und dessen geistliches Kopfstück von St. Michael auf dem Berge markiert wird. Die Michaelisrotunde hatten wir bereits als in die Stadt zitiertes Abbild des himmlischen Jerusalem interpretiert (Anm. 71), die ihre ursprüngliche Funktion im Zusammenhang mit dem Empfang des Herrschers in der Stadt und dem höfischen Festzeremoniell besessen haben wird. In Saxos Schilderung der feierlichen Einholung des Königs durch die Geistlichkeit am Pfingstfest 1134 (Saxo XIII, S. 366: *clericis quippe eum [König Niels] sacrae processionis officio venerantibus*) scheint davon etwas andeutungsweise durch. Möglicherweise ist überhaupt als Motiv für den sonst schwer verständlichen Besuch des Königs in der Stadt zu diesem Zeitpunkt die geplante Altarweihe im Domneubau zu bedenken. Der im Sinne der *imitatio imperii* wohl wenigstens seit dem beginnenden 12. Jahrhundert auch in dänischen Königsstädten vorauszusetzende Ritus der Festkrönung des Königs an hohen kirchlichen Festtagen (Klewitz 1939) verlangte das Vorhandensein zweier Kirchen, zwischen denen sich die Prozession des Königs unter der Krone und im Staatsornat bewegen konnte. – Ob sich hier ein funktionaler Zusammenhang zwischen dem Neubau des Domes und der angenommenen Vergabe der Michaelisrotunde an die Benediktinermönche erkennen läßt, bedürfte noch weiterer Untersuchungen.

Die sakraltopographische Bedeutung des Kirchenkreuzes ist für den Norden noch so gut wie unerforscht, für einige Städte des Reiches – etwa für Paderborn, Hildesheim, Minden, Fulda, Utrecht, Trier und Bamberg (vgl. Balzer 1982, S. 247 f.) – ist die bewußte, sakral bestimmte Durchstrukturierung des Siedlungsplatzes *in modum crucis*, wie es für Bamberg und Paderborn heißt, nach einem Muster geistlicher Organisationsbezüge, dagegen gut bekannt. Möglicherweise kommt für Schleswig hiermit ein ähnliches System von sakralen Bedeutungsebenen in den Blick. – Nach eigenen noch nicht abgeschlossenen Untersuchungen bilden gerade die Kreuz- und die Jerusalemsymbolik in Schleswig und in Ripen im 12. Jahrhundert wichtige Grundlagen eines sakral fundierten Königtums.

Quellennachweis

(Weitere Nachweise benutzter Quellen vgl. in den Anmerkungen.)

Adam: Adami Bremensis Gesta Hammaburgensis Ecclesiae Pontificum, hg. v. W. Trillmich. Quellen des 9. und 11. Jahrhunderts zur Geschichte der hamburgischen Kirche und des Reiches. Ausgewählte Quellen zur deutschen Geschichte des Mittelalters 11. Freiherr vom Stein-Gedächtnisausgabe. Darmstadt 1961.
Aelnoth: Gesta Svenonimagni et filiorum eius et passio gloriosissimi Canuti regis et martyris. Vitae sanctorum Danorum, hg v. M. Cl. Gertz, S. 77–136. København 1908–1912.
Annales Fuldenses: Annales Fuldenses, auctore Meginhardo. MGH SS in usum scholarum 1891.
Annales Hildesheimenses: Annales Hildesheimenses, hg. v. G. Waitz. MHG SS rer. Germ. 8, 1878.
Chronicon Roskildense: Chronicon Roskildense. Scriptores minores Historiae Danicae, hg. v. M. Cl. Gertz, Bd. 1. København 1917/18, S. 3–33.
Cypraeus, H.: Chronicon episcoporum Slesvicensium. Westphalen 3, 1743, S. 185–254.
Cypraeus, H.: Catalogus episcoporum Slesvicensium. Lübeck 1560 (Abdruck in SRD 7, S. 176 ff.).
Cypräus, J. A. 1634: Johann Adolf Cypraeus, Annales episcoporum Slesvicensium. Köln 1634.
DD: Diplomatarium Danicum, utg. av Det Danske Sprog- og Litteratur selskab, Raekke 1, bd. 1 ff. København 1957 ff.
Diptychon Bremense: Diptychon Bremense, hg. v. E. F. Mooyer. Vaterländisches Archiv des Historischen Vereins für Niedersachsen 1835, S. 291.
Hamsfort, C.: Chronologia rerum Danicarum secunda. SRD 7, S. 266 ff.
– Slesvicensium episcoporum series. SRD 7, 1792, S. 165–170.
– Catalogus episcoporum Slieuicensium. SRD 7, 1792, S. 170–176.
Helduader: Nicolaus Helduader, Kurtze und einfaltige Beschreibung der Alten und weitberümbten Stadt Schleswig. 1603.

Helmold: Helmolci Presbyteri Bozoviensis Chronica Slavorum, hg. v. H. Stoob. Ausgewählte Quellen zur deutschen Geschichte des Mittelalters 19. Darmstadt 1963.
Liebermann: F. Liebermann, Die Gesetze der Angelsachsen. Bd. 1–3. Halle 1903 ff.
May: Regesten der Erzbischöfe von Bremen, hg. v. O. May. Hannover, Bremen 1937.
MGH Const.: MGH Constitutiones. Bd. 1, hg. v. L. Weiland. 1903.
  DO I: MGH DD. Bd. 1, hg. v. Th. Sickel, DO I. 1879/1884.
  DO III: MGH DD. Bd. 2.1. DO III. 2. Aufl. 1956.
Markus Skeggjason: Markus Skeggjason, Eiriksdrapa. Den Norsk-Islandske Skjaldedigning, hg. v. F. Jónsson. Bd. 1. København.
Pontoppidan: E. Pontoppidan, Annales Ecclesiae Danicae. København 1741.
Petersen † 1735: U. Petersen, Beschreibung der Stadt Schleswig. Manuskript. Reichsarchiv Kopenhagen (Kopie Stadtarchiv Schleswig).
RI III: Die Regesten des Kaiserreiches unter Konrad II. 1024–1039, nach J. F. Böhmer, neubearb. v. H. Appelt. Graz 1951.
Saxo: Saxonis Gesta Danorum, hg. v. J. Olrik und H. Raeder. København 1931.
Scheel und Paulsen 1931: Quellen zur Frage Schleswig/Haithabu, hgg. von O. Scheel und P. Paulsen. Kiel 1931.
Series: Series episcoporum Slesvicensium, hg. v. O. Holder-Egger. MGH SS 13, 1881, S. 349–350.
SHRU: Schleswig-Holsteinische Regesten und Urkunden, hg. v. P. Hasse u. a., Bd. 1 ff. 1886 ff.
Sven Aggeson: Svenonis Aggesonis filii brevis Historia regum Dacie. Scriptores minores historiae Danicae, hg. v. M. Cl. Gertz, Bd. 1, S. 400–470. København 1917–1918.
Thietmar: Thietmari Merseburgensis Episcopi Chronicon. Ausgewählte Quellen zur deutschen Geschichte des Mittelalters, Bd. 9, hg. v. W. Trillmich. Freiherr vom Stein-Gedächtnisausgabe. Berlin.
Vita Bernwardi: Vita Bernwardi episcopi Hildesheimensis auctore Thancmaro, hg. v. G. H. Pertz. MGH SS 4, S. 766 ff.
Vita Godehardi prior: Vita Godehardi episcopi prior, hg. v. G. H. Pertz, MGH SS 11, S. 167–196.
Vita Godehardi posterior: Vita Godehardi episcopi posterior, hg. v. G. H. Pertz. MGH SS 11, S. 196–218.
Weibull 1923: Necrologium Lundense, Lunds domkyrkas necrologium, hg. v. L. Weibull. Lund 1923.
Widukind: Widukindi res gestae Saxonicae. Quellen zur Geschichte der sächsischen Kaiserzeit, hg. v. A. Bauer und R. Rau. Ausgewählte Quellen zur deutschen Geschichte des Mittelalters 8. Freiherr vom Stein-Gedächtnisausgabe. Darmstadt 1971.
Wipo: Gesta Chuonradi Imperatoris. Wiponis opera, hg. v. H. Breßlau. MGH SS rer. Germ. in usum Schol. 3. Aufl. Hannover, Leipzig 1915.

Literaturnachweis

Ahrens, C. 1982: Frühe Holzkirchen im nördlichen Europa. Ausstellungskatalog. Helms-Museum. Hamburg.
Andrén, A. 1980: Lund. Medeltidsstaden 26. Riksantikvarieäbetet och Statens Historiska Museer Rapport. Stockholm.
Angenendt, A. 1973: Taufe und Politik im frühen Mittelalter. Frühmittelalterliche Studien 7, S. 143–168.
Appuhn, H. 1955: Funde von der ehemaligen Trinitatiskirche zu Schleswig. Die Heimat 62, S. 193–195.
Assmann, E. 1954: Schleswig-Haithabu und Südwesteuropa. ZSHG 78, S. 284–288.
Balzer, M. 1982: Zeugnisse für das Selbstverständnis Bischof Meinwerks von Paderborn. In: Tradition als historische Kraft. Hauck-Festschrift, hg. v. N. Kamp und J. Wollasch, S. 267–296. Berlin, New York.
Benz, K. J. 1975: Untersuchungen zur politischen Bedeutung der Kirchweihe unter Teilnahme der deutschen Herrscher im hohen Mittelalter. Regensburger Historische Forschungen 4. Kallmünz.
Beumann, H. 1972: Die Gründung des Bistums Oldenburg und die Kirchenpolitik Ottos d. Gr. In: Aus Reichsgeschichte und Nordischer Geschichte. Jordan-Festschrift, hg. v. H. Fuhrmann u. a., Kieler Historische Studien 16, S. 54–69. Stuttgart.
Biereye, W. 1909: Untersuchungen zur Geschichte der nordelbingischen Lande im 10. Jahrhundert. Berlin.
– 1916: Untersuchungen zur Geschichte Nordalbingiens im 10. Jahrhundert. ZSHG 46, S. 1–40.
– 1917: Untersuchungen zur Geschichte der nordelbischen Lande in der ersten Hälfte des 11. Jahrhunderts. ZSHG 47, S. 395–459.
Birkeland, H. 1954: Nordens historie i middelalderen efter arabiske kilder. Skrifter utg. av Det norske videnskaps akademi II. hist. – fil. Kl. No. 2 Oslo.
Blom, G. A. (Red.) 1977: Urbaniseringsprosessen i Norden. 1: Middelaldersteder. Det XVII nordiske historikermøte i Trondheim. Trondheim.
Blomqvist, R. 1962: Lunds första biskopskyrka? In: Proxima Thule. Sverige och Europa under forntid och medeltid. Festschrift König Gustav VII Adolf, S. 184–198. Stockholm.
– 1974: Die älteste Geschichte der Stadt Lund. In: Vor- und Frühformen der europäischen Stadt im Mittelalter 2, hg. v. H. Jankuhn u. a., S. 128–145. Göttingen.
Bolin, S. 1931 a: Om Nordens äldsta historieforskning. Lunds universitets Årsskrift NF. Avd. 1, bd. 27, No. 3
– 1931 b: Danmark och Tyskland under Harald Gormsson. Grundlinjer i dansk historia under 900-talet. Scandia 4, S. 184–209.
Boockmann, A. 1969: Das Bistum Schleswig als Territorium. Acta Visbyensia 3, S. 147–159.
– 1979: Gottschalk von Ahlefeld. SHBL 5, S. 19–21.
Bosl, K. 1975: Staat, Gesellschaft, Wirtschaft im deutschen Mittelalter. Gebhard Handbuch der deutschen Geschichte 7. 2. Aufl. Stuttgart.
Breengaard, C. 1982: Muren om Israels hus. Regnum og sacerdotium i Danmark 1050–1170. København.
Breßlau, H. 1879 Jahrbücher des deutschen Reiches unter Konrad II. Bd. 1. Berlin (Neudruck 1967).
– 1894: Bischof Marco. Ein Beitrag zur Helmold-Kritik. Deutsche Zeitschrift für Geschichtswissenschaft 11, S. 154–163.
Christensen, A. E. 1968: Denmark between the Viking age and the time of the Valdemars. Medieval Scandinavia 1, S. 28–50.

- 1977: Vikingetidens Danmark. 2. Aufl. København.
- 1978: Tiden 1042–1241. Danmarks Historie 1, S. 211–399. 2. Aufl. København.

Cinthio, E. 1960: The oldest bishop churches in Lund. Meddelanden fran Lunds universitets historiska museum, S. 73–106
- 1968: The churches of St. Clemens in Scandinavia. Archaeologia Lundensia 3. Res medievales R. Blomqvist oblata, S. 103–116. Lund.
- 1969: Heiligenpatrone und Kirchenbauten während des frühen Mittelalters. Acta Visbyensia 3, S. 161–169.

Curschmann, F. 1909: Die älteren Papsturkunden des Erzbistums Hamburg. Hamburg.

Dehio, G. 1877: Geschichte des Erzbistums Hamburg-Bremen bis zum Ausgang der Mission. Bd. 1–2. Berlin.

Demidoff, L. 1973: The Poppo-Legend. Medieval Scandinavia 6, S. 39–67.

Dotzauer, W. 1973: Die Ankunft des Herrschers. Der »fürstliche« Einzug in die Stadt (bis zum Ende des Alten Reiches). Archiv für Kulturgeschichte 55, S. 245–288.

Eilermann, A. 1979: Schleswig. In: Die Benediktinerklöster in Niedersachsen, Schleswig-Holstein und Hamburg. Germania Benedictina 6, S. 457–458. St. Ottilien.

Ellger, D. 1966: Der Dom und der ehemalige Dombezirk. Die Kunstdenkmäler der Stadt Schleswig 2. Die Kunstdenkmäler des Landes Schleswig-Holstein. München.

Erdmann, W., und Zettler, A. 1977: Zur Archäologie des Konstanzer Münsterhügels. Schriften des Vereins für Geschichte des Bodensees und seiner Umgebung 95, S. 20–134.

Fink, T. 1977: Die Grenze zwischen den Bistümern Ripen und Schleswig. Die Heimat 84, S. 80–87.

Fleckenstein, J. 1974: Zum Begriff der ottonisch-salischen Reichskirche. In: Geschichte – Wirtschaft – Gesellschaft. Festschrift Clemens Bauer, hg. v. E. Hassinger u. a., S. 61–71. Berlin.
- 1982: Das Reich der Ottonen im 10. Jahrhundert. In: J. Fleckenstein und M. L. Bulst-Thiele, Begründung und Aufstieg des deutschen Reiches. Gebhard Handbuch der deutschen Geschichte 3. 6. Aufl., S. 1–120. München.

Fuhrmann, H. 1955: Studien zur Geschichte mittelalterlicher Patriarchate. 3. Teil. ZRG K 41, S. 95–183.
- 1964: Die Synoden von Ingelheim. In: Ingelheim am Rhein. Forschungen und Studien zur Geschichte Ingelheims, hg. v. J. Autenrieth, S. 163 ff. Ingelheim.

Gabriel, I. 1984: Strukturwandel in Starigard/Oldenburg während der zweiten Hälfte des 10. Jahrhunderts aufgrund archäologischer Befunde: Slawische Fürstenherrschaft – ottonischer Bischofssitz – heidnische Gegenbewegung. Zeitschrift für Archäologie (im Druck).

Glaeske, G. 1962: Die Erzbischöfe von Hamburg-Bremen als Reichsfürsten 937–1258. Quellen und Darstellungen zur Geschichte Niedersachsens 60.

Hauck, A. 1954: Kirchengeschichte Deutschlands. Bd. 3. 8. Aufl. Berlin, Leipzig.

Hauglid, R. 1981: Stavkirkeproblemer i Lund. Fornvännen 76, S. 203–214.

Hellwig, L. 1888: Die Ansveruslegende. Archiv des Vereins für die Geschichte des Herzogthums Lauenburg 2, S. 75–105.

Hinz, H. 1981: Stabkirchen im Landesteil Schleswig. Offa 38, S. 349–355.

Hoffmann, E. 1972: Dänemark und England zur Zeit Sven Estridsens. In: Aus Reichsgeschichte und Nordischer Geschichte. Jordan-Festschrift, hg. v. H. Beumann u. a. Kieler Historische Studien 16, S. 92–111. Stuttgart.
- 1982: Der Sieg der Reformation in den Herzogtümern Schleswig und Holstein. SHKG 3, S. 115–183. Neumünster.

Jacobsen, L., und Moltke, E. 1942: Danmarks runeindskrifter. København.

Jankuhn, H. 1943: Die Ausgrabungen in Haithabu (1937–1939). Berlin-Dahlem.
- 1976: Haithabu. Ein Handelsplatz der Wikingerzeit. 6. Aufl. Neumünster.

Jordan, K. 1982: Investiturstreit und frühe Stauferzeit 1056–1197. Gebhard Handbuch der deutschen Geschichte 4. 7. Aufl. München.

Kamphausen, A. 1955: Ursprung und frühe Gestalt des Schleswiger Doms. ZSHG 79, S. 127–153.

Keller, H. 1982: Reichsstruktur und Herrschaftsauffassung in ottonisch-frühsalischer Zeit. Frühmittelalterliche Studien 16, S. 74–108.

Klewitz, H.-W. 1939: Die Festkrönungen der deutschen Könige. ZRG K 28, S. 48–96.

Koch, H. 1936: Danmarks kirke i den begyndende Højmiddelalder. Bd. 1. København.
- 1941: Det danske folk 1042–1241. In: Schultz Danmarkshistorie 1, S. 539–778. København.
- 1950: Den danske kirkes historie, hg. v. H. Koch und B. Kornerup. Bd. 1. København.
- 1963: Kongemagt og kirke 1060–1241. Danmarks historie 3. København.

Kölzer, Th. 1980: Adventus regis. Lexikon des Mittelalters 1, Sp. 170–180.

Konrad, R. 1965: Das himmlische und das irdische Jerusalem im mittelalterlichen Denken. Mystische Vorstellung und geschichtliche Wirkung. In: Speculum Historiale. Festschrift J. Spoerl, S. 523–540. Freiburg, München.

Krins, H. 1968: Die frühen Steinkirchen Dänemarks. Diss. masch. Hamburg.

Kubach, H. E. 1955: Die vorromanische und romanische Baukunst in Mitteleuropa. Zeitschrift für Kunstgeschichte 18, S. 157–198.

Kuhlmann, H. J. 1958: Besiedlung und Kirchspielorganisation der Landschaft Angeln im Mittelalter. QFGSH 36. Neumünster.

Lammers, W. 1972: Das Hochmittelalter bis zur Schlacht von Bornhöved. Geschichte Schleswig-Holsteins 4. 3. Neumünster.

Lappenberg, J. M. 1847: Über die Chronologie der älteren Bischöfe der Diözese des Erzbistums Hamburg. Archiv der Gesellschaft für ältere deutsche Geschichtskunde 9, S. 382–432.

Laur, W. 1981: Syssel und Harde. ZSHG 106, S. 31–53.

Liliencron, A. v. 1914: Beziehungen des Deutschen Reiches zu Dänemark im 10. Jahrhundert. ZSHG 44, S. 1 ff.

Lüdtke, H. 1984: Die Entdeckung einer mittelalterlichen Kirche unter dem Marktplatz von Schleswig. Archäologisches Korrespondenzblatt 14, S. 111–117.

Lund, N. 1980: Svenskevældet i Hedeby. Aarbøger for nordisk oldkyndighed og historie, S. 114 ff.

Meier, R. 1967: Die Domkapitel zu Goslar und Halberstadt in ihrer persönlichen Zusammensetzung im Mittelalter. Veröffentlichungen des Max-Planck-Instituts für Geschichte 5. Göttingen.

Moltke, E. 1975: Runeninschriften aus der Stadt Schleswig. BSSG 20, S. 76–88.
- 1976: Runerne i Danmark og deres oprindelse. København.

Moritzen, J. 1966: Ansver, der Märtyrer von Ratzeburg. SVSHKG 2.22, S. 5–24.
Müller, G. 1973: Harald Gormssons Königsschicksal in heidnischer und christlicher Sicht. Frühmittelalterliche Studien 7, S. 118 ff.
Müller-Wille, M. 1976: Das wikingerzeitliche Gräberfeld von Thumby-Bienebek. Teil 1. Offa-Bücher 36. Neumünster.
Musset, L. 1967 La pénétration chrétienne dans l'Europe du Nord. Settimane di studio del centro italiano di studi sull'alto medioevo 14, S. 263–325.
– 1971: Saint Michel au Danmark. In: Millenaire monastique du Mont Saint-Michel. III. Culte de Saint-Michel et pelerinages au mont, S. 505–510. Paris.
Mårtensson, A. (Hrsg.) 1976: Uppgrävt förflutet för PK-banken i Lund. Archaeologia Lundensia 7.
– 1981: S:t Stefan i Lund. Ett monument ur tiden. Gamla Lund förening för bevarende av stadens minnen Årsskrift 62.
Norn, O. 1982: Granitkirker i Jylland og Angel. Romansk stenhuggerkunst. Sønderjyske Årbøger, S. 5–29.
Nyberg, T. 1979: Skt. Peters efterfølgere i brydningstider. Omkring pavedømmets historie, Rom og Nordeuropa 750–1200. Odense University studies in history and social sciences 58. Odense.
– 1982: Grenzer erzählen Geschichte. ZSHG 107, S. 15 ff.
Olrik, H. 1892: Konge og Præstestand i den danske middelalder. Bd. 1. København.
Olsen, O. 1960: St. Jørgensbjerg kirke. Aarbøger for nordisk oldkyndighed og historie, S. 1–71.
– 1969: Die alte Gesellschaft und die neue Kirche. Acta Visbyensia 3, S. 43–54.
Ostendorf, A. 1950: Das Salvator-Patrozinium, seine Anfänge und seine Ausbreitung im mittelalterlichen Deutschland. Westfälische Zeitschrift 100, S. 357–376.
Palmqvist, A. 1961: Kyrkans enhet och papalismen. Acta Universitatis Upsaliensis. Studia historico-ecclesiastica 3. Stockholm, Göteborg, Uppsala.
Panovski, E. 1920: Der Westbau des Doms zu Minden. Repertorium für Kunstwissenschaft 42, S. 51–77.
Pauls, V. 1924: Das Bistum Schleswig in seiner Stellung zum Norden und Süden. Schleswig-Holsteinischer Heimatkalender, S. 39–43.
Petersen, E. 1960: Die St. Trinitatis- oder Heiliggeistkirche, auch Sunte Drotten genannt. BSSG 5, S. 3–7.
Petersohn, J. 1979: Der südliche Ostseeraum im kirchlich-politischen Kräftespiel des Reichs, Polens und Dänemarks vom 10. bis 13. Jahrhundert. Ostmitteleuropa in Vergangenheit und Gegenwart 17. Köln, Wien.
– 1983: Lubeka (Lübeck) antea Aldenburgensis eccl. (Oldenburg). Series episcoporum ecclesiae catholicae occidentalis ab initio usque ad annum 1198. Edd. O. Engels und St. Weinfurter. Tom 5. Germania. Archiepiscopatus Hammaburgensis, S. 22–38. Stuttgart.
Radtke, Chr. 1975: Historische Untersuchungen zur Schleswiger Nikolaikirche. BSSG 20, S. 42–63.
– 1977: Aula und castellum. Überlegungen zur Topographie und Struktur des Königshofes in Schleswig. BSSG 22, S. 29–47.
– 1980/81: Schleswig und Soest. Soester Zeitschrift 92/93, S. 434–478.
– 1983: Zur Geschichte der Stadt Schleswig in vorhansischer Zeit. Hansische Geschichtsblätter 101, S. 15–27.
– 1984: Sliaswig (Schleswig/Haithabu). Series episcoporum ecclesiae catholicae occidentalis ab initio usque ad annum 1198. Edd. O. Engels und St. Weinfurter. Tom 6. Scandinavia. Archiepiscopatus Lundensis (im Druck).
Ramskou, Th. 1963: Normannertiden 600–1060. Danmarks historie 2. København.
Randsborg, K. 1980: The Viking age in Denmark. The Formation of a State. London.
Roesdahl, E. 1980: Danmarks vikingetid. København..
Ruprecht, A. 1958: Die ausgehende Wikingerzeit im Lichte der Runeninschriften. Palaestra 224. Göttingen.
Santifaller, L. 1964: Zur Geschichte des ottonisch-salischen Reichskirchensystems. Sitzungsber. d. österr. Akademie der Wiss. Phil.-hist. Klasse 229.1. 2. Aufl. Wien.
Seegrün, W. 1967: Das Papsttum und Skandinavien bis zur Vollendung der nordischen Kirchenorganisation 1164. QFGSH 51. Neumünster.
Scheel, O. 1931 Haithabu in der Kirchengeschichte. Zeitschrift für Kirchengeschichte 50, S. 271–314.
Schietzel, K. 1981: Stand der siedlungsarchäologischen Forschung in Haithabu. Ergebnisse und Probleme. Berichte über die Ausgrabungen in Haithabu 16. Neumünster.
Schlesinger, W. 1972: Unkonventionelle Gedanken zur Geschichte von Schleswig/Haithabu. In: Aus Reichsgeschichte und Nordischer Geschichte. Jordan-Festschrift. Kieler Historische Studien 16, S. 70–91. Stuttgart.
Schmeidler, B. 1918: Hamburg-Bremen und Nordost-Europa vom 9.–11. Jahrhundert. Leipzig.
Schmidt, K. 1967: Über das Verhältnis von Person und Gemeinschaft im frühen Mittelalter. Frühmittelalterliche Studien 1, S. 225–249.
von Schubert, H. 1907: Kirchengeschichte Schleswig-Holsteins. Bd. 1. Kiel.
Schütt, H.-Fr. 1980: Gilde und Stadt. ZSGH 105, S. 77–136.
Schultz, C. G. 1935: Bidrag til de danske Tvillingtaarnes Udviklingshistorie. Fra Københavns amt, S. 105–140.
– 1951: Danmarks kirker. Københavns amt. Bd. 3. Roskilde Domkirke. København.
Schwindt, F. 1984: Fern- und Nahhandel der Wikingerzeit nach historischen Quellen mit besonderer Berücksichtigung der Situation von Haithabu. In: Archäologische und naturwissenschaftliche Untersuchungen an ländlichen und frühstädtischen Siedlungen im deutschen Küstengebiet (5. Jahrh. v. bis 11. Jahrh. n. Chr.). Teil 2. Handelsplätze des frühen und hohen Mittelalters, hg. v. H. Jankuhn u. a. Weinheim (im Druck).
Skovgaard, J. 1949: Slesvig bispedømme 948–1948. In: Slesvigs delte Bispedømme. Festskrift ved Slesvig Bispedømmes 1000 Aars Jubilæum 1948, S. 13–137. København.
Skovgaard-Petersen, I. 1978: Oldtid og vikingetid. In: Danmarks historie. Bd. 1, 2. Aufl., S. 15–209. København.
Skyum-Nielsen, N. 1969: Das dänische Erzbistum vor 1250. Acta Visbyensia 3, S.113–138.
– 1971: Kvinde og slave. Danmarks historie uden retouche. København.
Steen Jensen, J. 1974: Die Münzen. BSSG 18, S. 16–17.
Steindorff, E. 1874: Jahrbücher des deutschen Reiches unter Heinrich III. Bd. 1. Leipzig (Nachdruck 1964).
Stoob, H. 1975: Schleswig. Deutscher Städteatlas 1.9. Dortmund.
– 1982: Albert Krantz (1448–1517). Ein Gelehrter, Geistlicher und hansischer Syndicus zwischen den Zeiten. Hansische Geschichtsblätter 100, S. 87–109.

Tessen-Wesierski, F. von 1895: De tribus episcopis Slesvicensium a sede condita primis. Paderborn.
Thrane, H., Nyberg, T. u. a. 1982: Fra boplads til bispeby. Odense til 1559. Odense bys historie. Odense.
Trommer, A. 1957: Komposition und Tendenz in der Hamburgischen Kirchengeschichte Adam von Bremens. Classica et mediaevalia 18, S. 207–257.
Uhlirz, M. 1954: Jahrbücher des Deutschen Reiches unter Otto II. und Otto III. Bd. 2. Berlin.
Vellev, J. 1973: Die Ausgrabung der Rundkirche St. Michaelis in Schleswig. BSSG 18, S. 5–15.
Vogel, V. 1971: Die Nikolaikirche in Schleswig. Bericht über die Ausgrabung 1970. Offa 28, S. 181–224
– 1983: Archäologische Stadtkerngrabung in Schleswig 1969–1982. Ausgrabungen in Schleswig. Berichte und Studien 1, S. 9–54.
Warnke, Ch. 1965: Bemerkungen zur Reise Ibrahim Ibn Jacubs durch die Slawenländer im 10. Jahrhundert. Gießener Abh. zur Agrar- und Wirtschaftsforschung des europ. Ostens 32, S. 393 ff.
Weibull, L. 1948: Den skånska kyrkans äldsta historia. Nordisk Historia. Bd. 2, S. 1–47. Stockholm.
Wigger, F. 1877: Über die neueste Kritik des Helmold. Jahrbücher des Vereins für mecklenburgische Geschichte und Altertumskunde 42, S. 21–63.
Windmann, H. 1954: Schleswig als Territorium. QFGSH 30. Neumünster.

Abkürzungen

BSSG	Beiträge zur Schleswiger Stadtgeschichte
DK	Danmarks Kirker, utg. av Nationalmuseet
MGH	Monumenta Germaniae Historica
– SS	Scriptores
– SS rer. Germ.	Scriptores rerum Germanicarum in usum scholarum
– LL	Leges
– DD	Diplomata
– DH III	Diplomata Heinrici III.
– DO I	Diplomata Ottonis I.
– DO III	Diplomata Ottonis III.
QFGSH	Quellen und Forschungen zur Geschichte Schleswig-Holsteins
RI	Regesta imperii
SHBL	Schleswig-Holsteinisches Biographisches Lexikon
SHKG	Schleswig-Holsteinische Kirchengeschichte
SRD	Scriptores rerum Danicarum, ed. J. Langebek
SVSHKG	Schriften des Vereins für Schleswig-Holsteinische Kirchengeschichte
Westphalen	Monumenta inedita rerum Germanicarum, hg. v. J. von Westphalen
ZRG K	Zeitschrift der Savignystiftung für Rechtsgeschichte. Kanonistische Abteilung
ZSHG	Zeitschrift der Gesellschaft für Schleswig-Holsteinische Kirchengeschichte

Die Kirchspielorganisation im Bistum Schleswig

Von Karlheinz Gaasch

1. Die Anfänge der Kirchenorganisation

Die erste kirchliche Organisation des nordelbischen Sachsengebietes wirkte sich auch auf das Gebiet nördlich der Eider aus. Nachdem Nordelbingen in das Frankenreich eingegliedert war und hier in enger Verbindung mit Ebo von Reims, dem Beauftragten Kaiser Ludwigs des Frommen für die Mission im Norden, und Ansgar, dem »Apostel des Nordens«, vier Taufkirchen entstanden waren (Rimbert, cap. 22), erhielt Ansgar um 850 vom Dänenkönig Horich die Genehmigung, in der Hafenstadt Schleswig eine Kirche zu gründen. Einen genaueren Hinweis über die Lage dieser ersten Kirche im späteren Herzogtum Schleswig gibt uns Rimbert, der Verfasser der Lebensgeschichte Ansgars, nicht (Rimbert, cap. 24). Vieles spricht dafür, daß sie an der Stelle erbaut worden ist, wo im 12. Jahrhundert die Haddebyer Kirche entstand. Sie dürfte der Gemeinde fränkischer Kaufleute, die sich außerhalb der befestigten Wikingerstadt Haithabu niedergelassen hatte, als Gotteshaus gedient haben. Christenverfolgungen und Kriege haben dazu geführt, daß die Ansgarkirche zu Schleswig nicht lange bestanden hat. Für die weitere Christianisierung und den Aufbau einer Kirchspielorganisation hat die älteste Kirche nördlich der Eider keine Bedeutung erlangt (Frahm 1934, S. 191 ff.; ders. 1935, S. 191 ff.; Kamphausen 1935, S. 406 ff.; Meyer 1947; Gaasch 1978, S. 45).

Ausgangspunkt für die Errichtung einer auch die untersten Einheiten erfassenden Pfarrorganisation wurde das um die Mitte des 10. Jahrhunderts gegründete Bistum Schleswig. Erst nachdem sein Sprengel abgegrenzt – er umfaßte das Herzogtum Schleswig mit Ausnahme der Inseln Alsen und Aerö[1] und des Westteils von Nordschleswig – und die erste Domkirche 1134 errichtet waren (Saxo XIII, S. 366; Koppe 1953, S. 111 ff.; Kamphausen 1955, S. 127 ff.; Kuhlmann 1958, S. 181 f.; Ellger 1966, S. 28; Boockmann 1978, S. 9), entstand ein Netz von Pfarrkirchen, das sich im Verlaufe der Zeit durch die Errichtung von Tochterkirchen immer mehr verdichtete. Wie dieser Vorgang im einzelnen ablief, wann die ersten Kirchspiele gegründet wurden, wie der Ausbau der Pfarrorganisation vor sich ging, läßt sich nicht zuverlässig ermitteln, weil aus dem 12. und 13. Jahrhundert so gut wie keine verwertbaren Nachrichten vorliegen, sondern nur Urkunden und Verzeichnisse aus dem Spätmittelalter Rückschlüsse zulassen (Kuhlmann 1958, S. 139 ff.; Boockmann 1967, S. 14 ff.). Im allgemeinen geht man davon aus, daß sich die Kirchspielorganisation an die bereits vor der Christianisierung vorhandene Verwaltungseinteilung anschloß, daß im Gebiet des Bistums Schleswig, vergleichbar mit den Gaukirchen südlich der Eider, zunächst jede Harde ihre Kirche erhielt, also ein Urkirchspiel bildete. Vieles spricht für diese These. Die vier spätmittelalterlichen Verzeichnisse des Schleswiger Bistums folgen bei der Aufzählung der Einkünfte und Kirchen der Hardeneinteilung[2], in Angeln lehnen sich die Kirchspielgrenzen bis auf eine Ausnahme fast vollständig an die aus dem Spätmittelalter überlieferten Hardesgrenzen an. Jedoch liegt ein exakter Nachweis dafür, daß zunächst in jeder Harde ein kirchliches Zentrum eingerichtet wurde, selbst in der gut untersuchten Landschaft Angeln nicht vor (Kuhlmann 1958, S. 177).

Die nachfolgende Beschreibung der einzelnen Kirchspiele schließt sich an die Unterteilung des Bistums in Propsteien an (Abb. 1). Wann die Aufgliederung des recht großen Schleswiger Sprengels erfolgte, wissen wir nicht. Auch die Bezeichnungen der sieben im Mittelalter nachweisbaren Propsteien geben uns Rätsel auf. Die Namen der beiden nördlichsten Propsteien, Barwithsyssel-Propstei und Ellumsyssel-Propstei, lassen zunächst vermuten, daß sich die Untergliederung des

Bistums an die Einteilung in Syssel, die älteste Verwaltungs- und Organisationsform in Jütland anschließt. Doch die Propsteiabgrenzungen stimmen nicht mit den Sysselgrenzen überein. Die Barwithsyssel-Propstei umfaßt nur den östlichen Teil des Syssels. Die westlichen Gebiete gehören ebenso wie der Nordwesten des Ellumsyssels zum Bistum Ripen. Die südlichen Propsteien des Schleswiger Bistums, der Archidiakonat und die Große Propstei, enthalten in ihren Namen keiner Hinweis auf den südlichsten Syssel, den Idstedtsyssel. Die drei im friesischen Gebiet an der Westküste liegenden Propsteien Eiderstedt, Strand und Wiedau zeigen keinen Zusammenhang mit der alten Sysseleinteilung[3].

Der Schleswiger Bischof kann sich bei der Verwaltungsgliederung seines Sprengels offenbar nur in einigen Gebieten lose an die alte, vorgefundene Organisationsform anlehnen und schafft mit seiner Propsteieinteilung überwiegend neue Einheiten.

2. Aufbau und Ausbau der Pfarrorganisation im Bistum Schleswig
2.1 Große Propstei

Die südlichste Propstei, unmittelbar nördlich der Eider, trägt ihren mittelalterlichen Namen Praepositura Maior zurecht. Sie ist räumlich am ausgedehntesten, reicht von der Ostsee- bis zur Nordseeküste und umfaßt im Jahr 1523 42 Kirchspiele (Westphalen IV 1745, Sp. 3142 f.; v. Schröder 1854, S. XLII).

Zur großen Propstei gehörte im Mittelalter das gesamte Gebiet zwischen Eider und Schlei. Die bischöflichen Verzeichnisse führen in diesem Bereich insgesamt 20 Kirchspiele auf, über deren Entstehung nur wenig bekannt ist. Zwar lassen bauliche Eigenarten eine ungefähre Datierung der einzelnen Kirchen zu, doch kann damit nicht geklärt werden, ob sie von Anfang an Pfarrkirchen oder zunächst nur Kapellen gewesen sind.

Die am weitesten im Osten gelegene Landschaft trägt bis heute den Namen Dänischer Wohld. In ihm sind vier mittelalterliche Kirchspiele nachweisbar, über deren Gründungszeit nichts bekannt ist. Unter ihnen fällt die Kirche zu Gettorf, in der Mitte der Landschaft gelegen, durch die Größe des Kirchengebäudes und des Pfarrbezirkes auf. Aber auch die anderen drei Kirchspiele haben verhältnismäßig große Sprengel. Das gilt sowohl für den Pfarrbezirk Dänischenhagen, in älteren Quellen Slabbenhagen genannt, als auch für Krusendorf. Dieses Kirchspiel, das in den bischöflichen Verzeichnissen des späten Mittelalters unter dem Namen Jellembeke geführt wird, hat sich durch Uferabbrüche an der Eckernförder Bucht Land verloren. Seine alte Kirche, am Steilufer gelegen, mußte abgebrochen und 1735 an die heutige Stelle verlegt werden. Die westlichste Kirchengemeinde des Dänischen Wohldes hat ihr Zentrum in der spätromanischen Pfarrkirche zu Sehestedt. Ob sie von Anfang an Pfarrrechte gehabt hat oder zunächst als Kapelle gebaut wurde, läßt sich nicht sicher klären. Die Größe der Pfarrbezirke und die zentrale Lage der Kirchen in ihren Sprengeln lassen jedoch den Schluß zu, daß alle vier Kirchspiele des Dänischen Wohldes etwa zur gleichen Zeit im Rahmen des Aufbaues der Pfarrorganisation entstanden sind. Dieser kann erst erfolgt sein, nachdem der Dänische Wohld und das unmittelbar westlich angrenzende Gebiet als nördlicher Ausläufer eines ausgedehnten Waldgebietes, des Isarnho, ähnlich wie die südlich anschließenden Teile in Holstein während des 13. Jahrhunderts besiedelt wurden.

In der westlich anschließenden Region liegen die beiden Kirchspiele der alten Hüttenerharde, Bünsdorf und Hütten. Sie sind wahrscheinlich unter den gleichen Bedingungen und zur gleichen Zeit entstanden wie die Pfarrkirchen im Dänischen Wohld (v. Schröder 1854, S. 80, 95, 173, 244, 302 f., 475; Jöns u. a. 1967, S. 314 ff.; Graucob u. a. 1972, S. 295 ff.; Beseler 1969; Rauterberg 1978, S. 91).

Die Kirchspiele im Gebiet zwischen Schleswig und Rendsburg, in dem die Hardeneinteilung mehrfach wechselte, scheinen der ersten Phase der Pfarrorganisation anzugehören. Der große Pfarrbezirk der unmittelbar westlich von Rendsburg gelegenen Kirche von Campen wurde erst auf-

Abb. 1 Übersichtskarte über das Bistum Schleswig um das Jahr 1450. Nach R. Hansen und W. Jessen 1904. Nachdruck mit freundl. Erlaubnis der Gesellschaft für Schleswig-Holsteinische Geschichte.

geteilt, nachdem die Kirche 1691 abgebrochen und nach Hohn verlegt worden war. Die Größe der Pfarrsprengel und die spätromanischen Feldsteinbauten sprechen auch bei den Parochien Kropp und Haddeby für ein hohes Alter, beim Kirchspiel Hollingstedt ebenfalls seine Ausdehnung und das romanische Kirchenschiff aus Tuffstein (v. Schröder 1854, S. 87, 199, 232, 301; Beseler 1969, S. 673, 681, 676).

In der Stadt Schleswig hat die Domkirche sicherlich von Anfang an auch als Pfarrkirche für das nördliche und östliche Stadtgebiet gedient. Für das westliche Stadtgebiet und die anschließenden Randgebiete scheint schon recht bald das St. Michaelis-Kirchspiel eingerichtet worden zu sein, das merkwürdigerweise in den bischöflichen Aufzeichnungen unter der Husbyharde aufgeführt wird (Hansen und Jessen 1904, S. 243). Die weiteren vier Pfarrkirchen in der Stadt Schleswig, die während des späten Mittelalters nachweisbar sind, haben nicht lange Bestand gehabt (Hansen und Jessen 1904, S. 82, 92, 102, 112 f., 128; v. Schröder 1854, S. 454; Philippsen 1926, S. 30).

Die Landschaft Stapelholm besteht aus den drei Kirchspielen Bergenhusen, Erfde und Süderstapel. Sie umfassen jeweils im Kern einen recht geschlossenen, aber deutlich voneinander abgesetzten Geestkomplex und haben als Mittelpunkt, bis auf Bergenhusen, wo 1712 an die Stelle der alten Kirche ein backsteinerner Saalbau trat, Kirchengebäude aus der Zeit um 1200 (v. Schröder 1854, S. 40, 128, 521; Beseler 1969, S. 659, 664, 733; Jessen 1950, S. 57 ff.; Rauterberg 1978, S. 82). Sie dürften ähnlich wie die Kirchen im östlichen Nachbargebiet der ersten Phase der Pfarrorganisation zugerechnet werden. Im westlichen Teil der Landschaft hat es bis zum Anfang des 14. Jahrhunderts noch einen weiteren Pfarrbezirk gegeben. Eine Überschwemmung der Treene- und Eidermarsch hat das Kirchspiel St. Johannis zerstört, die überlebenden Bewohner sollen sich in Seeth angesiedelt haben (Hansen und Jessen 1904, S. 162 ff., 253, 269 f.; v. Schröder 1854, S. 261).

Schwansen, die Landschaft zwischen Schlei und Eckernförder Bucht, hatte im Mittelalter zunächst sechs Pfarrkirchen. Der ganze Nordosten der Halbinsel bildet das Kirchspiel Karby dessen Kirche, auf einer Anhöhe stehend, weit sichtbar ist. Da sie seit dem Mittelalter auch der Namen Schwansener Kirche führt, ist vermutet worden, daß sie die älteste Kirche der Landschaft sei. Das Kirchengebäude und die Lage am Rande der Landschaft stützen diese Auffassung nicht. Der Lage nach käme eher die Kirche zu Rieseby als die älteste Kirche in Frage. In ihrer Nähe wurde das Thing für die Riesebyharde, die in ihrem Umfang mit der Halbinsel Schwansen übereinstimmt abgehalten. Eine gewisse Vorrangstellung ergibt sich auch daraus, daß sie in den bischöflicher Verzeichnissen an erster Stelle vor allen anderen Kirchen Schwansens aufgeführt wird (vgl Anm. 2). Doch auch mit diesen Hinweisen kann die Frage nach der ältesten Kirche Schwansens nicht endgültig entschieden werden. Ebenfalls ein hohes Alter können die Pfarreien Borby, Kose und Sieseby für sich in Anspruch nehmen, deren Kirchengebäude aus der Zeit um 1200 oder kurz davor stammen. Wahrscheinlich ist auch die Parochie Waabs, deren Kirche früher in Küstennähe gelegen haben soll, eine ältere Gründung. Nur das Kirchspiel Eckernförde gehört einer jüngerer Gründungsperiode an. Dieser siebente Pfarrbezirk, zum überwiegenden Teil aus der Parochie Borby ausgegliedert, reicht in seinen südlichen Randgebieten über die Landschaft Schwansen hinaus Als äußerst unsicher müssen die Hinweise auf ein weiteres Kirchspiel im Nordosten der Halbinse gelten. Danach soll ein Teil des östlichen Schwansen in Mynnäsby, einem vergangenen Ort ar der Mündung der Schlei, eingepfarrt gewesen sein (v. Schröder 1854, S. 55, 296, 426, 477, 468 567, 115; Kock 1912, S. 371 ff.; Jöns u. a. 1967, S. 306 ff.; Graucob u. a. 1972, S. 295 ff.; zum Alter der Kirchen vgl. Beseler 1969).

Den westlichen Teil der großen Propstei bilden die Südergosharde, die Nordergosharde und die Lundenbergharde. Mit insgesamt 22 Kirchspielen weist dieser räumlich kleinere Bereich mehr Pfarrkirchen auf als die Mitte und der Osten der großen Propstei.

In der Südergosharde gelten Mildstedt und Hattstedt als die alten Hauptkirchen der Harde. Aber auch die Kirchspiele Schwabstedt und Olderup könnten auf Grund ihrer alten Kirchengebäude aus der frühen Kirchengründungsperiode stammen, obwohl beim letzteren die geringe Größe seines Sprengels und die Nähe Hattstedts Bedenken auslösen. Die folgenden drei Kirchen gehören zu den jüngeren Gründungen. Die Pfarrkirche von Schobüll wird als Filiale von Mildstedt angesehen, und die Schwesinger Kapelle kann erst nach 1300, wahrscheinlich als Ableger von Hattstedt, zur Pfarrkirche erhoben worden sein. Die Stadt Husum, ursprünglich ebenfalls zu Mildstedt eingepfarrt, erhielt 1448 eine eigene Pfarrkirche. Dagegen können die im Osten der Harde gelegenen Kirchspiele Ostenfeld und Treia keiner der beiden Gründungsperioden zugeordnet werden, weil keine Nachrichten und Hinweise vorliegen. Auch über das Alter der schon früh in der Hattstedter Marsch untergegangenen Kirchspielskirche Wartinghusen ist nichts bekannt.

Die Marienkirche zu Breklum wird als die Hauptkirche der Nordergoshardge angesehen. Neben ihr gilt die Kirche in Bordelum als die älteste und wichtigste der Harde, obwohl sie wie die Pfarrkirchen von Drelsdorf, Joldelund und Bargum zunächst eine abhängige Kapelle war. Die Pfarrkirche zu Langenhorn gewann erst nach der Zerstörung des alten Kirchdorfes Effkebüll im 15. Jahrhundert an Bedeutung. Vielleicht hat dazu auch der Untergang des nicht mehr genau lokalisierbaren Kirchspiels Ottesloff (Ottislev) beigetragen. Über das Alter der recht großen Parochie Viöl ist nichts bekannt. Das jüngste Kirchspiel der Harde ist Bredstedt, wo die dortige Kapelle 1510 zur Pfarrkirche erhoben wurde (Hansen und Jessen 1904, S. 99, 259, 277 f.; Peters 1975, S. 229 ff.; v. Schröder 1854; Beseler 1969; Rauterberg 1978, S. 74, 79 ff.).

Warum die Lundenbergharde als Teil der alten Insel Nordstrand zur großen Propstei gehört und nicht zur Propstei Strand, kann nicht belegt werden. Vermutlich hat hier die räumliche Trennung von Altnordstrand infolge großer Landverluste durch Sturmfluten zu einer Umlegung in der kirchlichen Verwaltungsgliederung geführt. Als einziges Kirchspiel der Harde ist Simonsberg, dessen Kirche auch mehrfach verlegt werden mußte, übriggeblieben. Selbst von der alten Hauptkirche der Harde, Lundenberg, ist nichts erhalten. Das Kirchspiel ging in der Sturmflut 1634 verloren. Auch die weiteren mittelalterlichen Pfarrbezirke der Harde, Morsum, Hamm und Lith auf Altnordstrand und Padeleck in der Nähe von Simonsberg, sind ein Opfer der Sturmfluten, überwiegend des Jahres 1634, geworden. Noch früher, teilweise in der großen Flut von 1362, sind die Kirchspiele Syvertmanrip, Yvelek und Wybol untergegangen. Im Gebiet zwischen der unteren Treene, der Lundenberg- und der Südergosharde hat es vor 1450 durch Sturmfluten große Landverluste gegeben. Alle hier namentlich bekanntgewordenen Kirchspiele, St. Johannis, St. Christinen, St. Katharinen und Myld, sind verschwunden. Ob einige von ihnen mit schon erwähnten Parochien der Lundenbergharde, deren Schutzheiligen wir nicht kennen, identisch sind und ob sie dieser Harde zugeordnet waren oder wie Myld zu Eiderstedt rechneten, bleibt unklar[4].

2.2 Propstei Eiderstedt

Die Halbinsel Eiderstedt bildete innerhalb der schleswigschen Diözese eine eigene Propstei mit den Teilen Utholm, Everschop und Eiderstedt, die vermutlich Inselcharakter hatten und sich infolge Überschwemmungen und Eindeichungen gegenüber dem mittelalterlichen Zustand stark verändert haben. Die Rekonstruktion der ursprünglichen Pfarrorganisation stößt daher hier auf Grenzen.

Hauptort der ehemaligen Insel Eiderstedt und zugleich Hardessitz war Tönning. Die Tönninger Kirche dürfte daher die Hauptkirche dieses Gebietes gewesen sein. Die im Osten der Insel gelegenen Kirchspiele Koldenbüttel, Witzwort und Oldenswort sind verhältnismäßig groß und scheinen der älteren Kirchengründungsperiode anzugehören, während die westlichen Parochien Kating, Kotzenbüll, Vollerwiek und Welt recht klein sind und ihre Kirchen, zum Teil als Kapellen gegründet, erst später zu Pfarrkirchen erhoben worden sind.

Everschop, der mittlere Teil der heutigen Halbinsel Eiderstedt, hatte seine Hauptkirche in Garding, dem Sitz der gleichnamigen Harde. Die Kirchen von Katharinenheerd, Poppenbüll und Osterhever scheinen zunächst von Garding abhängige Kapellen gewesen zu sein. Wann sie selbständige Pfarreien geworden sind, ist nicht bekannt. Vermutlich hat sich das Kirchspiel Tetenbüll in gleicher Weise aus einem abhängigen Kapellenbezirk entwickelt. Über das Alter des früher zur Insel Nordstrand gehörenden Kirchspiels Ülvesbüll liegen keine Nachrichten vor.

Als Hauptkirche des westlichen Teils von Eiderstedt, des Utholms, gilt die Kirche zu Tating. Ob St. Peter, Ording und Westerhever gleich als selbständige Parochien eingerichtet oder erst später von Tating abgetrennt worden sind, ist weder aus der Überlieferung noch aus der Baugeschichte der mehrfach verlegten Kirchen zu erschließen (Hansen und Jessen 1904, S. 254 f., 262, 281 f.; v. Schröder 1854; Beseler 1969; Koob 1936, S. 11 ff.).

Damit sind alle Pfarrkirchen der heutigen Landschaft Eiderstedt genannt, die im Mittelalter entstanden sind. Die verhältnismäßig geringe Größe ihrer Sprengel läßt darauf schließen, daß die Pfarreien zur kirchlichen Versorgung der drei Teile der Halbinsel voll ausreichten. Der gesamte Umfang der mittelalterlichen Pfarrorganisation ist damit nicht aufgezeigt. Große Landverluste durch Sturmfluten und im Utholm auch durch Sandverwehungen haben zum Untergang von Kirchspielen geführt. Allein durch die Flut vom 16. 1. 1362 scheinen acht Parochien verlorengegangen zu sein. Wie viele im Mittelalter insgesamt untergegangen sind und wo sie gelegen haben, ist nicht bekannt (Hansen und Jessen 1904, S. 2; Hansen 1894, S. 3 ff., 72 ff.)[5].

2.3 Propstei Strand

Die nordfriesische Insel- und Halligenwelt, ausgenommen die Insel Sylt, bildete im Mittelalter die Propstei Strand. Die Zahl der Kirchspiele, aus denen sie sich ursprünglich zusammensetzte, kennen wir nicht. In der Topographie des Herzogtums Schleswig schreibt v. Schröder (1854, S. XLIII), daß die Propstei nach der großen Überschwemmung im Jahre 1354 nur 24 Kirchen hatte, ohne sie einzeln aufzuführen. Zweifel an dieser Angabe stellen sich ein, weil die großen Landverluste nicht 1354, sondern durch die große »Manndrenke« 1362 eintraten und weil das Register des Schleswiger Domkapitels von etwa 1450 die Zahl der durch diese Flut untergegangenen Kirchen mit 24 angibt (Hansen und Jessen 1904, S. 100; Hansen 1894, S. 12, 41; ders. 1901, S. 4). Die Gründungszeit der 1362 vernichteten Kirchspiele ist ebensowenig bekannt wie die der mehrfach belegten und in ihrer Lage überwiegend bekannten Pfarreien, die bis zur großen Sturmflut vom 11. 10. 1634 vorhanden waren. Die bischöflichen Verzeichnisse und andere zeitgenössische Darstellungen bezeugen folgende Kirchspiele zwischen 1362 und 1634: Ilgruf, Brunock, Stintebüll, Gaikenbüll, Odenbüll, Trendermarsch, Emesbüll und Hersbüll in der Edomsharde, Westerwohld, Osterwohld, Bupte, Bupsee, Volkesbüll, Königsbüll, Rorbeck, Evesbüll, Imminghusen, Gröde und Ockholm in der Beltringharde, Buphever und Pellworm in der Pellwormharde sowie Oland in der Wiedrichsharde (Hansen und Jessen 1904, S. 263, 281 ff.; Hansen 1894, S. 74 f., 80 f.; Westphalen IV 1745, Sp. 3142; Hansen 1901, S. 106 ff.; v. Schröder 1854). Von diesen Kirchen sind nach der Sturmflut von 1634 nur wenige übriggeblieben. Auf Nordstrand hat nur die Kirche zu Odenbüll, in der die ganze Insel eingepfarrt ist, alle Sturmfluten seit dem Mittelalter unzerstört überstanden. Auch auf Pellworm, das bis 1634 Teil Nordstrands war, ist das mittelalterliche Kirchengebäude noch teilweise erhalten. Die St. Salvatorkirche, von der neben Pellworm bis 1581 auch Hooge kirchlich versorgt wurde, ist ein im Kern romanisches Bauwerk aus dem späten 12. Jahrhundert. Dagegen sind die alten Pfarrkirchen von Oland und Gröde schon recht früh, vielleicht 1362, von den Fluten zerstört und später durch Neubauten ersetzt worden. Auch Langeneß scheint eine Pfarrkirche gehabt zu haben, die in der Flut von 1362 untergegangen ist. Seine Bewohner sind danach bis 1663 in Oland eingepfarrt gewesen. Die häufigen Verschiebungen der Grenzen von Land und Wasser im Gebiet von Altnordstrand machen es unmöglich, ein klares Bild von der Entstehung der Pfarrorganisation und ihrer Weiterentwicklung zu entwerfen, weil Landverluste, Neueindeichungen und Umgemeindungen in ihren Einzelheiten nicht genau rekonstruierbar sind (v. Schröder 1854, S. LXXIV ff.).

Anders verhält es sich dagegen auf den Inseln Föhr und Amrum. Alle vier Kirchen liegen auf der Geest, sind dort gegen Überflutungen geschützt und haben daher ihren Standort nicht verändert. Ihre Gebäude sind alt, zeigen romanische Bauelemente und gelten als Bauwerke des späten 12. oder frühen 13. Jahrhunderts. Nur in der St. Johanniskirche zu Nieblum sind noch Reste eines Vorgängerbaues mitverarbeitet. Sie ist die alte Hauptkirche der Insel Föhr. Ob die Pfarrkirchen St. Nicolai in Boldixum und St. Johannis in Süderende zunächst auch Filialen von Nieblum wie die St. Clemenskirche in Nebel auf Amrum oder gleich selbständig gewesen sind, bleibt unklar (v. Schröder 1854; Beseler 1969; Peters 1975, S. 228 f.; vgl. zu diesen Fragen auch den Beitrag von T. Nyberg in diesem Band S. 173 ff.).

2.4 Propstei Wiedau

Die mittelalterliche Propstei Wiedau umfaßte die Insel Sylt, die Horsbüllharde, später Wiedingharde genannt, und die Bökingharde im nordfriesischen Marschengebiet.

Auf der Insel Sylt scheint die Keitumer Kirche die Hauptkirche gewesen zu sein, denn die Sprengel der übrigen mittelalterlichen Pfarrkirchen der Insel, Morsum und Westerland, sind wesentlich kleiner. Auch das im Mittelalter bezeugte Kirchspiel Rantum, dessen Kirche erst in der Neuzeit abgebrochen worden ist, hat wahrscheinlich nur einen geringen Umfang gehabt (Hansen und Jessen 1904, S. 263, 282; Peters 1975, S. 227 f.).

Die Pfarrkirche der Insel Helgoland gehörte mit Sicherheit zur Diözese Schleswig. Wir ordnen sie an dieser Stelle ein, weil sie in den bischöflichen Verzeichnissen von 1463 und 1509 im Anschluß an die Kirchspiele der Insel Sylt aufgeführt wird. Daß sie wirklich der Propstei Wiedau zugeordnet war, erscheint wegen der großen Entfernung zweifelhaft. Obwohl über die erste Christianisierung der Insel schriftliche Nachrichten vorliegen, gibt es keine Hinweise, wann das Kirchspiel Helgoland entstanden ist[6].

In der Horsbüllharde dürfte die Kirche zu Horsbüll die alte Hauptkirche gewesen sein. Kaum jünger als diese ins frühe 13. Jahrhundert datierte Kirche sind wahrscheinlich die Pfarrkirchen von Neukirchen und Aventoft. Ob die Kirchspiele Rodenäs, Klanxbüll und Emmelsbüll der zweiten Kirchgründungsperiode angehören, ist ungewiß. Ihre Kirchengebäude bzw. deren Einrichtungen lassen auf die Mitte des 13. Jahrhunderts als Gründungszeit schließen. Auch über das Alter des nach der Zerstörung der Kirche im Jahre 1615 aufgelösten Kirchspiels Rickelsbüll ist nichts bekannt.

In der Bökingharde wird die Kirche zu Lindholm als die älteste angesehen. Sie steht in den bischöflichen Verzeichnissen an erster Stelle unter den Kirchen der Propstei Wiedau. Über die Zeit ihrer Gründung liegen genauso wie für die anderen sechs Pfarrkirchen keine Angaben vor. Die Kirche zu Dagebüll, in den alten Verzeichnissen unter dem Namen Wisch geführt, scheint zunächst eine unselbständige Kapelle gewesen zu sein. Außer dem gotischen Kirchenschiff von Deezbüll gibt es in den während der letzten Jahrhunderte erneuerten Kirchen Galmsbüll, Niebüll und Risum nur einen Schnitzaltar und Taufen, die auf die mittelalterliche Tradition verweisen. Die Pfarrkirche von Fahretoft enthält nicht einmal derartige Hinweise[7].

2.5 Propstei Archidiakonat

Der Archidiakonat war die zweitgrößte Propstei des Bistums. Zu ihm gehörten die sechs Harden der Landschaft Angeln und der westlich anschließenden Geest: die Schliesharde, die Struxdorfharde, die Nieharde, die Uggelharde, die Husbyharde und die Wieharde mit insgesamt 50 Kirchspielen.

In der Landschaft Angeln hat trotz ungünstiger Quellenlage eine sorgfältige Auswertung der Lage der Kirchen in ihrem Pfarrbezirk, der Grenzen der Kirchspiele und der Baugeschichte der Parochialkirchen eine Rekonstruktion der Pfarrorganisation um 1200 ermöglicht. Danach sind zu dieser Zeit 21 Kirchspiele vorhanden, die, ziemlich gleichmäßig über die Landschaft verteilt, die kirchliche Versorgung Angelns gewährleisten (Kuhlmann 1958, S. 175 ff., Karte 24 a). Unter ihnen müßten sich die Urkirchspiele befinden.

Als Hardeskirche der Schlieshard e kommt die Kirche von Norderbrarup in Frage, das allerdings später zur Struxdorfharde gehörte. Die Kirchspiele Boren, Töstrup und vielleicht Ulsnis dürften zur alten Kirchenorganisation gerechnet werden. Böel und Süderbrarup sind offenbar Filialkirchen von Norderbrarup. Die Parochie Rabenkirchen scheint ein Ableger von Töstrup zu sein, und für die Kirchspiele Brodersby und Goltoft kann die Mutterkirche in Ulsnis gestanden haben. Wann die Nikolaikapelle zu Kappeln zur Pfarrkirche erhoben wurde, ist nicht bekannt. Der Sprengel dieses zur jüngeren Schicht gehörenden Kirchspiels setzte sich aus Teilen der älteren Pfarrbezirke Töstrup und Gelting (Nieharde) zusammen.

Die Hardeskirche der Struxdorfharde ist vermutlich Struxdorf gewesen. Urkundlich belegt sind für die Zeit um 1200 die Kirchspiele Nübel, Tolk und Kahleby. Auf Grund seiner Lage und der siedlungshistorischen Situation könnte das Kirchspiel Stolk zur alten Kirchspielorganisation gehört haben. Auch Satrup scheint von Anfang an selbständig gewesen zu sein. Alle anderen Pfarreien der Struxdorfharde gehören der jüngeren Aufbauphase an. Moldenit löste sich offenbar aus dem Kahlebyer Sprengel, Loit und Taarstedt sind wahrscheinlich von Tolk abgetrennt, Ülsby und Thumby gehörten vermutlich zu Struxdorf, und für Idstedt und Fahrenstedt scheint die Mutterkirche in Stolk gestanden zu haben, doch ist diese Vermutung wegen der späteren Aufhebung der Kirchspiele Stolk und Idstedt äußerst unsicher.

In der Uggelharde, die im Westen über die Landschaft Angeln hinausreicht, könnte die Kirche zu Eggebek die Hardeskirche gewesen sein, aber auch die Kirche zu Sieverstedt, deren Parochie das ganze Mittelalter hindurch Stenderup (Stendorp) genannt wurde, kommt dafür in Frage (Freitag 1951, S. 53 ff.). Neben diesen beiden Kirchspielen gehören wahrscheinlich die Parochien Översee und Groß-Solt zur älteren Schicht der Kirchspiele, während Klein-Solt, früher auch Walstorp (Wolstrup) genannt, als selbständiges Kirchspiel von Groß-Solt, die Parochie Havetoft, später zur Struxdorfharde gerechnet, vermutlich von Stenderup (Sieverstedt) und das Kirchspiel Jörl wahrscheinlich von Eggebek abgetrennt wurden.

Die Nieharde scheint wegen ihrer verhältnismäßig späten Entstehung keine eigentliche Hardeskirche gehabt zu haben. Die ältere Schicht der Kirchspiele bildeten hier vermutlich die Parochien Sörup, Steinberg, Esgrus und im Osten Gelting. Später sind die Kirchspiele Quern und Sterup hinzugekommen, wahrscheinlich als Ableger von Steinberg und Esgrus.

In der Husbyharde dürfte die Kirche von Husby als die alte Hardeskirche angesehen werden. Zu den älteren Kirchspielen sind hier Munkbrarup, Grundhof und Adelby zu rechnen, während Hürup und Rüllschau erst später aus dem Husbyer Pfarrbezirk herausgelöst und zu selbständigen Parochien erhoben wurden. Das Mutterkirchspiel für die St.-Johannis-Parochie in Flensburg ist Adelby. Die Abtrennung wird im Laufe des 13. Jahrhunderts vermutet (Kuhlmann 1958, S. 137 ff.).

Wahrscheinlich ist die Pfarrkirche in Großenwiehe die Hauptkirche der Wiesharde gewesen. Sie liegt im Süden der Harde, die ihren Namen von diesem Kirchdorf erhalten hat. Die weiteren vier Parochien der Wiesharde, nämlich Wanderup, Nordhackstedt, Handewitt und Bau, von der das Kirchdorf und der größere Teil des Pfarrbezirks nach der Abstimmung 1920 an Dänemark abgetreten wurden, gehören, wie die in das 12. Jahrhundert datierten Kirchengebäude vermuten lassen, in die ältere Schicht der Kirchspiele. Sie sind bis auf eine Ausnahme in der 2. Gründungsphase nicht aufgeteilt worden (v. Schröder 1854, S. LXXVII, 35, 198, 207, 569, 579; Beseler 1969, S. 293, 297, 306, 318). Der westlich der Förde gelegene Teil des Flensburger Stadtgebietes scheint aus dem Handewitter Sprengel ausgegliedert zu sein. Seine Pfarrkirche St. Marien ist eine Gründung des 13. Jahrhunderts. Aus ihrem Sprengel könnte dann der Pfarrbezirk St. Nikolai gegen Ende des 14. Jahrhunderts hervorgegangen sein. Die im 13. oder 14. Jahrhundert entstandene Pfarrkirche St. Gertrud für die Ramsharde ist 1571 abgebrochen, ihre Gemeinde von St. Marien übernommen worden (v. Schröder 1854, S. 141 ff.; Kraack 1972, S. 24 ff.; Voigt 1929, S. 116, 145, 159 f., 180;

Hansen 1894, S. 80). So stellt Flensburg eine Verknüpfung her zwischen der Wiesharde und der zu Angeln gehörenden Husbyharde, in der als Ableger der Pfarrkirche von Adelby die St.-Johannis-Parochie, das östliche Stadtgebiet, liegt (Hansen und Jessen 1904, S. 261, 279; v. Schröder 1854, S. XLIII).

Die vorliegende Übersicht über die Kirchspiele in der Archidiakonatspropstei zeigt, daß auch für die Gebiete westlich der Landschaft Angeln die gleichen Aussagen gelten, wie Kuhlmann (1958, S. 177 f., 232) sie für Angeln getroffen hat. Ausgehend von den Hardeskirchen ist zunächst eine ältere Schicht von Kirchspielen entstanden, die anfänglich zur kirchlichen Versorgung ausreichten. Die so entstandene erste Pfarrorganisation erfuhr schon bald einen Ausbau. Aus den älteren Pfarrbezirken löste sich eine Reihe von Tochterkirchspielen heraus. Auf- und Ausbau der Kirchspielorganisation sind außerordentlich schnell vor sich gegangen. Innerhalb von hundert Jahren, etwa von 1150 bis 1250, sind fast alle mittelalterlichen Kirchen der Landschaft errichtet worden.

2.6 Propstei Ellumsyssel

Die nördlich sich bogenförmig an die Archidiakonatspropstei anschließende Propstei trägt den Namen Ellumsyssel. Zu ihr gehörten die Halbinsel Sundewitt, die Lundtoftharde, die Riesharde, die Schluxharde und die Karrharde mit insgesamt 39 Kirchen. Ihr Gebiet wurde nach der Abstimmung 1920 geteilt. Die erstgenannten Harden fielen an Dänemark, und nur die Karrharde verblieb bei Schleswig-Holstein.

Die älteste Kirche auf der Halbinsel Sundewitt könnte die Kirche zu Nübel sein. Sie gilt als die älteste der Gegend, und ihr Kirchdorf hat der Harde, die den größeren Teil der Halbinsel umfaßt, den Namen gegeben.

Als alte Parochien kommen hier Broacker, Atzbüll und Warnitz (Varnæs) in Frage, vielleicht auch noch Satrup (Sottrup) und Ulderup. Das Kirchspiel Düppel scheint einer späteren Gründungsperiode anzugehören.

Über die Zeit der Aufgliederung der Lundtoft- oder Lintoftharde in Kirchspiele liegen keine Nachrichten vor. Da sie auch unter dem Namen Klipleffharde bekannt ist, liegt die Vermutung nahe, in der Kirche zu Klipleff die Hardeskirche zu sehen. Doch gilt allgemein die Kirche zu Holebüll als Hauptkirche der Klipleffharde. Zur älteren Schicht der Parochien dürften daneben Rinkenis und Feldstedt (Felsted) und vielleicht noch Enstedt gehören. Die Pfarreien Quars (Kværs) und Uk (Uge), deren Kirchen zunächst nur abhängige Kapellen gewesen zu sein scheinen, sind sicher jünger. Diesen im Alter zugeordnet werden kann vielleicht auch das Kirchspiel Behrendorf (Bjerndrup), das vor 1600 aufgelöst und zu Klipleff gelegt worden ist.

In der Schluxharde, auch Locthorp- oder Lautrupharde genannt, scheint die Kirche zu Bülderup die alte Hardeskirche gewesen zu sein. Die Kirchspiele Hostrup, Burkal, Tingleff und Rapstedt können wegen des Alters ihrer Kirchengebäude und ihrer Lage zur älteren Schicht der Pfarrgründungen gerechnet werden, während die Parochie Osterhoist, wahrscheinlich von Hostrup abgeteilt, offenbar erst spät selbständig geworden ist[8].

Die Karrharde, als deren alte Haupt- und Hardeskirche die Kirche zu Leck angesehen wird, liegt im äußersten Westen der Propstei Ellumsyssel, die hier Teile Nordfrieslands mit umfaßt. Neben Leck können die Kirchspiele Karlum, Humptrup und Medelby auf Grund ihrer Lage und des Alters ihrer Kirchen der ersten Gründungsphase um 1200 zugerechnet werden. Die Kirchen zu Enge, Stedesand und Klixbüll werden als Filialen von Leck bezeichnet und sind offenbar erst später selbständig geworden. Karlum gilt als Mutterkirche der späteren Parochien Braderup und Ladelund. Das Kirchspiel Süderlügum ist in der 2. Gründungsphase von Humptrup und die Pfarrei Wallsbüll, später der Wiesharde zugerechnet, von Medelby abgeteilt worden (Peters 1975, S. 225 ff.; v. Schröder 1854; Beseler 1969).

Den Abschluß der Ellumsysselpropstei nach Norden bilden die Riesharde und der östliche Teil der Süderrangstrupharde. In der Riesharde ist die Pfarrkirche zu Ries (Rise) vermutlich die alte

Hauptkirche der Harde. Von ihrem Bezirk scheint als jüngere Parochie Apenrade abgetrennt worden zu sein, während Loitkirkeby und Bjolderup den älteren Kirchspielen zuzurechnen sind. Über das Alter der Pfarre Jordkjär (Hjordkær) ist nichts bekannt. Ihre Kirche soll bis 1411 in Enlev gestanden haben und der Name des Kirchspiels Guldlef gewesen sein.

Als einziger Kirchort der Süderrangstrupharde gehört Osterlügum zum Bistum Schleswig. Sein Bezirk ist in zwei Kirchspiele geteilt, das Wester- und Osterkirchspiel, das aus der ehemaligen St.-Jacobi-Gemeinde zu Genner besteht. Osterlügum dürfte seiner Größe wegen zur Schicht der älteren Kirchspiele gehören (v. Schröder 1854; Haupt 1887; Danmarks kirker XXI, 1959).

2.7 Propstei Barwithsyssel

Die nördlich anschließende Propstei Barwithsyssel stellt den nördlichsten Teil des mittelalterlichen Bistums Schleswig dar. Sie umfaßte die Hadersleberharde, die Tyrstrupharde, den größeren Teil der Gramharde und ein kleines Stück der Frösharde mit insgesamt 35 Kirchen.

In der Hadersleberharde gibt es eine Reihe alter romanischer Feldsteinkirchen ohne irgendwelche Hinweise auf eine ältere und jüngere Gründungsperiode. Es sind dies die Pfarrkirchen zu Wilstrup, Halk, Ösby, Aastrup, Wonsbek, Starup und Alt Hadersleben. Die Marienkirche zu Hadersleben, auch als Dom bezeichnet, ist sicher jünger. Ihre ältesten Teile stammen aus dem Anfang des 13. Jahrhunderts. Auch die Pfarrkirche zu Grarup ist jünger; sie gilt als Filiale von Starup. Eine Sonderstellung nimmt die alte Parochie Hoptrup ein. Sie gliedert sich in zwei Kirchspielsdistrikte, wobei Norderhoptrup zur Hadersleberharde, Süderhoptrup aber zur Gramharde gehört.

Die Hardeskirche der recht ausgedehnten Tyrstrupharde ist vermutlich die Kirche zu Tyrstrup gewesen. Daneben dürften die Parochien Aller, Bjert, Vonsild, Stepping und Öddis zur älteren Schicht gerechnet werden. Unklar bleibt die zeitliche Einordnung der Kirchspiele Fjelstrup, Heils, Veistrup und Stenderup. Dagegen sind als jüngere Parochien erkennbar: Hjerndrup, Tochterkirchspiel von Tyrstrup, Taps, Filiale von Aller, Frörup, Filiale von Stepping, Dalby und Seest, Ableger der Pfarre Vonsild. Ebenfalls zu den jüngeren Kirchspielen dürfte Moltrup zählen, aus dem später noch der Pfarrbezirk Bjerning ausgegliedert worden ist. Beide Pfarreien werden in den bischöflichen Verzeichnissen in der Tyrstrupharde aufgeführt, gehören später aber zur Hadersleberharde.

In dem zur Propstei Barwithsyssel gehörenden Teil der Gramharde können die Kirchspiele Wittsted (Vedsted), Maugstrup (Magstrup) und Sommerstedt als alt gelten. Die Parochien Hammeleff und Oxenwatt (Oksenvad) scheinen jünger zu sein. Doch läßt sich bei ihnen ein Abhängigkeitsverhältnis von einem älteren Kirchspiel nicht erkennen. Die ebenfalls jüngeren Pfarrkirchen Jägerup (Jegerup) und Jels sind Filialen von Maugstrup bzw. von Oxenwatt.

Das einzige Kirchspiel der Frösharde im Bistum Schleswig ist Schottburg (Skodborg). Lage und Alter des Kirchengebäudes lassen vermuten, daß es zur älteren Schicht der Kirchspiele gehört (Hansen und Jessen 1904, S. 261 f., 280 f.; v. Schröder 1854; Haupt 1887; Danmarks kirker XX, 1954).

3. Zusammenfassung

Die Beschreibung der Kirchspiele im Bistum Schleswig hat uns gezeigt, daß in dieser recht ausgedehnten Diözese die Pfarrorganisation im 12. und 13. Jahrhundert entstanden ist. Anzeichen für eine frühere, den ganzen Sprengel umfassende Kirchenorganisation gibt es nicht, auch wenn einzelne Gotteshäuser im Westen des Bistums ältere Vorläufer gehabt haben sollten. Damit unterscheidet sich der Aufbau der Pfarrorganisation im Bistum Schleswig nur unwesentlich von dem in den anderen Teilen Schleswig-Holsteins. Zwar gibt es im nordelbischen Gebiet des Bistums Hamburg-Bremen schon um die Mitte des 9. Jahrhunderts eine erste kirchliche Organisation. Die dauerhafte Christianisierung und mit ihr die Gründung über das ganze Land ziemlich gleichmäßig verteilter Kirchspiele erfolgt hier in der ersten Hälfte des 12. Jahrhunderts, also nur wenig früher als in der Schleswiger Diözese. In den Bistümern Lübeck und Ratzeburg wird die erste Pfarrorganisation etwa ein halbes Jahrhundert später als in unserem Gebiet eingerichtet.

Eine zweite Phase von Kirchengründungen, also ein Ausbau der ersten Pfarrorganisation, beginnt in den südlichen Teilen Schleswig-Holsteins im 13. Jahrhundert und findet bis zur Mitte des 14. Jahrhunderts ihren Abschluß. Im Herzogtum Schleswig sind die beiden Gründungsphasen nicht so deutlich erkennbar. Doch lassen sich in der Landschaft Angeln eine ältere und eine jüngere Gründungsperiode unterscheiden, allerdings stärker zusammengedrängt als im Holsteinischen, denn zwischen 1150 und 1250 sind fast alle mittelalterlichen Kirchen Angelns entstanden. Wahrscheinlich ist die Entwicklung der Pfarrorganisation in den anderen Teilen Schleswigs ähnlich wie in Angeln verlaufen, ausgenommen die Marschengebiete und Inseln Nordfrieslands, in denen durch Landverluste und Neueindeichungen und dadurch bedingte Umgemeindungen die Kirchspiele häufiger Veränderungen unterlagen. Hier büßte nach der Sturmflut von 1362 das Bistum mit einigen vielleicht schon früher eingetretenen Verlusten 47 Kirchen ein.

Der Ausbau der Kirchspielorganisation ist in den östlichen Teilen der drei Propsteien Archidiakonat, Ellumsyssel und Barwithsyssel sehr weit fortgeschritten und hat hier schließlich zu recht kleinen Einheiten geführt. In den westlich anschließenden Geestgebieten und in der großen Propstei sind dagegen die Kirchspiele überwiegend verhältnismäßig groß geblieben. In den Propsteien Eiderstedt, Strand und Wiedau haben die natürlichen Bedingungen, wie sie heute noch in der nordfriesischen Halligenwelt zu finden sind, und Eindeichungseinheiten zur Bildung kleiner Parochien geführt.

Nach Abschluß der Ausbauphase hat es an der Pfarrorganisation im Bistum Schleswig nur noch geringfügige Veränderungen gegeben. Die im Mittelalter gegründeten Kirchspiele sind nach der Reformation im wesentlichen erhalten geblieben und haben auch die folgenden Jahrhunderte überdauert.

Anmerkungen

1. Vgl. Liber censualis episcopi Sleswicensis, in: Hansen und Jessen 1904, S. 259 ff.
2. Liste des Cathedraticums von 1463 im Liber censualis episcopi (Hansen und Jessen 1904, S. 259 ff.), Zinsbuch des Bischofs von 1509 (Hansen und Jessen 1904, S. 277 ff.), Cathedraticum von 1523 (Westphalen IV 1745, Sp. 3142 f.), Catalogus vetustus (Hansen 1894, S. 77 ff.).
3. Vgl. dazu die bischöflichen Verzeichnisse (Anm. 2) mit T. Fink (1977) und T. Nyberg (1982, S. 21).
4. R. Hansen und W. Jessen (1904, S. 57, 63, 69, 73, 102, 263, 282 f.; vgl. dazu den Exkurs S. 269 f., die Bemerkungen zur Übersichtskarte im Anhang und die Angaben im Ortsregister); J. v. Schröder (1854, S. 206, 322, 331, 350, 358, 403, 480).
5. Vgl. oben die Ausführungen über Myld.
6. Helgoland wird in der Liste des Cathedraticums und im Zinsbuch des Bischofs 1509 hinter den Kirchen der Insel Sylt aufgeführt (Hansen und Jessen 1904, S. 263, 282), in der Designatio (Hansen 1894, S. 73) vorangestellt; vgl. auch G. Mörchel (1965, S. 2 f.) und B. E. Siebs und E. Wohlenberg (1953, S. 197 f.).
7. J. v. Schröder (1854) und H. Beseler (1969) unter dem jeweiligen Stichwort; Peters (1975, S. 222 ff.). In der Liste des Cathedraticums und im Zinsbuch des Bischofs von 1509 (Hansen und Jessen 1904, S. 261, 280) fehlt die Bezeichnung Bökingharde, und die zu dieser Harde gehörenden Kirchen Galmsbüll, Dagebüll und Fahretoft sind unter der Horsbüllharde aufgeführt. Vgl. dazu die Designatio und den Catalogus vetustus (Hansen 1894, S. 76, 81) und J. v. Schröder (1854, S. LXVII f.).
8. J. v. Schröder (1854); R. Haupt (1887–1888); Danmarks Kirker (1957, 1959, 1961) unter dem jeweiligen Stichwort. Für die von R. Haupt (1887, S. 26) genannte frühere Kirche zu Aarup in der Lundtoftharde gibt es außer der Erwähnung im Cathedraticum von 1523 (Westphalen IV 1745, Sp. 3143) keinen Beleg als Pfarrkirche; vgl. auch J. v. Schröder (1854, S. 2) und Danmarks Kirker (1959, S. 1864).

Quellennachweis

Rimbert: Vita Anskarii auctore Rimberto. MGH SS rer. Germ., hg. v. G. Waitz, 1884.
Hansen, R. 1901: Johann Petreus' Schriften über Nordstrand. QGSHG 5. Kiel.

Hansen und Jessen 1904: Quellen zur Geschichte des Bistums Schleswig, hg. v. R. Hansen und W. Jessen. QGSHG 6. Kiel.
Hansen, R. 1894: Beiträge zur Geschichte und Geographie Nordfrieslands im Mittelalter. ZSHG 24, S. 77 ff. (Catalogus vetustus).
Saxo: Saxonis Gesta Danorum, hg. v. J. Olrik und H. Ræder. København 1931.
Westphalen IV 1745: Monumenta inedita rerum Germanicarum. Bd. 4, Sp. 3142 f. (Cathedraticum von 1523). Leipzig.

Literaturnachweis

Beseler, H. (Hg.) 1969: Kunsttopographie Schleswig-Holstein. Neumünster.
Boockmann, A. 1967: Geistliche und weltliche Gerichtsbarkeit im mittelalterlichen Bistum Schleswig. QFGSH 52. Neumünster.
– 1978: Hamburg, Lübeck und Schleswig als Zentren der Diözesanverwaltung im Mittelalter. Schleswig-Holsteinische Kirchengeschichte, Bd. 2, S. 9–42. Neumünster.
Danmarks kirker 1954–1961: Bd. XX Haderslev amt (1954), Bd. XXI Tønder amt (1957), Bd. XXII Åbenrå amt (1959), Bd. XXIII Sønderborg amt (1961). Utg. av Nationalmuseet. København.
Ellger, D. 1966: Der Dom und der ehemalige Dombezirk. Die Kunstdenkmäler der Stadt Schleswig 2. Die Kunstdenkmäler des Landes Schleswig-Holstein. München.
Fink, T. 1977: Die Grenze zwischen den Bistümern Ripen und Schleswig. Die Heimat 88, S. 81 ff.
Frahm, F. 1934: Schleswig-Haithabu und die Ansgarkirche in Haddeby. ZSHG 62, S. 191 ff.
– 1935: Grabungen und Forschungen aus der Wikinger Zeit der Schleswiger Landenge. Historische Zeitschrift 151, S. 12 ff.
Freytag, E. 1951: Aus der Chronik des Kirchspiels Sieverstedt. Si. Sieverstedt.
Gaasch, K. 1978: Die mittelalterliche Pfarrorganisation in Schleswig-Holstein. Schleswig-Holsteinische Kirchengeschichte, Bd. 2, S. 43–69.
Graucob, K. u. a. 1972: Heimatbuch Eckernförde. Bd. 2. Eckernförde.
Hansen, R. 1894: Beiträge zur Geschichte und Geographie Nordfrieslands im Mittelalter. ZSGH 24, S. 77 ff.
Haupt, R. 1887–1888: Bau- und Kunstdenkmäler der Provinz Schleswig-Holstein. Bd. 1–2.
Jessen, W. 1950: Chronik der Landschaft Stapelholm.
Jöns, C. u. a. 1967: Heimatbuch Eckernförde. Bd. 1. Eckernförde.
Kamphausen H. 1935: Probegrabungen in der Kirche zu Haddeby. ZSHG 63, S. 406 ff.
– 1955: Ursprung und frühe Gestalt des Schleswiger Doms. ZSHG 79, S. 127–152.
Koob, R. (Hg.) 1936: Eiderstedter Heimatbuch. Bd. 1. Besiedlung und Eindeichung, hg. v. R. Koob für den Kreisausschuß Eiderstedt. Garding.
Kock, Chr. 1912: Volks- und Landeskunde der Landschaft Schwansen. Heidelberg.
Koppe, W. 1953: Schleswig und die Schleswiger (1066–1134). In: Städtewesen und Bürgertum als geschichtliche Kräfte. Gedächtnisschrift f. F. Rörig, S. 95–120. Lübeck.
Kraack, G. 1972: Flensburg in Geschichte und Gegenwart. Schriften zur Flensburger Stadtgeschichte 22.
Kuhlmann, H. J. 1958: Besiedlung und Kirchspielorganisation der Landschaft Angeln im Mittelalter. QFGSH 36.
Meyer, E. 1947: Ansgars Kirchengründung und die vormalige Nikolaikirche in Schleswig. Schleswig.
Mörchel, G. 1965: Die Inselkirche St. Nikolai. Damals und heute. Hamburg.
Nyberg, T. 1982: Grenzen erzählen Geschichte. ZSHG 107, S. 15–36.
Peters, L. C. 1975: Nordfriesland. Heimatbuch für die Kreise Husum und Südtondern. (Nachdruck der Ausgabe 1929.) Kiel.
Rauterberg, C. 1978: Der Kirchenbau des Mittelalters in Schleswig-Holstein. Schleswig-Holsteinische Kirchengeschichte, Bd. 2, S. 71–136.
Von Schröder, J. 1854: Topographie des Herzogtums Schleswig. Oldenburg/Holstein.
Siebs, B. E. und Wohlenberg, E. 1953: Helgoland und die Helgoländer. Kiel.
Voigt, Chr. 1929: Flensburg. Flensburg.

Abkürzungen

QFGSH   Quellen und Forschungen zur Geschichte Schleswig-Holsteins
QGSHG   Quellensammlung der Gesellschaft für Schleswig-Holsteinische Geschichte
ZSHG   Zeitschrift der Gesellschaft für Schleswig-Holsteinische Geschichte

Über die nordfriesischen Inseln im Bistum Schleswig und Ansätze ihrer kirchlichen Selbständigkeit

Von Tore Nyberg

Einführung

Schleswig gehörte seit der Errichtung eines Erzbistums Hamburg-Bremen, das für die Mission im Norden zuständig war, bis zum Jahre 1104 diesem Metropolitansitz an, zuerst wohl als Missionsposten, dann als Bischofssitz. Die Südgrenze des Bistums Schleswig, die Eider, war auch die Südgrenze des dänischen Reiches. Als 1104 der dänische König Erik Ejegod mit Papst Paschal II. die Errichtung eines Erzbistums Lund für den ganzen skandinavischen Norden vereinbarte, wurde Schleswig das südlichste und zugleich das älteste Bistum der neuen Kirchenprovinz. Die Grenzfragen des skandinavischen Nordens zum kontinentaleuropäischen Christentum spielten sich zu Beginn nur auf dem Boden dieses Bistums ab. Den Weg in die Historiographie fanden dabei vorwiegend dänisch-deutsche Grenzprobleme[1]. Eine andere Grenze wurde selten behandelt: die zwischen dem nordfriesischen »Utland« und dem vom dänischen Königtum seit langem beherrschten Festlandsteil der jütischen Halbinsel. Der vorliegende Beitrag will den nordfriesischen Inselbereich in seiner Sonderstellung als christlich durchorganisiertes Gebiet innerhalb des Bistums Schleswig behandeln[2].

Zugleich geht der Beitrag auf das in einigen Quellen vorkommende Gebiet *Farria* ein. Dabei wird die These einer möglichen Identität von *Farria* mit dem Bereich der nordfriesischen Inseln überprüft. Das Postulat, daß diese Inseln irgendwie mit *Farria* identisch sind, wurde der Hebel, der die Durchsicht einiger Quellen zur Geschichte des Inselbereiches ingangsetzte. Wenn damit auch noch nicht erwiesen werden konnte, daß das initiierende Postulat der historischen Wirklichkeit entspricht, scheint eine Möglichkeit dafür jedoch vorzuliegen: – Erwägungen, deren einzelne Argumentationsglieder hier folgen sollen[3].

Farria in Adam von Bremens erzählendem Text

Den festen Ausgangspunkt für Überlegungen über den Namen *Farria* bietet Adam von Bremen, dessen Werk um oder kurz nach 1072 verfaßt wurde[4]. Dieser Ausgangspunkt ist um so sicherer, als der Bischof, dem dieser Gebietsname als Amtssprengel zugesprochen wird, Eilbert, zeitlich fest einzuordnen ist: er starb laut Adam im gleichen Jahr wie Erzbischof Adalbert von Hamburg-Bremen, der ihn einst zum Bischof geweiht hatte, also im Jahre 1072[5].

Bischof Eilbert mit dem Bischofstitel *Farriensis* ist Suffragan Hamburg-Bremens. Die Dokumente über ihn, die Adam uns überliefert hat, beziehen sich gerade auf sein Unterordnungsverhältnis zum Metropoliten. Es handelt sich um die Weigerung Eilberts, an den von Erzbischof Adalbert einberufenen Provinzialsynoden seiner Suffragane teilzunehmen – eine Weigerung, die als »dreijährig« bezeichnet wird. Dies hat eine Hinwendung Adalberts an den Papst (Alexander II. 1061–1073) begründet. Das Recht eines Metropoliten, seine Suffragane verpflichtend zu Provinzialsynoden einzuberufen, war nicht in Zweifel gezogen worden, und die Nichtbeachtung einer Einberufung war mit kirchlichen Strafen belegt[6].

Adam erwähnte Eilbert im 3. Kapitel seiner *Descriptio insularum aquilonis* (Adam, ed. Schmeidler, S. 231 f.). Dieser Text, der möglicherweise vor der Fertigstellung des Gesamtwerkes der *Gesta hammaburgensis ecclesiae pontificum* als eigener Traktat bestanden hat, wurde im Gesamtwerk als

4. Buch bezeichnet und mit eigenen überleitenden Kapiteln an das 3. Buch angebunden, das der dramatischen Schilderung von Adalberts Leben, Wirken und Tod gewidmet ist. Eilbert und der Bischofstitel *Farriensis* kommen nur in der *Descriptio* und in den überleitenden Kapiteln dazu vor, als es Adam darum geht, über die Inseln im Norden und deren Bischöfe zu handeln. Aus dieser Beobachtung zur Komposition des Werkes darf geschlossen werden, daß *Farria* dem Bereich des nordischen Christentums angehört – und z. B. nicht in der slawischen Völkerwelt zu suchen ist, die Adam in anderen Abschnitten und Teilen seines Werkes beschreibt.

Bei der Wiedergabe der entscheidenden Stelle aus Adams Text über *Farria* dürfte es angebracht sein, schon von Anfang an die Ergebnisse von Anne K. G. Kristensen einzubeziehen, die sie 1975 vorlegte. Der A-Text, dem Schmeidler das größte Vertrauen schenkte, beschreibt zunächt *Farria* als eine Insel in oder vor der Elbmündung und fügt dann eine Beschreibung hinzu, die in den B- und C-Handschriften fehlt. Das Stück trage aber, meint Anne K. G. Kristensen (1975, S. 28–31), so deutlich den Charakter eines Einschubs, daß es an dieser Stelle erheblichen Zweifel an der absoluten Priorität des A-Textes erwecke. Die beiden Texte verhalten sich zueinander wie folgt:

A-Text	B- und C-Texte
Archiepiscopus vero de suis clericis ordinavit in Sliaswig/Sliaswich Ratolfum	*in Sleswich/Sleswigh Ratolfum,*[a]
in Seland Willelmum, in Funem[b] *Eilbertum, quem tradunt conversum a piratis Farriam insulam*[c]*, que in ostio fluminis Albiae longo secessu latet in occeano, primum reperisse constructoque ibi monasterio fecisse habitabilem*[d]*,*	
Haec insula contra Hadeloam sita est. Cuius longitudo[e] *vix VIII miliaria panditur, latitudo IIII*or*, homines stramine fragmentisque navium pro igne utuntur. Sermo est piratas, si quando predam inde vel minimam tulerint, aut mox perisse naufragio aut occisos ab aliquo, nullum domum redisse indempnem. Quapropter solent heremitis ibi viventibus decimas predarum offerre cum magna devotione.*	
Est enim haec insula feracissima frugum, ditissima volucrum et pecudum nutrix . . .	*Est enim feracissima frugum, ditissima volucrum et pecudum nutrix . . .*

a so in einigen Hss. der B-Überlieferung
b *Fiuné, Finné* in zwei C-Hss.
c A 3 hat hier: *Fama est Farriam insulam . . .*
d A 3 hat hier: *tunc primum repertam esse constructoque ibi monasterio habitabilem factam esse* bzw. *fuisse*
e Alle Hss. haben hier *latitudo* statt *longitudo*

Läßt man die Aussage dieses Einschubs ohne vorgefaßte Meinung in ihrem Zeugniswert unangetastet, dann braucht man nicht die Erklärung der »Flüchtigkeit« heranzuziehen, wie es Schmeidler in seiner Adam-Ausgabe (S. 231, Anm. 4) tut, sondern man kann sich der Schlußfolgerung Kristensens (1975, S. 48 ff.) vorbehaltlos anschließen: Nicht einmal der A 1-Text verdient den Ruhm eines absolut zuverlässigen Widmungsexemplars an Erzbischof Liemar, so wie es Schmeidler darstellte. Um die ursprüngliche Meinung Adams sicher zu erfassen, ist hier statt dessen von der kürzeren und offenbar ursprünglichen B- und C-Fassung auszugehen. Daraus ergibt sich der folgende Bericht: »Der Erzbischof weihte von seinen Geistlichen *(de suis clericis)* einen gewissen Ratolf für Schleswig, einen gewissen Wilhelm für Seeland und einen gewissen Eilbert für Fünen.

Dieser Eilbert, sagt man, ist ein bekehrter Seeräuber. Er soll als erster die soeben entdeckte Insel *Farria,* die weit draußen im Ozean vor der Mündung der Elbe liegt, besiedelt und dadurch bewohnbar gemacht haben, daß er dort ein Kloster baute. Diese Insel ist nämlich sehr ergiebig an Korn und ernährt Vögel und Vieh reichlich«. Durch die interessanten Varianten der Handschriftsüberlieferung A 3 wird dem möglichen Mißverständnis vorgebeugt, Eilbert habe höchstpersönlich die Insel entdeckt und als erster besiedelt, was wohl kaum der Aussage Adams entspricht: gegen *primum reperisse,* als erster entdeckt, schreibt A 3 *tunc primum repertam esse,* die soeben entdeckt worden war. Höchstwahrscheinlich enthält die ursprüngliche Aussage Adams, durchaus in Übereinstimmung mit seiner Grundtendenz, nur die Mitteilung, daß die Insel vor kurzem dem Christentum erschlossen worden war. Der A 3-Text betont außerdem, daß diese Auskunft nur auf Hörensagen beruhe – *fama est Farriam insulam* – anstelle der objektiven Aussage, daß Eilbert die Insel entdeckt und besiedelt habe.

Der gesicherte Text Adams besagt also: 1. es gab eine Insel *Farria* weit vor der Elbmündung, und diese Insel war fruchtbar und reich an Vögeln und Vieh – daher wohl besiedelt, nicht unbewohnt; 2. Eilbert war ein bekehrter Seeräuber, d. h. ein ehemaliger Viking; 3. Eilbert hat die genannte Insel durch den Bau eines Klosters sozusagen kirchlich erschlossen.

Dazu trat dann, ob durch Adam oder einen seiner Bearbeiter und Nachfolger, der Einschub, der in Trillmichs Übersetzung (S. 439) lautet:

»Diese Insel liegt Hadeln gegenüber. Ihre Länge beträgt fast 8, ihre Breite 4 Meilen. Als Brennmaterial gebrauchen die Einwohner Stroh und Schiffstrümmer. Man erzählt, jedesmal, wenn Raubschiffer von dort auch nur die geringste Beute mitnehmen, seien sie bald durch Schiffbruch umgekommen oder von anderen erschlagen worden, keiner sei heil heimgekehrt. Deshalb bringen sie gewöhnlich den dort lebenden Einsiedlern in tiefer Verehrung den Zehnten ihrer Beute dar«.

Mit diesem Text braucht man sich jedoch nicht so eingehend zu beschäftigen, wie mit den folgenden Auskünften, die allen Handschriften gemeinsam sind:

»Die Insel hat eine einzige Erhebung, keinen Baum. Ringsum sind schroffe Klippen. Es gibt nur einen einzigen Zugang, dort befindet sich auch Süßwasser. Alle Seefahrer scheuen den Ort, besonders die Raubschiffer. Dadurch hat er die Bezeichnung ‚Heiligland' erhalten. Die Lebensbeschreibung des Hlg. Willibrord belehrt uns über seinen Namen Fosetisland. Sie liegt im Grenzland zwischen den Danen und den Friesen. Es gibt auch andere Inseln gegenüber Friesland und Dänemark, aber keine von denen ist so bemerkenswert«.

Bei der Auswertung dieser Aussagen ist an das häufige Auftreten der Ostfriesen in Adams Werk zu erinnern. Mit den Ostfriesen hat der Erzbischof wiederholt Beziehungen und Konflikte gehabt, bei denen auch weltliche Machthaber eine Rolle spielten. Die *Fresones* und das *Fresia* (A 3 hat *Frisia*), um die es öfters geht, sind die Ostfriesen und Ostfriesland. Zwischen diesem Volk bzw. deren Land einerseits, Land und Volk der Danen andererseits – von Bremen aus gesehen also nach Westen bzw. nach Norden hin – liegt *Farria,* gleichbedeutend mit *Fosetisland.* Zieht man dann doch den Ausdruck der A-Texte heran, daß *Farria* gegenüber Hadeln liege, so bleiben nur diejenigen Inseln übrig, von denen Adam wußte, daß sie nicht dänisch, von denen er andererseits auch wußte, daß sie keine Inseln der Ostfriesen waren. Obwohl »Heiligland« unter diesen Inseln sehr bemerkenswert sei, gäbe es deren auch andere, die er nicht erwähnt. Die Beschreibung paßt auf keine anderen Gebiete als diejenigen der Nordfriesen. Obwohl Adam also nur die negative Tatsache zum Ausdruck bringt, daß die betreffenden Inseln nicht dänisch seien, muß das in diesem Zusammenhang heißen, daß sie die nordfriesischen Inseln sind, denn sonstige Inseln, die nicht dänisch waren, gibt es in diesen Gewässern nicht[7].

Damit zu vergleichen ist die vieldiskutierte Aufzählung (Adam III. 33) der zwölf Bistümer, die Adalbert errichten wollte, um sich den Patriarchentitel über den gesamten Norden zulegen zu können. Die Aufzählung fängt an der Eider an, ohne daß von Friesen die Rede ist. Am Ende dagegen, nach Bremen, Verden, Ramesloh, schließt *Fresia* die Reihe als zwölftes Bistum ab – was dann nur

Ostfriesland sein kann. In der Gegend um die Eider kennt Adam also keine Friesen. Er kann daher auch keine dort gelegenen Gebiete als friesisch bezeichnen.

Aus Adam geht also deutlich hervor, daß *Farria* eine Inselwelt zwischen den Siedlungsgebieten der Ostfriesen und denen der Dänen bezeichnet, vor der Elbmündung gelegen und mit abergläubischen Vorstellungen von den Seefahrenden gefürchtet. Ein starkes Streben nach Unabhängigkeit dürfte die Einwohner dieser Inseln ausgezeichnet haben, denn anders wäre die Furcht der Seefahrer vor den Folgen eines Raubangriffes wohl kaum zu erklären.

Kehren wir nun zu Eilbert zurück. Dieser hat zu irgendeinem Zeitpunkt während der letzten Jahrzehnte vor 1072 sich als Einsiedler auf einer dieser Inseln niedergelassen und ist als solcher *clericus* des Erzbischofs von Hamburg-Bremen geworden, wenn er es nicht schon vorher war. Als solcher empfing er irgendwann nach 1043 durch Erzbischof Adalbert die Bischofsweihe, mit der sich die Sendung als Glaubensbote *in Funem,* nach Fünen, verband, der großen Insel östlich vor Jütland. Während *Farria* als zwischen den Ostfriesen und den Dänen gelegen bestimmt wird und also nicht dem Dänenkönig unterworfen sei, ist Fünen dagegen eindeutig ein dem dänischen König Svend Estridsen untergebenes Land.

Wie die beiden Gebiete *Farria* und *Funen* sich in Eilberts Amtsvollmacht und Biographie zueinander verhalten, wird in Kap. 3 der *Descriptio* nicht erwähnt. Hier handelt es sich um dänische Missionsgebiete, und damit tritt *Farria* aus dem Blickfeld zurück. An anderer Stelle in Adams Werk tauchen jedoch die beiden Gebiete zusammen in Verbindung mit Eilbert auf: in dem erwähnten, zur *Descriptio* überleitenden Kapitel, das oft III. 77 heißt, besser aber als IV. F. o. dgl. zu bezeichnen wäre (vgl. Kristensen 1975, S. 40–48), da es wahrscheinlich – zeitlich nach dem 4. Buch?[8] – als Überleitung zur *Descriptio* geschrieben wurde. Dort werden alle unter Adalbert geweihten Bischöfe mit ihren Amtsbezirken aufgezählt. Eilbert trägt dort zwei Gebietsnamen. Der Satz besagt, daß Adalbert *in Daniam* – für Dänemark – neun Bischöfe *constituit,* d. h. bestellte (und zugleich weihte). Nach Schleswig, Ripen, Århus, Viborg, Vendsyssel folgen Fünen, Seeland und Schonen. Aber Eilbert erhält als einziger in der Reihe neben dem seine dänische Tätigkeit betreffenden Titel *in Fiunem insulam* auch noch seinen zweiten Titel, so daß bei ihm, und nur bei ihm, zwei bischöfliche Jurisdiktionsgebiete angeführt werden: *in Farriam et Fiunem insulas*. Einer der B-Texte – diese sind bekanntlich dänisch beeinflußt – schreibt statt dessen: *Eabertum in Fionem insulam et Falstriam*, während einer der C-Texte statt *Fiunem* das leicht als Abschreibefehler erklärliche *Finnen* schreibt. Beide Lesearten lassen sich als Irrtümer identifizieren, die des B-Textes als Anpassung an bekannte Verhältnisse, um das unbekannte und in dem Zusammenhang fremde *Farria* zu »erklären«; denn dem dänischen Abschreiber muß ja bekannt gewesen sein, daß Falster zum fünischen Bistum gehörte, und er vermutete daher eine Aussage darüber in Adams Text.

Farria in den Urkunden zu Eilberts Zeit

In zwei voneinander unabhängigen Überlieferungen, einmal durch Adam, einmal durch eine in London befindliche Quellensammlung englischen Ursprungs, sind Urkundentexte auf uns gekommen, die von Eilbert handeln, diesem jedoch nur den einen der beiden erwähnten Bischofstitel beilegen: den von *Farria*[9]. Eilbert heißt *episcopus Farriensis* und *Farensis*. Es handelt sich um die Klage Erzbischof Adalberts nach Rom über Eilbert, weil dieser bei der Provinzialsynode nicht erschienen sei. Der Papst schrieb zwei Briefe: einen an den Erzbischof, der zugleich des Papstes *vicarius* ist, mit der Vollmacht, Eilbert vor Gericht zu laden und ihn zu einer entsprechenden Strafe zu verurteilen und einen an König Svend Estridsen, der zusammen mit seinem Volke jede *communio* mit Eilbert unterlassen möge. Die hier gebrauchten Begriffe sind kirchenrechtlich bestimmbar. Der Erzbischof darf Eilbert nicht absetzen, heißt es ferner, denn dazu ist die Erlaubnis des Papstes erforderlich. Eilbert ist und bleibt also Bischof, welche Strafe der Erzbischof auch immer über ihn verhängen mag. Aber mit dem dänischen König und dessen Volk bestehe keine *communio* mehr, was wohl heißen muß: die Sendung, als Bischof von Fünen tätig zu sein, wird annulliert oder aufgehoben. Eilbert ist wohl als von seiner Stellung als Bischof *in Fiunem* suspendiert anzusehen. Aber nicht von seiner Stellung als Bischof von *Farria!* Adam verlegt eindeutig *Farria* zwischen Ostfriesen und Dänen und kann damit für dieses Gebiet keine dänische Oberhoheit behauptet haben. Daß Eilberts *communio* – geistige Gemeinschaft, sakramentale Einheit, bischöfliches Band – mit seiner dänischen Herde unwirksam geworden ist, kann seine Aufgabe als die eines Bischofs *Farriensis* nicht beeinträchtigen.

Ziehen wir aus dieser Titelfrage die weiteren Folgerungen. Eilbert scheint, was von der bisherigen Forschung nicht beachtet wurde, in der Tat zwei Bistümer verwaltet zu haben: *Farria* und *Funen*. Wenn es zutrifft, daß Fünen ein dänisches Land, *Farria* dagegen ein nicht-dänisches Land bezeichnet, dann wäre Eilberts Stellung als Mitglied des dänischen Episkopates eine andere als die eines Bischofs von *Farria*. Eben daher ist der Konflikt erklärlich, um den es gerade in diesen Urkunden geht: um die Teilnahme an der Provinzialsynode. Es geht aus dem Brief des Papstes an den Erzbischof hervor, daß einige dänische Bischöfe Eilbert den Rat gegeben hätten, der Synode fernzubleiben. Der Papst fordert Adalbert auf, den dänischen Bischöfen zu verbieten, solche Ratschläge zu erteilen. Aber Ratschläge dieser Art wären gerade dann gut zu erklären, falls die dänischen Bischöfe Eilbert als Fremdling und ihrer »Kirchenprovinz« nicht zugehörig betrachteten – obwohl ja kirchenrechtlich gesehen die dänische Kirchenprovinz, die Svend Estridsen vielleicht angestrebt hat, noch nicht bestand (Seegrün 1967, S. 74–87). Auf der anderen Seite kann auch Eilbert der Meinung gewesen sein, als Bischof von *Farria* zur Teilnahme an einer dänischen Synode nicht verpflichtet zu sein. Aber auch so hätte er den Wunsch Adalberts durchkreuzt, seine dänischen Suffragane zusammen zu einer Synode einzuberufen.

Dazu sind noch die Zeitumstände heranzuziehen. Es ist möglich, daß es Eilbert in diesen Jahren schwergefallen ist, eine reelle Aufsicht über den Aufbau der Kirche auf Fünen auszuüben, da gerade jetzt der englische Einfluß recht stark war – man braucht nur an die regen Kontakte zu England zu erinnern, die den letzten Eroberungsversuchen aus Norwegen und Dänemark in den 60er Jahren des 11. Jahrhunderts vorausgingen (vgl. Johannsen 1977). Seine Loyalität gegenüber dem Erzbischof von Hamburg-Bremen war in einer solchen Zeit wohl nicht unproblematisch. Unter einem erstarkenden englischen Einfluß mag es für die dänischen Bischöfe naheliegend gewesen sein, es mit der Einberufung zur Synode weniger ernst zu nehmen. Eilbert dagegen würde sich als Bischof von *Farria* nicht so leicht der Verpflichtung entziehen können, und so hat sich der Konflikt als Folge der in einer Person verbundenen Bistumsverwaltung von *Farria* und Fünen an seiner Person entladen können[10].

Das Ergebnis dieser Überlegungen ist also, daß Eilbert als historische Persönlichkeit uns nur dank der Tatsache bekannt geworden ist, daß er als Inhaber zweier Bistümer, eines dänischen und eines nicht-dänischen, in einen Loyalitätskonflikt hineingeraten ist, der die Ausfertigung der uns erhaltenen Urkunden verursacht hat. Daß sein nicht-dänisches Bistum *Farria* mit den heutigen nordfriesischen Inseln gleichzusetzen ist, ergibt sich schon aus der Lagebeschreibung Adams und wird noch dadurch bestätigt, daß diese Inseln noch im Register König Valdemars II. als »Utland« erscheinen, also ein von Anfang an nicht-dänisches Gebiet[11]. Gerade die Eigenschaft von *Farria*, außerhalb Dänemarks gelegen zu sein, bietet die beste Erklärung für den hier aufgezeigten Konflikt um Eilberts Person.

Zu den urkundlichen Belegen für *Farria* gehört auch die Erwähnung dieses Gebietsnamens in einigen Papst- und Kaiserurkunden, die mit Hamburg in Verbindung stehen. Diese haben Anlaß zu jahrzehntelangen Auseinandersetzungen über Echtheit und Unechtheit gegeben, in denen zuletzt W. Seegrün (1976) seine Ergebnisse dargebracht hat. Dem Anschein nach sollten die Päpste Gregor IV. (827–844) und Nikolaus I. (858–867) den Erzbischöfen von Hamburg-Bremen die geistliche Oberhoheit u. a. über *Farria* verliehen haben[12]. Seit längerer Zeit waren die Forscher jedoch darüber einig, daß die beiden Urkunden, um die es hier geht, gerade in der Form, in denen *Farria* zusammen mit anderen Völker- und Gebietsnamen aufgezählt wird, Fälschungen darstellen. Als Quellen zu einer historischen Situation, in welcher *Farria* aktuell war, sind sie jedoch dadurch keineswegs ohne Interesse.

Der Ausgangspunkt ist in drei echten Papsturkunden zu suchen, die erste von Papst Clemens II. am 24. 4. 1047, die zweite von Papst Leo IX. am 6. 1. 1053, die dritte von Papst Viktor II. am 29. 10. 1055 erlassen[13]. In allen drei Urkunden wird dem großen Erzbischof Adalbert (1043–1072) das Recht bestätigt, alle Bischöfe für die nordischen Völker unter seiner Aufsicht zu halten. Die Völker heißen in der ersten Urkunde Sveonen und Danen, dazu werden die (unbenannten) Völker östlich bis zur Peene mit eingeschlossen. In den beiden letzten Urkunden dagegen werden mehrere Völker und Gebiete übereinstimmend aufgezählt: Sveonen, Danen, Norweger, Island, Skritefinnen, Gronland, dazu »alle Völker des Nordens« und die Slawen bis zur Peene. Die Deutung dieser Namen bereitet erhebliche Schwierigkeiten, denn welche Länder werden 1053 und 1055 unter Island, Gronland und dem der Skritefinnen verstanden?

Ein geographisches Prinzip wird jedoch am Anfang der Aufzählung ersichtlich: mit den Sveonen anfangend, fährt der Text mit den Danen fort, also in Richtung Südwesten, um mit den Norwegern dann wieder nordwärts abzubiegen. Daran schließt sich, so scheint es, Island im Atlantik an; aber warum folgt dann das Land der Skritefinnen, eines Volkes, das laut Adam als Nachbarn der Sveonen im heutigen Schweden wohnte – und warum sollte die Liste dann mit »Grönland« den Sprung nach Grönland machen, das wohl kaum schon von Nordländern entdeckt worden war? In Anlehnung an Wilhelm Peitz, der 1919 die Echtheit fast aller Hamburger Papsturkunden verteidigte (Peitz 1919) faßt Matts Dreijer (1979, S. 138–142) Island und Gronland als alte Bezeichnungen für Gebiete der Ostsee auf und hat sich damit das Verdienst erworben, auf ein wenig beachtetes Problem wieder aufmerksam gemacht zu haben. Obwohl seine Deutungen nicht überall anerkannt werden, steht jedenfalls fest, daß Papst Leo IX. Auskünfte über Missionsgebiete erhalten hat, die Island, Gronland und Land der Skritefinnen genannt werden, und daß die Lokalisierung dieser Gebiete für das Jahr 1053 nicht problemfrei ist.

Weitere Untersuchungen über die Hamburger Fälschungen, von W. Seegrün zusammengefaßt und erhärtet, ergeben nun, daß nicht lange nach dem Tod Erzbischof Adalberts sein Nachfolger, Liemar, dringend eine erneute Bestätigung des Umfangs seines Missionsgebietes benötigte (Seegrün 1976, S. 83–100). Durch die Neuausfertigung einer alten, ursprünglich echten Urkunde des Papstes Nikolaus I. (s. oben) meinte Liemar, eine historische und juridische Stütze für seinen Missionsauftrag im ganzen Norden finden zu können. Um 1074/75 lag eine Situation vor, in der er dazu geneigt haben mag, um jeden Preis historische Rrkunden in einem »besseren« Zustand aus dem Archiv »ausgraben«, d. h. auf Grund alter Vorlagen neu und sauber herstellen zu lassen. Das Ergebnis sei die interpolierte Neuausfertigung einer Urkunde des Papstes Nikolaus I., wie das echte Original am 31. Mai 864 datiert. Hier werden viele Völkerschaften aufgezählt, die in der echten Urkunde nicht vorkommen. Die Liste zeigt deutliche Abhängigkeit von der Liste der beiden Päpste Leo IX. und Viktor II. aus den Jahren 1053 und 1055. Aber über die dort aufgezählten Gebiete hinaus taucht ein neues Gebiet auf: *Farria*[14].

Es handelt sich um die Vollmacht für den Erzbischof, päpstlicher Legat zu sein, und zwar in den Ländern der Sveonen, Danen, *Farria,* Norwe(g)er, Gronland, Island, der Skritefinnen und der Slawen. Ein Blick auf die Reihenfolge zeigt am Anfang die Wiederholung der Urkunden von 1053 und 1055: Schweden, Dänemark, Norwegen werden in dieser Reihenfolge genannt, wie früher. Aber nach Dänemark und vor Norwegen tritt hier *Farria* auf, als besonderes Gebiet, das an Dänemark anschließt, jedoch nicht mit Dänemark identisch ist. Wenn wir mit Seegrün davon ausgehen, daß der Text in Hamburg-Bremen von der Kanzlei Erzbischof Liemars hergestellt wurde, dann ist auch der Reihenfolge eine Bedeutung zuzumessen. Der Umstand, daß *Farria* nach Dänemark, also im Verhältnis zur Vorlage als Erweiterung zu Dänemark erwähnt wird, zeigt, daß hier ein Land gemeint ist, das – bis dahin vielleicht unbeachtet – um 1075 herum als besondere Einheit auftrat und daher besondere Erwähnung verlangte. – Im restlichen Teil der Urkunde wurde die Reihenfolge umgestoßen, und Gronland steht jetzt an erster Stelle nach den Norwegern, gefolgt von Island und den Skritefinnen. Gronland und Island scheinen deshalb hier für die von Adam so bezeichneten Inseln im Ozean zu stehen: die heutigen Island und Grönland, wogegen die Skritefinnen, ein Volk in den Grenzgebieten zwischen den damaligen Schweden und Norwegern, nun mit den Slawen zusammengeführt werden, die an der Ostsee wohnen – wohl ein Indiz dafür, daß auch jene in Anlehnung an Adam in der Nähe der Ostsee zu suchen sind[15].

Außer in dieser um 1075 angefertigten Fälschung kommt *Farria* in viel späteren Papst- und Kaiserurkunden vor. Einige sind Fälschungen, in der Kanzlei Erzbischof Hartwigs I. um 1158 zum Zweck der Erlangung einer kaiserlichen Bestätigung Friedrich Barbarossas hergestellt: ein Papstbrief, den angeblich Gregor IV. geschrieben haben soll[16], und ein Kaiserbrief Ludwigs des Frommen angeblich vom 15. Mai 834[17]. Diesen beiden Dokumenten gemeinsam ist der Umstand, daß die Reihenfolge gegenüber früheren Listen geändert wurde: die Danen stehen jetzt an erster Stelle, dann folgen Sveonen und Norweger, dann die Gruppe *Farria,* Gronland, Halsingland, Island und endlich das Land der Skritefinnen. Wir befinden uns mit dieser Liste vom Jahre 1158 in einer Zeit, zu der die Färöer schon einen Bischof hatten, und wo Gardar auf Grönland, Skálholt und Hólar auf Island schon etablierte Bischofssitze darstellten. Wenn die späten Hersteller dieser Liste sich die geographische Lage der Gebiete klargemacht haben, die sie aufzählten, dann meinten sie wahrscheinlich, daß *Farria* für die Färöer stand. Eine solche Vorstellung muß man ihnen lassen, sie ist durchaus verständlich. Aber sie sagt nichts aus über die Bedeutung von *Farria* und der übrigen Gebietsnamen bei deren erstem Vorkommen 1053/55 und um 1075. – Auf Grund dieser beiden Fälschungen wurde dann, nach W. Seegrün (1976, S. 63–75) in der Kanzlei Barbarossas die Kaiserurkunde vom 16. März 1158 für den Hamburger Erzbischof erlassen. Diese bringt die gleiche Namensliste wie die beiden erwähnten Fälschungen.

Als einziges echtes Zeugnis eines *Farria,* das nicht die Färöer bezeichnen kann, bleibt dann die Fälschung auf den Namen des Papstes Nikolaus I., um 1075 in Hamburg-Bremen hergestellt. Wir haben allen Grund anzunehmen, daß das *Farria* um 1075 eine Ergänzung zum Missionsgebiet der Dänen darstellt. *Farria* muß ein dem Erzbischof von Hamburg-Bremen unterworfenes Gebiet sein, das nicht mit Dänemark identisch ist. Wir sind also hier zum gleichen Ergebnis gekommen wie in der Analyse der Papsturkunden über Bischof Eilbert. Dias ist kein Zufall, denn die Fälschung wurde nach Seegrün (1976, S. 83–100) zu gerade derselben Zeit hergestellt, als Adam sein Werk schrieb und dabei dem rebellischen Bischof Eilbert, der an der Synode nicht teilnehmen wollte, großen Platz einräumte. Man könnte versucht sein, in der Aufzählung der Missionsgebiete eine Aussage Liemars über die Struktur seiner Kirchenprovinz zu sehen – denn die Fälschung zielte auf Papst Gregor VII., dessen Stütze Liemar brauchte –: hier die Sveonen, dort die Dänen, deren Bischöfe, jedes Land für sich, zu Provinzialsynoden einberufen werden konnten; und dann, für sich erwähnt, *Farria,* dessen Bischof ohne den Umweg über ein dänisches Episkopat dem Erzbischof zugeordnet wäre. Wir sehen erneut aus dieser Überlegung her: Kein Gebiet ist mit größerer Wahrscheinlichkeit mit *Farria* gleichzusetzen als gerade diejenigen Inseln, die außerhalb des damals dänischen Gebietes lagen, eine besondere Einheit waren oder zu sein beanspruchten und eben aus diesem Grunde besondere Aufmerksamkeit bei der Aufzählung der Missionsgebiete erforderten.

Die nordfriesischen Inseln als Verwaltungsgebiet im Bistum Schleswig

Als die nordfriesischen Inseln in den schriftlichen Quellen einer kirchlichen Verwaltung auftreten sind sie integrierte Teile des Bistums Schleswig. Im 15. Jahrhundert begegnet uns die kirchliche Verwaltung dieser Gebiete in voll ausgebauter Form. Die Inseln stellten drei Propsteien dar, die neben den festländischen Verwaltungseinheiten des Bistums ihr Eigendasein mit eigenen Formen der Abgabenerhebung führten. Die festländischen Verwaltungsgebiete waren vier an der Zahl 1. die »große Propstei«, das Gebiet um Schleswig herum – ein Teil des Idstedtsyssels und dann das Südgebiet bis zur Eider; 2. der Archidiakonat, der den Rest des Idstedtsyssels umfaßte; 3. die Propstei Ellumsyssel, die den südlichen und östlichen Teil dieses Syssels umfaßte; 4. die Propstei Barwithsyssel, die den östlichsten Teil dieses Syssels um Hadersleben herum umfaßte (die Quellen in Hansen und Jessen 1904, ebenfalls bereits in SRD VI, S. 574–591; vgl. die Konkordanz bei Hansen und Jessen 1904, S. 20 f.; Boockmann 1967; Dahlerup 1968).

Die Gebiete, die herkömmlich als »nordfriesisch« gelten, wurden in zweierlei Art auf kirchliche Verwaltungsgebiete verteilt. Die drei Harden Karrharde, Norder-Gosharde und Süder-Gosharde längs der Westküste gerieten unter die Verwaltung der Festlandspröpste: Die Karrharde wurde vom Propst von Ellumsyssel verwaltet, die beiden Gosharden vom Dompropst. Soweit herrscht Übereinstimmung mit der Sysseleinteilung, da die Gosharden dem Idstedsyssel, die Karrharde dem Ellumsyssel zugezählt wurden.

Man sollte nun bei dieser verhältnismäßig guten Übereinstimmung der kirchlichen mit der weltlichen Einteilung auch ein Zusammenfallen der Westgrenze der Festlandpropsteien mit der Westgrenze der Syssel zum »Utland« hin erwarten. Auffallenderweise gab es aber hier eine Abweichung, die nach einer Erklärung verlangt: Simonsberg und andere Pfarreien der Lundenbergharde lagen zur Großen Propstei, nicht zur Inselpropstei von Strand, obwohl das Register Waldemars II. (um 1230) sie unter dem »Utland« aufzählt. Die drei Inselpropsteien – Eiderstedt im Süden, Strand in der Mitte, Withaa im Norden (Dahlerup 1968, S. 186, 387) – waren voneinander in charakteristischer Weise verschieden. Die nördliche Propstei bestand aus der klar abgegrenzten Insel Sylt und dazu aus einem Insel- und Moorgebiet, das im Charakter so stark vom benachbarten Festland abwich, daß die Verbindungen über das Meer zur Inselwelt leichter und natürlicher wurden. Die mittlere Propstei, Strand, war die Zusammenfassung mehrerer Inseln: Föhr mit Amrum, Pellworm und der eigentlichen Strand, deren Hauptteil offenbar deshalb Nordstrand genannt wurde, weil der südlichste, heute zum Festland gehörende Zipfel um Simonsberg durch einen Wasserlauf – die nördliche Eidermündung?, heute die Mühlenau außerhalb von Husum – vom Hauptteil der Insel getrennt war (Michelsen 1828, S. 54). Die südliche Propstei endlich, Eiderstedt, umfaßte mehrere Inseln, die heute Teile der Halbinsel Eiderstedt sind (Quellen, S. 98–102; Abb. 1).

Zufällig erhalten wir durch einige abschriftlich im vatikanischen Archiv erhaltene Urkunden über die Lundenbergharde zusätzliche Auskünfte. Eine Urkunde aus dem ersten Jahr des mächtigen Papstes Innozenz III. (1198) zeigt, daß ein Prozeß im Gange war, in dem der Dompropst versuchte, auf Kosten des Inselpropsten festen Fuß in der kirchlichen Verwaltung der Insel Strand zu fassen.

Abb. 1 Das »Utland« mit einigen der mutmaßlich ältesten Pfarrkirchen und im mittleren Inselgebiet den Hardesgrenzen. I Sylt mit Westersee und Westerland, Morsum und Keitum. II Horsbüll. III Bökingharde mit den Kirchen von Lindholm und Deezbüll in Festlandnähe, Fahretoft, Dagebüll und Galmsbüll als Inseln. IV Föhr mit St. Johannis, St. Nikolai und St. Laurentius sowie Amrum. V Wiedrichsharde. VI Beltingharde. VII Pellwormharde mit der Kirche von Pellworm. VIII Edomsharde mit Odenbüll und Stüntebüll. IX Lundenbergharde mit Simonsberg und Hamm. X Eiderstedt mit St. Peter und Tating; Garding; Kating mit Koldenbüttel und Tönning; Oldensworth und Ülvesbüll. XI Karrharde. XII Norder-Gosharde. XIII Süder-Gosharde. Zeichnung: Inger Bjerg Poulsen, Odense, nach Vorlage der Karten in: Quellen zur Geschichte des Bistums Schleswig (1904/1974) und nach Vorlagen des Verfassers (Patrozinien).

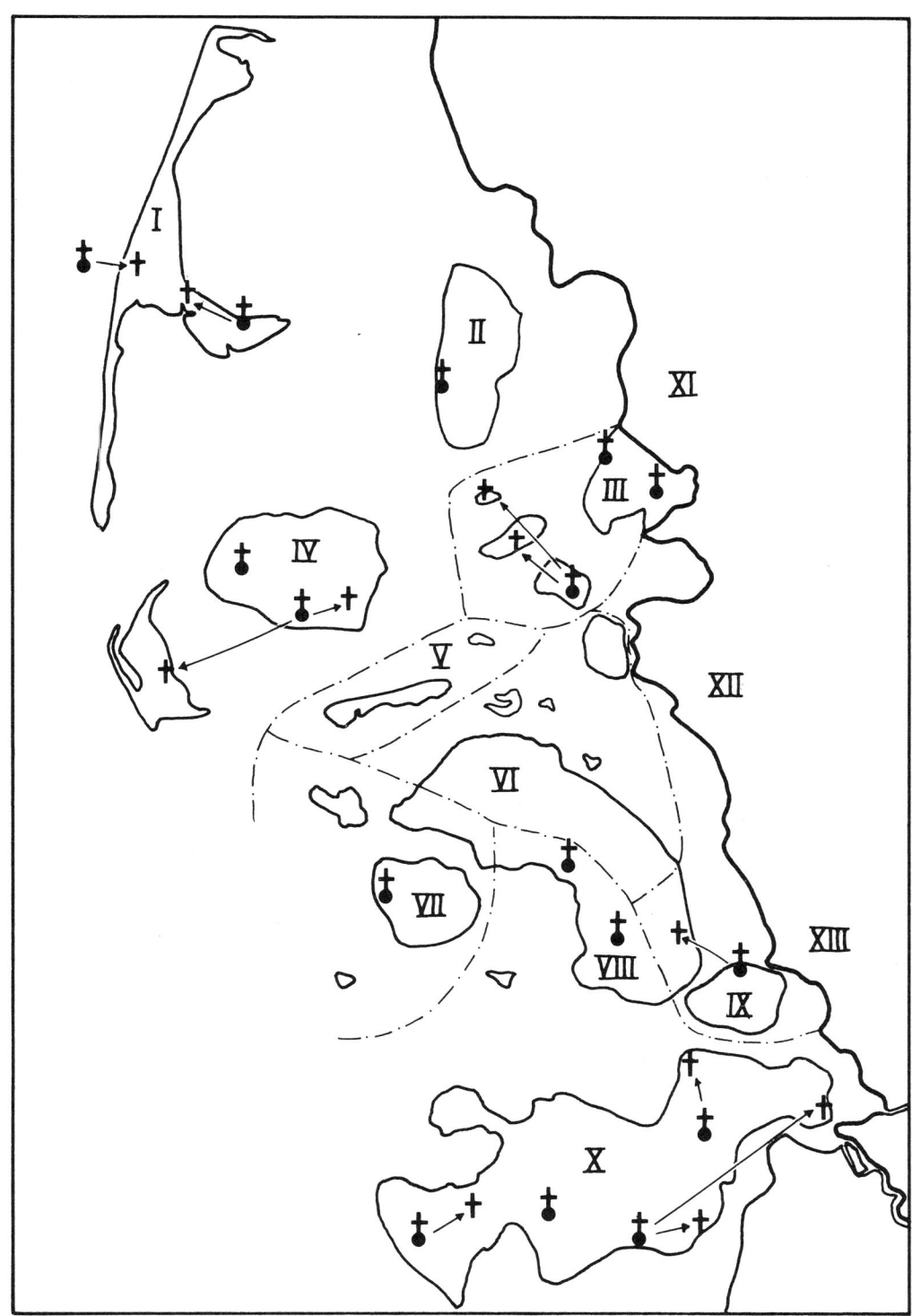

Zwei Pfarreien in der Edomsharde, die den südwestlichen Küstenstreifen von Nordstrand umfaßte – Horsbüll im Süden, Stüntebüll weiter nördlich – wurden vom Dompropst als ihm abgabenpflichtig herangezogen, worüber der Propst von Strand sich bei Erzbischof Absalon in Lund beklagt hatte. Absalon war beim Papst zugunsten des Inselpropsten vorstellig geworden und erhielt daraufhin die Vollmacht, den Dompropst von Schleswig an diesem Versuch der Erweiterung seiner Einnahmen zu hindern[18]. Die beiden Pfarreien gehörten *de iure* zur Propstei von Strand, schrieb der Papst, wohl aufgrund der ihm von Absalon mitgeteilten Daten.

Warum lagen die Pfarreien der Lundenbergharde zur großen Propstei, und warum versuchte der Dompropst, seinen Einfluß auf die benachbarte Edomshårde auszudehnen? Es handelt sich bei der Lundenbergharde um fünf Kirchspiele, von Norden nach Süden: Morsum, Hamm, Lith auf Nordstrand, Simonsberg und Lundenberg auf der mutmaßlichen Insel Südstrand (Quellen, Karte im Anhang). Die Erklärung dürfte darin liegen, daß die Einnahmen der drei Kirchen Morsum, Hamm und Lith eine der ursprünglichen sechzehn Pfründen ausmachten, die den Unterhalt der Domkapitulare von Schleswig sichern sollten, die sogenannte *prebenda Morsum*. Gaben diese drei Pfarreien die Grundlage für eine der sechzehn Dompfründen ab, und waren Simonsberg und Lundenberg dann der Nähe wegen schon unter die Verwaltung des Dompropstes geraten, dann muß es diesem naheliegend erschienen sein, seinen Einfluß auf benachbarte Teile des Inselreiches auszudehnen, was Absalon jedoch verhindern konnte.

In einer weiteren Urkunde bestätigte der Papst dem Propst von Strand den rechtmäßigen Besitz seiner Propstei mit allen Einnahmen und Vollmachten[19]. Die Propstei, »gelegen in dem, was man in der Sprache des Volkes *Strand* und *Ford* nennt«, sollte er so behalten, wie seine Vorgänger sie innegehabt hätten und wie er sie von Bischof Waldemar von Schleswig verliehen bekommen hätte. Der Ausdruck *prepositurum sitam in locis qui vulgariter appellantur Strand et Ford* vermittelt uns die Namen der beiden größten Inseln, die zur Propstei gehörten: Strand und Föhr, eine nicht unwichtige Quellenstelle für das Verständnis der Struktur dieser Inselpropsteien. Über die fünf Pfarreien der Lundenbergharde wurde hier nicht gesprochen – deren Einnahmen hatten die Dompröpste zu dieser Zeit vielleicht schon vollständig an sich ziehen können. Aber Versuchen in der gleichen Richtung, weitere Pfarreien von Strand an die Dompropstei zu ziehen, sollte hiermit vorgebeugt werden.

Eine dritte Urkunde aus derselben Sendung behandelt die für eine abgeschlossene Inselwelt heikle Frage: daß viele Ehen zwischen Menschen eingegangen wurden, die nach strenger kirchlicher Beurteilung allzu nahe verwandt waren und daher nicht hätten heiraten dürfen[20]. Diese Urkunde ist an den Propst von Strand »und an alle Vorsteher von Kirchen im Utlande« gerichtet, *universis ecclesiarum prelatis in Utlandia constitutis.* Ein *prelatus ecclesie* ist mehr als ein Pfarrer, und man muß annehmen, daß es sich hier um die drei Pröpste der Inselwelt handelt, also zusätzlich die von Eiderstedt und von Withaa, denn nur ein Geistlicher in der Stellung eines *prepositus* konnte mit Recht als *prelatus* angesprochen werden.

In der päpstlichen Kanzlei hat man also 1198 für die Inselwelt die Bezeichnung *Utlandia* übernommen, wahrscheinlich aufgrund der Auskünfte Absalons. Der Ausdruck *in Utlandia constitutis* muß sich dann darauf beziehen, daß das gesamte Gebiet, das dänischerseits »Utland« genannt wurde, grundsätzlich den Unterhalt von drei Pröpsten stellen sollte. Eine Ausnahme wurde nicht erwähnt, so daß durch die Abweichung bei der Lundenbergharde die grundsätzliche Identität des Inselbereiches »Utland« mit dem Gebiet der drei Propsteien nicht in Frage gestellt wurde. Die drei Pröpste waren grundsätzlich für das »Utland« zuständig. Die Sonderstellung der Lundenbergharde kann daher nicht einen ursprünglichen Zustand widerspiegeln, sondern ist als Ergebnis der Pfründenorganisation am Dom von Schleswig zu bewerten.

Eine Untersuchung der späteren Verwaltungsquellen des Bistums kann diesen Schluß weiter unterbauen. Bei der Verwaltung auf zweiter und dritter Ebene, d. h. durch die Pröpste und deren Beamte, besteht kein Zweifel darüber, daß die Pfarreien der Lundenbergharde der Großen Propstei zugeführt wurden (Quellen, S. 99). Anders verhält es sich jedoch bei der Einziehung der beiden bischöflichen Einnahmetitel des Landgeldes und des Cathedraticum. In den beiden erhaltenen Registern, dem *Liber censualis episcopi* um 1450 und dem Zinsbuch des Bischofs von 1509, wird das Landgeld *(terragium)* immer gesondert für sich aus dem gesamten Inselgebiet als Einnahme eingetragen. Im *Liber censualis* stehen an erster Stelle unter der Überschrift *Sequiter de terragio per Frisiam*[21] zuerst die Gebühren aus den Pfarreien von Eiderstedt, im großen und ganzen von Osten nach Westen aufgezählt, und ein Gesamtbetrag aus Eiderstedt wird zusammengezählt – hier 40 Mark. Es folgt *Strant* mit Abgaben aus den Dörfern der Süd- und Westküste der Insel Nordstrand einschließlich Pellworms, dann der Nordostküste von Nordstrand südwärts; hier stehen auch Morsum und Hamm, aber nicht Lith, Simonsberg und Lundenberg, und die Zusammenzählung für Strand – 26 Mark 7 Pfennige – erfolgt ohne die drei letztgenannten Pfarreien. Diese werden aber gleich unten aufgeführt, und zwar zusammen mit Balum auf der Nordwestspitze der Insel Strand und mit den beiden Kögen Oland und Gröde. Nach Strand folgt Föhr als Einheit, dann Sylt – die Gesamtsumme für Föhr, Amrum und Sylt ergibt etwas weniger als 87 Mark. Es schließen sich die Abgaben aus dem »Moor« an, d. h. der Bökingharde: Lindholm, Risum, Niebüll, Deezbüll, etwas aus der Horsbüllharde (dar damalige Name für die spätere Wiedingharde), endlich Fahretoft und Wisch (Dagebüll), alles nur kleine Beträge, die die schon gegebene Gesamtsumme für Föhr und Sylt nur unbedeutend erhöhen. Bei der Horsbüllharde steht ausdrücklich: »Sie zahlen in dem Maße, als sie eingedeicht sind; sie sind für mehr aufgeführt«, d. h. sie hätten nach alten Aufzeichnungen eigentlich mehr zahlen sollen[22].

Das bischöfliche Landgeld wurde also 1450 in einem Arbeitsgang aus dem gesamten Inselgebiet erhoben, das hier ausdrücklich *Frisia* genannt wird und mit dem »Utland« identisch ist. Um 1509 wurde das Landgeld in ein besonderes Heft für die Inseln eingetragen, und zwar zusammen mit dem Cathedraticum für die gleichen Gebiete – hierzu weiter unten –, ein Beweis für die verwaltungstechnische Anschauung bei den bischöflichen Steuerbeamten in Schleswig, daß die Inseln als ganzes, und nur die Inseln mit den beiden Marschharden im Norden, als Verwaltungseinheit galten. Das kleine Heft wurde in das Zinsbuch hineingelegt und in heutiger Zeit als Blatt 5–15 durchnumeriert (Quellen, S. 281 ff.). Diesmal betrug die Summe des Landgeldes aus Eiderstedt 60 Mark, aus Strand mit der Lundenbergharde zusammen gut 28 Mark, aus Föhr etwas über 57 Mark, aus Sylt gut 30 Mark, aus der Bökingharde gut 4 Mark und aus der Horsbüllharde gut 7 Mark.

Im Gegensatz zum Landgeld werden bei der Erhebung des Cathedraticum – einer ehemals als »Gabe« an den Bischof zu entrichtenden Summe – keine Dörfer, sondern nur Pfarrkirchen aufgeführt (Vgl. Boockmann 1967, S. 79 Anm. 311). Bei dieser Steuererhebung wurden die gesamten Inseln einschließlich der Lundenbergharde ebenfalls als Einheit betrachtet, aber auffallenderweise fehlen die beiden »Moor-harden« – das Cathedraticum aus der Horsbüll- und der Bökingharde wurde zusammen mit dem aus den festländischen Gebieten des Bistums erhoben, wobei sie bei den beiden Erhebungen unterschiedlich benannt werden: *Prepositura Wida* und *Horsbulherde* im *Liber censualis* (Quellen, S. 261), *Auer de proystye in Widingherde* und *Horsbulherde* 1509 (Quellen, S. 280)

Die Hauptgebiete der Inselwelt sind sonst klar und eindeutig angegeben:

Liber censualis[23]	Heft, ins Zinsbuch 1509 eingelegt[24]
Eyderstede	*Eyderstede*
Strant	*ouer den Strandt*
For	*Foer*
Silt	*Sylt*

Im *Liber censualis* hat die Abweichung des Erhebungsvorganges von dem beim Landgeld üblichen Verfahren zu einer kleinen Gedächtnisnotiz geführt: eine andere Hand hat geschrieben: *Horsbul supra est* – »die Horsbüllharde steht weiter oben« – und: *in Moer cathedraticum est supra* – »für das Moor steht das Cathedraticum weiter oben« –, offenbar weil der Schreiber erwartet hatte, sie unter den Inseln zu finden. Im Heft v. J. 1509 gibt es dagegen keine solche Notiz; wer dort gearbeitet hat, wußte schon, daß beim Cathedraticum die »Moor-harden« nicht zu den Inseln zählten.

Aber hier bringt gerade die Lundenbergharde Verwaltungsprobleme mit sich, die mehrmals Kommentare der Beamten hervorrufen. Im *Liber censualis* heißt es dort nach der Zusammenzählung der Abgaben von Strand, daß Lith, Hamm, Morsum, Lundenberg, Simonsberg, Oland und Gröde »zu meinen Zeiten niemals bezahlt haben; sie haben vor dem Herrn (Bischof?) versichert, daß sie niemals bezahlt haben«. Dazu hat eine spätere Hand folgendes kommentiert, das vielleicht von den Herausgebern Hansen und Jessen nicht richtig gedeutet wurde: *sed contra cathedraticum de iure terragium non prescribitur si peteretur oporteret eos solvere* (Quellen, S. 263). Hier kommt es darauf an, wo man Punkt und Komma setzt. Die ersten beiden Worte sind typisch scholastische Begriffe, mit denen ein Gegenargument bei einer Disputation eröffnet wird: *sed contra* bedeutet einfach: »Nein, es verhält sich anders«, und dann folgt das Gegenargument: *cathedraticum de iure, terragium non prescribitur*. Das Argument richtet sich gegen den angeführten Kommentar, der ja anzudeuten scheint, daß die Bewohner der Lundenbergharde im Recht wären, nicht zu bezahlen; stattdessen heißt es nun: »Nein, das Cathedraticum obliegt ihnen von Rechts wegen, das Landgeld wird (jedoch) nicht auferlegt.« Es wird hinzugefügt: *Si peteretur, oporteret eos solvere:* »Wollte man ihnen (das Landgeld) abfordern, so müßten sie bezahlen«.

Es ist also deutlich, daß die Einwohner der Lundenbergharde, obwohl sie zum Gebiet des Dompropstes gehörten, sich auf alte Rechte beriefen und das Cathedraticum nicht bezahlen wollten. Ein Zweifel entsteht allerdings bezüglich Lundenberg und Simonsberg, da gerade von diesen beiden Namen die spätere Hand notiert hat: *illi dant*, d. h. «diese geben (doch)«. Die Sonderregelung gilt also für Lith, Hamm und Morsum. Woher nahmen sie ihre Sturheit? Im Jahre 1509 hat der Beamte eine Erklärung bereit, die er auch ins Heft einträgt: »Lydt, Ham vnd Morsum geuen dem praweste nene procurationem, darvmme gyfft en dat kerspel to hulpe, vnd ße holden den prawest im signete; desseshaluen then ock an syck fryg vam cathedratico«. Der Sinn ist: Weil diese drei Pfarreien dem Propst behilflich sind bei seiner Visitation, zahlen sie ihm kein Prokurationsgeld; die Freiheit vom Cathedraticum erklärt dann der Beamte auch aus diesem Verhältnis (Quellen, S. 282). Rein kirchenrechtlich gesehen, muß man bezweifeln, daß der Beamte die Sache richtig erklärte. Drei Pfarreien hätten kaum die Befreiung von der Zahlung der Gabe an den Bischof damit begründen können, daß sie dem Propst bei seiner Visitation Hilfe leisteten. Wie dem auch sei, in der Tat scheint man so gedacht zu haben. Die Bewohner der Lundenbergharde haben erkannt, daß sie zu einer Leistung auf einer Ebene mit den sonstigen Pfarreien von Strand verpflichtet seien, wollten ihrer Verpflichtung aber nicht in Geld, sondern als Dienstleistung nachkommen. Merkwürdigerweise fehlen jetzt Lundenberg und Simonsberg ganz in der Liste. Da das erste Blatt mit der Erhebung des Cathedraticum in den Festlandsharden fehlt (Quellen, S. 77), kann man nicht einmal feststellen, ob die beiden Pfarreien unter der Südergosharde aufgereiht werden.

Der Beamte, der die Aufzeichnung über die 16 Domkapitelspfründen beim Dom von Schleswig gemacht hat, wunderte sich auch über die Sonderansprüche der drei Pfarreien Morsum, Hamm und Lith (Quellen, S. 72). Die Einnahmen aus den drei Pfarreien bildeten, wie gesagt, eine der 16 Dompfründen, aber dazu heißt es: »Die Pfarrer, die dort zur Zeit sind, versichern, daß sie frei sind von jeglicher Abgabe, Cathedraticum und Prokurationsbald für die Pröpste, ich weiß nicht mit welchem Recht – wen die Sache betrifft, soll sie näher untersuchen«.

Wie es sich nun mit dieser Sonderstellung auch immer verhalten mag, eins ist sicher: Bei der Erhebung der bischöflichen »Gabe« des Cathedraticum wurden im 15. Jahrhundert die vier Inseleinheiten Eiderstedt, Strand, Föhr und Sylt als Verwaltungs- und Erhebungsdistrikte betrachtet, ohne Rücksicht darauf, daß sie nicht das gesamte Utland umfaßten – die Horsbüll- und die Bökingharde waren ja nicht mit einbegriffen – und ohne Rücksicht darauf, daß die Lundenbergharde sonst der Großen Propstei unterlag. Obwohl die Bewohner der Lundenbergharde sich der Zahlung zu entziehen wußten, erkannten sie doch eine allgemeine Verpflichtung zur Entrichtung einer Gabe an den Bischof an, verstanden sie aber als Dienstleistung. Das Gesamtbild ist also klar: Diese bischöfliche Steuererhebung folgt weder den Hardes- noch den Propsteigrenzen, sondern schließt sich einer »natürlichen« Einteilung der Inselwelt in vier Einheiten an: Eiderstedt, Strand, Föhr, Sylt.

Weitere Aufschlüsse bietet die Reihenfolge der Pfarreien innerhalb der jeweiligen Gebiete. Im ganzen zahlen nur sechs Kirchen der Inselwelt ein Cathedraticum von 24 Schilling, also umgerechnet 1½ Mark. Davon liegen drei in Eiderstedt: Oldenswort, Tating und Garding. Mit Ausnahme von St. Peter werden hier alle Pfarreien mit Ortsnamen angeführt; St. Peter heißt *Ad sanctum Petrum*. Der Gesamtbetrag für Eiderstedt liegt im 15. Jahrhundert bei 11 Mark, 1509 etwa bei 13 Mark.

Auf Strand mit den dazugehörigen Inseln Oland und Gröde zahlte jede Kirche nur 6 Schilling, allein Pellworm liegt in der höchsten Gruppe mit 24 Schilling. Die Gesamtsumme beträgt etwa 8–9 Mark.

Auf Föhr mit Amrum werden die vier Kirchen mit den Heiligennamen angeführt, wie es auch viel früher in einer Urkunde von 1360 geschieht:

8. November 1360 (DD 3.5, Nr. 383)	Liber censualis	Zinsheft 1509
Petrus rector ecclesie beati Iohannis in Før, Ludderus uicarius ibidem	*ad sanctum Nicolaum*	*ecclesia sancti Iohannis*
Arfastus rector ecclesie beati Nicholai ibidem	*ad sanctum Iohannem*	*sancti Nicolai*
Fredericus rector ecclesie beati Laurentii ibidem	*ad sanctum Laurentium*	*sancti Laurentii*
–	*ad sanctum Clementem in Ambrum to Ambrum*	

Die Johanniskirche in Nieblum entrichtete den Höchstbetrag von 24 Schilling. Die Gesamtsumme aus Föhr mit Amrum betrug etwas über 3 Mark. Auf Sylt zahlte Keitum 24 Schilling, die anderen weniger, und der Gesamtbetrag war ebenfalls etwas über 3 Mark. Als Vergleich ist anzuführen, daß zwei Kirchen in der Horsbüllharde je 24 Schilling zahlten: Horsbüll und Neukirchen, dagegen keine aus der Bökingharde.

Die Schlußfolgerung aus diesen verwaltungstechnischen Beobachtungen ist, daß überall dort, wo es sich um eine kirchliche Gebietsverwaltung handelt, die von untergeordneten Geistlichen ausgeführt wird – Pröpsten, Prälaten – die Gliederung sich an die Einteilung in den Sysseln und im »Utland« anschloß. Wenn es dagegen um die Einziehung bischöflicher Gelder ging, herrscht eine einfachere Einteilung in die vier Inseln Eiderstedt, Strand, Föhr und Sylt vor.

Der Inselbereich als ehemaliges Bistum Farria?

Bei der Betrachtung der vier Inseln ohne die beiden »Moor-harden« steht außer Zweifel, daß das mittlere Gebiet mit Strand und Föhr das wirtschaftliche »Schwergewicht« darstellte, was vor den großen Sturmfluten im 13. und 15. Jahrhundert noch deutlicher gewesen sein muß. In einer Klageschrift der Hansestadt Hamburg wegen der Verluste, die Hamburger Bürger durch die Beauftragten König Valdemar Atterdags 1360 erlitten hatten, werden an sechs Stellen Lokalitäten und Häfen genannt, die mit Kapereien und dem Verlust hamburgischer Schiffe zu tun hatten (DD 3.5, Nr. 387, kurz nach November 1360 zu datieren):

in libero portu Føor, et nauis fuit bene saluata (S. 367)
in libero portu Liste (S. 368)
Ista nauis ducebatur Pileworme et ibi mansit (S. 369)
in terram Hadelerie super aquam que dicitur Medeme (S. 370)
que duxerunt Rypen et Arnesholm (S. 370)
inter portus Listen et Rodenkleuen (S. 373).

Außer Ripen mit Arnsholm und Hadeln mit dem Fluß Medeme werden also nordfriesische Häfen genannt: der freie Hafen von Föhr, der freie Hafen von List auf Sylt, und Pellworm. Ein Hafen in dem in mehrere Inseln aufgeteilten Eiderstedt wird nicht erwähnt, so daß die wirtschaftliche Blüte Eiderstedts im Spätmittelalter hier noch nicht besonders vorgezeichnet erscheint – obwohl Eiderstedt wohl auch deshalb keine Erwähnung findet, weil es zu weit südlich liegt, um als dänischer Stützpunkt zu dienen.

Zwei von drei Häfen liegen also auf dem Gebiet der mittleren Propstei der Inselwelt. Betrachtet man die Einteilung in drei Propsteien aus wirtschaftlicher Sicht, muß man davon ausgehen, daß sie zu der Zeit, als sie geschaffen wurden, wirtschaftlich etwa gleichwertig gewesen sein müssen, so daß jeder der drei Pröpste aus dem ihm zugeteilten Gebiet seinen Unterhalt beziehen konnte. Aus dieser Betrachtung heraus läßt sich nicht bezweifeln, daß Mitte und Zentrum des »Utlandes« in der Propstei Strand gelegen haben muß. Es ist kaum ein Zufall, daß Papst Innozenz III. sich 1198 an den Propst von Strand »und an sämtliche andere Prälaten des Utlandes« wendet. Im Titelgebrauch äußert sich ein deutlicher Vorrang des Propsten von Strand vor den Pröpsten von Eiderstedt und Withaa, worüber Absalon den Papst unterrichtet haben muß, da man es in der päpstlichen Kanzlei mit derartigen Rangfragen immer genau nahm.

Auffallend ist weiterhin, daß nur der mittlere Teil der Inselwelt so wohlhabend war, daß einige seiner Pfarreien als die einzigen der Inselwelt eine eigene Dompfründe in Schleswig konstituierten[25]. Dieser Umstand muß die Gewichtsverteilung der Inselwelt zur Zeit der Schaffung der Dompfründen widerspiegeln. Eine Folge der Pfründe war auch, daß der Propst von Strand auf die Einnahmen dieser Pfarreien der Lundenbergharde verzichten mußte, was deutlich zeigt, daß der restliche Teil seiner Propstei wohlhabend genug war, um ihn wenigstens gleich gut zu stellen wie seine Mitpröpste von Eiderstedt und Withaa.

Diese Umstände werden quellenmäßig beleuchtet durch die überaus wichtige Bezeichnung der mittleren Propstei als *Strand et Ford* in einem der drei Papstbriefe. Außer dem wertvollen sprachlichen Zeugnis in der Namensform *Ford* erscheint die mittlere Propstei hier als zweigeteilt, oder besser gesagt: als auf zwei Fundamenten ruhend, Strand und Föhr. Es gibt gute Gründe für die Annahme, daß »Strand« hier die Inseln Strand und Pellworm, »Föhr« die Inseln Föhr und Amrum bezeichnet, wie ein Überblick über die weitere Einteilung der Inseln deutlicher machen wird.

Einblick in die innere Struktur des Inselgebietes im 11. und 12. Jahrhundert bietet uns die Hardeneinteilung nach dem Register König Waldemars II. (Aakjær 1926–49). Wir dürfen die Aufzählung der vierzehn Harden des Utlandes um 1230 als Zusammenfassung eines vielleicht schon vergangenen Zustandes ansehen. Die Meinungen der Forscher darüber, wann die Hardeseinteilung eingeführt wurde, laufen darauf hinaus, daß jedenfalls kein späterer Zeitpunkt als die Regierungszeit König Knuts des Heiligen (1080–1086) in Frage kommt (Skovgaard-Petersen 1977, S. 102; Christensen 1977, S. 263 f.). Es gibt keinen Grund anzunehmen, daß das Register König Waldemars einmal bestehende Harden einfach unterschlagen hätte, wenn auch Zerstörungen des Meeres den Umfang mancher Harden reduziert haben mögen. Die hier aufgezählten vierzehn Harden spiegeln wohl deshalb einen Zustand wider, von dem anzunehmen ist, daß die administrative Einteilung die Schaffung gleich großer Bezirke zum Ziel gehabt hat (Andersson 1965, S. 60 f.).

Es ist weiter bemerkenswert, daß die Insel Sylt eine eigene Harde bildete, und daß ebenfalls die Marsch innerhalb Sylts zur Bildung einer eigenen Harde, der Horsbüllharde, ausreichte. Sylt war jedoch nicht groß genug, um kirchlich gesehen eine eigene Propstei unterhalten zu können, so daß man versucht ist anzunehmen, daß zwischen der Einteilung in Harden und der Errichtung der Propstei Withaa das Meer einige im 11. Jahrhundert noch bewohnbare Gebiete an sich gerissen hat. Die Bevölkerungsbasis hat sogar für eine weitere Marschharde ausgereicht, die Bökingharde. Daß das Gebiet die gewöhnliche Größe von zwei Harden übertraf und bei der administrativen Einteilung der Harden dreigeteilt wurde, zeigt, daß es zu einem früheren Zeitpunkt eine ausreichende Größe besaß, um einen eigenen Propst zu unterhalten.

Im Süden, auf den Inseln des späteren Eiderstedt, finden wir ein Schwanken zwischen drei und vier Harden, worauf schon Michelsen (1828, S. 53) die Aufmerksamkeit gerichtet hat[26]. Tönning, Garding und Holm oder Holmbo scheinen drei Harden gebildet zu haben. Eine vierte, die ihren Namen nach dem Fluß Hever trug, wird jedoch schon 1196 erwähnt: *territorium de Heuere* (DD 1.3, Nr. 216), und man findet sie auch im Register König Waldemars. Sie kann daher entweder zu den ursprünglichen Harden gehören, der später die Basis zur Erfüllung der Aufgaben als eigener Harde fehlte; oder sie stellt eine Schöpfung des 12. Jahrhunderts dar, falls Veränderungen der Hardeneinteilung zu dieser Zeit überhaupt noch denkbar sind. Auch darf an den Ausbau von Tönning erinnert werden; diese Harde hatte anfänglich keine dominierende Stellung in diesem Gebiet inne. Der ursprüngliche Schwerpunkt des Inselgebietes ist wohl kaum in Eiderstedt zu suchen, obwohl es gerade dieses Gebiet im Spätmittelalter zu größerem Wohlstand gebracht hat[27].

Es bleiben damit ganze sieben Harden für den mittleren Bereich, den wir in Anlehnung an das päpstliche Dokument als *Strand et Ford* bezeichnen wollen. Die beiden Begriffe decken ohne Zweifel mehr als nur die heutigen Inseln Föhr und die Vorgängerin von Nordstrand. Ursprünglich hingen Föhr und Amrum zusammen, was dadurch zum Ausdruck kommt, daß die Hardesgrenze quer über Föhr aus Amrum und dem Westteil der Insel Föhr die Harde Westerland Föhr schafft; diese Harde hat als östliche Nachbarn zum einen Osterland Föhr, zum anderen die später stark reduzierte Wiedrichsharde, von der heute nur Nordmarsch-Langeness und Oland übrig geblieben sind. Pellworm wiederum war mit Strand landfest, und die Pellwormharde umfaßte denn auch sowohl die spätere Insel Pellworm als auch einen Teil der späteren Insel Strand. Auf den Rest von Strand entfielen drei Harden, die Beltring-, die Edoms- und die Lundenbergharde. Die genannten sieben Harden müssen, ungeachtet der innerkirchlichen Unsicherheit über die Verwaltung der Lundenbergharde, als einmal ebenbürtige Größen verstanden werden, so wie sie im Regit ter König Waldemars erscheinen. Man muß annehmen, daß die drei südlichen und die drei nördlichen Harden einander einst die Waage hielten und daß die Pellwormharde in der Mitte lag, als Schwerpunkt des gesamten Bereiches *Strand et Ford* (vgl. Abb. 1).

In den vier Harden von Strand ragt die Salvator-Kirche von Pellworm besonders hervor, sowohl durch ihre Größe als auch durch die Angabe des Mathias Boëtius (ed. Hartz 1940, S. 76 f.), daß sie 1095 errichtet worden sei. In den nördlichen drei Harden ragt die Johanniskirche von Föhr besonders hervor, im heutigen Nieblum. Die beiden Kirchen lieferten, wie angeführt, den Höchstbetrag beim Cathedraticum des Bischofs. Obwohl die Zerstörungen des Meeres besonders Strand heimgesucht haben, ist es doch auffallend, daß außer Pellworm keine einzige Kirche von Strand mehr als 6 Schillinge beim Cathedraticum entrichtete. Die beiden Kirchen mit den Patrozinien St. Salvator und Johannes der Täufer stellen ohne Zweifel die religiösen Schwerpunkte der ganzen Inselwelt dar, da sie deren sieben Harden umfassendes Zentralgebiet dominierten. Die Bezeichnung »Strand und Föhr« deckt den Mittelpunkt der Inselwelt.

Die Patrozinien vermitteln, soweit sie bekannt sind, das Bild einer schon vor dem 12. Jahrhundert gefestigten Pfarrorganisation[28]. Eine Reihe der Patrozinien des Inselgebietes sind biblisch-neutestamentlich oder mit den Anfängen des Christentums in Rom verbunden. Daher gehen die frühesten Kirchenbauten an Orten solcher Patrozinien wohl meistens in die Missionsepoche zurück. Dem Apostelfürsten Petrus waren die westlichste Kirche in Eiderstedt, wo der Ort den Heiligennamen heute noch bewahrt, ferner die untergegangene Westersee-Kirche auf Sylt, endlich die Kirche von Simonsberg in der Lundenbergharde geweiht – wie man sieht, eine Petrus-Kirche in jeder der drei Inselpropsteien. Die Edomsharde führte außerdem ein Hardessiegel mit Bildern von St. Petrus und St. Laurentius. Der römische Diakon Laurentius, dessen Kult sehr früh verbreitet war, ist auf jeden Fall in Kating und Tönning in Eiderstedt, auf Westerland Föhr und in Fahretoft in der Bökingharde vertreten. Die Kirche von Lindholm an dem äußersten Zipfel des Moores gegen Leck hin war eine Michaeliskirche, die auf Pellworm eine Salvator-Kirche, also dem Heiland geweiht, eine im Norden sogenannte Christkirche. Beide Patrozinien gehören der ältesten Epoche der nordischen Mission an, das Salvator-Patrozinium trägt außerdem eine vom Friesenapostel St. Willibrord († 738) in Utrecht gebaute Kirche (Ostendorf 1950; Cinthio 1969.).

Dann ist selbstverständlich Johannes der Täufer nur einmal vertreten: in der größten Kirche auf Föhr. Dem Täufer, dem Schutzheiligen der Lateranbasilika in Rom, »der Mutter aller Kirchen der Welt«, wurden die wichtigsten Taufkirchen der Missionszeit geweiht. Mehrere Patrozinienheilige sind frühmittelalterlich-karolingisch in ihrer Verbreitung, so z. B. St. Martin (Morsum auf Sylt), dem St. Willibrord die Hauptkirche von Utrecht geweiht hatte; St. Sebastian (Horsbüll und Risum in den Moorharden), dessen Reliquien 826 an das nordfranzösische Kloster St. Médard in Soissons überführt wurden und dessen Kult wohl im Anschluß daran sich überall in Nordwesteuropa verbreitete; St. Vincentius (Oldenbüll auf Strand), ein spanischer Märtyrer der alten Kirche († 304), dessen Kult schon seit dem 6. Jahrhundert im Kloster St.-Germain-des-Prés in Paris nachgewiesen werden kann. Eine große Rolle spielte St. Pankratius, ein Knabe, der als Märtyrer der alten Kirche starb († 304) und dessen Reliquien 985 an das Benediktinerkloster St. Peter in Gent überführt wurden. Schon vor dieser Zeit trugen viele Kirchen in England den Namen dieses Heiligen (Arnold-Forster 1899 ff.). Die Kirchen von Oldenswort auf Eiderstedt und Stüntebüll auf Strand waren ihm geweiht, und das Siegel der Wiedrichsharde trug das Bild eines Schiffes zusammen mit dem von St. Pankratius. Vielleicht muß man der älteren Gruppe auch das Patrozinium St. Bartholomäus hinzuzählen, das für Garding als ältester Heiligenname vermutet werden kann – später soll die Kirche von Garding St. Christian (?) und Maria Magdalena geweiht worden sein.

Frühzeitig verehrt wurden auch der Papst St. Clemens, dem die Kirche von Amrum, und der Apostel St. Jakob, dem die Kirche von Hamm geweiht waren. Allerdings erfuhr der Kult dieser beiden Heiligen erneute Popularität und Verbreitung im Norden und in den Städten der südlichen Ostseeküste im 11., 12. und 13. Jahrhundert, und die Patrozinien können deshalb nicht eindeutig den Beleg für alte Kirchensprengel liefern (Cinthio 1968). St. Jakob wurde in Santiago da Compostela verehrt, und die Wallfahrt dahin verbreitete sich im 10. und besonders stark im 11. Jahrhundert. Neue Kirchen wurden ihm jedoch noch im 13. Jahrhundert geweiht (Gad 1971, S. 137). Ähnlich verhält es sich mit den Nikolaus-Kirchen. Die Reliquien des heiligen Bischofs von Myra († 352) wurden 1087 nach Bari überführt, und erst seit dieser Zeit verbreitete sich sein Kult in Nordeuropa, wo er als Schutzheiliger der Seefahrer und der Kaufleute galt (Zender 1974). Ihm waren die früheste Kirche von Westerland Sylt, die von Osterland Föhr und die von Ulvesbüll in Eiderstedt geweiht. Nicht sehr viel weiter dürfte die Verehrung für den Märtyrer Pannoniens, St. Severin (St. Sören), zurückreichen. Ihm war die Kirche von Keitum auf Sylt geweiht. St. Dionysius, der Schutzpatron

Frankreichs und des Klosters St.-Denis außerhalb von Paris, wurde auch der Schutzheilige von Dagebüll in der Bökingharde. Obwohl dieser heilige Bischof schon im 9. Jahrhundert verehrt wurde, stellte man noch im 11. und 12. Jahrhundert in Sachsen und Dänemark Kirchen unter seinen Schutz (Zender 1959, 1970). Zeitlich ähnlich dürfte die Weihe der Kirche in Koldenbüttel in Eiderstedt an St. Leonhard liegen.

Nicht viel anders dürfte es mit der Verbreitung der Verehrung für St. Gallus, den irischen Missionar auf dem Festland († 650), und St. Magnus, den Mönch von St. Gallen in der Schweiz († um 750) gewesen sein: auf dem Umwege über die Benediktinerklöster verbreitete sich ihr Kult besonders im 11. und 12. Jahrhundert. So erklären sich wohl die Patrozinien St. Magnus in Tating und St. Gallus in Galmsbüll in der Bökingharde. St. Ursula (Evenbüll auf Strand) und St. Margrethe (Gröde) sind erst im 12. Jahrhundert Kirchenpatrone geworden. Hierzu kommen die Patrozinien einiger Heiliger, die mit dem Bistum Utrecht und der von dort ausgehenden Friesenmission zu tun hatten. Zu erwähnen ist hier lediglich St. Werenfried, ein Begleiter Willibrords, der seit dem 10. Jahrhundert gefeiert wurde († 760). Ihm war die Kirche von Deezbüll in der Bökingharde geweiht.

Die Patrozinienverhältnisse legen es nahe, daß das Christentum auf den nordfriesischen Inseln von einigen frühen Haupt- und Missionskirchen ausgehend sich in eine Pfarrorganisation gefestigt hat, deren Zentrum aufgrund der hier nur einmal vorkommenden Johannes- und Salvatorpatrozinien auf Föhr und Pellworm – d. h. auf Strand in dem ursprünglichen Umfang dieser Insel – lokalisiert werden kann. Als sonstige kirchliche Schwerpunkte der ältesten Zeit können aufgrund der Patrozinien vermutet werden: auf Sylt St. Peter in Westersee und St. Martin in Morsum; St. Sebastian in Horsbüll; St. Michael in Lindholm und St. Laurentius in Fahretoft; St. Laurentius auf Westerland Föhr; St. Pankratius in Stüntebüll und St. Vincentius in Odenbüll; die Peterskirche in Simonsberg; in Eiderstedt St. Peter, St. Laurentius in Kating (daher auch Tönning?), St. Pankratius in Oldenswort, vielleicht auch St. Bartholomeus in Garding.

Mit einer solchen Gruppierung der mutmaßlich ältesten Kirchen in diesem Gebiet wären Ausgangspunkte für die weitere Durchdringung des Inselgebietes mit christlichem Geistesgut gegeben, und die sonst bekannten Patrozinien lassen sich zwanglos als solche von Tochterkirchen und Neupfarreien erklären. Die innere Logik des Systems der ältesten Patrozinien wird auch dadurch sichtbar, daß St. Johannes und St. Salvator in der Mittelregion liegen; daß, außer den vermutlich uralten St. Peters- und St. Martinspatrozinien auf Sylt, der Diakon St. Laurentius der Beschützer zweier wichtiger Kirchen des Nordgebietes geworden ist, Westerland Föhr und Fahretoft; daß die einzige St. Michaeliskirche der ganzen Inselwelt im östlichsten Grenzort Lindholm, dem Festland gegenüber, liegt; daß Strand und Eiderstedt je ein Petrus- und ein Pankratiuspatrozinium haben; daß das Laurentiuspatrozinium in Kating dem Apostelpatrozinium in Garding zu Seite steht.

Die Patrozinien zeigen, daß die Inselwelt der »Utlande« als eigenständiges Missionsgebiet aufzufassen ist, in dem alle Funktionen einer selbständigen Gliedkirche vertreten sind. Man braucht keine kirchlichen Einrichtungen des benachbarten Festlandes in die Diskussion einzubeziehen, um die Organisation des Christentums in der Inselwelt zu erklären. Dagegen ergibt sich deutlich, daß eine Impulsgebung aus den Niederlanden, die damals die Diözese Utrecht bildeten, angenommen werden sollte. Das Christentum des Inselgebietes dürfte also seine Gestalt durch die Mission über das Meer erhalten haben. Die frühe Geschichte des Christentums auf den Inseln trägt keine Züge einer Impulsgebung aus Sachsen oder Jütland. Die Patrozinien sprechen zugunsten der Möglichkeit, daß die Inselwelt eine eigene kirchliche Einheit, vielleicht ein Bistum gewesen ist.

Damit öffnet sich die Möglichkeit für die Frage: Kann die Bezeichnung *Farria* ein Name für Föhr sein, so daß wir annehmen müssen, es habe ein Bistum der nordfriesischen Inseln mit dem Zentrum auf der Insel Föhr bestanden?

Zunächst zur Namensform: Ist die Gleichstellung *Farria*-Föhr sprachlich möglich[29]? Die Sprache auf Föhr wird von den Einheimischen »Fering« genannt. Der *e*-Laut wäre an sich als Folge der nordseegermanischen Tonerhöhung als Entwicklung aus einem ursprünglichen *a* zu erklären, falls andere Gründe dafür sprächen. Das *e* in *fering* wäre aber auch als »Entrundung« eines ursprünglichen *o* denkbar. Da wir nun in der schriftlichen Überlieferung die Form *Ford* als unzweifelhafte Bezeichnung für die Insel Föhr im Jahre 1198 vorfinden, richtet sich der Gedanke auf die Möglichkeit eines ursprünglichen *forde* oder *förde* in der Bedeutung »fahren«: »die Stelle, wo man hinfährt« wäre dann die Erklärung des Namens. Wenn das *d* wegfällt, bleibt die Form *feer*. Aber auch die Möglichkeit einer Entwicklung *fordia* oder *foria* wäre möglich, wobei *Foria* und *Faria* leicht austauschbar erscheinen, besonders wenn es darum ging, auf einer frühen Stufe der Schriftlichkeit im lateinischen Wortbild die Aussprache des Namens festhalten zu wollen. Da aus diesem Stamm im skandinavischen Bereich *fjord* entstehen konnte, ist die Bezeichnung auf jeden Fall vor und außerhalb der skandinavischen Sprachentwicklung entstanden und gefestigt gewesen.

Farria scheint also dem Namen nach durchaus mit dem *Ford* des Jahres 1198 und mit Föhr und *fering* in Verbindung gesetzt werden zu können. Die Untersuchung der Namensform allein kann allerdings keinen Beweis schaffen – vor allem müßte man dann andere mögliche Erklärungen des *Farria*-Namens als weniger wahrscheinlich abweisen. Der vorliegende Beitrag zielt daher auch nicht darauf ab, eine sprachlich überzeugende Lösung zu bieten, sondern möchte lediglich daran festhalten, daß nach Ansicht der Sprachforscher eine Gleichsetzung von *Farria* mit Föhr nicht unsinnig ist. Die eigentlichen Gründe für diese Lösung liegen in der inneren Logik derjenigen Quellen begründet, die über *Farria* sprechen, verglichen mit der Betrachtung der Lage der Inselwelt im späteren Verwaltungsaufbau Schleswig-Holsteins.

Mehrere Indizien weisen also darauf hin, daß *Farria* zur Zeit Eilberts – d. h. etwa der Zeit 1050–1072 – ein aktuelles Problem des Hamburgischen Missionsauftrages gewesen ist. Aus dem Vorhergehenden sind folgende Umstände besonders hervorzuheben:

1. Der Bischof von *Farria* war als solcher dem dänischen König nicht unterworfen – nur Eilbert war als Bischof und Missionar auf Fünen in dieser Eigenschaft Mitglied des dänischen Episkopats.
2. Das »Utland« trägt diesen Namen, weil es bei der Einteilung Dänemarks in Syssel nicht einbezogen wurde.
3. Das Utland bildete in der Verwaltung des Bistums Schleswig einen eigenen Bereich, der als drei Propsteien verwaltet wurde.
4. Das Schwergewicht muß in der mittleren der drei Propsteien gelegen haben, die der Einfachheit halber »Strand« genannt wurde, seit alters jedoch offenbar Strand mit Pellworm und Föhr mit Amrum umfaßte.
5. Föhr liegt so zentral im geographischen, wirtschaftlichen und kirchenorganisatorischen Gefüge der Inseln, daß sie dem ganzen Bereich den Namen hat geben können.
6. Die Hauptkirche auf Föhr, die nie mit einem Dorf verbunden war, ist Johannes dem Täufer geweiht und kann damit an der Stelle einer bischöflichen Taufkirche der frühesten Missionsepoche stehen.

Die Aktualität des *Farria* in den Jahren ab der Mitte des 11. Jahrhunderts in Verbindung mit den erwähnten Umständen lassen es m. E. nicht übertrieben erscheinen zu vermuten, daß das *Farria* der schriftlichen Quellen die gesamte hier behandelte Inselwelt bezeichnet, daß dieses *Farria* mit dem »Utland« identisch war, daß das Gravitationszentrum der Inselwelt »Strand-und-Föhr« war, und daß die christliche Kultur seit dem Anfang der Mission hier ihre stärkste Stütze gehabt hat.

Da die beiden Titel, die Eilbert laut Adam von Bremen trug, die eines *episcopus Farriensis* und die eines Bischofs *in Funem,* wirkliche Bischofsämter bezeichnen müssen, und da Eilbert noch nach seiner Entfernung aus seinem fünischen Bistum den Titel des *episcopus Farriensis* trägt, ist die naheliegendste Erklärung all dieser Umstände, daß die Inselwelt wenigstens einmal einen eigenen ordentlichen Bischof gehabt hat, und daß dieser Bischof Eilbert hieß.

In dem Umstand, daß die Einwohner von Föhr nachträglich ihre Johanniskirche zu dem gewaltigsten Kirchenbau des Bistums Schleswig überhaupt nach dem Schleswiger Dom gemacht haben, sehe ich eine Bestätigung der These von *Farria* als nordfriesischem Bistum im 11. Jahrhundert. Die Johanniskirche im heutigen Nieblum überragt alle übrigen Kirchen des Inselbereiches, einschließlich Pellworm, Keitum, Tating, Garding und was sonst noch mit Nieblum zu wetteifern vermag. Daß der Bau eines solchen romanischen Heiligtums im 12. und 13. Jahrhundert lediglich Ausfluß von Reichtum und Selbstbewußtsein der »Feringer« gewesen sein sollte, ist wenig wahrscheinlich. Alte Erinnerungen an eine bischöfliche Zeit unter Eilbert könnten den Bau einer solchen Kirche leichter erklären. Um zu illustrieren, um was für eine Kirche es sich hier in Nieblum handelt, will ich zum Schluß einige Hinweise auf die Ausmaße dieser Kirche, verglichen mit anderen ähnlichen Bauten, bringen. Der Vergleich kann natürlich nicht zu einem Nachweis führen, daß nur ein Dom, eine Kathedrale, eine Bischofskirche, solche Ausmaße gehabt haben kann – denn im 12. und 13. Jahrhundert, als die heutige Kirche gebaut wurde, war sie mit Sicherheit keine Bischofskirche. Was der Vergleich dagegen nahelegen könnte, ist ein Rückgriff der »Feringer« auf ihre ehemalige Bischofstradition zu der Zeit, als sie die Kirche bauten, ein Festhalten an der Priorität dieser Kirche vor allen übrigen Kirchen der Inselwelt (Abb. 2).

Die Johanniskirche auf Föhr

Vor kurzem hat Jürgen Newig (1980) daran erinnert, daß Tuff als Baumaterial – sonst hauptsächlich im Bistum Ripen verwendet – wesentlich für den Bau der Kirchen in Keitum, Morsum, Nieblum, Pellworm und Koldenbüttel benutzt wurde und daß auch die Kirchen von St. Laurentius auf Föhr, die auf Amrum, in Oldenbüll auf Nordstrand und in St. Peter, Kating und Oldenswort in Eiderstedt in geringerem Umfang Tuffstein aufweisen. Jedoch auch in Hollingstedt an der Treene, insbesondere in der Stadt Schleswig und in östlicher Richtung in Ulsnis in Angeln wurde Tuffstein verwendet[30]. Newig erinnert uns auch an die alte Überlieferung, daß ein englischer Baumeister die frühesten Kirchen in Keitum, Nieblum, Pellworm und Tating, die auf einer Linie liegen, zu einem frühen Zeitpunkt gebaut hätte, als man zu Pferd von der einen zur anderen Insel reiten konnte. Der englische Einfluß könnte mit der Einberufung englischer Mönche nach Odense um 1100 in Verbindung gebracht werden – schon in den 40er Jahren des 12. Jahrhunderts fallen die königlichen Einnahmen auf Sylt den Benediktinermönchen in Odense zu[31]. Diese Nachrichten würden die ältesten Kirchenbauten der aufgezählten Orte ins 12. Jahrhundert verlegen.

Die ältesten erhaltenen Teile des großen Kirchenraumes der Johanniskirche auf Föhr jedoch, Chor und Langhaus, werden erst in den Anfang des 13. Jahrhunderts datiert (Brauer u. a. 1939, S. 299–301). Der quadratische Chorraum mißt knapp 9 x 9. Da die Länge des Langhauses, von der abgrenzenden Schlußlinie des Chorraumes im Osten bis zum Westturm gemessen, 42 m (Innenmaß) beträgt, macht die Länge der Kirche etwa 4²/₃ ihrer Breite aus. Beim Vergleich mit anderen Kirchen der Inselwelt, die wie Nieblum auch den Höchstbetrag beim Cathedraticum entrichteten: Keitum (Brauer u. a. 1939, S. 358 f.), Oldenswort, Tating, Garding (Oberdieck u. a. 1939, S. 28 f., 104 f., 136 f.) ergibt sich eine enge Übereinstimmung im Breitenmaß des Langhauses: die Breite schwankt zwischen 8,64 m für Keitum und 9,51 m für Oldenswort. Aber keine kommt in die Nähe von Nieblum, was die Länge angeht – Oldenswort und Garding nur dann, wenn man den Westturm mit hinzuzählt.

Von den fünf Kirchen haben zwei – Keitum und Tating – kein Querschiff. Zwei – Oldenswort und Garding – haben Ansätze eines Querschiffes in der Form eines nördlichen und eines südlichen Seitenbaus westlich des Chorraumes. In Oldenswort beträgt die Innentiefe der Seitenbauten 3 m, in Garding 4,5 bis 5 m auf jeder Seite. Keine dieser vier Kirchen ist in dieser Hinsicht mit der Johanniskirche auf Föhr zu vergleichen, die mit ihren beiden Kreuzarmen als einzige Kirche der

Abb. 2 Kirche St. Johannis in Nieblum auf Föhr. Foto Spacek, Husum.

Inselwelt ein vollständiges Querschiff besitzt. Die beiden Kreuzarme haben eine Tiefe von etwa 7 m, und sie nehmen 9,12 m in der Längsrichtung des Schiffes ein.

Diese Ausmaße sind ohne Parallele im Hauptteil des mittelalterlichen Bistums Schleswig. Aber wir finden eine Parallele weiter nördlich: in der nach der Feuersbrunst von 1257 neuerrichteten Kirche von Hadersleben. Sie hat ein Querschiff, dessen Kreuzarme etwas tiefer sind als die der Johanniskirche auf Föhr: rund 9 m, sonst aber die gleiche Struktur aufweist. Die Bauzeit ist auch etwa die gleiche (Moltke und Møller 1954, S. 53–81), denn das Querschiff in Nieblum wird nach dem Langhaus datiert, in die zweite Hälfte des 13. Jahrhunderts.

Zur gleichen Zeit, als in Hadersleben der Kirchenbau entstand, der bald das sakrale Zentrum eines Kollegiatkapitels mit Domkapitelsfunktion für den Barwithsyssel wurde, entstand also auf Föhr eine Kirche von ähnlichem Ausmaß. Auf die Frage nach dem Zweck einer solchen Kirche im Gefüge des Bistums Schleswig fällt ein besonderes Licht, wenn wir erfahren, daß die neue kirchliche Stelle in Hadersleben eine direkte Konkurrenz zur alten Amtsstellung des Propstes von Barwithsyssel darstellte (Dahlerup 1968, S. 189 f.). Vielleicht zur gleichen Zeit wurde die Propstei

Strand der Kantorei am Dom von Schleswig inkorporiert, d. h. der Kantor übernahm von Amts wegen die Funktion eines Propstes von Strand (Quellen, S. 100), in ähnlicher Weise wie der Dompropst und der Archidiakon, die beiden ersten Prälaten des Schleswiger Domkapitels, die alten Funktionen des vormaligen Propstes von Idstedsyssel übernommen und unter sich verteilt hatten. Im Spätmittelalter war außerdem noch die Propstei von Ellumsyssel auf entsprechende Weise der »Großen Propstei« des Dompropstes inkorporiert (Quellen, S. 99).

Ob die Johanniskirche auf Föhr je Sitz eines Kollegiatkapitels wurde, bleibt jedoch fraglich. Angeblich soll die untergegangene Kirche von Rungholt auf Strand eine Kollegiatkirche gewesen sein[32]. Aber da die Institution eines Kollegiatkapitels vielleicht erst im 13. Jahrhundert überhaupt in dieser Gegend Eingang fand, kann der große Kirchenbau auf Föhr zeitlich noch vor der Schaffung eines solchen Kapitels der Inselwelt liegen. Es ist deshalb naheliegender anzunehmen, daß die Johanniskirche Propsteikirche von »Strand und Föhr« war; und daß Pläne, diese ähnlich Hadersleben mit einem Kollegiatkapitel zu versehen, beim Bau der großen Kirche noch richtungsweisend waren, bevor eventuell Rungholt für kurze Zeit eine solche Priestergemeinschaft erhielt. Rungholt ging vermutlich 1362 unter.

Es steht mit dem Gesagten gut im Einklang, daß die Kirchengemeinde St. Johannis auf Föhr sowohl heute als auch früher, wenigstens soweit die ältesten Aufzeichnungen Ende des 16./Anfang des 17. Jahrhunderts das belegen, den mit Abstand größten Besitz unter den drei Kirchen von Föhr hatte. Hinzu kommt, daß St. Laurentius und St. Nicolaus lediglich Kirchenbesitz in ihren eigenen Kirchengemeinden haben, St. Johannis dagegen auch ausgedehnte Besitzungen in St. Laurentius und auf Amrum, wie etwa ein Festeregister von 1664 zeigt; ebenso auf Nordmarsch-Langeneß, dem Rest der benachbarten Wiedrichsharde[33].

Die große Bautätigkeit in Nieblum im 13. Jahrhundert ist vor allem als Ergebnis eines reichen Kirchenbesitzes der St. Johannispfarrei zu bewerten. Die Frage, die es zu beleuchten gilt, heißt dann: warum und seit wann war St. Johannis auf Föhr so reich begütert, daß eine solche Kirche gebaut werden konnte? Vor dem Hintergrund dessen, was oben über *Farria* gesagt worden ist, ist ernsthaft an die Möglichkeit einer frühen Ausstattung als Bischofskirche zu denken. Wahrscheinlich wird uns das Beweismaterial für einen schlüssigen Nachweis kaum ausreichen. Mein Anliegen jedoch, auf den Reiz dieser Forschungsmöglichkeit hinzuweisen, möchte ich den Lesern dieser Festschrift nicht vorenthalten.

Anmerkungen

1. Die Literatur zu diesem Problemkomplex soll hier nicht erörtert werden, da es die Darstellung zu sehr belasten würde. Ich möchte hier nur auf die verschiedenen Publikationen von Professor Erich Hoffmann, Kiel, Christian Radtke, Schleswig, und H. V. Gregersen, Hadersleben, hinweisen. Der Letztgenannte hat neulich in einem eigenen Band der »Politikens Danmarks Historie« eine Syntese der Grenzprobleme dargeboten: Slesvig og Holsten før 1830 (1981), die auch eine allgemeine Einführung in die weitere Literatur bringt.
2. Es liegt mir besonders am Herzen, hier Professor Niels Danielsen, Odense, zu danken, der mehrere Jahre in Odense Friesentagungen arrangiert hat, durch welche ich auf viele Probleme der Inselwelt aufmerksam gemacht wurde. Ferner danke ich herzlich Dr. Frederik Paulsen, Alkersum auf Föhr, dafür, daß ich die Gelegenheit bekam, Föhr zu besuchen und unter seiner Leitung kennenzulernen.

3. Ich bin mir bewußt, daß der Nestor der Erforschung der Åland-Inseln in dieser Generation, Professor Matts Dreijer, Mariehamn, in seinen Werken – zuletzt Dreijer 1979 – immer wieder auf die Möglichkeit zurückgekommen ist, das unbekannte *Farria* irgendwo in der Ostsee zu finden. Sowohl der merkwürdige Umstand, daß Bischof Eilbert *Farria* und *Funen* zugleich kirchlich verwaltete, als auch die Variante *Finnen* für *Funen*, führte Dreijer auf den Gedanken, hinter dem Namen *Farria* verberge sich eine ältere Namensform von Fårö, dem Namen der kleinen Insel nördlich Gotlands in der Ostsee, so daß daher Eilbert als ein auf Gotland tätiger Bischof erscheinen konnte. Ohne gegen Professor Dreijer, dessen Ausführungen ich sehr schätze, zu polemisieren, stelle ich, wie aus dem folgenden hervorgehen wird, in der Frage von *Farria* eine andere Meinung zur Debatte. Ich danke Professor Dreijer vor allem dafür, daß sein unbändiger Wille, ungeklärte Namen der nordischen Geographie zu deuten, und sein Widerwille dagegen, sich mit dem lässigen »non liquet« abzufinden, mich immer zu neuen Studien angespornt haben. Bei aller Unterschiedlichkeit in der bevorzugten Deutung von *Farria* weiß ich mich im gemeinsamen Suchen nach der Klärung ungelöster Probleme mit Professor Dreijer in Dankbarkeit verbunden.
4. Inspiriert für die folgende Darstellung wurde vor allem die Arbeit mit Adam von Bremen, wozu Professor Carl F. Hallencreutz, Uppsala, 1982 anregte, und deren Ergebnis jetzt in der neuen schwedischen Adam-Übersetzung vorliegt: Adam av Bremen. Historien om Hamburgstiftet och dess biskopar, übers. v. E. Svenberg, Red. C. F. Hallencreutz, Stockholm 1984.
5. Adam IV. 9 (ed. Schmeidler S. 237): *Cuius obitus et Funensis episcopi contigit eodem anno quo noster excessit archiepiscopus*.
6. Adam III. 75; danach zuletzt gedruckt in DD 1.2, Nr. 5–6. Vgl. den Hinweis auf das kanonische Recht bez. das Recht des Metropoliten, c 5 D XVIII, in DD 1.2, S. 12 unten.
7. Zur Glaubwürdigkeit Adams überhaupt ist zu sagen, daß es unsinnig wäre, zu vermuten, daß seine Auskünfte über ein so nahe an Bremen gelegenes Gebiet völlig verkehrt wären. Es handelt sich hier vielmehr um die recht häufige Erscheinung, daß das Selbstverständliche und Bekannte ungesagt bleibt. Für die Landkrabben in Bremen lag *Farria* »weit draußen« – aber doch so ganz anders nahe als z. B. Island oder die Orkney-Inseln, die Adam auf ganz andere, dramatische Weise in seine Erzählung einführt.
8. Diese Meinung wird von T. Nyberg in der neuen Adam-Übersetzung ins Schwedische S. 300, vertreten (vgl. Anm. 4).
9. Wie oben Anm. 6.
10. Die ausführliche Behandlung Eilberts durch C. Breengaard (1982, S. 91–93) bestätigt die hier vorgelegte Grundauffassung, indem Breengaard zeitlich Eilberts Konflikt mit Adalbert – gegen die bisherige Forschung – in die letzten Jahre seiner Amtsausübung, also in die Jahre kurz vor 1072, einordnet.
11. Aakjær 1926–1945. Der Text in Bd. 2 S. 10–11 bzw. 100–101, Kommentare S. 93 f. Facsimile in Bd. 3, Blz. 16v–17v.
12. Die Bezeichnungen der Urkunden richten sich normalerweise nach F. Curschmann (1909). Es handelt sich hier um Curschmann 1b und 4b, vgl. Seegrün 1976, S. 101 f. Die beiden Urkunden sind mit der gesamten Überlieferung jetzt in Seegrün und Schieffer (1981) zu finden: Nr. 12, Gregor IV. 832, und Nr. 22, Nicolaus I. 864. Vgl. Tafel am Ende von Seegrün 1976. – Die Zahl 7 in der Kolumne »Völkerschaften« bezeichnet das Vorkommen von *Farria* im päpstlichen Missionsauftrag. *Farria* kommt in Curschmann 1b (= Seegrün und Schieffer, Regesta Nr. 12) nicht vor, aber wie Seegrün 1976, S. 85 näher darlegt, stand *Farria* wahrscheinlich ursprünglich dort.
13. Curschmann (1909) 22, 23 und 24 = Seegrün und Schieffer (1981) Nr. 78, 81 und 83 = DD 1.1, Nr. 492 und 1.2, Nr. 1 und 2 (vgl. Seegrün 1976, S. 86–91).
14. Verglichen wurden die Völkerlisten in Seegrün und Schieffer (1981) Nr. 81 und 83 mit Nr. 22.
15. Näher T. Nyberg in der schwedischen Adam-Übersetzung (vgl. Anm. 4), S. 320, 332, 335, 338 und Karte S. 318. Als Hauptgebiet der Skritefinnen wird bei Adam Halsingland angeführt.
16. Curschmann (1909) 1c = Seegrün und Schieffer (1981) Nr. 13 = DD 1.1 Nr. 25.
17. Böhmer-Mühlbacher, Regesta Imperii I, 1899–1908, Nr. 928. DD 1.1, Nr. 28. Vgl. Seegrün 1976, S. 68.
18. DD 1.3, Nr. 242 vom 24. November 1198.
19. DD 1.3, Nr. 239 vom 16. November 1198.
20. DD 1.3, Nr. 234 vom 13. November 1198 und mit dem gleichen Datum Nr. 235 an Erzbischof Absalon in derselben Angelegenheit.
21. Quellen, S. 254; Blatt 89 der Handschrift im Schleswig-Holsteinischen Landesarchiv, Schloß Gottorf.
22. Quellen, S. 258: *ex quo aggerati sunt, multum plus tenentur*, Blatt 92r der Handschrift.
23. Quellen, S. 262–264; Blatt 94 der Handschrift.
24. Quellen, S. 281–282; Blatt 6–7 der Handschrift.
25. Quellen, S. 72. Weitere vier der 16 Pfründen zogen Einnahmen aus Besitz im »Utland«, aber in keinem Falle handelt es sich um Einnahmen aus der Pfarrkirche, oder, wie es unter *Prebenda Morsum* heißt, *habet III capellas, Morsum, Hamme, Lyed*.
26. DD 1.3, Nr. 146; die Bestätigung durch Absalon von der Vereinbarung zwischen Bischof Valdemar von Schleswig und der Bevölkerung des Bistums über die Entrichtung des Zehnten datiert auf 1187/88.
27. Ich kann mich nicht der Meinung des einzigen Forschers beitreten, der bisher *Farria* unter den nordfriesischen Inseln gesucht hat: Goslar Carstens (1965 und 1966), der nach sehr verdienstvollen und inspirierenden Ausführungen doch den Schwerpunkt des Inselgebietes, m. E. irrtümlich, in Eiderstedt suchte, daher auch dort das Zentrum des kirchlichen Lebens vermutete.
28. Die folgenden Ausführungen bauen auf Wilhelm Jensen (1928), gehen aber in wichtigen Punkten auf eine Analyse von cand. mag. Merete Geert Andersen, Kopenhagen, zurück, die sich besonders mit dem Heiligenkult und den Patrozinien beschäftigt; wofür ich ihr an dieser Stelle herzlich danke.
29. Für die folgende Erörterung der Namensform bin ich Dr. Volkert Faltings, Föhr, zu großem Dank verpflichtet.
30. Über Tuffsteinkirchen liegt m. W. keine neuere zusammenfassende Darstellung vor. Zur Tuffphase des Schleswiger Doms vgl. D. Ellger (1966), zum Tuff als Baumaterial in den übrigen Schleswiger Kirchen sind Aufschlüsse zu erwarten in den angekündigten Berichterstattungen über die Ausgrabungen in Schleswig und dem angekündigten Denkmälerinventar (Die Kunstdenkmäler der Stadt Schleswig), das im Landesamt für Denkmalpflege, Kiel, vorbereitet wird.
31. DD 1.2, Nr. 81 vom 7. Dezember 1141 (Regest einer verlorenen Urkunde).

32. *Modo XXIIII ecclesie et capelle cum uno collegio videlicet Rungeholt sunt submerse et cantor patitur defectum earundem ecclesiarum procurationem circiter triginta marcarum* (Quellen, S. 100).
33. Freundliche Mitteilung von Dr. Faltings, Föhr, der sich auf das Festeregister des Grafen Schack in Mogeltondern aus dem Jahre 1664 stützt.

Quellennachweis

Adam (ed. Schmeidler) Magistri Adam Bremensis Gesta Hammaburgensis ecclesiae pontificum, hg. v. B. Schmeidler. MGH SS rer. germ. in usum scholarum. Hannover, Leipzig 1917.
Adam (ed. Trillmich): Adami Bremensis Gesta Hammaburgensis ecclesiae pontificum, neu übertr. v. W. Trillmich. Quellen des 9. und 11. Jahrhunderts zur Geschichte der hamburgischen Kirche und des Reiches. Ausgewählte Quellen zur deutschen Geschichte des Mittelalters. Freiherr vom Stein-Gedächtnisausgabe XI. Darmstadt 1961.
Aakjær: Kong Valdemars Jordebog, hg. v. S. Aakjær, Bd. 1–3, København 1926–1949.
DD: Diplomatarium Danicum, utg. af Det danske Sprog- og Litteraturselskab. Række 1, bd. 1 ff. København 1938 ff.
Hansen und Jessen 1904: Quellen zur Geschichte des Bistums Schleswig, hg. v. R. Hansen und W. Jessen. Kiel.
Hartz, O. 1940: De Cataclysmo Nordstrandico, hg. v. O. Hartz. Neumünster.
Quellen: Quellen zur Geschichte des Bistums Schleswig, hg. v. R. Hansen und W. Jessen, Kiel 1904 (Neudruck 1974).
SRD: Scriptores rerum Danicarum, hg. v. J. Langebek, Bd. VI. København 1786.

Literaturnachweis

Andersson, Th. 1965: Svenska häradsnamn. Nomina Germanica 14. Uppsala.
Arnold-Forster, F. 1899 ff.: Studies in Church Dedications or England's Patron Saints 1–3. London.
Boockmann, A. 1967: Geistliche und weltliche Gerichtsbarkeit im mittelalterlichen Bistum Schleswig. QFGSH 52. Neumünster.
Brauer, H. u. a. 1939: Die Kunstdenkmäler des Kreises Südtondern. Berlin.
Breengaard, C. 1982: Muren om Israels hus. Regnum og sacerdotium i Danmark 1050–1170. København.
Carstens, G. 1965: Zur Lage der Insel Farria. Nordfriesisches Jahrbuch, S. 59–65.
– 1966: Erwiderung. Nordfriesisches Jahrbuch, S. 132–139.
Christensen, A. E. 1977: Tiden 1042–1241. In: Danmarks Historie 1, S. 211–399. København.
Cinthio, E. 1968: The Churches of St. Clemens in Scandinavia. In: Res mediævales Ragnar Blomqvist oblata, S. 103–116. Lund.
– 1969: Heiligenpatrone und Kirchenbauten während des frühen Mittelalters In: Kirche und Gesellschaft im Ostseeraum und im Norden vor der Mitte des 13. Jahrhunderts. Acta Visbyensia 3, S. 161–169.
Curschmann, F. 1909: Die älteren Papsturkunden des Erzbistums Hamburg. Hamburg und Leipzig.
Dahlerup, T. 1968: Det danske Sysselprovsti i Midelalderen. København.
Dreijer, M. 1979: Det åländska folkets historia I: 1 Från stenåldern till Gustav Vasa. Mariehamn.
Ellger, D. 1966: Der Dom und der ehemalige Dombezirk. Die Kunstdenkmäler der Stadt Schleswig 2. München.
Gad, T. 1971: Helgener.
Jensen, W. 1928: Das Deezbüller Kirchensiegel und die nordfriesischen Patrozinien. Jb. d. nordfriesischen Vereins f. Heimatkunde und Heimatliebe 15, S. 62–74.
Johannsen, H. 1977: Engelsk stilinflytelse: Danmark. In: Kulturhistorisk leksikon for nordisk middelalder 21, Sp. 148–155.
Kristensen, A. K. G. 1975: Studien zur Adams von Bremen-Überlieferung. Skrifter udgivet af det Historiske Institut ved Københavns Universitet 5. København.
Michelsen, A. L. J. 1828: Nordfriesland im Mittelalter. Neudruck 1969.
Moltke, E. und Møller, E. 1954: Danmarks kirker 20. Haderslev amt. København.
Newig. J. 1980: Sylt im Spiegel historischer Karten. Archsum auf Sylt 1. Römisch-germanische Forschungen 39, S. 64–84. Mainz.
Oberdieck, G. u. a. 1939: Die Kunstdenkmäler des Kreises Eiderstedt. Berlin.
Ostendorf, A. 1950: Das Salvator-Patrozinium, seine Anfänge und seine Ausbreitung im mittelalterlichen Deutschland. Westfälische Zeitschrift 100, S. 357–376.
Peitz, W. M. 1919: Untersuchungen zur Urkundenfälschung des Mittelalters 1. Die Hamburger Fälschungen. Freiburg.
Seegrün, W. 1967: Das Papsttum und Skandinavien bis zur Vollendung der nordischen Kirchenorganisation (1164). Quellen und Forschungen zur Geschichte Schleswig-Holsteins 51. Neumünster.
– 1976: Das Erzbistum Hamburg in seinen älteren Papsturkunden. Studien und Vorarbeiten zur Germania Pontificia 5. Köln.
Ders. und Schieffer, Th. 1981: Provincia Hammavrgo-Bremensis. Regesta Pontificum Romanorum. Germania Pontificia 6. Göttingen.
Skovgaard-Petersen, I. 1977: Oldtid og Vikingetid. In: Danmarks historie 1, S. 15–209. København.
Zender, M. 1959: Räume und Schichten mittelalterlicher Heiligenverehrung in ihrer Bedeutung für die Volkskunde. Düsseldorf.
– 1970: Die Verehrung des Hl. Dionysius von Paris in Kirche und Volk. In: Festschrift für F. Petri, S. 528–551. Bonn.
– 1974: Heiligenverehrung im Hanseraum. Hansische Geschichtsblätter 92, S. 1–15.

Geistliche Verwaltung und Gerichtsbarkeit der Schleswiger Bischöfe und des Domkapitels im Mittelalter

Von Andrea Boockmann

1. Der Bischofssitz Schleswig im 11. und 12. Jahrhundert

Jubiläumsfeiern müssen auf so feststehenden Daten beruhen, wie dem der ersten schriftlichen Nennung des Schleswiger Domes von 1134, der in diesem Jahr gedacht wird. Die historische Forschung darf sich erlauben, mit hypothetischen Daten in weiteren Zeiträumen zu rechnen.

Nach den Ausgrabungen der letzten Jahre in Schleswig wird angenommen, daß sich seit dem 10. Jahrhundert ein Königshof und die Bischofskirche auf dem Nordufer der Schlei befanden (Vogel 1983 b, S. 10 ff.; Radtke 1977, S. 29, 1983, S. 23 ff.). Wie weit diese erste Bischofskirche örtlich mit dem mittelalterlichen Dom übereinstimmt, ist bis jetzt noch nicht ermittelt. Ein größerer Sakralbau mit entsprechenden Wohn- und Nebengebäuden muß aber für das Jahr 1063 vorausgesetzt werden, da Erzbischof Adalbert in Schleswig eine Provinzialsynode einzuberufen plante. Dieser Plan kam nicht zustande, weil sich die meisten Bischöfe des Nordens weigerten, Adalberts Aufruf zu folgen.

Die Situation am Schleswiger Bischofssitz ist für das 11. Jahrhundert ganz unklar. Die wenigen Namen von Klerikern, die Adam von Bremen als Bischöfe von Schleswig nennt, lassen sich in anderen Zeugnissen nicht oder nur mit abweichender Datierung oder verwirrend anderer Benennung finden (Boockmann 1967, S. 167; Hoffmann 1980, S. 28). Noch der 1085 in einer Urkunde Knuds d. Heiligen genannte Bischof Sigvard wird an keiner anderen Stelle erwähnt. Seine Existenz wurde deshalb gelegentlich angezweifelt.

Wie weit sich die Obotriteneinfälle um das Jahr 1066, die, wie bisher angenommen wurde, Haithabu verheert haben sollen, auch auf das Nordufer der Schlei auswirkten, ist noch unklar. Aber Bodenfunde und dendrochronologische Untersuchungen zeigen im letzten Viertel des 11. Jahrhunderts das schnelle Wachsen einer Hafensiedlung und die Existenz einer (später) dem heiligen Nikolaus geweihten Kirche an (Radtke 1975; Hoffmann 1980, S. 58 f.). Mit einiger Vorsicht könnte man daraus schließen, daß auch die auf dem höheren Ufer gelegene Bischofskirche um 1100 weiterbestand oder wiedererrichtet wurde.

Im 12. Jahrhundert wuchs nicht nur die Stadt Schleswig aus einzelnen Siedlungsteilen zu einer Handelsstadt mit sieben Pfarrkirchen zusammen, auch der Dombezirk breitete sich über den ganzen westlichen Stadtbereich aus. Die Residenz der Schleswiger Bischöfe an ihrem Kathedralort wird nun kontinuierlich, der Domklerus, den man sich in der Frühzeit des Schleswiger Bischofssitzes eher als eine klösterliche Gemeinschaft vorstellen müßte, gliederte sich im Laufe des 12. Jahrhunderts nach den kanonischen Vorschriften zu einem Domkapitel. Am Ende des 12. Jahrhunderts lebt die Domgeistlichkeit offensichtlich schon in getrennten Häusern mit eigener Wirtschaft und dem dazugehörigen Personal. Diese Entwicklung ist in schriftlichen Zeugnissen nicht überliefert, man kann sie nur aus dem allgemeinen Gang der Kirchengeschichte, der Entwicklung der anderen Bistümer der Kirchenprovinz Lund und nachträglichen Zeugnissen erschließen.

1175 schenkte König Waldemar I. der Schleswiger Kirche bedeutenden Landbesitz. Wenn man diese Schenkung mit einer Bemerkung aus dem Kapitelsregister von 1352 in Beziehung setzt, ein »hochberühmter« dänischer König habe dem Kapitel die ersten acht Präbenden gestiftet – das heißt einen Besitz, der alsbald in Pfründen aufgeteilt wurde –, so kann man annehmen, daß das Domkapitel um 1170 das gemeinsame Leben bereits aufgegeben und sich zu einem aus verschiedenen geistlichen Ämtern bestehenden Kapitel umgeformt hatte (Harms 1914, S. 5 ff.; Boockmann

1967, S. 27). Diesen Status des Schleswiger Domkapitels zeigen drei Urkunden Papst Innozenz III. von 1198 (SHRU I. 208). Sie nennen einen Propst zu Schleswig, einen Propst der Insel Strand und die Geistlichen der Utlande und setzen in ihren einzelnen Vorschriften eine vollausgebildete kirchliche Verwaltung des Schleswiger Sprengels voraus. Sie sind deshalb stets mit einer gewissen Skepsis kommentiert worden.

Ganz ähnlich wurde in der älteren historischen Literatur auch jene Urkunde Knuds IV. von 1196 (SHRU I. 199) betrachtet, die sieben städtischen Parochien innerhalb der Stadt Schleswig aufzählt. Da diese sieben Schleswiger Kirchen jetzt teils durch Ausgrabungen, teils durch Nachweise aus alten schriftlichen Zeugnissen rekonstruiert werden können (Vogel 1983 b, S. 16, 33, 39 ff.), gewinnen auch die drei Urkunden von 1198 für das Schleswiger Bistum an Wahrscheinlichkeit.

Nach der neueren Forschung muß man davon ausgehen, daß das 12. Jahrhundert im Schleswiger Bereich eine Ausbauphase höchster Intensität gewesen ist. Nicht nur die Stadt Schleswig wuchs bis zur Mitte des 13. Jahrhunderts in beträchtlichem Maße an Umfang, Innenausbau und Außenhandel, auch die innere Ordnung des bischöflichen Sprengels, die personelle Besetzung der geistlichen Ämter, die Einnahmen der Kirche durch den intensiven Ausbau des Landes vermehrten sich schnell. Vielleicht kann man für das 12. Jahrhundert mit einer noch größeren Anzahl von Kirchenbauten rechnen als bisher aus den Registern des 14. Jahrhunderts zu ersehen war. Ob sich mit dem Rückgang der Bedeutung der Stadt Schleswig auch der Ausbau des Bistums verlangsamte, ist nicht zu erschließen. Klagen über Verluste von Kirchen und Kapellen späterer Jahrhunderte beziehen sich meistens auf die Sturmflut von 1362, Seuchen oder Kriegsfolgen des politisch bewegten 14. Jahrhunderts. Für das 12. Jahrhundert, für das kaum schriftliche Zeugnisse zur Bistumsgeschichte überliefert sind, gibt die neuere Schleswig-Forschung Anregungen, auch auf anderem Gebiet alte Vorstellungen zu revidieren.

2. Entstehung und Zusammensetzung des Domkapitels

Auf die genannten drei Urkunden Papst Innozenz III. soll im Folgenden näher eingegangen werden, da sie ein Bild der geistlichen Verwaltung des Bistums geben, das sich in seinen Grundbedingungen bis zum Ausgang des Mittelalters kaum veränderte. Denn es handelt sich hier um eine der Hauptaufgaben der geistlichen Aufsicht über die Laien: den Send. Der Send war die anfänglich dem Bischof zukommende, von diesem aber bald an die Pröpste des Domkapitels delegierte geistliche Aufsicht und Gerichtsgewalt über Priester und Laien. So heißt es denn auch aus Rom: Der Propst von Strand, so habe man vernommen, der als Stellvertreter des Bischofs fungiere, könne nur zu einer bestimmten Zeit auf die Inseln gelangen, da Stürme und Überschwemmungen zumeist den Zugang erschweren. Deshalb solle ihm erlaubt sein, bei jeder Kirche, an der er den Send halte, vier Tage zu verweilen, da die Menge der auf dem Send erscheinenden Bevölkerung groß sei wie auch die Zahl der vor den kirchlichen Gesetzen Schuldigen. Der Propst wird belehrt, wer gegen das Kirchenrecht verstoße: wer z. B. auch nach dreimaliger Aufforderung nicht zum Sendgericht erscheint, wer den Zehnt nicht leisten oder sich den kirchlichen Bußleistungen nicht beugen will, wird mit dem Bann belegt. Es sei ein Mißbrauch, besonders unter dem Adel, im fünften oder sechsten Verwandtschaftsgrad zu heiraten und dem Bischof dafür eine Mark zu zahlen, aber die Ehe trotzdem weiterzuführen. Überhaupt habe sich die 1-Mark-Buße in solchem Maße als Kirchenbuße eingebürgert, daß die Bevölkerung sich weigere, andere Bußen anzunehmen. Sie solle aber mit Bann und Interdikt zu kirchlichem Gehorsam gezwungen werden.

Eine Beschreibung der Zustände im Schleswiger Bistum und besonders die Erwähnung der 1-Mark-Buße, die genau in die Bußenkataloge des Landrechts paßt, wird sicherlich vom Propst von Strand selber oder einem von ihm nach Rom gesandten Vertreter stammen. Auch lassen die fast gleichzeitig ausgestellten beiden zugehörigen Urkunden, in denen der Propst von Strand gegen Übergriffe des Dompropstes in Schutz genommen und in seinen Rechten bestätigt wird, annehmen, daß es hierbei um Kompetenzstreitigkeiten innerhalb des Domkapitels ging.

1198 werden die Pröpste von der römischen Kurie noch als Stellvertreter der Bischöfe definiert, obgleich schon damals eine Entwicklung eingesetzt hatte, die die kirchlichen Amtsinhaber von den Bischöfen immer unabhängiger machte.

In Schleswig waren zu den ersten acht Pfründen aus der zweiten Hälfte des 12. Jahrhunderts etwa hundert Jahre später durch Land- und Geldschenkungen sechzehn weitere Pfründen gekommen. Das bedeutete auch eine personelle Vergrößerung des Domkapitels: hörten wir am Ende des 12. Jahrhunderts von einem Schleswiger Dompropst und dem Propst von Strand als Vertretern des Bischofs, so tritt dem Bischof 1248 das Domkapitel nun als Korporation entgegen (Harms 1914, S. 6). 1319 erhalten wir zuerst urkundlich Auskunft über Pfründen und Wohnhäuser der Domherren in Schleswig (Harms 1914, S. 6) und von 1352 sind die Regeln des Kapitels schriftlich überliefert, von denen gesagt wird, sie seien »ab antiquo« eingehalten worden (Harms 1914, S. 161 ff.). Diese »Constitutiones Capituli Slesvicensis« von 1352 zeigen ein schematisches Bild des Schleswiger Domkapitels, das dennoch, wie einzelne Urkunden beweisen, durchaus der Wirklichkeit entsprach.

Die Aufnahme eines neuen Mitglieds wurde durch Wahl des Domkapitels und mit Zustimmung des Bischofs vorgenommen. Die Statuten schrieben für die Aufnahme weder adlige Herkunft noch akademische Bildung vor; aus Familiennamen und Universitätsmatrikeln ist aber zu ersehen, daß in Schleswig, wie in anderen Domkapiteln, in denen beides ausdrücklich verlangt wurde, Adlige und gelehrte Geistliche bevorzugt aufgenommen wurden (Harms 1914, S. 25 f., 29 f.). Offenbar war die Aufnahme mit einer Schenkung verbunden; auch dieser »Einkauf« in das Kapitel ist nichts, was für Schleswig charakteristisch wäre. Die feierliche, mit dem Eid beschworene Aufnahme durch das Domkapitel erforderte weiter die Stiftung eines Chormantels oder ersatzweise 10 Mark, eine erhebliche Summe. Nach erfolgter Aufnahme mußte eine zwölfwöchige Residenz abgeleistet werden, in welcher das neue Mitglied in seine Pflichten eingewiesen wurde, ehe es in den Genuß seiner Pfründe oder Präbende kam.

Diese aus Gütern, Untertanen und Gerechtsame bestehende Pfründe unterstand dem jeweiligen Domherren zur Nutzung, blieb aber im Eigentum des Kapitels; ebenso das zur Pfründe gehörende Haus, die curia. Bei Einhaltung der Residenz, d. h. bei regelmäßiger Teilnahme an den vorgeschriebenen Gottesdiensten im Dom, wurden Brot- und Präsenzgelder an die Domherren verteilt, die ihr tägliches Auskommen sichern sollten.

Im ganzen lassen sich die Einnahmen der Schleswiger Domherren schwer berechnen, da Geld und Naturalleistungen zusammenkamen und jede Pfründe anders veranlagt war (Harms 1914, S. 14 ff.). Auch wechselten die Pfründen nach dem Eintrittsalter, das heißt eine ledige Pfründe wurde, wenn sie gut dotiert war, innerhalb des Domkapitels weitergegeben. Neue Mitglieder mußten mit der geringsten Pfründe beginnen.

Diese nach den Statuten und den von Bischof und Kapitel zusätzlich geschlossenen Verträgen bestehende Besetzungspraxis der Domkapitelsämter und -pfründen wurde seit dem 14. Jahrhundert immer wieder durch Eingriffe der Päpste und der dänischen Könige gestört, die Pfründen ohne Zustimmung des Domkapitels an fremde Kleriker vergaben. Dieses Vorgehen brachte der Kurie Geld und den Königen eine Versorgung für einen treuen Beamten, hat aber in das Schleswiger Domkapitel zu Zeiten erhebliche Unruhe getragen. So konnte es vorkommen, daß das Kapitel eine Domherrenstelle durch Wahl besetzt hatte, die in Rom bereits an einen fremden Kleriker vergeben worden war. Manche Amtsinhaber wurden auf diese Weise gezwungen, an der Kurie kostspielige Prozesse zu führen.

Die oberste geistliche Würde im Kapitel kam dem Dompropst zu, er war der »summus praepositus« und stand als Vermittler zwischen Bischof und Domherren. Ihm unterstanden die Güter der

Domkirche, er führte die Aufsicht über die Altäre, die Priester und die Vikare am Dom. Er hatte den Vorsitz bei Versammlungen des Domkapitels und vertrat zusammen mit dem Archidiakon, der an nächster Stelle stand, das Kapitel nach außen. Auf den Schleswig-Holsteinischen Landtagen des 15. und 16. Jahrhunderts nahmen Dompropst und Archidiakon von Schleswig als »Prälaten« einen angemessenen Platz ein.

Der Archidiakon hatte die »Geschäfte« des Kapitels zu führen. Ihm wurde nach seiner Wahl ein besonderer Amtseid abgefordert, er mußte eine Art Treuhänderschaft über die Güter des Kapitels beschwören. Dementsprechend war er für den Schriftverkehr, für die Ausstellung von Urkunden und das Abfassen der Briefe verantwortlich. Zudem sollte er, wie die Statuten ausdrücklich vorschrieben, mit dem König oder dem Herzog von Schleswig zugunsten des Kapitels verhandeln, wenn dazu Gelegenheit wäre.

Aus diesem Grunde wurde bei der Wahl des Archidiakons seit dem frühen 15. Jahrhundert stets auch Wert auf ein juristisches und/oder kirchenrechtliches Studium, nach Möglichkeit auch auf adlige Abkunft gelegt. Der dritte geistliche Würdenträger des Schleswiger Kapitels war der Kantor. Seine Tätigkeit war ganz dem geistlichen Leben zugewandt, er hatte die Gottesdienstordnung im Dom zu führen, den Domherren und den sie vertretenden Vikaren die gottesdienstlichen Handlungen vorzuschreiben bzw. sie anzuleiten.

Am Ende des 15. Jahrhunderts, als das Bedürfnis von Geistlichen und Laien nach ausführlicher Predigt und Bibelauslegung immer größer wurde, kam als ein weiteres Amt noch das des Lektors hinzu. Ein an der Universität ausgebildeter Theologe löste damit den Domherren älterer Prägung, der Gesänge und Altardienst überwachte, ab. Während und nach der Reformationszeit haben in allen norddeutschen Domkapiteln diese theologischen Lektorate eine führende Rolle gespielt. Das ältere Kantorat blieb daneben bestehen, war meistens reicher dotiert als das Lektorat, aber seiner geistlichen Funktionen mehr oder weniger entledigt. Weitere Ämter im Schleswiger Domkapitel waren diejenigen des Thesaurars (Vermögensverwaltung), Strukturars (Dombauamt) und der hier und da genannten Syndici, Distributoren, Prokuratoren und Notare. Wahrscheinlich sind die kleineren Ämter von Fall zu Fall je nach Notwendigkeit vergeben worden.

3. Die geistliche Verwaltung des Bistums durch die Pröpste

Für die geistliche Verwaltung waren die sieben Pröpste zuständig. Geistliche Verwaltung: das hieß – wie wir schon sahen – Aufsicht über die Priester und die Gemeinden, den baulichen Zustand der Kirchen und die Heiligkeit der Altäre, hieß Maßregelung von Vergehen von Geistlichen und Laien gegen kirchliche Gesetze.

Das Bistum Schleswig war spätestens seit der Mitte des 14. Jahrhunderts in sieben Propsteien geteilt, deren größte und wichtigste der Dompropst innehatte. Sie wurde deshalb auch praepositura maior genannt. Sie umfaßte den südlichsten Teil des Bistums mit der Norder- und Südergoesharde, der Lundenberg-, Arns- und Rieseybyharde und das sogenannte Gebiet »inter Sliam et Eidoram« (zwischen Schlei und Eider). Der Gerichts- und Hauptort der Propstei war Schleswig. Die Stadt Flensburg hingegen war der Amtssitz des Archidiakons, dort besaß er auch ein Haus. Entsprechend umfaßte der Sprengel des Archidiakonats die Wiesharde, die Husbyharde, Uggelharde, Nieharde, Struxdorfharde und Schließharde. Die Propstei Strand umfaßte die Insel Strand (die bekanntlich im Mittelalter wesentlich größer war als heute), Pellworm, Amrum und Föhr. Hier hatte der Kantor die geistliche Aufsicht inne. Die Propstei Eiderstedt gliederte sich in die drei Teile der Eiderinsel. Ferner gab es die Propsteien Withaa, Ellumsyssel und Barwithsyssel, die sich von der Nordost- bis zur Nordwestgrenze des Schleswiger Bistums nach Ripen zu hinzogen (Hansen und Jessen 1904, Karte; vgl. in diesem Bd. S. 163). Sie unterstanden dem Bischof, der sie aber traditionsgemäß an von ihm ausgewählte Mitglieder des Kapitels verlieh.

Solche Gebiete geistlicher Verwaltung waren zunächst einmal Einnahmequelle über die normalen Einkünfte aus der Domherrenpfründe hinaus. Jede Kirche hatte dem Propst beim Send jährlich eine Mark zu zahlen, zuzüglich verschiedener anderer Leistungen in Naturalien. Gebühren kamen ferner ein »van weghen der exessen«, wie es im 16. Jahrhundert hieß (Hansen und Jessen 1904, S. 304), aus den Strafgebühren, die die Laien für Vergehen gegen die kirchlichen Gesetze zu zahlen hatten. Schon im 12. Jahrhundert war es ja um Geld gegangen. Ein großer Teil der kirchlichen Einnahmen stammte aus Bußgeldern, wie man sie gleicherweise auch im weltlichen Gerichtswesen zahlen mußte. Einmal jährlich – so hörten wir schon 1198 und so zeigen die wenigen erhaltenen Zeugnisse für den Send im Bistum Schleswig (Boockmann 1967, S. 64 ff.) – zog der Propst mit einem Gefolge von Helfern und Dienern von Kirche zu Kirche seiner Propstei, visitierte das Kirchengebäude, den Kirchhof und wohl auch die Messe des Priesters und hielt die Rechnung über das Kirchenvermögen ab. Sodann berief er die Einwohner des Kirchspiels zum Send ein. Dazu hatten sich alle Familienväter einzustellen und nach dem Kirchenrecht durch eigenes Sündenbekenntnis oder durch die Denunziation anderer die Vergehen, die in der Gemeinde im Laufe des Jahres vorgefallen waren, einzugestehen und eine Buße dafür anzunehmen.

Im 15. Jahrhundert zählt das Schleswiger Registrum capituli unmißverständlich auf, was unter die geistliche Gerichtsgewalt der Pröpste zählte und was diese auf dem Send zu urteilen hatten (Hansen und Jessen 1904, S. 162 f.). Als schwerstes Vergehen galt der Totschlag, der von den weltlichen Gerichten geahndet wurde, aber danach auch eine schwere Kirchenbuße nach sich zog. Dem Totschläger wurden nicht nur Bußzahlungen oder geistliche Stiftungen auferlegt, sondern oft auch eine Wallfahrt an einen heiligen Ort (z. B. Rom, Santiago de Compostela, Wilsnack) vorgeschrieben. Erst danach, wenn er das Pilgerzeichen des Ortes vorweisen konnte, nahm ihn die Kirche wieder auf. In den wenigen in Urkunden oder Chroniken überlieferten Totschlagsfällen sehen wir allerdings immer den Bischof selbst als geistlichen Richter fungieren. Das kann daran liegen, daß nur die spektakulären Fälle im Gedächtnis blieben oder aufgeschrieben wurden, z. B. dann, wenn sie beim Adel des Landes vorfielen. Bei Vergehen des Adels war aber grundsätzlich der Bischof geistlicher Richter. Weitere den Pröpsten in ihrem Gericht zustehende Delikte waren Meineid, Ehebruch, Wucher, Unzucht (nach dem Kirchenrecht jeder sexuelle Verkehr außerhalb der Ehe), Zauberei und Verstoß gegen die heiligen Zeiten (z. B. um Ostern und Weihnachten).

Wie in der Urkunde des 12. Jahrhunderts wird auch im Kapitelsregister des 15. Jahrhunderts das Recht und die Pflicht der Pröpste, den Send und die Kirchenvisitation abzuhalten, betont. Man solle darüber wachen, daß alle Gemeindemitglieder zum Send erschienen, daß eine Kirchenrechnung vorgenommen und eventuelle Schuldner der Kirche zur Zahlung angehalten würden.

Auch außerhalb des Send konnten die Pröpste Laien und Geistliche aus ihrem Sprengel vor ihre Gerichtshöfe zitieren. Das wirkungsvollste Rechtsmittel blieb bis zur Reformation die Exkommunikationsdrohung. Sie wurde in verschieden schweren Abstufungen verhängt, bedeutete aber immer den Ausschluß des Gebannten vom Gottesdienst und allen anderen kirchlichen Handlungen innerhalb der Gemeinde. Auch durfte der Exkommunizierte nicht auf ein christliches Begräbnis hoffen. Noch schwerwiegender dürfte gelegentlich gewesen sein, daß ein Exkommunizierter auch vor dem weltlichen Gericht nicht rechtsfähig war.

Schlimmer noch als die Exkommunikation eines einzelnen Menschen, traf das Interdikt eine ganze Gemeinde. Dann war jeder Gottesdienst verboten, die Kinder konnten nicht getauft, die Toten nicht christlich bestattet werden. Im späten Mittelalter wurden die Gemeinden zumeist wegen Zahlungsunwilligkeit gegenüber Bischof oder Propst oder, in wirtschaftlich schweren Zeiten, auch wegen Zahlungsunfähigkeit interdiziert. Das Interdikt konnte wie ein Schicksalsschlag über ein ganzes Land fallen: 1495 verhängte Bischof Eggerd von Schleswig das Interdikt über ganz Eiderstedt, nachdem zwei Bauern in der Kirche von Garding einen Priester erschlagen hatten. Das Interdikt wurde erst nach sechs Wochen aufgehoben, und in Utholm, so schreibt der Dithmarscher

Chronist Johann Russe, brach »grot pestilentie« aus, da man die Toten nicht bestatten konnte (Russe 1829, S. 695).

Die Buße bestand zunächst einmal in der Reue und Umkehr des Exkommunizierten, die er dem Priester oder dem Bischof unmißverständlich zu zeigen hatte. Die geistlichen Strafen bestanden wie schon gesagt, in bestimmten Gebetsleistungen, Wallfahrten oder Stiftungen. Fast immer aber waren auch Geldzahlungen als Buße zu leisten. Da die Kirche kein Blut vergießen durfte, hielten sich bei den geistlichen Gerichten die Geldbußen auch noch zu der Zeit, als die weltlichen Gerichte bereits Leibesstrafen in verschiedener Form anwandten.

4. Die Aufsicht der Bischöfe über Klerus und Laien

Die geistliche Aufsicht und Gerichtsbarkeit der Bischöfe war wie diejenige der Pröpste auf Priester und Laien zugleich gerichtet, doch galt die bischöfliche Fürsorge zunächst den Priestern. Der Erzbischof von Lund berief die Bischöfe seiner Kirchenprovinz bereits im 12. Jahrhundert mehrmals zur Synode ein. 1222 hielt der Kardinal Gregorius von Crescentio in Schleswig eine Provinzialsynode ab, die sich besonders mit der Priesterehe und anderen Fragen des geistlichen Lebenswandels befaßte. Andere Themen der Zeit waren z. B. das Verbot der Gottesurteile. 1230 und dann wieder 1266 war Schleswig erneut Ort der vom Erzbischof oder von päpstlichen Legaten abgehaltenen Bischofssynoden. Der Bischof hatte die Beschlüsse dieser Synoden an die Priester und Laien seiner eigenen Diözese weiterzugeben. Deshalb berief er seinerseits Diözesansynoden ein zu denen alle Geistlichen zu erscheinen hatten. Nach dem Kirchenrecht sollten diese zweimal jährlich stattfinden, was jedoch auf Schleswig bezogen nicht wahrscheinlich ist. Die aus dem Bistum Schleswig erhaltenen Synodalstatuten sind eher zufällig überliefert und geben kein einheitliches Bild der bischöflichen geistlichen Verwaltung. Als Grund für die unzureichende Überlieferung ist zu bedenken, wie oft das Bistum Schleswig, das ja mit dem Herzogtum weitgehend geographisch identisch war, in kriegerische Unruhen verwickelt war, in Parteiungen, die auch die Geistlichkeit entzweiten, oder von Naturkatastrophen heimgesucht wurde, wie 1362.

Die aus der ersten Hälfte des 15. Jahrhunderts als Einheit überlieferten 36 »Statuta synodalia ecclesiae Slesvicensis« sind ein gutes Beispiel beschöflicher geistlicher Gesetzgebung, da sie auch den Laien öffentlich mitgeteilt werden sollten (coram publico manifeste legenda; Hanser und Jessen 1904, S. 47 ff.).

Die meisten bischöflichen Ermahnungen oder Verbote wenden sich an die Priester: sie sollen auf anständige Kleidung und Tonsur achten, dürfen keine Messer oder Schwerter bei sich tragen außer auf Reisen, und auch keine öffentlichen Schänken und Wirtshäuser aufsuchen, wiederum mit der Ausnahme, wenn sie in Geschäften unterwegs oder auf einer Reise sind. Bücher, die der Kirche gehören, sollen von den Priestern nicht mit in ihre Behausung genommen werden, weil sie dort eher dem Feuer oder einem Raub anheimfallen könnten. Andere Gebote beziehen sich auf die Reinhaltung der Altäre, des heiligen Öls und der Sakramente, auf die pünktlich einzuhaltenden Stundengebete und die Anwesenheit auf der bischöflichen Synode. Niemand solle durch den Priester vom Bann gelöst werden können, außer wenn das Leben des Gebannten in Gefahr sei. Auch solle sich der Priester vor der Messe vergewissern, daß kein Gebannter zugegen sei. Diese und andere synodale Vorschriften für die Priester entsprechen den allgemeinen Regeln des Kirchenrechts und wiederholten sich zum größeren Teil auch in anderen Statuten.

Interessanter sind für uns heute die Themen, die an die Laien gewandt waren. Freilich sind auch darin wiederum stereotype Ermahnungen enthalten, wie z. B. das Verbot geheimer Eheabsprechungen oder gar privater Eheschließungen. Die Eheabsicht solle öffentlich in der Kirche nach der Predigt verkündet werden, damit eventuelle Ehehindernisse rechtzeitig geltend gemacht werden könnten. Wiederum werden wir an die schon 1198 beklagten Mißstände erinnert: die schwierige

Verwandtschaftsgrade, die die Kirche als Ehehindernis ansah, waren für die bäuerliche Bevölkerung, die gewöhnt war, innerhalb der Dorfschaft zu heiraten, nicht recht einleuchtend.

Trotzdem kann man aus diesem Synodalstatut für das Bistum Schleswig nicht schließen, daß hier die Privateheschließung besonders häufig praktiziert wurde. Das ganze Mittelalter hindurch kämpfte die Kirche einen erbitterten Kampf gegen die aus dem germanischen Recht hartnäckig sich haltende private Eheabsprechung zwischen zwei Sippen ohne den Segen der Kirche. Ähnlich allgemeingültig war die Mahnung, den Zehnt und die Kirchenpfennige an den Heiligenfesten zu leisten.

Die Totschlagsühne war auch in den bischöflichen Statuten eines der Hauptthemen. Durch den öffentlich verkündeten Bann sollten Totschläger zur Kirchenbuße gezwungen werden. Ebenso sollte es aber auch Brandstiftern, Falschmünzern, Dieben und Betrügern gehen: an drei Sonntagen sollten sie bei entzündeten Kerzen und dröhnenden Glocken von allen Priestern der Diözese exkommuniziert werden. Das Gleiche erwartete Strandräuber, unverbesserliche Zehnthinterzieher und Zauberer. Andere Ermahnungen waren in milderem Ton gehalten. Kinder sollten nicht im Bett der Eltern schlafen[1], die Heiligentage des Jahres sollten mit Gebet und Fasten beachtet werden und an ihnen kein Kampf entfacht, kein gerichtlicher Eid geschworen und keine Ehe geschlossen werden. Die Bevölkerung sollte zur Beichte angehalten werden, ebenso zum Fasten vor der Beichte und der Einnahme des Sakraments. Speziell auf landesübliche Bräuche gemünzt scheinen die Gebote, daß Wochenstuben und Wöchnerinnen nicht besucht werden sollten. Diese Sitte ist durch kein bischöfliches Verbot zu beseitigen gewesen. Noch im 19. Jahrhundert versammelten sich die Nachbarinnen in der Wochenstube zur Übergabe von Geschenken an Mutter und Kind und zu gemeinsamen Essen. Ähnlich steht es mit dem Verbot, Tote in den Kirchen zu begraben. Auch dieser Brauch war bis ins 18. Jahrhundert hier und überall im norddeutschen Raum üblich. Sehr archaisch mutet uns heute die Vorschrift an, daß für einen Totschlag an einem Priester die dreifache Summe des üblichen Wehrgeldes gezahlt werden mußte. Auch sollte auf der Kirche, bei der der Totschlag geschah, das schärfste Interdikt liegen, kein Gottesdienst in der Kirche oder auf dem Friedhof stattfinden, und die Toten sollten solange nicht begraben werden, bis für den Totschlag volle Genugtuung geleistet worden sei.

Nur der Bischof konnte Bann und Interdikt lösen und Kirche und Kirchhof neu weihen. Er war nicht nur oberste priesterliche Instanz, sondern auch geistlicher Richter bei Streitfällen oder Vergehen von Geistlichen. Denn diese waren von der weltlichen Gerichtsbarkeit ausgenommen, sie hatten in ihren geistlichen Oberen ihre eigenen Richter, im kanonischen Recht ihr eigenes Gesetz.

Bischof und Pröpste konnten auch von den Laien in Zivilsachen (wie wir heute sagen würden) oder in der Schiedsgerichtsbarkeit angerufen werden. Im späten Mittelalter, als die alten Formen des germanischen Rechts sich aufzulösen begannen, gaben das kanonische Recht und die Kirche als dessen Exekutor im allgemeinen größere Sicherheit. In Schleswig ist aber von der sogenannten »freiwilligen Gerichtsbarkeit« der geistlichen Gerichte kein großer Gebrauch gemacht worden (Boockmann 1967, S. 61). Das Jütische Recht, das auf den Hardengerichten angewandt wurde, konnte die Belange der bäuerlichen Bevölkerung noch bis ins 19. Jahrhundert abdecken.

Bis zur Reformation hatte der Bischof auch im weltlichen Recht eine feste Stellung inne. Denn neben der Totschlagsühne, an der immer auch ein geistlicher Richter beteiligt war, gab es noch ein anderes geistlich zu ahndendes Delikt: den Meineid. Denn vor welchem Gericht auch geschworen wurde, man schwor im Mittelalter immer zu Gott und den Heiligen oder legte beim Schwur die Finger auf ein Reliquienkästchen, in welchem die Gebeine von Heiligen lagen. Jeder Meineid war somit ein Verbrechen gegen Gott und wurde mit einer geistlichen Buße belegt. Im Jütischen Recht gab es deshalb ein besonderes Verfahren, in welchem der Bischof und ein Kollegium von acht unbescholtenen rechtskundigen Männern über den vor Gericht geschworenen Meineid urteilten (Boockmann 1967, S. 174 ff.).

Der Bischof von Schleswig hatte neben dem Herzog die hervorragendste Stellung im Lande inne. Aus der langen Schleswiger Bischofsliste ragen einzelne Persönlichkeiten besonders hervor. Das Andenken an den letzten katholischen Bischof von Schleswig, Gottschalk von Ahlefeld, reichte weit bis in die evangelische Zeit hinein. Seit dem 14. Jahrhundert spielten Bischöfe und Prälaten in der Ständepolitik eine größere Rolle. Denn neben der geistlichen Gewalt über die Laien besaßen beide auch Grundbesitz in ausgedehntem Maße mit allen weltlichen Rechten (vgl. den Beitrag v. K. Reumann in diesem Bd. S. 207 ff.). Als Besitzer von Grund und Untertanen nahmen sie neben dem Adel auch an den politischen Entscheidungen des Landesherrn teil.

5. Offiziale und Vikare

Bei solcher Vielseitigkeit der Rechte und Pflichten der Pröpste und des Bischofs konnten diese nicht immer und überall präsent sein. Sie mußten also in bestimmten Fällen Stellvertreter einsetzen. Schon 1198 hörten wir, daß der Propst von Strand als Stellvertreter des Bischofs bei den einzelnen Kirchen den Send hielt. Diese Stellvertreterschaft wandelte sich im 13. Jahrhundert zum selbständigen Amt des Propstes, wie das ganze Domkapitel dem Bischof immer unabhängiger gegenüberstand. Die Bischöfe mußten sich also andere Stellvertreter heranziehen, zumal dann, wenn sie auf längere Zeit abwesend waren. In Schleswig verwaltete bei längerer Abwesenheit des Bischofs, etwa wenn dieser in Rom weilte, ein Generalvikar das Bistum »in spiritualibus et temporalibus«, das heißt er übernahm die geistlichen und weltlichen Aufgaben des Bischofs.

Stellvertreter bei einzelnen Amtshandlungen konnten auch von Fall zu Fall eingesetzt werden. Sie hießen Offiziale, Kommissare oder Vikare. Im späten Mittelalter waren die bischöflichen Gerichtshöfe zumeist mit derartigen »Beamten« besetzt, die Geistliche und zugleich rechtskundig sein mußten, um die Routinefälle der geistlichen Gerichtsbarkeit zu übernehmen. Die gleiche Entwicklung findet aber auch bei den anderen Domkapitelsämtern statt: Da sich die Kirchen in den Städten und auf dem Lande vermehrten, konnten auch die Pröpste ihre Ämter nicht mehr voll ausfüllen. Dazu kam die Ämterhäufung im späten Mittelalter: Schleswiger Kleriker hatten zumeist noch eine zweite oder dritte Pfründe in einem norddeutschen oder dänischen Kapitel (Harms 1914, S. 22 ff.). Fast alle waren Pfarrer einer Kirche, die oft genug weitab von Schleswig gelegen war. Bei der Menge der im 15. Jahrhundert in ein geistliches Amt Drängenden fanden sich immer jüngere oder arme Kleriker, die zur stellvertretenden Amtsführung bereit waren, wenn ihnen dabei eine gewisse Nutzung der Einkünfte zukam.

Waren die bischöflichen Offiziale noch hohe Beamte, die über große Geldsummen Rechenschaft abzulegen hatten, so ist die Schicht der niederen *commissarii* und *vicarii* der Pröpste und Pfarrherren schon als eine Art geistliches Proletariat zu bezeichnen. Ursprünglich hatten die Domvikare als Stellvertreter der geistlichen Herren eine wichtige Funktion. Die Statuten von 1352 sahen für den Dienst im Chor des Domes sechzehn Vikare vor, zwölf davon sollten die Priesterweihe besitzen, zwei sollten Diakone und weitere zwei Subdiakone sein (Harms 1914, S. 80 ff.). Das deutet darauf hin, daß die Vikare hauptsächlich den Gottesdienst an den zahlreichen Altären des Domes für abwesende oder noch nicht geweihte Domherren versehen sollten.

Neben diesen »festangestellten« Domkapitelsvikaren gab es die sogenannten Altaristen, die an einem bestimmten Altar regelmäßige Messen zu zelebrieren hatten. Diese wurden nicht vom Domkapitel unterhalten, sondern zumeist aus einer speziellen Altarstiftung bezahlt. Das Schleswiger Kapitel war aber bestrebt, bei solchen Altar- oder Meßstiftungen das Patronatsrecht oder mindestens das Präsentationsrecht zu erwerben, um Geistliche aus dem Kreise des Domklerus einsetzen zu können.

Die am Dom fungierenden Vikare waren in einem Kaland zusammengeschlossen, der Ende des 14. Jahrhunderts auch über eigene Räumlichkeiten innerhalb des Dombezirks verfügte. Die Gemeinschaft wählte als Oberhaupt einen Dekan, der sie auch in Rentengeschäften oder Grundstückskauf vertrat. Man vereinigte sich in regelmäßigen Andachtsübungen und den in allen solchen Bruderschaften üblichen gemeinsamen Essen.

Die wenigen noch erhaltenen Kirchenrechnungen aus dem Bistum Schleswig zeigen, daß sich die Pröpste im 15. und 16. Jahrhundert kaum noch die Mühe machten, die auf dem Lande gelegenen Kirchen in eigener Person zu visitieren. Send und Kirchenvisitation, die im späten Mittelalter in Schleswig offenbar in eine Amtshandlung zusammenfielen, wurden von einem vom Propst eingesetzten Vikar, dessen Schreiber und einem (Pferde-)Knecht abgehalten. Diese zogen in festgelegtem Turnus von Gemeinde zu Gemeinde, hielten die Kirchenrechnung ab und forderten von jeder Kirche dabei eine Mark Sendgebühr sowie einige Naturalien zu ihrer eigenen Zehrung. Auch dabei scheint in einigen Gemeinden ein größeres Essen üblich gewesen zu sein, wie die Kirchenrechnungen zeigen[2].

Anders sah es offenbar bei den Schleswiger Stadtkirchen aus. Jährliche Kirchenrechnungen, die aus den Jahren 1473 bis 1509 stammen, sind von der Schleswiger Trinitatiskirche, die seit dem 16. Jahrhundert nicht mehr besteht, erhalten (Boockmann 1967, S. 66). Aus den Unterschriften der Rechnungsvermerke im Kirchenbuch erhält man Aufschluß, welche Geistlichen die Kirchenvisitation vornahmen. Dabei läßt sich feststellen, daß in einer Schleswiger Stadtkirche die Dompröpste oder andere Domherren als deren Stellvertreter sehr viel öfter präsent waren, als in den Kirchen, die entfernt in der Dompropstei lagen. Dort visitierten die »officiales praepositurae«, wie sie sich in die Kirchenbücher einschrieben, niedere Geistliche, von denen nur wenige schließlich die Pfründe eines Domherren erlangten.

Doch auch ein Amtsinhaber, wie beispielsweise der Pfarrer an derselben Trinitatiskirche, konnte in der Zeit kurz vor der Reformation von seinen Einkünften kaum existieren. Ein zufällig erhaltenes Inventar seines Hausrates und der daraus verpfändeten Gegenstände zeigt die nach unseren Begriffen große Armseligkeit dieses Schleswiger Pfarrers – allein, was seine Kleidung betrifft. Warum er, der doch als Nebeneinnahme noch zwei Vikarien am Dom verwaltete, so verschuldet war, daß er seine silbernen Löffel und andere Stücke seines Hausrats verpfänden mußte, geht aus dem Inventar nicht hervor (Lorenzen-Schmidt 1978). Vielleicht spielte auch bei der Besetzung seines Pfarramts mit, was die Ämter des Domkapitels im 15. und 16. Jahrhunderts stark belastete: Für die Übernahme einer Pfründe oder eines geistlichen Amtes, aus denen ja manchmal reiche Erträge zu ziehen waren, mußte entweder dem Vorgänger oder dem jeweiligen Verleiher des Amtes eine Ablösungssumme gezahlt werden; oft mußten auch die Schulden des Vorgängers übernommen werden. Ein solches Verfahren wurde nicht als Ämterkauf, den die Kirche ja streng verbot, angesehen. Es belastete aber seit etwa Mitte des 15. Jahrhunderts bis zur Reformation auch im Bistum Schleswig die geistlichen Ämter immer mehr. Dazu kamen päpstliche Provisionen, die an auswärtige Kleriker gingen, so daß sich die vom Domkapitel gewählten Amtsinhaber ihre Pfründe quasi zurückkaufen mußten, wollten sie nicht den anderen Weg gehen und jahrelange Prozesse an der Kurie führen (Harms 1914, S. 126 ff.). Im 16. Jahrhundert wurden der Schleswiger Bischof und die ebenfalls an den Schleswig-Holsteinischen Landtagen teilnehmenden Prälaten vom Landesherrn und dem Adel mit der vordringenden neuen Lehre geradezu erpreßt, große Summen aus den geistlichen Gütern zu zahlen.

Solche Ernennungsgebühren und Schulden, die auf einem hohen geistlichen Amt lasten konnten, mußten dann während der Amtszeit des Inhabers von den Gemeinden und der Bevölkerung des Bistums aufgebracht werden. Zu diesem Zweck wurden besonders die Offiziale eingesetzt, die deswegen und wegen der mißbräuchlichen Anwendung von Zwangsmaßnahmen, wie Bann und Interdikt, bei der Bevölkerung sehr unbeliebt waren.

1533 ließ König Christian III. in einer vorläufigen Kirchenordnung verlauten »sust allen ban unde unordentlich olde Regementhe myt den officialen schall myt der Frieheyt nicht hebben toscaffende« (Jensen und Hegewisch 1797, Nr. 24, S. 151 f.).

Die Schleswig-Holsteinische Kirchenordnung von 1542 stellte dann noch weitergehende »Freiheiten« her. Die Kirchenvisitation als das Band zwischen geistlichen Oberherren, Pfarrer und Gemeinde hat sich auch in der evangelischen Kirche bis heute gehalten, sich aber in ihrem Inhalt von einer Prüfung und der Einsammlung von Gebühren zu einem wirklichen »Besuch« gewandelt.

Anmerkungen

1. Man fürchtete den Kindesmord in Form der »oppressio puerorum«, das Ersticken der Kinder im Schlaf (Hansen und Jessen 1904, S. 126).
2. Boockmann (1967, S. 79). Bei den Trinitatisrechnungen ist von »sentkoste« die Rede, anderenorts von einer Tonne Bier.

Quellennachweis

Hansen, R. und Jessen W. 1904: Quellen zur Geschichte des Bistums Schleswig, hrsgg. von R. Hansen und W. Jessen. Quellensammlung der Gesellschaft für Schleswig-Holsteinische Geschichte 6. Kiel.
Jensen, F. C. und Hegewisch, D. H. 1797: Privilegien der Schleswig-Holsteinischen Ritterschaft. Kiel.
Russe, J. 1829: Johann Russes, Achtundvierzigers aus Lunden, Sammlungen und Vorarbeiten zur Chronik des Landes Dithmarschen. Staatsbürgerliches Magazin 9.
SHRU: Schleswig-Holsteinische Regesten und Urkunden, Bd. 1, hrsg. von P. Hasse. Kiel 1885.

Literaturnachweis

Boockmann, A. 1967: Geistliche und weltliche Gerichtsbarkeit im mittelalterlichen Bistum Schleswig. QFGSH 52.
Harms, K. 1914: Das Domkapitel zu Schleswig von seinen Anfängen bis zum Jahre 1542. SVSHKG 1.7.
Hoffmann, E. 1980: Beiträge zur Geschichte der Stadt Schleswig und des westlichen Ostseeraumes im 12. und 13. Jahrhundert. ZSHG 105, S. 27–76.
Lorenzen-Schmidt, K.-J. 1978: Ein Besitzinventar des Kirchherrn an St. Trinitatis aus der Reformationszeit. BSSG 23, S. 17–23.
Radtke, Chr. 1975: Historische Untersuchungen zur Schleswiger Nikolaikirche. BSSG 20, S. 42–63.
– 1977: Aula und castellum. Überlegungen zur Topographie und Struktur des Königshofes in Schleswig. BSSG 22, S. 29–47.
– 1983: Zur Geschichte der Stadt Schleswig in vorhansischer Zeit. HGBll 101, S. 15–27.
Vogel, V. 1983 a: Archäologische Stadtkernforschung in Schleswig 1969–1982. Ausgrabungen in Schleswig. Berichte und Studien 1, S. 9–54.
– 1983 b: Schleswig – ein städtearchäologisches Forschungsprojekt. HGBll 101, S. 5–13.

Abkürzungen

BSSG   Beiträge zur Schleswiger Stadtgeschichte
HGBll   Hansische Geschichtsblätter
QFGSH   Quellen und Forschungen zur Geschichte Schleswig-Holsteins
SVSHKG   Schriften des Vereins für Schleswig-Holsteinische Kirchengeschichte
ZSHG   Zeitschrift der Gesellschaft für Schleswig-Holsteinische Geschichte

Die Auseinandersetzungen zwischen Landesherrschaft und Bistum im Herzogtum Schleswig im Jahre 1399

Von Klauspeter Reumann

1. Herzog, Bischof, Domkapitel

Für das Bistum Schleswig – seine Bischöfe und dann auch das Domkapitel – war es jahrhundertelang eine Schicksalsfrage, zeitweilig sogar eine Existenzfrage, ob sich sein Verhältnis zu den auf Schloß Gottorf residierenden Landesherren einvernehmlich oder konfliktträchtig regeln ließ[1]. Dies war zunächst durch die enge örtliche Nachbarschaft von Dombezirk und Schloß verursacht, mehr aber noch durch die Gemengelage und Überschneidung der beiderseitigen ländlichen Herrschaftsgebiete. Die Ländereien des Schleswiger Bischofs und Domkapitels lagen überwiegend im Amt Gottorf und fast sämtlich im Herzogtum Schleswig. Während der mittelalterlichen Jahrhunderte wuchsen Bischof und Domkapitel nächst den Landesherren in die Rolle des größten Grundbesitzers und des Trägers weitestreichender Herrschaftsrechte hinein, wie sie kein Adelsgeschlecht erlangte. Dieses Gewicht im Lande ermöglichte es Bischof und Domkapitel, ihre Stellung durch Erwerb neuer Ländereien laufend auszuweiten und bei jedem Herrscherwechsel durch verbesserte Immunitätsrechte auszubauen; es nötigte jedoch auch die Landesherren, solcher fortschreitenden Verselbständigung und Ausgliederung der geistlichen Herrschaft aus dem herzoglichen Territorialgefüge Grenzen zu setzen.

Diese gegenläufigen Interessen schlugen sich in den zwischen Landesherrschaft und Bistum ausgehandelten Privilegien nieder. Sie können in ihrer vollständigen Serie vom 12. bis 16. Jahrhundert freilich hier nicht untersucht werden, wohl aber in ihrer Tendenz und ihrer *einmaligen* Abweichung davon. Im Frühjahr 1399 nämlich stellten Herzog Gerhard VI. und seine Räte dem Bischof und Domkapitel abweichende Privilegien aus, die die Herrschaft des Bischofs unverändert bestätigten, diejenigen des Domkapitels hingegen von Grund auf umgestalteten. Die Domherren empfanden diesen Bruch als so umstürzend und rechtsmindernd, daß sie sogleich beim nächsten Herzogswechsel die Revision jenes Privilegs betrieben, auch erreichten und nun in der Folgezeit die Urkunde von 1399 in der Serie ihrer Rechtsdokumente übergingen und totschwiegen. Sie stand im Selbstverständnis des Kapitels außerhalb seiner gewollten Rechtstradition (Reumann 1969, S. 139). Die Gottorfer dagegen griffen im 16. Jahrhundert auf sie zurück, um ihre landrechtliche Gerichtshoheit über die Bauern des Domkapitels erneut zu begründen.

2. Die weltliche Herrschaft von Bischof und Domkapitel

Bis zu welchem Stand sich die Herrschaftsgewalt von Bischof und Domkapitel am Vorabend der Ereignisse von 1399 entwickelt hatte, läßt sich aus zwei Blickrichtungen erfassen, die sich zugleich auf zwei verschiedene Quellenarten stützen können. Zu fragen ist zunächst nach den rechtlichen Möglichkeiten, nach der Herrschaftsberechtigung im Rahmen der Landesverfassung; dies ist in den normativen Privilegien der königlichen und herzoglichen Landesherren vorgezeichnet. Dieser Rahmenbefund ist sodann zu konkretisieren durch den Blick auf die tatsächliche Herrschaftsausübung, wie sie sich in urbarialen Akten niederschlägt, hier den Kapitelsregistern von 1352 und 1437 sowie dem bischöflichen Zinsbuch von 1436/1462 (Hansen und Jessen 1904). Erst die Zusammenschau von normativer und faktischer Ebene vermittelt ein angemessenes Gesamtbild.

2.1 Die Privilegienentwicklung

Die landesherrlichen Privilegien für die Bischöfe und das Domkapitel kreisen um die Regelungen des Heeres- bzw. Steueraufgebots und der Gerichtsbarkeit für die kirchlichen Bauern.

König Knut verfügte 1187 zugunsten des Bischofs die Befreiung seiner Lansten von den königlichen Aufgebotslasten und verlieh ihm die von ihnen anfallenden nieder- und hochgerichtlichen Bußgelder (»executiones«; DD 1.3.143; SHRU I. 151). Von den Strafmitteln her die Gerichtsbarkeit, also einschließlich der Gerichtshaltung, zu definieren, war in der mittelalterlichen Rechtssprache durchaus üblich. Deshalb braucht nicht wörtlich und notwendig angenommen zu werden, daß hier die eigentliche Rechtsprechung dem Bischof vorenthalten und weiterhin bei den landesherrlichen Hardesgerichten blieb. In diesem Punkt auf klärende Absicherung bedacht, hat der Bischof eine päpstliche Bestätigung dieses Privilegs erwirkt, in der wir eine der Kurie vorgelegte Empfängerausfertigung sehen dürfen (DD. 1.3.147; SHRU I. 155). Darin wird der Inhalt des Privilegs in freierer Formulierung wiederholt, jedoch mit einem erweiternden und einem verdeutlichenden Zusatz. Hinzugefügt zur Bußeneintreibung ist das gerichtliche Ermittlungs- und Urteilsverfahren (»cognitiones«); präziser gefaßt sind die Bußen königlichen Rechts, die, nun um die Ermittlungen erweitert, bis dahin von königlichen Beamten ausgeübt worden seien. Beide Textveränderungen bezweckten, den gerichtlichen Prozeß insgesamt, einschließlich der jurisdiktionellen Wahrheitsfindung, für den Bischof zu sichern. Wenn dieser durch die päpstliche Urkunde eingeführte Anspruch des Bischofs durchsetzbar war, konnte dieser für seine beklagten Lansten selbst Gericht hegen und für ein solches eigene Lansten als Schwurkollegium (veredici, Sandleute) einsetzen (Boockmann 1967, S. 165).

Die Regelung von 1187/1188 genügte den Schleswiger Bischöfen zur gerichtlichen und herrschaftlichen Autonomie; sie haben sich danach um keine über diesen Stand hinausgehenden Privilegien mehr bemüht.

Mit zeitlicher Verzögerung, die seiner Entstehung entsprach, erhielt das Domkapitel 1261 ein inhaltlich dem bischöflichen gleichlautendes Privileg (DD 2.1.339; SHRU II. 231). Wie damals der Bischof, so wird auch das Kapitel nun über die Bußenvollstreckung hinaus den vollständigen Rechtsgang angestrebt haben. Doch dem trug erst das herzogliche Privileg von 1313 Rechnung, indem es neuartig formulierte, daß beklagte Kapitelsbauern sich nicht vor den königlichen Beamten zu verantworten brauchten, sondern sich allein vor dem Domkapitel und seinem Beauftragten einstellen mußten (DD 2.7.35; SHRU III. 270); damit war das Kapitelsgericht statt der Hardesgerichte als das kompetente Forum definiert. Mit der Gewalt, seine beklagten Lansten gerichtlich vor sich zitieren und nach eigenem Rechtsbefinden verurteilen zu können, besaß das Domkapitel eine zusammenhängende Gebots-, Jurisdiktions- und Vollstreckungskompetenz, die den tragfähigen Kompromiß zwischen seinen Interessen und denen der Landesherren darstellte, denn in den folgenden Privilegien von 1339 (DD 2.10.133; SHRU III. 1013) und 1386 (SHRU VI.642) wurde dieser Gerichtsabschnitt wörtlich übernommen.

Domkapitel wie Bischof besaßen gegen Ende des 14. Jahrhunderts einen durch gutes altes Recht geschützten und durch die Landesherren anerkannten rechtlichen Rahmen, innerhalb dessen sie eine eigene Gerichtsbarkeit entfalten konnten. Sie bezog sich auf die eigenen, auf Kirchenland ansässigen Lansten und bei diesen wiederum auf solche Fälle, in denen diese als Rechtsbrecher und Beklagte den Ansprüchen anderer ausgesetzt waren. Allein die eigene Herrschaft verfügte über die Zwangsgewalt, diese Bauern tatsächlich vor Gericht zu ziehen und die gerichtlichen Strafen zu vollstrecken, ungeachtet, ob sie nun von kirchlichen, adligen oder landesherrlichen Bauern beklagt wurden. Umgekehrt wären dann jedoch jene Fälle, in denen die Bischofs- oder Kapitelslansten von Bauern fremder Herrschaft etwas einzuklagen hatten, von der eigenen Gerichtsbarkeit nicht zu erfassen gewesen; als Kläger hätten die Lansten dann ihr Recht bei den Harden, dem kompetenten Gerichtsort der von ihnen Beklagten, verfolgen müssen.

Auf solche Detailregelungen bleiben die normativen Privilegien jedoch eine Antwort schuldig; sie ist vielleicht aus den grundherrlichen Land- und Einkünfteregistern von Bischof und Domkapitel zu erwarten.

2.2 Die Grundherrschaft

Um 1400 war der Grundbesitz des Bistums längst über die Erstausstattung und über die Schenkungen fürstlicher und adliger Stifter hinausgewachsen. Die durch die Zufälligkeiten solcher Stiftungsgüter bedingte Streulage suchten Bischof und Domkapitel durch eine eigene Politik des Gütererwerbs, teils auf dem Tausch-, teils auf dem Kaufwege, zu überwinden. Sie zielten vordringlich darauf, sich Ländereien in erreichbarer und nutzbarer Nähe zu verschaffen oder sie wenigstens schwerpunktmäßig in bestimmten Gegenden zu verdichten.

Den Bischöfen gelang dies vor allem um ihre Burg Schwabstedt herum, zu der über 500 Hof- und Hausstellen und deren Bauern gehörten (Hansen und Jessen 1904, S. 146 ff., 164). Ein bischöflicher Vogt hob von diesen Bauern die jährlichen Abgaben und Gelder für die Landleihe ein und organisierte ihre Fuhr- und Burgdienste. Der Schwabstedter Obervogtei wirtschaftlich zugeordnet waren auch die benachbarten Vogteien Rödemis, Wohlde, Treia und Lütjenholm, so daß all deren Erträge es den Schleswiger Bischöfen erlaubten, die Burg Schwabstedt als ihre Hauptresidenz einzurichten. Die weiter entfernt gelegenen Ländereien auf der nördlichen Geest, in Angeln, Schwansen, im Sundewitt und auf Alsen waren ebenfalls um von Vögten verwaltete Haupthöfe gruppiert (Hansen und Jessen 1904, S. 208 ff., 216 ff., 225 ff.).

Die Vogteien fungierten überdies als Gerichtsbezirke für diese Ländereien und die damit beliehenen Bauern, denn diese standen unter bischöflicher Jurisdiktion, unter bischöflicher Gerichtsbarkeit, die im Zinsbuch von 1462 ausdrücklich als »ius seculare« und »temporalis iurisdictio« umschrieben ist (Hansen und Jessen 1904, S. 156, 187). Die Gerichte wurden gebildet aus dem bischöflichen Vogt als dem Gerichtshalter und aus bäuerlichen Schöffen als den Urteilsfindern. Wenn diese bäuerlichen Richter als »veredici« (= Sandleute) und die bischöflichen Vögte ebenso als »advocati« (Hansen und Jessen 1904, S. 154) wie die herzoglichen Hardesvögte bezeichnet werden, so sind diese bischöflichen Gerichte als gleichartig und gleichwertig gegenüber den landrechtlichen und landesherrlichen Gerichten der Harden ausgewiesen (Hansen und Jessen 1904, S. 164, 180). Land und Leute des Bischofs waren aus der Kompetenz der Harden befreit und unterlagen stattdessen den bischöflichen Vogteigerichten, den späteren Birkgerichten.

Ganz anders als die Bischofsgüter waren diejenigen des Domkapitels organisiert, was von ihrer Herkunft und ihrer Verwendung herrührte. Nach der Verselbständigung des Kapitels zu einer vom Bischof unabhängigen Korporation um die Mitte des 13. Jahrhunderts (Hansen und Jessen 1904, S. 6) floß der Strom frommer kirchlicher Stiftungen allein dem Kapitel und seinen Vikaren zu, weil nur diese die von den Stiftern bezweckten Gedächtnismessen bewältigen konnten. Schon dadurch verzweigten sich die Ländereien und Einkünfte auf 24 Domherren und mindestens 12 Meßvikare. Die Aufsplitterung verstärkte sich noch weiter durch die interne Gliederung in gesonderte Vermögensgruppen: die Gemeingüter des Kapitels, als Präbendalgüter der einzelnen Domherren, die Vikariengüter und die für den Kirchenbau bestimmten Fabrikgüter (Hansen und Jessen 1904, S. 42 ff., 54 ff., 63 ff., 77 ff.). Da die Domherren obendrein zur Residenz am Schleswiger Kapitelssitz verpflichtet waren und sie beim Tode eines Mitkanonikers in die nächst höhere Präbende aufzurücken pflegten, hinderte sie dies daran, feste Haupthöfe, wie die bischöflichen Vogtzentren, inmitten der Ländereien auszubilden und unmittelbar zu nutzen. Ihr gemeinsames wie einzelnes Interesse, auch ihre Einwirkungsmöglichkeit, beschränkte sich darauf, Ländereien und Lansten möglichst in der nahen Umgebung einer Tagesreise von Schleswig, also in Angeln und auf der mittleren Geest, zu haben. Mit der Verwaltung der bäuerlichen Landzinse und Fuhrdienste betraute das Kapitel jeweils eines seiner Mitglieder als Prokurator (Hansen und Jessen 1904, S. 87), der die Einkünfte dann an die Kanoniker, die Vikare und die Fabrik verteilte. Weder hatte der einzelne

Domherr einen herrschaftlichen Zugriff auf seine Ländereien und Bauern, noch war eine der Präbenden oder Gütergruppen als Vogtei organisiert.

Von irgendeiner Gerichtsbarkeit, seien es Gerichte oder Gerichtspersonen, ist in den Kapitelsregistern von 1352 und 1437 gar nichts erwähnt. Das mag als Hinweis darauf gelten, daß die Gerichtsbarkeit nicht vor Ort im Lande ausgeübt wurde, sondern am Schleswiger Sitz des Domkapitels und durch das Kapitel. Dort aber wäre eine Mitwirkung bäuerlicher Schöffen, die ja Genossen aus der Rechtslandschaft des Klägers bzw. Beklagten sein sollten, sehr erschwert gewesen und ist darum unwahrscheinlich.

Über den Umfang der Grundherrschaft von Bischof und Domkapitel sind verläßliche und vergleichbare Angaben erst für das Ende des Mittelalters zu erschließen, wie Prange es jüngst für das Jahr 1523 aus den Veranlagungen zur landesherrlichen Steuer des Pflugschatzes errechnet hat (Prange 1983, S. 60 f., Abb. 1 und 3). Danach verfügte das Bistum Schleswig über 805 Bauern, davon der Bischof über 416, das Kapitel über 386 Bauern. Bezogen auf die Bauernzahlen des Bistums Ripen, des Haderslebener Kollegiatkapitels, der Klöster Lügum, Rude, St. Johannes vor Schleswig und Mohrkirchen sowie der städtischen Pfarrkirchen machten diese 805 Bauern des Schleswiger Bistums einen Anteil von 41 % aller auf kirchlichen Ländereien sitzenden Bauern des Herzogtums aus. Nimmt man die Bauern der Landesherrschaft und des Adels hinzu, so machten die 805 Bauern des Bistums 5,4 % aller im Herzogtum steuerpflichtigen Bauern aus, diejenigen aller 91 Adelsgüter 16 %.

Von diesem Gewicht her war es für die Herzöge nicht unerheblich, ob diese Lansten vor ihrer eigenen Herrschaft oder vor den landesherrlichen Harden zu Gericht gingen. Das war der Streitpunkt von 1399.

3. Die politische Lage

Der politische Zusammenhang für das Vorgehen Gerhards VI. 1399 gegen das Bistum ist in den Unsicherheiten um die dynastische Herzogsnachfolge und, als diese zugunsten der schauenburgischen Grafen von Holstein entschieden war, in der innerdynastischen Durchsetzung Gerhards VI. gegenüber seinen Miterben und Mitbelehnten zu sehen (Albrectsen 1981, S. 103–120). Die Krise trat 1375 ein, als mit Herzog Heinrich das Abelsche Herzogshaus erlosch und zugleich auch der dänische König Waldemar IV., der Lehnsherr des Herzogtums, ohne männlichen Erben verstarb.

Zögernder Bewerber um das Herzogsamt war Waldemars jüngste Tocher, die norwegische Königin Margarete, für ihren Sohn Oluf, – vorrangig jedoch strebte sie für ihn die dänische Krone an, stieß darin aber auf die konkurrierenden Ansprüche Herzog Albrechts IV. von Mecklenburg, des Sohnes der ältesten Waldemartochter (Hoffmann 1974, S. 142 f.; Albrectsen 1981, S. 17 ff. mit Stammtafeln). Machtvolle Bewerber um das Herzogsamt waren die schauenburgisch-holsteinischen Grafen, die zudem durch jahrzehntelange Pfandherrschaft über die zentrale Burg und Vogtei Gottorf im Vorteil des direkten Zugriffs waren.

In Absprachen mit dem Mecklenburger Kronprätendenten erlangten die schauenburgischen Grafen 1376 die faktische Herrschaft im Herzogtum Schleswig (Hoffmann 1974, S. 171 ff.; Albrectsen 1981, S. 23 ff.). Indessen dauerte das Ringen zwischen der dänischen und der holsteinischen Partei um die Machtpositionen im Lande an: Bei der Schleswiger Bischofswahl etwa unterlag 1375 der proholsteinische Domherr und, mit päpstlicher Hilfe, drang der von königlich-dänischer Seite favorisierte Johann Skondelev durch (SHBL 1, S. 248; Albrectsen 1981, S. 251); um 1390 gelang es dagegen Herzog Gerhard, für die leitende Prälatur des Domkapitels, die Propstei, seinen Kanzler Heinrich vom See durchzusetzen (SHBL 2, S. 215; Albrectsen 1981, S. 264). Skondelev und vom See sollten dann 1399 die Vertragspartner des Herzogs bei der Neuregelung des Verhältnisses Bistum – Herzogtum werden.

In den auch rechtsförmlich abgesicherten Besitz der Herrschaft über das Herzogtum Schleswig kamen die Schauenburger erst 1386 durch die Nyborger Belehnung. König Oluf von Dänemark übertrug den Grafen Klaus und Gerhard Schleswig zu erblichem Lehen und dem letzteren das regierende Herzogsamt (Albrectsen 1981, S. 58–62).

Sobald 1397 sein mitbelehnter Onkel, Graf Klaus, gestorben war, begann Herzog Gerhard, seine Alleinherrschaft auf breiter Front auszubauen (Albrectsen 1981, S. 103 ff.) Da sich diese bisher nur auf die Lehnsgüter erstreckte, bedrängte er zusätzlich die Tochter des Grafen Klaus, um deren Familien- und Pfandgüter in seine Verfügung zu bringen. Auch die Teilungswünsche seiner eigenen Brüder Albrecht und Heinrich konnte er für das Herzogtum abwehren. In diese Offensive zur inneren Durchsetzung seiner Territorialherrschaft fällt auch unmittelbar sein Vorgehen gegen Bischof und Domkapitel im Frühjahr 1399.

4. Die Auseinandersetzungen Herzog Gerhards VI. mit Bischof und Domkapitel

4.1 Frühe Fronten 1386 und 1390

Bei den landesherrlichen Privilegierungen stechen zunächst rein äußerlich die Zeitpunkte hervor: ein Privileg für das Domkapitel noch durch König Olaf 1386 und die Privilegien für Kapitel und Bischof durch Herzog Gerhard erst 1399.

Wenn König Olaf dem Domkapitel im Mai 1386 (SHRU VI.642) eine Privilegienbestätigung mit der seit 1313 (DD 2.7.35) und 1339 (DD 2.10.133) geltenden Gerichtsformel ausfertigte, so scheint dies dafür zu sprechen, daß er rechtzeitige Vorkehrungen treffen wollte, um das Schleswiger Kapitel in seinem überkommenen Rechtsstand gegen zukünftig zu befürchtende Änderungen sicherzustellen. Denn die Verhandlungen zwischen dem Königshof und den holsteinischen Grafen um die dann im Oktober vollzogene Nyborger Belehnung werden damals schon im Gang gewesen sein. Für die gleiche Absicht spräche es, wenn Bischof Johann Skondelev beim König der Fürsprecher für diese Urkunde war, wie E. Albrectsen (1981, S. 265) vermutet.

Der neue Herzog nun, Gerhard VI., unterließ es, wie sonst unmittelbar nach Antritt der Herrschaft üblich, die Rechte der einzelnen Stände zu bestätigen. Er tat dies für Bischof und Domkapitel erst 12½ Jahre später, im Frühjahr 1399. Solche Verspätung legt den Schluß nahe, daß er entweder an die jünste Privilegierung seines Lehnsherrn sich gebunden fühlte, eventuell auch den bestehenden Zustand als unproblematisch betrachtete und stillschweigend duldete, oder aber daß er nicht bereit war, die Kapitelsrechte im Wortlaut und Gehalt von 1386 zu bekräftigen, er vielmehr eine abweichende Regelung anstrebte, die jedoch so schnell nicht zu vereinbaren war.

Gegenüber dem Bischof wird die erste Möglichkeit wahrscheinlich, denn der Herzog bestätigte 1399 dessen Gerichtsbarkeit ohne jede Neuerung. Gegenüber dem Domkapitel wird die zweite Überlegung den Ausschlag gegeben haben, denn Gerhard VI. erlegte 1399 dem Kapitel einschneidende Modifizierungen seiner Gerichtspraxis auf.

Erste, noch punktuelle Ansätze eines herzoglichen Vorgehens gegen das Bistum lieferten der Gütererwerb des Domkapitels und seine Rechtshilfe für solche Personen, die der Kirche nicht herrschaftlich verbunden waren. Der Herzog verbot dem Kapitel im Mai 1390, von herzoglichen Bürgern und Bauern Grund- und Hauseigentum, ausgenommen Fahrhabe, entgegenzunehmen und ihnen auf ihr Ansuchen Recht zu sprechen. Landesherrliche Bürger und Bauern durften fortan in solchen Sachen nur vor den herzoglichen Amtleuten und Hardesvögten beklagt werden (SHRU VI.890).

Mit der ersten Bestimmung schärfte der Herzog nur ein von altersher geübtes Verfahren ein, das Güterübereignungen an die Kirche an eine landesherrliche Zustimmung band. Sie zu erteilen oder zu verweigern, konnte nun eine restriktive Handhabe für Gerhard VI. bieten, den fortwährenden Güterstrom von Laien- in Kircheneigentum zu unterbinden. Dieser Zweck gewinnt dadurch an

Wahrscheinlichkeit, daß der Herzog seine spätere Privilegienbestätigung (1399) ausdrücklich auf jene Güter des Kapitels beschränkte, »dat ze *nu* hebben«, und er die künftigen Erwerbungen davor ausschloß (SHRU VI. 1505).

Die zweite Bestimmung zielte darauf ab, daß landesherrliche Bürger und Bauern ihre Streitfälle, besonders unter Eid geleistete Vertragssachen, mit Vorliebe vor ein geistliches Gericht trugen statt vor das weltliche (Feine 1972, S. 433 f.; Boockmann 1967, S. 58 f.). Vor allem in den Städten war dies weithin beliebt und üblich, dennoch aber ein extensiver Gebrauch, ja, Mißbrauch der geistlichen Gerichte, dem die Landesherrschaft zum Schutz ihrer landrechtlichen Hardesgerichte Einhalt gebieten mußte.

Die eigentlichen Adressaten dieses Verbots waren die eigenen Untertanen des Herzogs, die ihre Auseinandersetzungen vor das Kapitel brachten, erst in zweiter Linie das Domkapitel, das jene Fälle daraufhin richterlich entschied. Überhaupt nicht berührte das herzogliche Verbot die eigenen Lansten des Domkapitels und seine Gerichtsbarkeit über diese. Seine auf Grundherrschaft aufgebaute und darum hardesexemte Gerichtsgewalt vermochte das Kapitel auch nach 1390 unangefochten fortzusetzen.

Mit dem Vorgehen von 1390 war immerhin die Frage der neu zu regelnden Abgrenzung zwischen den landrechtlichen Hardesgerichten und dem Domkapitelsgericht aufgerollt; der Herzog griff sie neun Jahre danach erneut auf, nun unter Einschluß auch der Kapitelslansten. Am 14. März 1399 erteilte er dem Domkapitel eine allgemeine Privilegienbestätigung (SHRU VI.1505) und traf am gleichen Tage mit dem Dompropst eine Übereinkunft (SHRU VI.1506, 1506 a) über die Anwendungsmodalitäten im einzelnen (Abb. 1; Text im Anhang).

4.2 Die Privilegienbestätigung für das Domkapitel vom 14. März 1399

Die Bestätigungsurkunde bewegt sich auf den ersten Blick hin durchaus im Rahmen der bisherigen Privilegientradition, – mit dem herzoglichen Schutz- und Schirmversprechen, mit der Freiheit von den landesherrlichen Steuern und Diensten und auch mit der Gerichtsbarkeit des Kapitels in allen Bußstufen. In der Formulierung, die eigene Lansten »scholen ... nemande vor antworden« als ihrem Propst und Kapitel und diesen »scholen se allenen underdanich zyn« scheint die traditionelle Fassung »nulli respondeant«[2] etc. und »nulli aliene dominacioni sed tantum sue... potestati«[3] wieder aufgenommen zu sein. In der neuen Textumgebung von 1399 erscheinen diese Fügungen teils erweitert oder verkürzt, teils umstilisiert.

Die Hinzufügung, daß von der Kapitelsuntertänigkeit die Hals und Hand-Fälle ausgenommen seien, kann trotz erstmaliger Erwähnung nicht als neuartig gelten. Bluturteile wird das Domkapitel wegen seines geistlichen Standes nie gefällt, noch weniger je exekutiert haben[4]. Es wird ihm nun aber auch verwehrt, solche hochgerichtlichen Fälle durch Bußurteile beizulegen, zumindest ist es mit der Zuweisung des gerichtlichen Verfahrens in den Hals und Hand-Fällen an die herzoglichen Harden künftig diesen anheimgestellt, ob sie ein hochgerichtliches (= 40 Marks-)Delikt eines Kapitelslansten an sich zogen und zu einem blutgerichtlichen Urteil führten. Falls die Harden dann aber auf ein Bußurteil erkennen würden, so sollten die verwirkten Güter und verhängten Bußen weiterhin dem Kapitel zufallen. Konsequent angewandt, würde dieser Vorbehalt von Hals und Hand zugunsten der herzoglichen Harden bedeuten, daß die hochgerichtlichen Fälle der 40 Marksbrüche dem Domkapitel künftig gänzlich entzogen werden könnten. Insofern ist Albrectsen zuzustimmen, daß dann unweigerlich dem Kapitel nur noch die geringeren Fälle unterhalb der 40 Markbrüche vorbehalten geblieben wären (Albrectsen 1981, S. 259 f.).

Bei der Umschreibung des gerichtlichen Verantwortens vor dem Kapitel fehlt sodann der Hinweis, daß seine Lansten sich allein vor dem Kapitelsgericht einzustellen hätten (»conveniri debeant«). Es ist zu prüfen, ob damit der Gerichtsort Domkapitel überhaupt noch gewährleistet ist. Die neue Textfassung nährt solche Zweifel, indem sie die gerichtliche Verantwortung vor dem

Abb. 1 Urkunde vom 14. März 1399 zwischen dem Schleswiger Domkapitel und Herzog Gerhard von Schleswig über die geistliche Gerichtsbarkeit und die Gerichtsbarkeit über die Lansten des Kapitels (LAS Urk. Abt. 16.1 Nr. 5). Druck mit freundlicher Genehmigung des Landesarchivs Schleswig-Holstein.

Kapitel nun nicht mehr, wie in den älteren Privilegien, auf die »*Fälle* der 40 Marks- und niederen Brüche« bezieht[5], sondern auf »allerleye *broke* also vertich marke broke unde ander broke«, also allein auf die Bußen, und das könnte ja heißen: auf deren nachträgliche Eintreibung. Nach dem engen Wortlaut der Privilegienbestätigung wäre die gerichtliche Tätigkeit des Domkapitels gegenüber seinen Lansten auf die bloße Exekution der ihnen bei den Harden gesprochenen Bußstrafenurteile reduziert.

Indessen, bei solcher Deutung würde die ausdrückliche und geradezu strukturierende Gegenüberstellung der 40 Marks- und geringeren Brüche beim Domkapitel und der Hals und Hand-Sachen bei den Harden unstimmig bleiben. Sinnvoll miteinander zu vereinbaren ist beides nur, wenn wir für die Kapitelslansten neben dem Blutgericht der Harden ein fortbestehendes Bußgericht des Domkapitels zugrundelegen, ein Gericht im vollständigen Sinne der Ladung, Ermittlung, Urteilsfindung und -vollstreckung. Auf das eigene und dieses als das eigentliche Gericht deutet auch die Textüberlieferung dieser Stelle. Die älteste Abschrift aus dem beginnenden 15. Jahrhundert bezeichnet die Delikte der einzelnen Bußstufen als diejenigen, »dar de herschop (= Domkapitel) *recht* to heft«, während erst die fünf Abschriften aus der zweiten Hälfte des 16. Jahrhunderts mißverständlich erweitern auf »dar de herschop recht *unde bröke* to heft«[6].

Der Fortbestand eines Domkapitelsgerichts über die eigenen Lansten kann darum trotz des Hals und Hand-Vorbehalts zugunsten der Harden als gesichert gelten, es muß jedoch zugleich wegen dieses Vorbehaltes als gefährdet gelten, daß dieses Gericht seine hohe Bußgerichtskompetenz verlieren und zu einem Niedergericht herabgedrückt werden könnte.

4.3 Zusatzvertrag mit dem Domkapitel vom 14. März 1399

Zur gleichen Zeit, da über die herzogliche Privilegienbestätigung beraten wurde, handelten Gerhard VI. und seine Räte mit dem Schleswiger Dompropst Heinrich vom See einen zusätzlichen Vertrag aus, wie die Gerichtsbarkeit des Kapitels nun im konkreten Rechtsalltag zu handhaben und von der der Harden abzugrenzen sei[7]. Dieser Propst wird aus der Sicht des Hofes als ein besonders geeigneter Verhandlungspartner gegolten haben, um den herzoglichen Interessen zu willfahren, weil er Gerhard VI. als Kanzler diente und ihm daher auch vorrangig verpflichtet war. Ein weiteres Ungleichgewicht in den Verhandlungen beruhte darin, daß der Herzog elf seiner Räte beteiligte, während der Propst wohl ohne seine Mitdomherren verhandelte, denn er siegelte seine Ausfertigung des Vertrages allein und führte auch als seine Zeugen die herzoglichen Räte an. Diese Gewichtsverteilung ermöglichte es, das Hauptanliegen der herzoglichen Seite durchzusetzen, daß der Wirkungsbereich des Landrechts und der Landrecht sprechenden Harden wieder ausgedehnt und derjenige des geistlichen Rechts und des Domkapitelsgerichts zurückgedrängt würde.

Gegenüber dem Privileg gewinnt der Vertrag vom gleichen Tage eine größere Präzision und Wirklichkeitsnähe dadurch, daß er differenzierendere Gesichtspunkte berücksichtigt: den herrschaftlichen Stand der gerichtlich verwickelten Personen, ob Lansten des Herzogs oder des Domkapitels, sowie die prozessuale Rolle dieser Personen, ob Kläger oder Beklagte. Auf dem Lande lagen ja in den meisten Feldmarken herzogliche und kirchliche Ländereien in Gemenge und wohnten in den Dörfern die zugehörigen Lansten nebeneinander; ihre alltäglichen Streitfälle beschränkten sich naturgemäß nicht auf die jeweils unter gleicher Herrschaft stehenden Bauern, sondern brachen ebenso oft zwischen Lansten verschiedener Herrschaft aus. Jede Herrschaft war dann bestrebt, ihre eigenen Lansten bestmöglichst zu schützen, was am wirkungsvollsten vor dem eigenen Gericht geschehen konnte.

Das aus dem Privileg nicht letztgültig beweisbare, oben nur gefolgerte Domkapitelsgericht ist hier nun dem Kapitel ausdrücklich eingeräumt als eigenes Gericht über »unse eyghene lansten erer en den anderen under twischen« (pröpstliche Ausfertigung) bzw. über »der domherren lansten ehrer ein den andern underwiesen« (herzogliche Ausfertigung). Die textliche und inhaltliche Übereinstimmung ist vollkommen, wenn wir Albrectsen folgen und das unverständliche »underwiesen« der herzoglichen Fassung für eine Fehlschreibung der einzig überlieferten Abschrift erst aus dem 16. Jahrhundert halten, der gegenüber das entsprechende »under twischen« der pröpstlichen Urkunde durch originale Textüberlieferung gesichert ist und daher den Vorzug verdient (Albrectsen 1981, S. 262). Das Gericht des Domkapitels kann deshalb als eines definiert werden, das für die eigenen, grundherrlich abhängigen Lansten untereinander zuständig war, wenn also Kläger und zugleich Beklagter Kapitelslansten waren. Dann hegte das Domkapitel ordentliches Gericht, sofern es sich um bußfähige Fälle handelte; die Hals und Hand-Fälle dagegen fielen, was aus dem Privileg wiederholt wird, den herzoglichen Harden zu.

Da dieses eigene Gericht im Vertrag erst als letzte Regelung formuliert wird, und zudem aus der Negation heraus, daß kein Nichtkapitelslanste den anderen vor diesem Gericht verfolgen dürfe (wie schon 1390 festgelegt), muß seine Existenz den Vertragspartnern recht selbstverständlich und unproblematisch gewesen sein[8]. Es ist so beiläufig umrissen, daß Herzog und Propst ihm kein vordringliches Gewicht beimaßen.

An erster Stelle der Regelungen rangieren vielmehr die gerichtlichen Verwicklungen zwischen Lansten verschiedener Herrschaft. Die Kapitelslansten werden nun in allen Konflikten mit fremden

Lansten für hardespflichtig erklärt; sowohl als Kläger wie als Beklagte haben sie die herzoglichen Dinggerichte, die landrechtlichen Hardesgerichte, aufzusuchen. Die dort über sie als Beklagte gefällten Geldbußen allerdings soll dann wieder das Kapitel einzutreiben berechtigt sein; in Klagefällen wird dem Kapitel immer dann eine sekundäre Rechtshilfe zugestanden, wenn seine Lansten vor den Hardesgerichten kein Recht erlangen konnten.

So hatte sich das herzogliche Interesse, in beiden Fällen für die zwischenherrschaftlichen Konflikte die Harden als den kompetenten Gerichtsort festzusetzen, extensiv durchgesetzt. Die Domherren werden nämlich bisher nach dem Grundsatz des kanonischen Rechts verfahren sein, »quod actor forum rei sequitur«, daß der Kläger dem Beklagten in dessen Gericht folgen müsse. Das hieße, es wird jene Fälle, in denen seine eigenen Lansten von denen fremder Herrschaft beklagt wurden, an sich gezogen haben, solche nun 1399 aber haben abtreten müssen. Damit enthüllt sich diese Bestimmung des Zusatzvertrages als die eigentliche Neuerung (Tab. 1).

	Kläger	Beklagter	Gerichtsort
Hochgerichtsbarkeit	in allen Fällen:		Hardesgericht
Niedergerichtsbarkeit	Kapitelslanste ▶	Kapitelslanste:	Kapitelsgericht
	Kapitelslanste ▶	herzogl. Lanste:	Hardesgericht
	herzogl. Lanste ▶	Kapitelslanste:	Hardesgericht

Tab. 1 Regelung der Gerichtsorte im Zusatzvertrag vom 14. 3. 1399.

Die bisher betrachteten Einzelbestimmungen des Vertrages werden immer wieder, fast in übermäßiger Deutlichkeit, begleitet von Hinweisen auf das Landrecht und das davon abgehobene geistliche Recht. Die ganze Konstruktion des Vertragswerkes erscheint davon geleitet, dem gemeinen Landrecht Geltung zu verschaffen und das konkurrierende geistliche Recht in die Schranken zu weisen.

Beim Landrecht handelt es sich um das im Herzogtum geltende, seit 1241 kodifizierte Volks- und Landschaftsrecht des Jütischen Low (Jyske Lov) (Jørgensen 1965, S. 40 ff.). Landrechtliche Gerichte waren die Harden, die sich sowohl als Nieder- wie als Hochgerichte konstituieren konnten (Thorsen 1853, lib. 2, cap. 3). Dort fungierten bäuerliche Schöffen (12 Hardesbonden, 8 Sandleute, 8 Neffninge) als Urteilsfinder unter dem Vorsitz eines Hardesvogtes (Thorsen 1853, lib. 2, cap. 1, cap. 51; lib. 1, cap. 52). Die bäuerlichen Richter nahm der Hardesvogt in Eid, da er, selbst vom König in Eid genommen, als »kunungs umbosz man«, als Amtmann des Königs galt[10]. Deshalb empfand ein Landesherr wie Gerhard VI. die Dinggerichte der Harden und ihre Vögte als »unse dinge« und »unse ambdlude«. Das Landrecht war in sofern zugleich das Recht des Landesherrn. Seit der Kodifizierung des Jütischen Low aber hatten sich die geistlichen Immunitäten aus der Landrechtsorganisation emanzipiert und damit seine landesweite Allgemeingeltung durchlöchert (Windmann 1954, S. 102). Der Vertrag Herzog Gerhards mit dem Schleswiger Propst markiert eine landesherrliche Politik, die exemten Kapitelslansten zumindest in denjenigen Gerichtsfällen, in denen herzogliche Lansten beteiligt waren, wieder dem Landrecht und den Harden zu unterwerfen.

Der Gegenbegriff des geistlichen Rechts, auf den der Vertrag abstellt, ist schillernder und undifferenzierter gebraucht als der des Landrechts. Dem Domkapitel wird 1399 unterstellt, es habe mißbräuchlich auch auf weltliche Sachen seine geistliche Gerichtsbarkeit angewendet, wie es sie rechtmäßig nur in den Sendgerichten seiner Prälaten über alle Bistumseinwohner, ungeachtet ihrer herrschaftlichen Zugehörigkeit, hätte ausüben dürfen, nämlich bei Verstößen gegen das Kirchenrecht, besonders gegen das kanonische Güter-, Ehe- und Eidesrecht (Feine 1972, S. 428 ff.; Boockmann 1967, S. 52). Diese geistliche Gerichtsbarkeit wird in der Sprache des Vertrages vermengt mit der aus der Grundherrschaft über Bauern erwachsenen weltlichen Jurisdiktion des Domkapitels. Sie war materiell gar kein geistliches Recht, sondern lediglich im prozessualen Sinn, daß das Gericht von geistlichen Personen, den Domherren, gehalten wurde und sich auf geistliche Strafmittel, auf Bußen, beschränkte. Erst dadurch hatte die vom Kapitel praktizierte Gerichtsbarkeit eine dem Landrecht konkurrierende und zuwiderlaufende Macht werden können, die nun nach herzoglichem Willen auf Personen, die unter Hardesrecht standen, nicht mehr anwendbar sein dürfe. Das geistliche Recht in der Form des grundherrlichen Bußgerichts der Domherren sollte künftig als Sonderrecht allein noch für die Kapitelslansten unter sich gelten.

4.4 Die Privilegienbestätigung für den Bischof vom 8. April 1399

Zur weiteren Klärung, wie und warum die Gerichtsbarkeit zwischen Herzogtum und Bistum 1399 neu geordnet wurde, vermag ein Vergleich mit den Verhältnissen beim Bischof zu dienen. Dieser verfügte wie das Domkapitel über geistliche Jurisdiktion und über weltliche Herrschaft und erhielt im Zuge der herzoglichen Offensive vom Frühjahr 1399 knapp einen Monat nach dem Kapitel eine Bestätigung seiner Privilegien (SHRU VI.1516).

Diese Urkunde enthält weder so detaillierte Gerichtsumschreibungen wie das Kapitelsprivileg, noch wird sie durch eine zusätzliche vertragliche Absprache ergänzt wie beim Kapitel. Sie bestätigt dem Bischof Skondelev für sein Stift und seine Amtleute kurz und bündig sein geistliches und weltliches Recht und Gericht über seine geistlichen und weltlichen Untertanen. Das ist eine klare begriffliche Zweiteilung, die, was den weltlichen Zweig anbelangt, mit unserem Befund aus dem bischöflichen Zinsbuch übereinstimmt, daß der Bischof seine weltlichen Güter – Ländereien und Lansten – zu Vogteien organisiert und eigenen Vögten, hier »sine ammetlude«, unterstellt hatte. Die bischöflichen Vogteien waren mit ihrer Versammlung aller Lansten und mit ihrem Richterkollegium der bäuerlichen Sandleute vollgültige weltliche Gerichte, die den Harden glichen und dem Landrecht entsprachen.

Nach dem Maßstab Landrecht – geistliches Recht, den Gerhard VI. beim Domkapitelsgericht angelegt hatte, vermochte er in den Vogteigerichten des Bischofs nichts Anfechtbares und Regelungsbedürftiges zu sehen. Er konnte sie daher problemlos in ihrem bestehenden Zustand bestätigen.

Auf die Gerichtsverhältnisse beim Domkapitel gewendet, heißt dies, daß das Kapitel dem Herzog die Handhabe zu seinem Einschreiten selbst geliefert hat, weil es keine personelle und institutionelle Trennung zwischen synodal-geistlicher und grundherrlich-weltlicher Gerichtsbarkeit entwickelt hatte. Anstelle von Vogteigerichten im Lande fungierte das Kapitelsgericht in Schleswig, statt bäuerlicher Sandleute sprachen Domherren das Recht, – beides lief dem Landrecht zuwider. Hätte das Kapitel beides gehabt, wäre der politische Konflikt mit Gerhard VI. erst gar nicht ausgebrochen, ganz so wie er gegenüber dem Bischof ausblieb.

Die Auseinandersetzungen zwischen Landesherrschaft und Bistum, wie im Titel dieses Beitrags formuliert, waren deshalb solche zwischen Herzog und Domkapitel, nicht zwischen Herzog und Bischof. Die persönlichen und parteilichen Gründe und Antriebe sollten dabei nicht zu hoch veranschlagt werden, was Albrectsen m. E. tut, wenn er in dem sonst konfliktreichen Verhältnis zwischen dem schauenburgischen Herzog und dem prodänischen Bischof Skondelev gerade für das Jahr des Bischofsprivilegs eine Aussöhnung annimmt (Albrectsen 1981, S. 255, 265). Die Auseinandersetzungen richteten sich auf die innere, verfassungsmäßige Ausgestaltung der geistlichen Immunitäten, sie waren struktureller Natur.

5. Die Wiederherstellung des Domherrengerichts

In den folgenden Jahrzehnten bemühte sich das Schleswiger Kapitel, seine gerichtsherrlichen Rechte wiederherzustellen und den alten Rechtszustand durch neu formulierte Privilegien wieder anerkannt zu bekommen. Diese Vorgänge beleuchten nachträglich noch einmal, welche Teilrechte ihm 1399 eingeschränkt worden waren.

Nach dem Tode Herzog Gerhards VI. 1404 setzte eine königlich-dänische Offensive um das Herzogtum, vorab um seine Hauptburgen, ein, die schließlich in kriegerische Handlungen umschlug (La Cour 1939, S. 62). Bischof Skondelev überließ die Burg Schwabstedt der Königin Margarete, während das Domkapitel sich zur herzoglich-schauenburgischen Seite unter der Herzogswitwe Elisabeth und ihrem Sohn Heinrich hielt. Als diese den Kampf für sich entschieden hatten, erhielt das Kapitel schon im Juli 1411, zwei Monate nach dem Waffenstillstand, ein Privileg (Rep. 3.5153). Ein vierköpfiges Schiedsgremium unter dem herzoglichen Drosten und dem Kapitelspropst hatte es ausgearbeitet, um die seit 1399 eingerissene Zwietracht zwischen »uns unde unsen underzaten« und dem Domkapitel beizulegen. Es räumte den Domherren ein, »al eres gheistliken rechtes unde gerichtes, unde ze moghen myt gheistlikem rechte richten alle de zake, de ym boret van rechtes wegen in gheistliker achte to richtende.«

Da dem Kapitelsgericht 1399 die Jurisdiktion über die eigenen Lansten untereinander erhalten geblieben war und hier nun die herzoglichen Untertanen ausdrücklich hervorgehoben werden, wird sich diese Formulierung zumindest wieder auf die Kompetenz der Fremdklagen herzoglicher gegen domherrlicher Lansten beziehen. An dem Begriff des »geistlichen Rechts und Gerichts« für seine grundherrlich-weltliche Gerichtsbarkeit hat das Kapitel, wie oben für 1399 dargelegt, auch jetzt keinen Anstoß genommen. Es hat diese Fassung von 1411 immer so verstanden, daß durch sie der Zusatzvertrag von 1399, nicht das gleichzeitige Privileg, aufgehoben und der alte Zustand wiederhergestellt worden sei[11].

Ob das Domkapitel 1411 auch die bußfähigen Hals und Hand-Fälle zurückgewonnen hat, ist nicht zu erkennen, erscheint jedoch unwahrscheinlich, weil die Domherren darauf zielten, den Zusatzvertrag zu überwinden, nicht aber das Privileg Gerhards VI., und schon dieses enthielt den Hals und Hand-Vorbehalt zugunsten der Harden. Es wird vollends unwahrscheinlich durch die Immunitätsurkunde Herzog Adolfs von 1435 (SHLUS IV.13), die im Gerichtspassus den Wortlaut des Gerhard-Privilegs wiederholt, auf den Folgevertrag hingegen verzichtet. Die Domherren mochten die Abwicklung der Hals- und Hand-Sachen bei den Harden gewähren lassen, wenn nur die Hardespflichtigkeit ihrer Lansten bei Fremdklagen nicht erneuert und so zurückgewonnen wurde.

Endgültig ans Ziel, den gerichtlichen Schutz über seine Lansten gewährleistet und sein eigens Domherrengericht landesherrlich anerkannt zu bekommen, gelangte das Schleswiger Kapitel 1460/61 im Verlauf des Herrschaftsantritts Herzog Christians I. dank der im Wahlrecht und seinen politischen Bedingungen beschlossenen Macht, die es als einer der Landstände nun besaß[13].

Schon in den Vorverhandlungen erwirkte es zusammen mit dem Bischof am 27. Februar 1460 ein Mandat Christians an seine Beamten, sie sollten den bei den Harden *klagenden* Kirchenlansten gebührlich Recht verschaffen, damit diese nicht genötigt seien, ihr Recht vor anderen, besonders geistlichen Gerichten zu suchen (Stemann 1867, III, Nr. 54). Der Gerichtsort der Kapitelslansten im *Beklagten*fall hingegen scheint nicht mehr strittig gewesen zu sein, darum auch nicht mehr erwähnt worden zu sein. Kraft der genannten Privilegien von 1411 und 1435 wird das Kapitel diese Fälle längst wieder selbst abgeurteilt haben.

Da die erste, wohl kanzleimäßig verfaßte Privilegienbestätigung vom 12. März 1460 (Rep. 2.1. 1096–1097) nur einen allzu pauschalen Gerichtspassus enthielt, drängte das Kapitel auf eine neue, bestimmtere Fassung, die ihm der Herzog bereits am 9. Januar 1461 in einem Folgeprivileg zugestand (Rep. 2.1.1255). Es bestimmt, daß die Domherren »ere lansten ... moghen na erer wise richten, dwinghen, schatten, broke unde alle rechticheid affnemen unde uthpanden unde de pande in ere behold tobringende«. Die Gerichtsbarkeit von den Verfahrens-, Zwangs- und Strafmitteln her zu umschreiben, verweist erneut darauf, daß sie sich spezifisch auf die eigenen Lansten eben im Beklagten- und Verurteilungsfall erstreckte – bei Klagen untereinander sowie bei Klagen fremder Lansten. »Na erer wise« meint präziser als es der Begriff des »geistlichen Rechts« je vermochte, das von Domherren als Geistlichen gehegte und mit geistlichen Strafformen arbeitende Gericht. In den großen Jurisdiktionskonflikten des 16. Jahrhunderts verwendete das Kapitel die Formel »na erer wise« als Hauptstütze für sein eigenes, eigenartiges Gericht, das landrechtsfrei und -abweichend sei[13].

Das Domkapitel hat über alle Jahrhunderte hin und trotz der Anfechtung von 1399 an seinem aus Geistlichen gebildeten Gericht festgehalten; es hat auch dann keine Anstalten gemacht, seine Gerichtsbarkeit dem landrechtlichen Erfordernis bäuerlicher Richter anzupassen, als es im 16. Jahrhundert seine Ländereien und Lansten zu Vogteien umorganisierte. Anders als beim Bischof blieben diese reine Bauernvogteien, zuständig für die Abgabenverwaltung, die Umlegung der Fuhrdienste und herrschaftliche Gebotssachen (Reumann 1969, S. 100 f., 151 ff.). Sie wurden nicht zu weltlichen Gerichten *für* die eigenen Lansten und vor allem nicht *mit* ihnen weiterentwickelt.

Den strukturellen Unterschied zwischen der landrechtsförmigen Gerichtsbarkeit des Bischofs und der landrechtswidrigen des Domkapitels veranschaulicht ein kennzeichnender Ausnahmefall. In den nordfriesischen Dörfern Bordelum, Effkebüll und Langenhorn waren einige zur bischöflichen Vogtei Bordelum gehörende Ländereien und Lansten in den Besitz des Thesaurars des Domkapitels übergegangen (Stemann 1867, III, Nr. 115, 130), der nun hier auch die Form des Vogteigerichts übernahm und bewahrte. Mit den ersten schriftlichen Gerichtsaufzeichnungen im 16. Jahrhundert tritt uns hier im Hilligen Burlag das einzige, weil herkunftsbedingte, örtliche Vogteigericht des Schleswiger Kapitels entgegen, in dem der Domherr der Thesaurarspräbende mit 8 oder 12 dortigen Lansten als Urteilsfindern Gericht hegte und dies »na loubok«, nach dem Jütischen Landrecht (Boockmann 1967, S. 150 ff.; Reumann 1969, S. 129 ff.).

Für die Kapitelslansten der übrigen elf Vogteien fungierte weiterhin das jährlich am Andreastag in Schleswig gehaltene und vom Archidiakon geleitete Domherrengericht (Reumann 1969, S. 159 ff.), ein unverändert geistliches Gericht im Sinne der mittelalterlichen Privilegien.

Der Konflikt von 1399 und die fortgesetzte Auseinandersetzung um ihn hat uns Einblick gewährt in ein grundlegendes Problem der Verfassungsgeschichte des Landes: wie nämlich nach Art und Ausmaß die geistlichen Immunitätsherrschaften in den herzoglichen Territorialstaat einzugliedern wären. Das war nach unseren Ergebnissen wesentlich eine Frage der gerichtlich-herrschaftlichen Strukturen, für die beteiligten Herrschaften – Herzog, Bischof, Domkapitel – auch eine politische Machtfrage und nicht zuletzt für die betroffenen Bauern eine Frage der alltäglichen Rechtssicherheit.

1399 März 14   SHRU VI. 1506

Das Schleswiger Domkapitel schließt einen Vertrag mit Herzog Gerhard von Schleswig über die geistliche Gerichtsbarkeit und die Gerichtsbarkeit über die Lansten des Kapitels.

A. Ausfertigung; Pergament; Siegel an Pergamentstreifen, verloren; Rückschrift des 15. Jahrh.: Placita inter dominos principes et capitulares Slesvicenses; LA, Urk. Abt. 16.1 (Bistum Schleswig) Nr. 5, beiliegend Abschrift des 15. Jahrh. und Abschrift der zweiten Hälfte des 16. Jahrh. mit ausführlichen Bemerkungen zur Sache; B. Ausfertigung; Pergament; Siegel an Pergamentstreifen, verloren; Rückschrift des 15. Jahrh.; Placita principum et dominorum de capitulo; RA, De Schauenburgske hertuger D 50.
Gedruckt: SHUS 2 Nr. 310, S. 395. – Verzeichnet: Westphalen 4 Sp. 3184 Nr. 30; Reg. dipl. hist. Dan. 2987*; Erslev, Repertorium 2 Nr. 4247; Kroman, Fyrstearkiver, S. 19.

Wy Hinricus van deme Zee, provest, unde dat gantze capittel der kerken tu Sleswik bekennen unde betughen openbar an desme breve, dat wy ghedeghedinghet hebben myd deme dorchluchteden forsten hertoghen Gherarde, hertoghen to Sleswik, greven to Holsten, Stormeren unde to Scowenborg, unsen gnedighen heren, umme de artikele, de hir na screven stan an desser wise. Tu deme erstenmale, dat unse lansten de scolen unses heren vorscreven dinghe zuken, unde wilkleye, de zee schuldeghen wil, edder wilkeleyen zee schuldeghen willen umme al sulke werlike zake, de men myd ghestlikem rechte van rechtes weghen nicht rechten scal, dar mach men zee myd deme lantrechte umme op den dinghen vorvolghen, alzo an deme lande en recht is. Desghelikes scolen unse lansten wedder don, wene zee tho schuldeghende hebben ok op den dinghen[a]. Aver wes unse lansten breken op den dinghen edder buten den dinghen, dat zy vertich marke brøke edder dar en boven edder dar benedene edder wes zee anders vorbreken, de herscop, dat scole wy opbøren van unsen lansten unde anders nemant, ane an[b] hals unde an hand, dat scal unse vorbenomede here de hertoghe unde sine ammetlude rychten, men ere gud edder ghelt, dat zee an de herscop vorbreken, dat scal vallen an[b] dat capittel. Were ok, dat unsen lansten nen recht schen enkonde op den dinghen alzo in deme lande en recht is, over weme zee claghen alzso in deme lande en recht ys, zo moghe wy unsen lansten tu rechte helpen myd ghestlikem rechte. Vortmer zo scal nen leye den anderen vor yenighem ghestliken rechte vorvolghen um alzulke werlike zake, de men myd ghestlikem rechte van rechtes weghen nicht rechten scal, men uns eyghene lansten erer en den anderen under twischen; aver alle zake, de men van rechtes weghen myd ghestlikem rechte rychten mach, dar en scolen de heren noch ere ammetlude de prelaten unde uns nicht ane hinderen. Des tu tughe hebbe wy unses capittels ingheseghel henghet an dessen breff, de gheven is na Godes bord drytteynhundert jar darna an[b] deme neghen unde neghentighesten jare des vrydaghes vor deme sondaghe, alzo men zinghet Iudica. Hir hebben over unde an ghewezen de erbaren lude her Benedictus van Aluelde de oldere, her Siuerd Dozenrode[c], her Wulf Pogwisch de junghere, her Nicolaus, her Hinrik, her Benedictus brodere gheheten van Aluelde, ryddere, her Nicolaus Bekker des vorscrevenen hertoghen cappellan, Eghard Kule voghet tu Gottorpe, Borchard Crummendik, Wulf Pogwisch unde Tunne Rennow, knapen, radgheven unses vorscrevenen heren.

[a]*B:* uppe deme dinghe.   [b]*B:* in.   [c]*B:* Donsenrode.

Anmerkungen

1. Grundlegende Bearbeitungen des Themas bei H. Windmann (1954), A. Boockmann (1967), E. Albrectsen (1981).
2. So in den herzoglichen Privilegien für das Domkapitel von 1313 (DD 2.7.35), 1339 (DD 2.10.133) und 1386 (SHRU VI.642).
3. So 1187 für den Bischof (DD 1.3.143); für das Kapitel 1261 (DD 2.1.339), 1326 (DD 2.8.305) und 1386 (SHRU VI.642).
4. Der Grundsatz des kanonischen Rechts, daß die Kirche kein Blut vergießen soll, ist auch in die Statuten des Domkapitels von 1435 eingegangen (vgl. Hansen und Jessen 1904, S. 35; Boockmann 1967, S. 140 f.).
5. So in den Urkunden von 1261 und 1326 (vgl. Anm. 3).
6. Kritischer Apparat des Hrsg. zur Urkunde SHRU VI. 1505, Textvariante d-d.
7. SHRU VI.1505 (Privilegienbestätigung); SHRU VI.1506 (Zusatzvertrag, pröpstliche Ausfertigung), SHRU VI.1506 a (Zusatzvertrag, herzogliche Ausfertigung). Die qualitativen Unterschiede zwischen der Privilegienbestätigung und dem Zusatzvertrag hat erstmals E. Albrectsen (1981, S. 258) herausgestellt und für die Interpretation berücksichtigt.
8. Dieses fortbestehende Eigengericht über die Kapitelslansten ist übersehen worden von J. Naendrup-Reimann (1970, S. 138).
9. Corpus Iuris Canonici. Institutiones. Lib. 3, tit. 1, § 5; vgl. dazu K. Reumann (1969, S. 145).
10. P. G. Thorsen (1853), Lib. 2, cap. 4: altdän. Fassung »kunungs umbosz man«, Fassung 1590 »Kongens Embitzmand«, Fassung 1593 »des Königes Ombotzman, id est, de Hardeßvaget«.
11. Rep. 3. 5153, Textapparat und LAS, Urk. Abt. 16.1 (Bistum Schleswig), Nr. 5, Rückschrift zur pröpstlichen Ausfertigung des Vertrages.
12. I. M. Peters (1957, S. 316, 348); der Archidiakon des Schlesiger Kapitels, Cord Cordes, war zugleich Kanzler König Christians I. (vgl. dazu Boockmann 1967, S. 188 f.).
13. Kl. Reumann (1969, S. 139 f.), dazu die Conclusion des Domkapitels von 1588 (RAK, Tyske Kancelli, Inlendisk Arkiv A [– 1670], Nr. 161, 1588, Beil.D.).

Quellennachweis

DD: Diplomatarium Danicum, Række 1 ff., Bd. 1 ff., udg. av Det danske Sprog- og Litteraturselskab. København 1938 ff.
Hansen und Jessen 1904: Quellen zur Geschichte des Bistums Schleswig, hrsg. von R. Hansen und W. Jessen. Quellensammlung der Gesellschaft für Schleswig-Holsteinische Geschichte 6. Kiel 1904.
Rep.: Repertorium diplomaticum regni Danici mediævalis, Række 1–2, udg. av Kr. Erslev, W. Christensen, A. Hude. København 1894–1939.
SHLUS: Schleswig-Holstein-Lauenburgische Urkundensammlung, Bd. 1 ff. Kiel 1839 ff.
SHRU: Schleswig-Holsteinische Regesten und Urkunden, Bd. 1 ff. Kiel 1886 ff.
Stemann 1867: Chr. L. E. von Stemann, Geschichte des öffentlichen und Privatrechts. Bd. 3. Kopenhagen 1867.
Thorsen 1853: P. J. Thorsen, Valdemar den Andens Jyske Lov (Parallelausgabe nach dem Flensburger Codex [13. Jahrh.], nach der Neuausgabe von 1590 und der niederdeutschen Übersetzung Ekenbergers von 1593). København.

Literaturnachweis

Albrectsen, E. 1981: Herredømmet over Sønderjylland 1375–1404. Studier over Hertugdømmets lensforhold og indre opbygning på dronning Margarethes tid. København.
Boockmann, A. 1967: Geistliche und weltliche Gerichtsbarkeit im mittelalterlichen Bistum Schleswig. QFGSH 52. Neumünster.
La Cour, V. 1939: Sønderjyllands Historie. Bd. 2. København.
Feine, H. E. 1972: Kirchliche Rechtsgeschichte. 5. Aufl. Köln.
Harms, Kl. 1914: Das Domkapitel zu Schleswig von seinen Anfängen bis zum Jahre 1542. SVSHKG I. 7. Neumünster.
Hoffmann, E. 1974: Die dänische Königswahl im Jahre 1376. ZSHG 99, S. 141–195.
Jørgensen, P. J. 1965: Dansk Retshistorie. 3. Aufl. København.
Naendrup-Reimann, J. 1970: Territorium und Kirche. Vorträge und Forschungen 13.
Peters, I.-M. 1957: Der Ripener Vertrag und die Ausbildung der landständischen Verfassung in Schleswig-Holstein. Blätter für deutsche Landesgeschichte 123, S. 305–349.
Prange, W. 1983: Landesherrschaft, Adel und Kirche in Schleswig-Holstein 1523. Die Zahl der Bauern Ende des Mittelalters und nach der Reformation. ZSHG 108, S. 51–90.
Reumann, K. 1969: Die Grund- und Gerichtsherrschaft des Schleswiger Domkapitels von 1542 bis 1658. SVSHKG I.22.
Windmann, H. 1954: Schleswig als Territorium. Grundzüge der Verfassungsentwicklung im Herzogtum Schleswig von den Anfängen bis zum Aussterben des Abelschen Hauses 1375. QFGSH 30.

Abkürzungen

LAS	Landesarchiv Schleswig-Holstein
QFGSH	Quellen und Forschungen zur Geschichte Schleswig-Holsteins
RAK	Reichsarchiv Kopenhagen
SHBL	Schleswig-Holsteinisches Biographisches Lexikon
SVSHKG	Schriften des Vereins für Schleswig-Holsteinische Kirchengeschichte, Reihe I–II
ZSHG	Zeitschrift der Gesellschaft für Schleswig-Holsteinische Geschichte

Das Kollegiatkapitel Hadersleben

Von Hans Valdemar Gregersen

Der nördliche Teil des alten Bistums Schleswig – das Gebiet zwischen dem Kolding Fjord und der Genner Bucht – hatte im Mittelalter eine kirchliche Sonderstellung inne. Seine Kirchspiele unterstanden nicht dem Schleswiger Domkapitel, sondern einer eigenen Priesterschaft, dem Kollegiatkapitel in Hadersleben[1].

Das *Praepositura Barwith Sysael* genannte Amtsgebiet dieses Haderslebener Kapitels lenkt den Blick auf die Tatsache, daß die alten Bistumsgrenzen in Jütland normalerweise den Sysselgrenzen folgten. Die Grenze zwischen den Bistümern Ripen (Ribe) und Schleswig bildet darin die einzige Ausnahme. Schleswig teilte sich mit dem Bistum Ripen den zwischen Apenrade und Tondern gelegenen Ellumsyssel, der seinen Namen nach einem kleinen Dorf Ellum bei Lügumkloster trägt. Während die Bistumsgrenzen in diesem Bereich noch mit den Hardesgrenzen übereinstimmen – und damit auf das relativ hohe Alter der Teilung hindeuten[2] – verläuft die Grenze zwischen der Präpositur Barwithsyssel und dem Bistum Ripen quer durch alle Bezirke der weltlichen Gerichtsbarkeit; sie bildet damit die unregelmäßigste und willkürlichste Grenzziehung, die man zwischen dänischen Bistümern kennt (Nyberg 1982). Vollständig gehörten im Barwithsyssel zum Amtsgebiet des Haderslebener Stiftes nur die beiden östlichen Harden am Kleinen Belt, die Hadersleben- und die Tyrstrupharde, die westlich anschließenden Harden sind dagegen durch die Bistumsgrenze sämtlich durchschnitten. Von der alten Rangstrupharde (seit dem Spätmittelalter: Süderrangstrupharde) gehörte nur das Kirchspiel Osterlügum (Øster Løgum) zu Hadersleben, von der Grammharde die Kirchspiele Wittstedt (Vedsted), Arwath (Arvad; im 14. Jahrhundert verschwunden [Gregersen 1964]), Lilholt oder Nübel (Nybøl) in der Nähe von Woyens (Vojens; im Spätmittelalter ebenfalls wüst gefallen[3]), Jegerup (nördlich von Woyens), Hammeleff (Hammelev), Maugstrup, Sommerstedt, Oxenwatt (Oksenvad) und Jels. Von der Frösharde an der Königsau gehörte allein das Kirchspiel Schottburg (Skodborg) zur Praepositur Barwithsyssel (Jensen 1840; 1849, S. 276; Gregersen 1974 a, S. 100).

Gerade hier überquerte im frühen Mittelalter der Heerweg die Königsau, und es dürfte nicht auf Zufall beruhen, daß seine ursprüngliche, westliche Trasse – der sogenannte Sachsenweg (Savsevej) – sich überall innerhalb der Kirchspiele des Bistums Schleswig befand[4]. Dieser Grenzverlauf muß deshalb auf eine besondere politisch-kirchliche Situation zurückgehen, über die indes nur Vermutungen angestellt werden können (Abb. 1).

Urkundlich wird das Haderslebener Kollegiatkapitel erst 1273 erwähnt (DD 2.2.219). In diesem Jahr überläßt Bischof Bondo von Schleswig den Bischofszehnten des Kirchspiels Aller in der Tyrstrupharde der St. Marienkirche in Hadersleben. Die Summe sollte zu vier gleichen Teilen dem Diakon und dem Subdiakon, dem Küster und für Wachslichter in der Kirche zugutekommen. Obwohl der Begriff »Kapitel« in dieser Urkunde nicht fällt, weist die Aufzählung der kirchlichen Ämter auf eine solche Einrichtung hin. Einige Jahre später erhielt das Kapitel vom gleichen Bischof noch die Einnahmen aus der Kirche von Hoptrup in der Haderslebener Harde übertragen (DD 2. 3. 274).

Zu eben dieser Zeit wurde die Haderslebener Marienkirche umgebaut. Nach 1260 entstand die Hallenkirche, und es deutet alles darauf hin, daß dieser Bau rasch begonnen und auch zu Ende geführt wurde (Güttel 1935, S. 27). Man kann deshalb annehmen, daß der Umbau durch die Errichtung des Kollegiatkapitels in diesen Jahren verursacht worden ist.

Ein Motiv für die Errichtung des Kapitels ist nicht mit letzter Sicherheit anzugeben. Die sprachlichen Verhältnisse scheiden als Ursache aus, da die dänische Volkssprache sich zu dieser Zeit bis zum Danewerk erstreckte. Vielleicht liegt ein Hinweis in der Bezeichnung »Barwith Syssel«, der zum weitaus größten Teil dem Bistum Ripen angehörte. Dieser Erklärungsansatz wird durch die

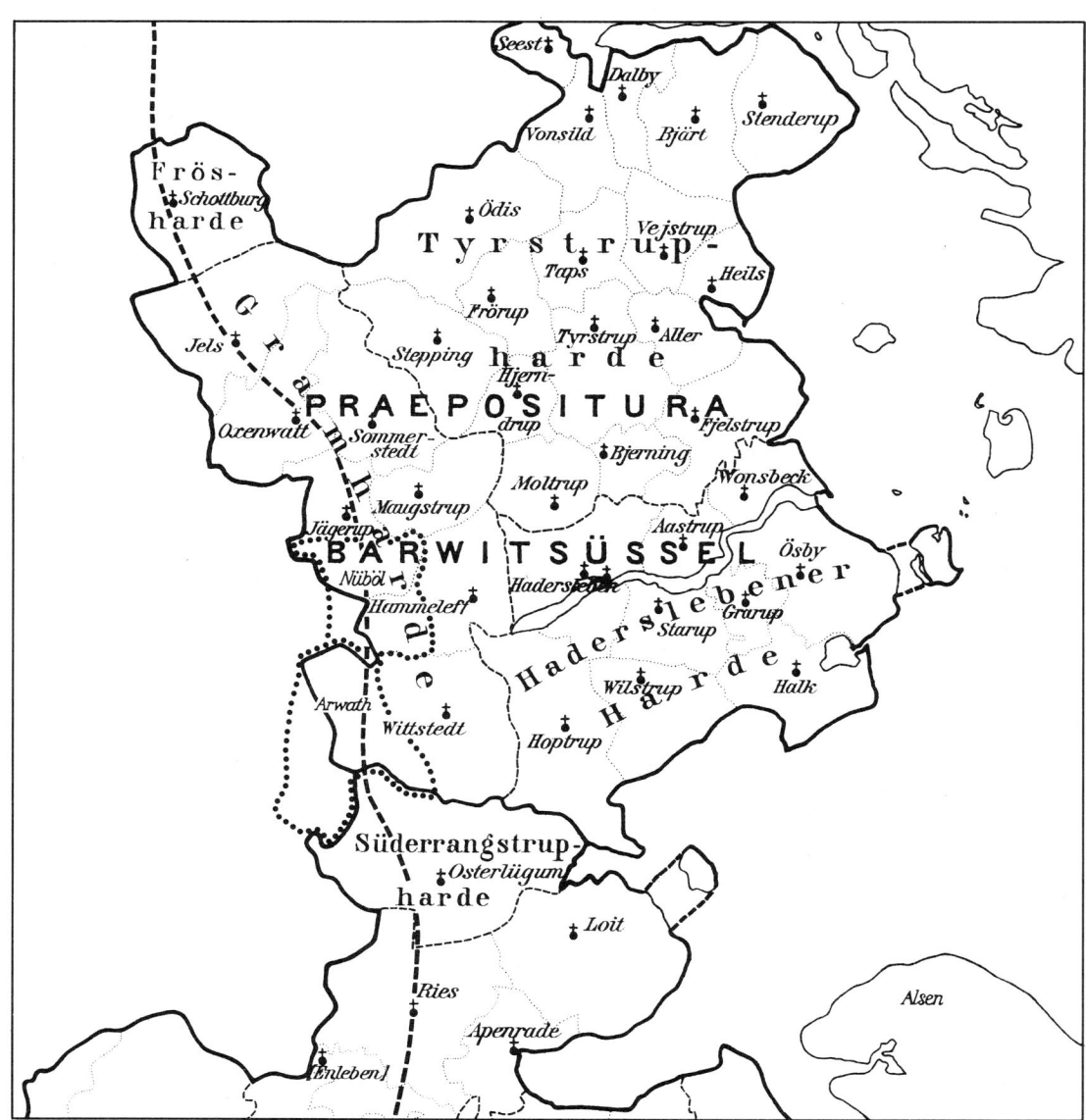

Abb. 1 Praepositura Barwithsyssel, das Amtsgebiet des Haderslebener Kollegiatkapitels. – – – – Die westliche Trasse des Heerweges. . . . . Die beiden wüstgefallenen Kirchspiele Nybøl (Lilholt) und Arwath. Nach Hansen und Jessen 1904.

politischen Zustände der Zeit untermauert. Im dänischen Investiturstreit unterstützte der Ripener Bischof Esger[5] den König, während der Schleswiger Bischof Bondo nach 1265 zusammen mit dem südjütischen Herzog Erich für den dänischen Erzbischof Jacob Erlandsen und gegen den König Partei ergriffen hatte[6]. Möglicherweise hat dieser Streit eine Änderung der Bistumsgrenzen bewirkt und im Ergebnis zur Errichtung des Kollegiatkapitels Hadersleben geführt. Das bleibt jedoch nur eine Vermutung.

Die Statuten des Haderslebener Kapitels werden erstmals in ihrer Bestätigung durch den Schleswiger Bischof Johannes Bockholt im Jahre 1309 bekannt (DD 2.7.178; Jensen 1949, S. 257 ff.). Schon im zweiten Artikel wird erklärt, daß der Propst der Praepositura Barwithsyssel keine Rechte über die Kanoniker, auch keinen Platz im Kapitel selbst haben darf. Der tägliche Leiter des Kapitels sollte der Kantor sein (vgl. auch Boockmann 1978, S. 35 f.).

Im Vergleich mit dem Schleswiger Domkapitel waren die Befugnisse des Kollegiatkapitels begrenzt; vielleicht hat es sich deshalb in besonderem Maße mit dem Unterrichtswesen befassen können. Im Verlauf des 14. Jahrhunderts, als das Latein durch die Nationalsprachen zunehmend verdrängt wurde, kam diesem Umstand wahrscheinlich eine einschneidende Bedeutung zu.

In den Jahren unter Bischof Johannes Bockholt (1308–1331) und namentlich seit 1325, als Graf Gerhard der Große seine Macht über das Herzogtum Schleswig (und auch über ganz Dänemark) ausdehnte, haben sich die Verhältnisse im Schleswiger Domkapitel nachhaltig verändert. Die Namen der Kanoniker zwischen 1325 und 1350 bezeugen, daß es in diesem Zeitraum überwiegend von deutschen Klerikern beherrscht wurde[7]; deren Nationalsprache, die plattdeutsche (mittelniederdeutsche) Kanzleisprache der Hansestädte, wurde in Schleswig in der Folge neben dem Latein als Schriftsprache verwendet.

Im Haderslebener Kapitel hatte neben dem Latein dagegen die dänische Sprache ihren natürlichen Platz, mit der Folge, daß das Herzogtum Schleswig seit dem 14. Jahrhundert sprachlich geteilt war, und zwar nicht durch die Grenze der Volkssprachen, sondern durch die Kultursprachen[8]. An der Westküste lag diese Sprachgrenze an der Wiedaumündung, und landeinwärts waren Hostrup, Hoist (Højst), Rapstedt (Ravsted), Ries (Rise) und Loit (Løjt) die nördlichsten Kirchspiele, die ihre Priester vom plattdeutschen Schleswiger Domkapitel erhielten. Auch Sonderburg, das bis 1375 zeitweise Residenz der südjütischen Herzöge war, gehörte zu dem südlich orientierten Bereich (während die Insel Alsen kirchlich Odense unterstellt war).

Für die allgemeine sprachliche Entwicklung wurde es von großer Bedeutung, daß die südliche Hälfte des Herzogtums auch nach dem Attentat auf Graf Gerhard den Großen (1340) unter den Schauenburger Grafen verblieb und sich diese nach dem Aussterben des südjütischen Herzoghauses im Jahre 1375 auch in den Besitz des nördlichen Teils setzen konnten.

Um Zeit für ihre nordische Politik zu gewinnen, ließ Königin Margarethe I. 1386 Graf Gerhard IV. mit dem Herzogtum belehnen; nach seinem Tode im Jahre 1404 begannen indes die Versuche des dänisch-nordischen Königshauses (nach der Kalmarer Union 1397), das alte Grenzland Schleswig wieder für sich zu gewinnen. Von 1409/10 bis 1435 herrschte Kriegszustand zwischen dem Königshaus und den Schauenburger Grafen. In diesem Zeitraum war das Herzogtum Schleswig ungefähr längs einer Linie von Flensburg nach Tondern für eine lange Zeit geteilt (Gregersen 1974 a, S. 150 ff.). Im Jahr 1412 gelang es dem Königshaus darüber hinaus, Flensburg zu gewinnen.

Für das Bistum Schleswig war damit nicht nur eine durch den Krieg verursachte Teilung seines Gebietes, sondern auch eine ideologisch bedingte Spaltung verbunden.

Bischof Johannes Skondelev (1375–1421), ein gebürtiger Hesse, blieb dabei dem dänischen Königshaus treu, während das Schleswiger Domkapitel unter der Leitung des Dompropsten Heinrich vom See auf Seiten der Schauenburger stand[9]. Der Bischof mußte sich infolgedessen bis zu seinem Tode 1421 in der Umgebung des Königs aufhalten, und auch sein Archidiacon, Erich Dosenrode (APD II. 1209; StM 8, S. 655), war nur in dem vom König beherrschten Gebiet sicher, währenddessen an seiner Stelle am Schleswiger Kapitel Johannes Hauschildt die Aufgaben eines Archidiacons wahrnahm (APD II. 213; Cypräus 1634, S. 351).

Unmittelbar nach dem Tode des Bischofs Johannes und seiner Bestattung im Dom (Ellger 1966, S. 505) wurde Heinrich vom See vom Domkapitel zum Nachfolger gewählt (APD II. 1385, 1387–88). Für den dänisch-nordischen König war diese Wahl natürlich völlig unannehmbar[10]. Seit der Amtszeit Johannes Bockholts (1308–1331) war der Erzbischof von Lund an den Bischofswahlen in Schleswig nicht mehr beteiligt worden, und jetzt fiel die Wahl noch dazu auf einen offenen Feind der dänischen Königspolitik.

Für das Kollegiatkapitel Hadersleben bedeutete das Schisma innerhalb des Schleswiger Bistums dagegen eine große Chance und Möglichkeit, ein eigenes Bistum mit dazugehörigem Domkapitel einzurichten. Vom Jahr 1410 an wurden dem Kapitel verschiedene Güter und Einnahmen übertragen: 1410 die Kirche Ösby (Øsby), 1416 (nicht 1406; vgl. Gregersen 1974a, S. 157) Moltrup, Bjerning, Aastrup und Grarup. Darüberhinaus nahm König Erik im Jahr 1415 die Hadersleber Marienkirche und das ganze Kapitel in seinen Schutz. Aus der Zeit zwischen 1413 und 1440 sind acht Urkunden bekannt, in denen namhafte Adlige und Großbauern dem Kapitel Güter übertragen (Gregersen 1974 a, S. 158). Das Motiv der Schenkungen ist der Bau einer Kathedrale in Hadersleben.

Schon das Privileg Graf Gerhards VI. aus dem Jahr 1401 deutete auf eine bevorstehende Erweiterung der Stadtkirche hin[11]. Was aber in den Jahren 1420–1440 unternommen wurde, hat zweifellos alle bisherigen Planungen übertroffen. Die politische Lage in dem geteilten Bistum hatte einen hochtrabenden Bauplan ausgelöst. Nach dem Wunsch des Kollegiatkapitels sollte in Hadersleben eine richtige Kathedrale gebaut werden. Die Teilung des Bistums Schleswig seit 1410/12 sollte zur Errichtung eines selbständigen Bistums Hadersleben ausgenutzt werden.

Die leitenden Geistlichen in Hadersleben, namentlich der Kantor Tue Petersen (Two Petri) und der Kanoniker Niels Ulfsen (Niels Wulfssen)[12] strebten das Ziel an, ihr Kapitel aus dem Schleswiger Domkapitel herauszulösen. Bereits in den Akten, die 1421 für den kaiserlichen Schiedsspruch 1424 in Ofen ausgearbeitet wurden, wird von »de Dome to Sleswiik, to Ripe vnde to Hadersleff« gesprochen[13]. In jenen Jahren erfüllte die Haderslebener Marienkirche die Funktionen eines richtigen Domes (Gregersen 1973).

Dieser Plan konnte nach 1421, dem Tod des Bischofs Johannes Skondelev und der eigenmächtigen Wahl seines Nachfolgers Heinrich vom See, in die Tat umgesetzt werden. Der Erzbischof von Lund ernannte 1423 provisorisch zwei Geistliche, Niels Ulfsen aus Hadersleben und den Flensburger Pastor Peter Riggelsen (Petrus Rigolphi), zu Administratoren der bischöflichen Einnahmen aus dem nördlichen, vom König beherrschten Teil des Bistums[14]. Sie vertraten damit das Amtsgebiet des Haderslebener Kollegiatkapitels und gleichzeitig den nördlichen Teil des Schleswiger Bischofssprengels. Ein tiefer Riß ging durch das Bistum; eine Situation, die kirchenrechtlich gesehen, ein Provisorium darstellen mußte. Es ist anzunehmen, daß in Verhandlungen zwischen dem Erzbischof in Lund, der päpstlichen Kanzlei in Rom und dem Schleswiger Bischof auf eine dauerhafte Lösung dieser Probleme hingearbeitet wurde. 1426 hat die Kurie den bisherigen Archidiacon Erich Dosenrode als Koadjutor des Schleswiger Bischofs eingesetzt[15], um sich des vom König beherrschten Teils des Bistums anzunehmen. Formell war dadurch die Einheit des Bistums wieder hergestellt, in der Praxis war die Spaltung indes keineswegs überwunden. Das zeigte sich auch 1429 nach dem Tode Bischofs Heinrich vom See. Wiederum wurde ein Prälat aus dem Domkapitel, Claus Wulf, Johann Hauschildts Nachfolger im Archidiaconat, zum Bischof gewählt. Der neue Bischof stand ebenfalls den Schauenburgern sehr nahe (RDD I. 3. 6432), und es war deshalb nicht verwunderlich, daß der dänische König 1434 auf dem Baseler Konzil eine Klage einreichte, daß die Bischofswahl in Schleswig einen Eingriff in seine Patronatsrechte bedeutete (APD III. 1725). Die politisch-militärische Entwicklung hatte eine solche Intervention zu diesem Zeitpunkt indes längst überflüssig gemacht. 1431 mußte Flensburg von den königlichen Truppen geräumt werden; die Sache König Eriks war damit endgültig verloren. Die nachfolgenden Friedensverhandlungen von 1432 und 1435 bestätigten die Niederlage der einstmals so starken Königsmacht.

Auf die weitgreifenden Pläne des Haderslebener Kapitels wirkte sich diese Entwicklung verheerend aus. Bischof Claus Wulf war fest entschlossen, den Separatismus in Hadersleben zu beenden. 1434 wurde das Kollegiatkapitel um zwei deutsche Kanoniker erweitert (APD III. 1734–35). Der Bischof selbst besuchte die nördlichste Stadt seiner Diözese unmittelbar nach seinem Amtsantritt. In der Nähe der Marienkirche ließ er sich einen steinernen Bischofshof bauen (Hansen und Jessen 1904, S. 244), um den Haderslebenern zu zeigen, daß der Bischof von Schleswig auch bei ihnen der rechtmäßige Herr der Kirche war. Die Einheit des Bistums war wieder eine Realität.

Die grundlegend veränderte Lage wirkte sich auch auf den Umbau der Kathedralkirche aus. »Die beabsichtigte und schon vorbereitete Überhöhung des Querschiffes unterblieb, und der Umbau des Langhauses geschah mit einfacheren Mitteln als der des Chores« (Güttel 1935, S. 31). Zweifellos hat die neue politische Situation die umfangreich geplanten Bauarbeiten überflüssig gemacht. Glücklicherweise (jedenfalls für die heutigen Haderslebener!) war der gewaltige gotische Chor zu der Zeit schon vollendet, und trotz der reduzierten Mittel gelang es den Bauherren, ihrem Gotteshaus ein unverkennbares Kathedralgepräge zu geben.

Die Erweiterung des Haderslebener Kapitels um zwei aus Deutschland stammende Kanoniker – sie kamen aus den Bistümern Breslau und Bremen – deutete auf eine entscheidende Kursänderung hin. Nach der Räumung Flensburgs von königlichen Truppen im Jahr 1431 hatte Graf Adolf VIII. von Holstein im Einvernehmen mit der Schleswig-Holsteinischen Ritterschaft die Macht auch über das Herzogtum Schleswig ergriffen, und 1440 wurde ihm vom neuen dänischen König und seinem Reichsrat das Herzogtum auch formell zugesprochen. Als eine der unmittelbaren Folgen dieser politisch weitreichenden Ereignisse wurde künftig das Plattdeutsche (Mittelniederdeutsche) zur Obrigkeitssprache der weltlichen Behörden. Sie wurde zum Beispiel nach 1440 auch vom Haderslebener Bürgermeister benutzt, der bisher immer die dänische Sprache verwendet hatte (Gregersen 1974 a, S. 202 f.).

Nach dem Baseler Konzil von 1440 war mit Felix V. ein Vertreter der kirchlichen Reformbewegung Papst geworden (vgl. Nyberg 1975). Bischof Claus Wulf von Schleswig, der sich dieser spätmittelalterlichen Frömmigkeitsbewegung angeschlossen hatte, griff energisch ein, um auch in Hadersleben das Problem der Predigtsprache zu regeln. 1442 stiftete er in der Marienkirche einen neuen Heiligengeistaltar, »um den Geist der Spaltung und des Irrtums von den Einwohnern Haderslebens zu verjagen«. Der Priester des Altars sollte als »Summus Vicarius« an den Sonntagen und an den höheren Feiertagen in der Muttersprache predigen, »um den Dienst Gottes in der Kirche Haderslebens zu festigen«[16]. Es handelte sich dabei offensichtlich um Predigten in der dänischen Sprache, die von weitaus den meisten Einwohnern der Stadt gesprochen wurde.

Die Sprache der Obrigkeit war dagegen plattdeutsch, und für diese sowie für die gehobene Schicht des städtischen Bürgertums ließ der Bischof im Jahre 1465 am Kollegiatkapitel »nach dem Gebrauch in Deutschland« eine besondere Lektur errichten.[17] Der Lektor sollte, »um das Heil der Bevölkerung in der Präpositur Barwithsyssel zu stärken«, einmal in jeder Woche den Kanonikern und den Priesterschülern Vorlesungen halten. Da der Weg zu einem wirksamen Glauben der Priester durch das Studium der Heiligen Schrift bereitet wird – heißt es weiter – sollte verstärkt die Bibelexegese betrieben werden. Wenn die Kanoniker verhindert waren, sollte der neue Lektor darüber hinaus auch Predigten halten. Als Ausdruck der Bedeutung des neuen Amtes sollte der Lektor seinen Platz im Chor und Kapitel neben dem Kantor haben.

Zieht man in Betracht, daß der erste Lektor, Jacob Horstmann (SHLUS IV. 67; vgl. Achelis 1949, S. 81; 1950, S. 131), später Rektor der Universität Rostock wurde, darf man annehmen, daß seine Predigtsprache plattdeutsch war. Das bedeutet, daß die nachreformatorische Ordnung in den Städten Nordschleswigs mit einem deutschen Propsten (und Hauptpastor) und einem dänisch-predigenden Archidiacon (Zweitpastor) in das Spätmittelalter zurückgeht. Das Kollegiatkapitel Hadersleben machte in den Jahren seit 1440 eine ähnliche Entwicklung durch, die im Domkapitel Schleswig bereits unter Bischof Johann Bockholt seit etwa 1325 vollzogen worden war, nämlich die vorherrschende Stellung von deutschen Klerikern. Hieß im Jahre 1441 der Kantor noch Mikkel Iversen (Michael Ivari), so stammte sein Nachfolger, Timme Smalstede, bereits aus dem holsteinischen Adel; von ihm wird gesagt, er habe sich in das Amt hineingedrängt. Später hatte das Amt ein Peter Lorenzen (Petrus Laurentii) inne. Nach seinem Tod im Jahre 1474 trugen die Kantoren fast ausschließlich deutsche Namen. Ein Verzeichnis sämtlicher bekannter Kanoniker aus dem halben Jahrhundert zwischen 1474 und 1526 zeigt das gleiche Bild, wie es im Zeitraum 1325-1350 am Schleswiger Domkapitel zu sehen war: Auch in Hadersleben hatten Kanoniker mit deutschen Namen und deutscher Herkunft jetzt die Oberhand gewonnen[18].

1517 wurde Johannes Wulf, der bisher in diplomatischen Missionen des Königs und des Herzogs und als Helfer und Begleiter des päpstlichen Legaten Arcimboldus tätig gewesen war, Propst des »Barwithsyssel«[19]. Im Gegensatz zu seinen Amtsvorgängern schlug er seine Residenz in Hadersleben auf und versuchte, seinen Amtsbereich in eine Prälatur umzuwandeln. Das Kollegiatkapitel bestand zu der Zeit neben dem Kantor und dem Lektor (Johannes Alberdes) aus sieben Mitgliedern.

Mit der Ankunft des jungen Herzogs Christian in Hadersleben im Jahre 1525 ging die Zeit des Kollegiatkapitels endgültig seinem Ende entgegen. Der Herzog, der spätere König Christian III., der anfänglich nur über den Nordteil des Herzogtums, den Bereich Hadersleben-Törning, verfügte, war ein eifriger und entschlossener Anhänger Martin Luthers. Er entfernte den Dompropst Johann Wulf aus seinem Amt und übernahm selbst die Administration der kirchlichen Angelegenheiten[20]. Bereits am 20. August 1525 hat er einen Vokationsbrief für einen neuen Pastor in Wonsbek (Vonsbæk) an der Hadersleber Förde ausgestellt[21], und in den ersten Monaten des Jahres 1526 wurden zwei bedeutende evangelische Theologen, Eberhard Weidensee (Wijdensee) und Johannes Wenth (Slavus oder Wandalus, als dänischer Bischof von Ripen später: Johan Vandal), nach Hadersleben berufen. Lektor Johannes Alberdes war ebenfalls zum Luthertum übergetreten und wirkte fortan als geistlicher Berater am Hofe König Friedrichs I. (Rørdam 1860-62; Feddersen 1938, S. 39). Die reformatorische Arbeit Herzog Christians und seiner deutschen Theologen hat Hadersleben mit vollem Recht den Ruf eines »Wittenberg des Nordens« eingetragen.

Mit der Reformation kam die Forderung nach der Verkündigung des Wortes Gottes in der Muttersprache, und deshalb wurden die Propsteien Tondern und Apenrade der neugebildeten Superintendentur Hadersleben-Törning einverleibt[22]; mit der Folge, daß die Kirchensprache – und damit auch die Schulsprache – überall in Nordschleswig, mit Ausnahme der Hauptgottesdienste in den Stadtgemeinden, dänisch wurde. Die zu dieser Zeit schon jahrhundertelange Herrschaft der Schauenburger Grafen von Holstein südlich der Linie Flensburg-Tondern führte im Gegensatz zu den Verhältnissen in Nordschleswig dazu, daß die Gemeinden in diesem Bereich im allgemeinen die deutsche Kirchen- (und Schul-)Sprache auch nach der Reformation beibehielten.

Für den Verlauf der heutigen Grenze zwischen Deutschland und Dänemark nach der Volksabstimmung von 1920 haben die Väter der Reformation damit eine ausschlaggebende Verantwortung zu tragen (vgl. u. a. Hoffmann 1981, S. 16).

Anmerkungen

1. Ein Kollegiatkapitel ist einem Domkapitel ähnlich, nahm aber an der allgemeinen Administration eines Bistums keinen Anteil. In Dänemark gab es neben Hadersleben nur noch ein Kollegiatkapitel in Kopenhagen als Filiale der Domkirche in Roskilde, und in Holstein Eutin als Filiale zu Lübeck. Südlich der Elbe kommen Kollegiatkapitel häufiger vor (Röpke 1978).
2. Möglicherweise in Verbindung mit den Verhandlungen von 1025 zwischen König Knud dem Großen und Kaiser Konrad II. (vgl. Fink 1976, 1977).
3. Due capelle sunt ibidem destitute, videlicet Nubol (Lilholt) et Arwath (Hansen und Jessen 1904, S. 101).
4. Der Sachsenweg (Sakservejen, mundartlich »e Sauswei«) war die alte Nordsüdverbindung durch Jütland zu den Sachsen. Sachsland war die mittelalterliche dänische Bezeichnung für Deutschland (Gregersen 1952, 1976, 1977, 1978, 1981). Als Folge spätmittelalterlicher Wüstungsvorgänge wurde die Wegetrasse zunehmend weiter nach Osten verlegt, und zuletzt verlief der sogenannte Ochsenweg durch Kolding und Hadersleben nach Immerwatt (Immervad). Die Bezeichnung »Heerweg« ist in Dänemark durch Hugo Matthiessens Buch »Hærvejen« (1930) allgemein gebräuchlich geworden. Er hat den Weg als erster in Verbindung mit der Bistumsgrenze gebracht (vgl. u. a. Becker-Christensen 1981).

5. Zu den hier genannten Bischöfen vgl. jeweils die Angaben in DBL.
6. Eine Versöhnung fand im Herbst 1265 statt (DD 2.1.494; DD 2.2.39, 49; vgl. Skyum-Nielsen 1963).
7. Verzeichnis der Namen bei Gregersen 1974 a, S. 90 ff.
8. Gregersen 1974 a, S. 94–106 (Sønderjyllands kulturelle opdeling), S. 202–219 (Den plattyske administration og dens virkninger i Nordslesvig).
9. Die Burg Grödersby wurde von »her Hinrik van deme Zee, prouest to Sleswig, unde her Johan Howeschilt mit welde und mit wolde genomen van her Erike« (DM 5.2, S. 98).
10. 1375 hatte König Waldemar Atterdag die Wahl von Johannes Skondelev bestätigt.
11. Dipl. Coll. Can. Had., Nr. 4.
12. Dipl. Coll. Can. Had., Nr. 13–14.
13. Antislesvigholstenske Fragmenter 13, 1848–51, S. 120.
14. Diplomatarium Flensborgense 1, Nr. 94; Westphalen 3, S. 308 f. (fehlerhaft Figolphi für Rigolphi).
15. APD 2.1431; Dipl. Flensb. 1, Nr. 94. – Erich Dosenrode ist wahrscheinlich im Kampf um Flensburg 1431 gefallen (Nyrop 1895, S. 607).
16. Dipl. Coll. Can. Had., Nr. 24; Gregersen 1974 a, S. 220 ff.
17. Dipl. Coll. Can. Had., Nr. 40; APD 3.2386.
18. Verzeichnis der Namen bei Gregersen 1974 a, S. 226 ff.
19. APD 5.4062; Dipl. Coll. Can. Had., Nr. 51–52.
20. Georg Boethius, S. 268.
21. LAA, Vonsbæk præstearkiv, Nr. B c 1; vgl. Achelis 1925.
22. RAK, Thomas Knudsens Bericht; Sønderjyske Fyrstearkiver, Hans den Ældre, D 40 I (gedruckt in: Kirkekalender for Slesvig stift 1862, S. 179; vgl. P. Rhode, Samlinger til Haderslev-Amts Beskrivelse, 1775, S. 148).

Quellennachweis

APD: Acta Pontificum Danica. Pavelige Aktstykker vedrørende Danmark 1316–1536. Ed. L. Moltesen, A. Krarup und J. Lindbæk I–VII, 1904–1943.
Antislesvigholstenske Fragmenter, hg. v. A. F. Krieger. Bd. 1–4. København 1848–1851.
Boethius, G., Einbericht vnde verkleringe. LAA, Haderslev provstearkiv, Nr. 533; gedruckt in: KS 2.2, S. 265–285.
DD: Diplomatarium Danicum, udg. af Det danske Sprog- og Litteraturselskab, Række 1, bd. 1 ff. København 1957 ff.
Dipl. Flens.: Diplomatarium Flensborgense 1–2, ed. H. C. P. Sejdelin, Flensburg 1865–73.
Dipl. Coll. Can. Had.: Diplomatarium Collegii Canonicorum Hadersleviensium. In: Aarsberetninger fra det Kgl. Geheime-Archiv 2, 1850, S. 2–72.
Hansen und Jessen 1904: H. Hansen und W. Jessen (Hrsg.), Quellen zur Geschichte des Bistums Schleswig. Kiel.
RDD: Repertorium Diplomaticum Regni Danici Mediævalis. Række 1 ff., 1894 ff.
Westphalen: Monumenta inedita rerum Germanicarum, hg. v. E. J. von Westphalen, Bd. 3, Leipzig 1743.

Literaturnachweis

Achelis, Th. O. 1925: Det ældste kaldsbrev i Norden. Sønderjyske Årbøger, S. 147–152.
– 1949: Deutsche und dänische Gottesdienste im Herzogtum Schleswig. SVSHKG 2.11, S. 79–102.
– 1950: Tausend Jahre der Stifter Ripen und Schleswig. SVSHKG 2.10.2, S. 115–154.
Becker-Christensen, H. 1981: Hærvejen i Sønderjylland.
Boockmann, A. 1978: Hamburg, Schleswig und Lübeck als Zentren der Diözesanverwaltung im Mittelalter. In: Schleswig-Holsteinische Kirchengeschichte 2. Anfänge und Ausbau 2, S. 9–42. Neumünster.
Cypräus, J. A. 1634: Annales Episcoporum Slesvicensium. Köln.
Ellger, D. 1966: Der Dom und der ehemalige Dombezirk. Die Kunstdenkmäler der Stadt Schleswig 2. Die Kunstdenkmäler des Landes Schleswig-Holstein. München.
Feddersen, E. 1938: Kirchengeschichte Schleswig-Holsteins. Kiel.
Fink, T. 1976: Grænsen mellem Ribe og Slesvig stift. Haderslev Stiftsbog, S. 9–18.
– 1977: Die Grenze zwischen den Bistümern Schleswig und Ribe. Die Heimat 82, S. 80–87.
Gregersen, H. V. 1952: Savsevejen, et ældgammelt vejstræk. Sønderjysk Månedsskrift, S. 180–183.
– 1973: Haderslev stift i Middelalderen. Haderslev Stiftsbog, S. 12–26.
– 1974 a: Plattysk i Sønderjylland. En undersøgelse af fortyskningens historie indtil 1600-årene. Odense.
– 1974 b: Forsvundne kirker langs med Hærvejen gennem Nordslesvig. Sønderjysk Månedsskrift, S. 237–247.
– 1976: En nyopdaget vejspærring over Savsevejen. Sønderjysk Månedsskrift, S. 8–16.
– 1977: Egnen omkring Vojens. Vojens.
– 1978: Toldsted ved Hærvejen. Tønder.
– 1981: Slesvig og Holsten indtil 1830. København.
Güttel, W. 1935: Die Marienkirche in Hadersleben. Neumünster.
Hoffmann, E. 1981: Grenzen erzählen Geschichte. Historische Voraussetzungen für die Herausbildung der heutigen deutsch-dänischen Staatsgrenze. ZSHG 106, S. 9–29.
Jensen, H. N. A. 1840: Versuch einer kirchlichen Statistik des Herzogthums Schleswig. I–IV. Schleswig.
– 1849: Bispedømmet Slesvigs gamle Omfang og Indeling. Annaler for Nordisk Oldkyndighed og Historie, S. 332–362.
Jensen, K. J. 1949: Haderslev Mariekirke. In: J. Skovgaard (Hrsg.), Slesvigs delte Bispedømme, S. 247–283.
Matthiessen, H. 1931: Hærvejen. København.

Nyberg, T. 1975: Plattysk i Sønderjylland. Historie N. R. 9, S. 222–241.
– 1982: Grenzen erzählen Geschichte. Zum Konzept der frühen Mission in den Ländern und Gebieten Skandinaviens. ZSHG 107, S. 15–36.
Nyrop, C. 1895: Danmarks gamle Gilde- og Lavsskraaer fra Middelalderen 1. København.
Röpke, A. 1978: Das Eutiner Kollegiatstift im Mittelalter 1309–1535. QFGSH 71. Neumünster.
Rørdam, H. F. 1860–1862: Hofpræedikanten M. Johan Albertsen. KS 2.2, S. 290–298.
Skyum-Nielsen, N. 1963: Kirkekampen i Danmark 1241–1290. København.

Abkürzungen

DBL	Dansk Biografisk Leksikon
DM	Danske Magazin
KS	Kirkehistoriske Samlinger
LAA	Landesarchiv Apenrade
QFGSH	Quellen und Forschungen zur Geschichte Schleswig-Holsteins
RAK	Reichsarchiv Kopenhagen
SHLUS	Schleswig-Holstein-Lauenburgische Urkundensammlung
StM	Staatsbürgerliches Magazin
SVSHKG	Schriften des Vereins für Schleswig-Holsteinische Kirchengeschichte
ZSHG	Zeitschrift der Gesellschaft für Schleswig-Holsteinische Geschichte.

Die Reformation in Schleswig

Von Karsten Giltzau

Der Gang der reformatorischen Ereignisse liegt für viele Städte in den ehemaligen Herzogtümern Schleswig und Holstein weitgehend im Dunkel, denn, wie schon E. Feddersen (1938, S. 2) feststellte, »leider fließen gerade für diese Periode die Quellen besonders spärlich«. Für Schleswig ist die Quellenlage geringfügig günstiger, weil insbesondere für die Anfänge der Reformation einige Nachrichten vorliegen, nach denen sich ein etwas profilierteres Bild zeichnen läßt, als dies andernorts möglich ist. Gesicherte Aussagen über die von der jüngeren Stadtgeschichtsforschung zur Reformationszeit ins Blickfeld gerückten Wechselbeziehungen zwischen religiösen, sozialen, wirtschaftlichen und politischen Interessen lassen sich jedoch auch für Schleswig nicht treffen.

Die kirchlichen Verhältnisse in der Stadt Schleswig waren vor allem dadurch geprägt, daß der Schleswiger Dom zugleich Zentralkirche des Bistums Schleswig und Pfarrkirche für einen Teil der Stadt war. Neben dem Dom bestanden mehrere weitere Kirchen, von denen aber die St.-Nicolai-Kirche »im 16. Jahrhundert nicht mehr als Parochialkirche« diente und die St.-Michaelis-Kirche nicht als Stadtkirche anzusehen ist, da sie ein in der Hauptsache ländliches Kirchspiel besaß (Lorenzen-Schmidt 1980, S. 220 f.). Eigentliche Stadtkirche war die St. Trinitatis oder St. Spiritus genannte Kirche. Für sie besaß der Schleswiger Rat seit 1448 das Patronatsrecht. Auf dem Holm diente die St.-Marien-Kirche der religiösen Betreuung der Holmer.

Neben diesen Kirchen lagen drei weitere in den drei Schleswiger Klöstern. In Schleswig waren sowohl Franziskaner (Graubrüder) als auch Dominikaner ansässig (vgl. Sach 1875, S. 80–85; Radtke 1974). Darüber hinaus bestand das Nonnenkloster St. Johannis auf dem Holm, das auch nach der Reformation als Stift für Töchter des schleswig-holsteinischen Adels fortlebte (vgl. Sach 1875, S. 85–93). Angesichts der vielen Kirchen stellt Lorenzen-Schmidt ein religiöses Überangebot, gemessen an der Bevölkerungszahl Schleswigs, fest (Lorenzen-Schmidt 1980, S. 221).

Aufgrund der Stellung Schleswigs als Bischofssitz gab es in der Stadt eine große Zahl von Geistlichen, wenngleich deren genaue Zahl nur schwer zu ermitteln ist, »denn mit der Residenzpflicht war es zu Beginn des 16. Jahrhunderts nicht weit her« (Lorenzen-Schmidt 1980, S. 221). Im Dom gab es vor der Reformation 46 Altäre, an denen eine erhebliche Zahl von Vikaren fungierte. Noch für das Jahr 1532 ist eine Anzahl von 29 Vikaren belegt (Lorenzen-Schmidt 1980, S. 220)[1]. Über 15 von ihnen hatte das Domkapitel das Patronatsrecht (Harms 1914, S. 82). Die Vikare waren nicht Mitglieder des Domkapitels, sondern von diesem angestellte »Beamte«. Ihre Aufgaben bestanden in der Teilnahme an Zeremonien an hohen Festtagen, dem Singen und Musizieren sowie dem Lesen von Seelenmessen. Es gab zwei Klassen von Vikaren, nämlich einerseits die sogenannten Kapitelsvikare, die die Messe für nicht am Ort residierende Domherren lasen, und die an den Nebenaltären tätigen Vikare (vgl. Harms 1914, S. 81 f.).

Ähnlich wie auch an anderen Orten der Herzogtümer bestand in Schleswig eine Reihe von Gilden und Brüderschaften. Diese Zusammenschlüsse dienten sowohl sozialen Aufgaben, wie der gegenseitigen Hilfeleistung der Mitglieder in Krankheits- und Notfällen, als auch der Befriedigung religiöser Bedürfnisse durch Abhaltung gemeinsamer Andachtsübungen und das Anhören von Messen. Die Gilden und Brüderschaften trugen Sorge für das Seelenheil verstorbener Mitglieder, indem sie für Seelenmessen aufkamen. Daneben hatten die Zusammenkünfte aber durchaus auch geselligen Charakter. In Schleswig waren die Weltgeistlichen im Priesterkaland zusammengeschlossen. Daneben besaßen die Vikare ebenfalls eine eigene Gilde (Lorenzen-Schmidt 1980, S. 222)[2]. Darüber hinaus gab es in Schleswig die Marianer-Brüderschaft, die Rosenkranz-Marien-Brüderschaft, die Fronleichnams- oder »hilligen Lichnamsgilde« sowie die St.-Gertruds-, St.-Jürgens-, St.-Jost- und St.-Jacobi-Gilde (vgl. Sach 1875, S. 99–102). Diese Gilden standen wie auch andernorts aufgrund ihres Aufgabenbereiches in enger Beziehung zur Kirche; und damit war auch die Bürgerschaft, die in den Gilden vertreten war, eng mit der Kirche verbunden.

Dennoch nahmen die Auseinandersetzungen zwischen Geistlichen und Bürgern der Stadt in der Zeit vor der Reformation zu. Dabei ging es einerseits durchaus um materielle Fragen (vgl. Lorenzen-Schmidt 1980, S. 222). Ein besonderer Stein des Anstoßes aber war das moralische oder vielmehr unmoralische Verhalten der Kleriker, die nicht der städtischen Gerichtsbarkeit, sondern nur dem geistlichen Gericht unterstanden. Sie gingen »mit wenigen Ausnahmen dem Volke in Sauf- und Rauflust und sittenlosem Lebenswandel voran; sie soffen und krögen, wie der Rath sagt, als er mit dem Capitel im Streit lag« (Sach 1875, S. 200). Auch zwischen den Geistlichen kam es zum Streit, wobei der Genuß »geistiger« Getränke im Spiel war. So beschwerte sich der Guardian des Franziskanerklosters, Laurentius Thuronis, ca. 1495 über den Bruder Johannes de Argentina, der ihn angegriffen und am Kopf verwundet habe, als er ihn »seines leichtsinnigen Lebenswandels und seiner häufigen Trunkenheit halber nach seiner Zelle verwiesen habe« (Sach 1875, S. 200). Wie auch andernorts im späten Mittelalter eine Verweltlichung des geistlichen Lebens zu verzeichnen war, so scheint auch der Lebenswandel der Schleswiger Grauen Mönche erheblichen Anstoß erregt zu haben. Ein päpstliches Schreiben vom 29. Juni 1499 erlaubte es dementsprechend Herzog Friedrich I., die Mönche zu verjagen und durch sogenannte Observanten, also Mönche, die sich an die strenge Ordensregel hielten, zu ersetzen[3]. Dies war eine Maßnahme, die Friedrich I. angesichts ähnlicher Mißstände bereits 1495/96 in Flensburg ergriffen hatte (vgl. Schütt 1966, S. 70 f.). Doch die Versuche, die Geistlichen in Schleswig zu einem anständigen Lebenswandel anzuhalten, scheinen nicht viel gefruchtet zu haben. Das schlechte Beispiel der Geistlichen mußte der Bevölkerung als ein besonderes Ärgernis zu einer Zeit erscheinen, da diese doch selbst entsprechend den allgemeinen Tendenzen der Epoche von einer gesteigerten Religiosität und Heilserwartung erfaßt war. In dem Mißmut über das Verhalten der Geistlichen sieht K.-J. Lorenzen-Schmidt auch einen entscheidenden Grund für die von ihm festgestellte säumige Schuldrückzahlung gegenüber den Kirchen (Lorenzen-Schmidt 1980, S. 222).

Andererseits hat aber das Domkapitel K. Harms' Auffassung zufolge versucht, den wachsenden religiösen Erwartungen entgegenzukommen. Er schließt dies aus den steigenden Einkünften des Lektors, der Vorlesungen für Geistliche am Dom und Predigten an hohen Festtagen zu halten hatte. In der Aufwertung dieses Amtes meint Harms erkennen zu können, daß das Domkapitel sich »von der Lektur eine Rettung vor dem Zusammenbruch erwartet hat« (Harms 1914, S. 75).

Gegen Ende des zweiten Jahrzehnts des 16. Jahrhunderts zog vermutlich der zunehmende Bekanntheitsgrad Martin Luthers auch eine Anzahl von Schleswigern als Studenten nach Wittenberg. Die Matrikel der Universität verzeichnet im Jahre 1519 die Namen von Joannes Lass, Petrus Mul und Laurentius Prall. Im Jahr darauf studierten dort weitere fünf Schleswiger, nämlich Laurentius Detleff, Meynhardus Leues, Volquardus Schmidt, Theodoricus Joannes und Gerhardus Junius[4]. Inwieweit jedoch die Ausbreitung der reformatorischen Predigt in der Stadt Schleswig durch aus Wittenberg heimkehrende Studenten beeinflußt wurde, ist nicht zu entscheiden, da die Quellen hierüber keine Auskunft geben.

Von den ersten Anfängen lutherischer Predigten in Schleswig sind zwei Berichte überliefert. Zum einen sind dies die mittelniederdeutschen Aufzeichnungen des späteren Stadtschreibers Boye, die etwa 1560 verfaßt wurden (abgedruckt bei Sach 1875, S. 202–205). Der zweite Bericht findet sich bei Johann Adolph Cypraeus (1634) in seinen »Annales Episcoporum Slesvicensium«. Beide Darstellungen sind mit Bedacht zu werten, denn sie sind durch – wenngleich unterschiedliche – parteiliche Sichtweisen geprägt. Boyes Standpunkt ist der des »obrigkeitsorientierten Protestantismus«, der sich schließlich durchsetzte (Lorenzen-Schmidt 1980, S. 223). Demgegenüber trat Cypraeus, der zunächst Pastor in Schleswig war, zum Katholizismus über und ging nach Köln[5]. Dieser Schritt spiegelt sich besonders in den Teilen seines Werkes wider, die die reformatorische

Entwicklung in Schleswig behandeln und Ausfälle gegen die Anhänger Luthers enthalten. Aus diesem Grunde ist Cypraeus besonders in der Charakteristik der Personen unzuverlässig. Möglicherweise hat er auch Zusammenhänge konstruiert, um die Prediger der lutherischen Lehre und ihre Unterstützer in besonders schlechtem Licht darzustellen. Wieviel J. A. Cypraeus an eigener Meinung hinzufügte, wird klar im Vergleich mit dem Manuskript seines Vaters Paul Cypraeus[6], das der konvertierte Sohn als Grundlage benutzte. Möglicherweise hat Cypraeus auch den Bericht Boyes gekannt. Die verbleibenden Zusätze aus seiner eigenen Feder sind daher mit Vorbehalt zu betrachten[7].

Der erste Verkünder der evangelischen Lehre in Schleswig soll im Jahre 1526 ein entlaufener Mönch namens Friedrich (»Fredericus«) gewesen sein. Boye bezeichnet ihn als »eynen uhngelerden uhngeschickedenn verlapenen monneck predicker ordens« (Sach 1875, S. 202). Darüber hinaus will Cypraeus wissen, daß der »tolle Friedrich«, wie er in der schleswig-holsteinischen Kirchengeschichtsschreibung häufig genannt wurde, aus dem Kerker entkommen sei, in den er wegen seiner Schandtaten geworfen worden war. Ein ordentliches Kirchenamt hatte Friedrich nicht inne, sondern er predigte, so Boye, nach Aufforderung durch seinen »Anhang« in der Stadt, ohne daß er eine Bewilligung und Berufung seitens der Obrigkeit besaß (Sach 1875, S. 202). Von seinen Anhängern wurde der ehemalige Mönch auch materiell unterstützt, denn er »gingk vann husern tho huserenn under sinen ahnhanck eten« (Sach 1875, S. 203).

Seine Predigten hielt Friedrich nach der Darstellung von Cypraeus zunächst im Dom, dann im sogenannten »Schwahl«, dem Kreuzgang nördlich am Dom (Cypraeus 1634, S. 417). Boye macht ihm zum Vorwurf, daß er in seinen Predigten weniger der christlichen Liebe als dem Aufruhr das Wort geredet habe. Hart ins Gericht ging er mit der katholischen Werkgerechtigkeit, wenn er den Standpunkt vertrat, es sei für die Seligkeit nicht erforderlich, Almosen zu geben, Kirchen zu stiften, Pfaffen und Mönche zu unterhalten, zu fasten und zu beten. Darüber hinaus sollten die »Prädikanten« nicht mehr als nach der Regel der Apostel besitzen. Diesem Anspruch auf eine Lebensführung in der Nachfolge der Apostel kam Friedrich selbst nach, denn er »hadde ock und wolde nicht mher alse eynen graven ossenbruggesken wandes rock dragen, de mith pelßwarke jegen den winter gefordertt wurth« (Sach 1875, S. 202). Anders als Boye, der das bescheidene Äußere Friedrichs hervorhebt, ist Cypraeus bestrebt, den ersten evangelischen Prediger in Schleswig in den schwärzesten Farben zu malen, wenn er ihm vorwirft, entgegen seinen Predigten schon bald begonnen zu haben, sich mit seidenen Kleidern zu schmücken und darüber hinaus eine Frau genommen zu haben (Cypraeus 1634, S. 418). Dies scheint jedoch einer der von J. A. Cypraeus erfundenen Zusätze zu sein. Die bescheidene Lebensweise Friedrichs sprach vermutlich besonders die Angehörigen der städtischen Unterschichten an, die ihn auch tätig unterstützten. Folgt man Boye, so stiftete Friedrich »etlike burger und gemenen puffel« (mit »Pöbel« sind wohl Angehörige der Unterschichten gemeint) am 26. Dezember 1526 dazu an, die Exequien, d. h. die Totenmesse der Domherren, für den verstorbenen Geistlichen Minrik Menkell zu stören. Sie seien gewaltsam in den Chor eingedrungen, hätten die brennenden Kerzen zusammengehauen, seien unter die versammelten Geistlichen und Schüler gefahren und hätten diese umhergejagt. Dabei hätten sie schreiend verlangt, die Leiche des Domherrn »alse eynen godtlosen papisten« unter dem Galgen zu vergraben (Sach 1875, S. 202).

Die Predigten des ehemaligen Mönches gegen die alten kirchlichen Gebräuche und für die priesterliche Armut hatten zur Folge, daß dem Kirchherrn Marquarth Bulow die nicht unbeträchtlichen Einkünfte aus »offer gelt, graff gelt, karckgangs gelt, bichtgeltt, etc.« entzogen wurden (Sach 1875, S. 202).

Ist eine Nachricht von Cypraeus Vater und Sohn richtig, so haben die Anhänger Friedrichs ihn nicht nur bei seinem gewalttätigen Auftreten gegenüber den altgläubigen Geistlichen unterstützt und seine Predigten befolgt, sondern auch den dänischen König und Herzog von Schleswig und Holstein, Friedrich I., darum gebeten, ihn als Pfarrherrn zu berufen. Doch dieser habe indigniert abgelehnt (Cypraeus 1634, S. 417). In jedem Falle haben sich angesichts der Zwistigkeiten, die sich aufgrund der radikalen Predigten Friedrichs zwischen Geistlichen, Rat und Bürgerschaft ergaben, »solchs van deme capitell und etlichenn uth dem rade« 1527 an Friedrich I. gewandt (Sach 1875, S. 203). Dieser berief daraufhin Marquard Schuldorp, einen gebürtigen Kieler, der in Wittenberg seit 1521 studiert hatte (vgl. Ramm 1982, S. 299 und Anm. 194). Schuldorp hielt eine Predigt über Römer 1, 16, in der er im Gegensatz zu Friedrich zum Gehorsam gegenüber der Obrigkeit aufrief und zur Einheit in der Kirche Christi ermahnte (Sach 1875, S. 202). Daraufhin wurde er einhellig vom Schleswiger Rat und der Gemeinde im Jahre 1527 oder 1528 als Pfarrherr angenommen[8].

Der »tolle Friedrich« ist allerdings, folgt man wiederum den Angaben von Cypraeus, nicht aus der Stadt vertrieben worden, sondern hat Schuldorp als Kaplan noch kurze Zeit gedient. Seiner Aktivitäten gegen die katholischen Geistlichen hat er sich allerdings auch während dieser Zeit nicht enthalten. Während sie ihre Chorgesänge abhielten, habe er durch Absingen deutscher Psalmen gestört und sie beim Beten ihrer Horen durch lautes Lärmen und Schreien belästigt. Den oben erwähnten Marquarth Bulow, Sohn eines Schleswiger Rats, habe er bei seiner Predigt unterbrochen und alles für Lügen und Possenspiel erklärt.

Die Tätigkeit Friedrichs soll schließlich dadurch ein Ende gefunden haben, daß der Kanzler Friedrichs I., Wolfgang von Utenhof, von ihm öffentlich heftig angegriffen worden sei. Darüber hinaus habe er eine Gehorsamspflicht gegenüber dem Fürsten in Glaubenssachen geleugnet. Daraufhin beim König angeklagt, habe er fliehen müssen, sei aber in Neumünster festgenommen worden. Später habe man ihn aber entlassen und aus Holstein gewiesen, worauf er bald verstorben sei (Cypraeus 1634, S. 418). Das Auftreten Friedrichs in Schleswig könnte eines der wenigen für Schleswig-Holstein belegten Beispiele sein, in denen sich eine heftige Kritik an den kirchlichen Verhältnissen mit sozialen Forderungen verband. W. Göbell meint, Friedrich könnte ein »scharfsichtiges sozialkritisches Gespür dafür gehabt haben, daß durch die Kirchenpolitik des Königs und Wolfgang Utenhofs den kranken Menschen und sozial Schwachen die Hilfen durch Hospitäler und Elendenherbergen entzogen würden« (Göbell 1982, S. 41).

Marquard Schuldorp erhielt nach seiner Predigt vom Rat eine Stelle in der St.-Laurentius-Kapelle, dem Parochialchor der Stadtgemeinde im Dom. Doch mit seiner Besoldung stand es nicht zum besten, denn die bisherigen Einkünfte flossen seit dem Auftreten des »tollen Friedrichs« nicht mehr. Demzufolge hatte die neue Lehre in der Stadtgemeinde schon eine nachhaltige Wirkung hinterlassen und die alten Gebräuche verdrängt. Um aber den Pfarrer halten zu können, fand man eine neue Regelung der Besoldungsfrage mittels eines Umlageverfahrens, das vorsah, daß Schuldorp zweimal jährlich, zu Weihnachten und am 24. Juni (»sunte Johannes geborth«), aus jedem Haus 2 ß und aus jeder Bude 1 ß erhalten sollte. Diese Umlage sollte so lange aufgebracht werden, bis andere Einkünfte zur Verfügung gestellt werden könnten (Sach 1875, S. 203 f.). Man griff also von seiten des Rates nicht in die Einkünfte katholischer Geistlicher ein, sondern finanzierte den Verkünder der neuen Lehre selbst.

Darüber hinaus wandte sich der Schleswiger Rat aber auch an den Landesherrn. In einem überlieferten Schreiben an Friedrich I. aus dem Jahre 1527 oder 1528 bedankt sich der Rat zunächst für die Bestellung Marquard Schuldorps (abgedruckt bei Lorenzen-Schmidt 1980, S. 227 f.). Dann folgen verschiedene Vorschläge zur Regelung der Predigereinkünfte. Zum einen sollten die Renten einer Anzahl von Gilden für die Bestellung des Kirchherrn, des Kaplans und des Küsters verwendet werden dürfen. Dazu sollten ebenso die bisher von den Ämtern der Handwerker an die Klöster und für Memorien, Vigilien und Seelenmessen gezahlten Gelder verwendet werden. Drittens bat der Rat darum, daß die in der Stadt wohnenden Geistlichen und Weltlichen, gleich ob adlig oder nichtadlig, zur Finanzierung des Kirchherrn und des Kaplans beitragen sollten, denn auch sie bedürften ihrer Hilfe in der letzten Stunde. Der König sollte das Domkapitel viertens anweisen, freiwerdende

Pfründen dem Kirchherrn zur Verfügung zu stellen und ebenso mit den Renten zu verfahren, die bisher einem Prediger für die Mittagspredigten an hohen Festtagen gegeben wurden. Schließlich sollte der Kirchherr auch diejenigen Renten erhalten, die die Geistlichen aus Geldern »in etliken husen der Stadt« für Memorien und Seelenmessen zogen. Sollten die genannten Wünsche nicht erfüllt werden, sehe sich der Rat nicht in der Lage, Kirchherrn und Kaplan zu halten. Diese Bitten des Schleswiger Rates blieben nicht ohne Erfolg, wenngleich »die Realisierung der vorgeschlagenen Maßnahmen unterschiedlich lange auf sich warten ließ« (Lorenzen-Schmidt 1980, S. 228).

Schon bald konnte von dem geplanten Umlageverfahren abgegangen werden, denn Schuldorp erhielt von Friedrich I. die Einkünfte aus der Vikarie »sancti Andree apostoli« des gerade verstorbenen Vikars Johannes Meinardi oder »van Cappel«. Ausgenommen blieb lediglich das zur Vikarie gehörende Haus Johannes Meinardis, das der königliche Rentemeister Hinrich Schulte erhielt (vgl. Sach 1875, S. 204 mit Anm. 1; Lorenzen-Schmidt 1980, S. 225).

Von der Tätigkeit Marquard Schuldorps in Schleswig berichtet Boye, daß er am 16. Juli 1528 begonnen habe, deutsche Messen und Vesper mitten in der Domkirche zu singen. Hinfort habe er an jedem Tag vormittags aus der Genesis und nach der Vesper eine »evangelische lectionn« gepredigt. Es sei zwar kaum zu glauben, so Boye, doch Schuldorp habe es fertiggebracht, an Sonntagen und hohen Festtagen vier Predigten zu halten, die alle über ein unterschiedliches Thema gehandelt hätten. Diese Tätigkeit Schuldorps endete abrupt, als er am 12. August 1529 am »englischen Schweiß«, einer Seuche, die zu dieser Zeit in Norddeutschland grassierte, erkrankte und tags darauf verstarb (Sach 1875, S. 204).

Trotz seiner von Boye lobend angeführten regen Predigttätigkeit in Schleswig, sah sich Schuldorp aber auch heftigen Angriffen ausgesetzt, deren Ursache in der 1525 geschlossenen Ehe mit der Tochter seiner Schwester lag. Diese nach kanonischem und Reichsrecht als inzestuös anzusehende Eheschließung war von Luthers Schüler und Freund Nikolaus Amsdorf in Magdeburg vorgenommen worden und hatte bereits dort Anlaß zu Konflikten zwischen Anhängern Luthers und den katholischen Dompredigern gegeben, denn diese hatten sie als Mittel zur Denunziation der evangelischen Lehre benutzt (vgl. Stille 1937, S. 63). Daraufhin sahen sich Luther und Amsdorf genötigt, im Jahre 1526 eine Schrift zur Rechtfertigung dieser Ehe unter dem Titel »Grund und orsake / worup Marquardus Schuldorp hefft syner suster dochter thor ehe genomen / beweret dorch Ern Nicolaus Amßtorp, Licentiaten und Ern Martinum Luther, Doctor yn der hilligen schrift« herauszugeben. Luthers Argumentation lief letztlich darauf hinaus, daß nicht verboten sein könne, was nicht ausdrücklich in der Heiligen Schrift verboten worden sei.

Schuldorps zweifelhafte Ehe mit seiner Nichte spielte auch eine Rolle in der Auseinandersetzung zwischen ihm und dem radikalen Reformator und späteren Wiedertäufer Melchior Hoffman, der in den Jahren 1527 bis 1529 in Kiel tätig war und dort bereits mit Schuldorp aneinandergeraten war (vgl. zu Hoffman zuletzt Deppermann 1978). Zwischen Hoffman einerseits und Amsdorf, Schuldorp sowie dem geistlichen Berater des jungen Herzogs Christian, Eberhard Weidensee, andererseits entspann sich ein heftiger Flugschriftenstreit. Von seiten der lutherischen Prädikanten kritisierte man insbesondere Hoffmans eschatologische Bibelauslegung und seine angeblich aufrührerische Wirkung auf den »gemeinen Mann«. Gerade diesem zweiten Punkt wandte sich Schuldorp in einem gedruckten »Breef an de Gelövighen der Stadt Kyll« zu (Schuldorp 1528). Wie schon in seiner ersten Predigt in Schleswig betonte Schuldorp die Notwendigkeit des Gehorsams gegenüber der Obrigkeit; ein Standpunkt, den Luther bereits in der Auseinandersetzung mit den aufrührerischen Bauern während des Bauernkriegs 1524/25 eingenommen hatte. Die literarische Fehde zwischen Hoffman und seinen Gegnern verlagerte sich schließlich auf den Abendmahlsstreit und führte zur Einberufung eines Kolloquiums in Flensburg vom 8. bis zum 10. April 1529, bei dem sich Hoffman rechtfertigen sollte. Das Ergebnis war schließlich, daß Hoffman des Landes verwiesen wurde. Behielt durch diese Entscheidung letztlich auch Schuldorp die Oberhand gegenüber seinem Widersacher, so hatte er doch, wie er selbst berichtet, auch Angriffe wegen des Vorwurfs der Blutschande in Schleswig zu gewärtigen. In seinem »Breef« tut er diese jedoch mit folgenden Worten ab: »De olden krukendregerschen könen my hyr tho Schleswick wol also na Schryen / wen ick ehr vulsupen straffe / Aver schal ick umme der wyllen stille swygen und myn ampt nicht vören off ick wol dar aver gesmeeth werde?« (Schuldorp 1528, S. D1b).

In den Jahren nach 1528 setzte sich die Erosion der altkirchlichen Verhältnisse in Schleswig weiter fort. Das Franziskanerkloster wurde von Friedrich I. wahrscheinlich 1528 oder 1529 der Stadt zur Verfügung gestellt, um es als Armenhaus zu nutzen[10]. Ausgenommen blieb die Klosterkirche, in die das Rathaus verlegt wurde (Meißner 1979, S. 10). Eine Ausweisung der Mönche hat zu diesem Zeitpunkt wohl nicht stattgefunden. Dabei ist ohnehin zu berücksichtigen, daß sich das Graubrüderkloster vermutlich schon vorher weitgehend geleert hatte (Lorenzen-Schmidt 1980, S. 225).

In den Jahren 1528/29 scheint sich auch das Dominikanerkloster aufgelöst zu haben. Vom 15. Mai 1528 datiert ein Schreiben, in dem dem Schleswiger Konventual Gerhard Kuper von Kalkar die Erlaubnis seitens seines Ordensgenerals erteilt wird, ein anderes Kloster aufzusuchen, bis in Schleswig wieder geordnete Verhältnisse eingekehrt sind. Aber das Kloster bestand wohl noch weiter, denn am 14. September 1528 wurde vom Leipziger Provinzkapitel ein Prediger bestellt mit dem ausdrücklichen Auftrag, nur katholisch zu predigen (Radtke 1974, S. 50). Diese Maßnahme wird aber ohne Auswirkungen geblieben sein, denn der Nachfolger Schuldorps, Reinholt Westerholt, griff zu einem härteren Vorgehen gegen die Mönche. Boye berichtet, Westerholt habe die Mönche aus den Klöstern vertrieben (Sach 1875, S. 205).

Mit dem überlieferten Vocationsbrief für den ehemaligen Augustinermönch Reinholt Westerholt aus dem Jahre 1531 wurde dieser zum Kirchherrn am Dom mit der dazugehörigen Pfarre berufen und zugleich auch an die Heilig-Geist-Kirche und die Holmer Kirche bestellt[11]. Zu seinen Einkünften zählte neben denen der drei Kirchen und der in ihnen befindlichen Vikarien auch die Vikarie »sancti Andree«, die schon Schuldorp von Johann Meinardi van Cappel übernommen hatte. Die Einkünfte des Kirchherrn hatte Friedrich I. bereits in einem Lehnbrief aus dem Jahre 1530 verbessert[12]. Darin wurden den Bürgermeistern und Ratmannen der Stadt Schleswig die Abgaben verschiedener Lansten in Dörfern des Herzogtums Schleswig übertragen, um ihren Kirchherrn und Pastor davon zu unterhalten. Über diese Verbesserungen hinaus sind entsprechend der Bitte des Rates die Gilde- und Bruderschaftskapitalien eingezogen worden (Lorenzen-Schmidt 1980, S. 228).

An der Heilig-Geist-Kirche erhielt Westerholt nach dem Tode des dortigen Kirchherrn, Johann Becker, dessen Einkünfte und später auch die »gude vicarie« desselben am Dom (Sach 1875, S. 204; Noodt 1744, S. 236). Der Kaplan der Kirche erhielt später 100 Mark lübsch, die bis dahin der Bischof Gottschalk von Ahlefeldt von der St.-Gertruds-Gilde als Rente besaß (Sach 1875, S. 204). Nach dem Tode des Domherrn Ketillus Nicolai wurden Westerholt dessen Pfründen nebst der Besoldung des Organisten übertragen; letztere, »dewile he ein wenich mede spelen kunde« (Sach 1875, S. 205).

Während seiner Tätigkeit soll Westerholt sich scharf mit den im alten Glauben verharrenden Mitgliedern des Domkapitels auseinandergesetzt haben. Boye weiß davon zu berichten, daß er sich von der Kanzel gegen die Gebräuche des Kapitels gewandt habe, »de tom dele noch papististk werenn« (Sach 1875, S. 205). Westerholt sei ansonsten ein frommer Mann gewesen, der lustig mit seinen frommen Mitmenschen sein konnte; weder Schmeichler, noch jemand, der anderen übel nachredete, hielt er jedem das Seine zugute und kehrte alles zum Besten. Insbesondere aber, so vermerkt Boye, war er kein Schalk, obwohl er doch zuvor zweimal »tho Rome in der ertze schalck kamer gewesth« (Sach 1875, S. 205).

Reinholt Westerholt gilt als der eigentliche Reformator Schleswigs und wurde auch später von landesherrlicher Seite zu wichtigen Aufgaben herangezogen. Er war einer der Mitunterzeichner der dänischen Kirchenordnung von 1537 und wurde 1538 mit der Visitation im Amt Gottorf betraut, in dessen Bereich er auch nach 1540 als Superintendent tätig war (vgl. Michelsen 1909, S. 59; Ramm 1982, S. 300). Westerholt starb schließlich am 12. Juni 1554.

Zu den Ereignissen, die die Anfänge der evangelischen Predigt in der Stadt Schleswig markieren, läßt sich abschließend feststellen, daß die neue Lehre zunächst besonders bei den städtischen Unterschichten Anklang fand. Dies belegen die Vorgänge um den »tollen Friedrich«, wenngleich sich in den Berichten Tatsachen und Legende nicht immer eindeutig trennen lassen. Bald jedoch nahm der Rat den Lauf der Ereignisse in die Hand und wurde dabei von landesherrlicher Seite unterstützt. Die Bemühungen um eine ausreichende Dotierung der Kirchherrnstelle im Parochialchor des Domes mögen das Bedürfnis nach religiöser Betreuung durch gute Predigten belegen. Gleichzeitig wurden die finanziellen Aufwendungen unter Aufgabe von Kirchherrenstellen in anderen Kirchen, u. a. auch in der eigentlichen Parochialkirche St. Trinitatis, auf die Stelle im Dom konzentriert. Darin kommt auch das Interesse des Rates daran zum Ausdruck, möglichst viele kirchliche Besitztitel selbst in die Hand zu bekommen, um über ihre Verwendung zur Bezahlung der Geistlichen und für die Armenfürsorge selbst zu entscheiden. In diesem Bestreben, das durchaus auch in anderen Städten anzutreffen ist, wurde der Rat von seiten Friedrichs I. unterstützt, wenngleich krasse Eingriffe unterblieben. Überhaupt war die Regierungszeit Friedrichs I. dadurch gekennzeichnet, daß der König und Herzog die Ausbreitung der evangelischen Lehre mancherorts duldete oder sogar förderte, ohne es andererseits zu einem endgültigen Bruch mit der alten Kirche kommen zu lassen. In Schleswig zeigte sich diese Verhaltensweise einerseits in der Tatsache, daß die letzten Mönche offensichtlich zunächst noch am Ort bleiben konnten, bis Westerholt sie endgültig vertrieb. Andererseits verfügte Friedrich I. erst nach dem Tode katholischer Geistlicher über deren Pfründen, die dann aber den Verkündern der neuen Lehre zugute kamen. Gegenüber dem weiterhin katholischen Domkapitel zeigte er sich also durchaus vorsichtig. In Schleswig bietet sich das Bild eines Nebeneinanders von katholischem Domkapitel und einer zu Beginn der 1530er Jahre bereits mehrheitlich evangelischen städtischen Gemeinde. Daß das Domkapitel weiterhin bestehen blieb und dem alten Glauben anhängen durfte, ist sicher auch auf die Stellung des Schleswiger Bischofs Gottschalk von Ahlefeldt zurückzuführen (Bobé 1903, S. 7 ff.; Boockmann 1979, S. 19 ff.; Ramm 1982, S. 304–309). Bischof Gottschalk hatte sich auf den Landtagen der Herzogtümer von 1525 und 1526 als Wortführer der altgläubigen Prälaten vergeblich gegen die steigenden finanziellen Forderungen des Landesherrn an die Kirchen und die Ausbreitung der »Martinischen Sekte« gewendet. Solange Friedrich I. lebte, kam es jedoch noch nicht zu einer endgültigen Einführung der Reformation im Lande. Ernsthafte Gefahr drohte allerdings nach seinem Tode im Jahre 1533, denn sein ältester Sohn Christian galt als überzeugter Lutheraner, hatte er doch in den von ihm verwalteten Ämtern Hadersleben und Törninglehn bereits im Jahr 1528 mit den Hadersleber Artikeln eine reformatorische Kirchenordnung erlassen. Nun schwebte die Drohung einer endgültigen Kirchenreform über den Häuptern der Altgläubigen. Herzog Christian forderte das Schleswiger Domkapitel auf, »das sie von iren misbreuchen, gesengen und selbst gemachten ceremonien, so sie biesher gehalten und dem wort Gottes entgegen weren, gantz und gar abstehen«[13]. Ein Abgesandter des Herzogs forderte in Schleswig vom Domkapitel, sich nach einer von Christian erlassenen evangelischen Ordnung zu richten, die der Herzog auch auf dem nächsten Landtage vorlegen werde[14]. Der Schleswiger Bischof antwortete am 13. Mai 1533 auf dieses Ansinnen mit dem Hinweis auf die gemäßigte Politik Friedrichs I., der keine Veränderung der kirchlichen Verhältnisse durchgedrückt hatte. So solle auch der junge Herzog verfahren und von einer Kirchenreform absehen, bis ein Beschluß eines allgemeinen Konzils oder zumindest des Landtages vorliege.

In der Folge nahm Christian zunächst Abstand von seinen kirchenpolitischen Plänen und befolgte die Anweisungen des Landgrafen Philipp von Hessen, den er um Rat für das weitere Vorgehen im Lande gebeten hatte. Im Vordergrund stand zunächst einmal die Sicherung der Machtgrundlagen. In kirchlichen Dingen solle der Herzog »gemach thun und die sachen nit zu ernstlich angreiffen, sondern, wie der Vatter getan, schleiffen lasse, bis dan E. L. ein bequemer Zeit ersicht, und alsdan, was gut gethan ist, im namen Gots fürneme«[15]. In diesem Sinne kam es am 8. Juni 1533 zu einem Vertragsabschluß zwischen Christian und dem Schleswiger Bischof über die kirchlichen Angelegenheiten[16]. Der Bischof verpflichtete sich darin, dafür zu sorgen, daß die Horen nur sonntags gehalten werden und die Heiligenverehrung überhaupt unterbleibe. Die gewöhnliche Messe durfte nur noch bei verschlossenen Türen gelesen, nicht aber gesungen werden. Die Predigten durften dem Wort Gottes nicht widersprechen. Zudem mußte der Bischof zubilligen, daß der Herzog überall im Lande nach eigenem Belieben Prädikanten einsetzen könne, »die das wortt Gottes lehren, verkundigen und handlln«. Damit hatte der Schleswiger Bischof zwar zunächst erreicht, daß das Domkapitel im alten Glauben weiterbestehen konnte, aber auf längere Sicht bahnte sich die endgültige Einführung einer evangelischen Kirchenordnung im Lande an. Nachdem es Christian gelungen war, seine Macht in den Herzogtümern und schließlich durch seinen Sieg in der sogenannten Grafenfehde von 1533–1536 auch in Dänemark zu konsolidieren, konnte er weitere Schritte zur endgültigen Einführung der Reformation einleiten. In Dänemark kam dieser Prozeß bereits 1537 mit der lateinischen Kirchenordnung zum Abschluß. In Schleswig und Holstein dauerte die Entwicklung noch einige Jahre länger, nicht zuletzt auch deshalb, da einflußreiche Vertreter im einheimischen Adel nach wie vor dem alten Glauben anhingen. Noch auf dem Landtag von 1540 schlug dem Herzog der Widerstand dieser nicht geringen Zahl Oppositioneller entgegen. Doch insbesondere nach dem Tode Bischof Gottschalks am 25. Januar 1541 konnte Christian III. seine Reformpläne durchsetzen, da »der führende Kopf der altgläubigen Partei im Lande fortgefallen« war (Hoffmann 1982, S. 158). Mit der Einführung der schleswig-holsteinischen Kirchenordnung vom 9. März 1542 hatte sich die Reformation in den Herzogtümern schließlich endgültig durchgesetzt.

Anmerkungen

1. Harms 1914, S. 82 nennt fälschlich das Jahr 1502; zur Datierung schon Jensen 1834, S. 512.
2. Anders Sach 1875, S. 82, der beide für identisch hält.
3. Acta Pontificum Danica. Band 5, S. 268 ff., Nr. 3723.
4. Achelis 1966. Band 1, S. 1 f., Nr. 13, 14, 15, 20, 21, 23, 28, 32.
5. Über Cypraeus vgl. Rørdam 1889, S. 5 f. und Otto 1931, insbesondere S. 324 ff.
6. Westphalen 1743, Sp. 255–320, besonders Sp. 318–320.
7. Dem Versuch A. Ottos (1931, S. 324 und 336 f.), die Zuverlässigkeit von J. A. Cypraeus zu untermauern, kann ich nicht zustimmen. Die Zusätze zum Manuskript des Vaters erscheinen zu erheblich, als daß sie ohne weitere Stütze durch andere Berichte glaubhaft sein könnten.
8. Die Angabe von H.-J. Ramm (1982, S. 299), die Berufung Schuldorps sei 1526 erfolgt, ist falsch.
9. Martin Luther, Werke, Briefe, Bd. 4. Weimarer Ausgabe, S. 9 ff.
10. Sach nennt das Jahr 1528. Eine Urkunde aus diesem Jahr liegt allerdings nicht vor. Erhalten ist lediglich die Bestätigung Christians III. aus dem Jahre 1543 mit direkten Hinweisen auf die von Friedrich I. erlassenen Bestimmungen (Sach 1875, S. 82 f.); vgl. auch Heilesen 1962, S. 42.
11. Noodt 1744, S. 231–234.
12. Noodt 1744, S. 228–231 mit Anm. 14 (S. 228). Dort sind aus dem »Braunen Buch« des Schleswiger Ratsarchivs die Abgaben der Lansten verzeichnet sowie Renten aus Häusern in Schleswig.
13. Dies geht aus einem Schreiben an den Landgrafen Philipp von Hessen vom 16. Mai 1533 hervor (QSHLG 2, S. 106).
14. So der Schleswiger Bischof in einem Schreiben an Herzog Christian (QSHLG 2, S. 107 f.; vgl. Hoffmann 1982, S. 120).
15. Brief des Landgrafen von Hessen an Herzog Christian (Jensen 1949, S. 11–19, hier S. 14).
16. QSHLG 2, S. 109 ff.

Quellennachweis

Acta Pontificum Danica. Pavelige Aktstykker vedrørende Danmark 1316–1536, udg. af L. Moltesen, Alfr. Krarup og Johs. Lindbæk, I–VII. 1904–43.
Achelis, T. O. 1966: Matrikel der Schleswigschen Studenten 1517–1864. Bd. 1. Kopenhagen.
Cypraeus, J. A. 1634: Annales Episcoporum Slesvicensium. Köln.
Luther, D. Martin: Werke. Weimarer Aufgabe. Briefe. Band 4.
Noodt, J. F. 1744: Beyträge zur Erläuterung der Civil-, Kirchen- und Gelehrten Historie der Herzogthümer Schleswig und Holstein. Band 2. Hamburg.
Schuldorp, M. 1528: Breef an de Gelövighen der Stadt Kyll. (Vermuteter Titel, da das Titelblatt fehlt. Einziges Exemplar in der Königl. Bibl. Kopenhagen.)
Westphalen, E. J. de 1743: Monumenta inedita Rerum Germanicarum praecipue Cimbricarum. Bd. 3. Leipzig.

Literaturnachweis

Bobé, L. 1903: Slægten Ahlefeldts Historie. Band 3. Godske Ahlefeldt, S. 7–21. København.
Boockmann, A. 1979: Ahlefeldt, Gottschalk. SHBL 5, S. 19–21.
Deppermann, K. 1978: Melchior Hoffman. Soziale Unruhen und apokalyptische Visionen im Zeitalter der Reformation. Göttingen.
Feddersen, E. 1938: Kirchengeschichte Schleswig-Holsteins, Bd. 2. 1517–1721. Kiel (= SVSHKG 1. 19).
Göbell, W. 1982: Das Vordringen der Reformation in Dänemark und in den Herzogtümern unter der Regierung Friedrichs I. In: Schleswig-Holsteinische Kirchengeschichte, Bd. 3, S. 35–113. Neumünster.
Harms, K. 1914: Das Domkapitel zu Schleswig von seinen Anfängen bis zum Jahre 1542. SVSHKG I. 7.
Heilesen, H. 1962: De sønderjyske gråbrødreklostres undergang. SøÅ 1962, S. 40–50.
Hoffmann, E. 1982: Der Sieg der Reformation in den Herzogtümern Schleswig und Holstein. In: Schleswig-Holsteinische Kirchengeschichte, Bd. 3, S. 115–183. Neumünster.
Jensen, H. N. A. 1834: Zur Geschichte des Schleswiger Domkapitels besonders nach der Reformation. AStKG 2, S. 451–553.
Jensen, W. 1949: Herzog Christian von Schleswig-Holstein und Landgraf Philipp von Hessen. SVSHKG II. 10, S. 8–19.
Lorenzen-Schmidt, K.-J. 1980: Die Sozial- und Wirtschaftsstruktur schleswig-holsteinischer Landesstädte zwischen 1500 und 1550. QFGSH 76.
Meißner, J. M. 1979: Zur Baugeschichte des Grauen Klosters der Franziskaner in Schleswig. BSSG 24, S. 7–22.
Michelsen, E. 1909: Die Schleswig-Holsteinische Kirchenordnung von 1542 (Einleitung). SVSHKG I. 5.
Otto, A. 1931: Die Cypraei Slesvicenses und ihre Schriften. ZSHG 60, S. 294–347.
Radtke, C. 1974: Untersuchungen zur Lokalisierung und zur Gründungsgeschichte des Schleswiger Dominikanerklosters. BSSG 19, S. 49–63.
Ramm, H.-J. 1982: Wegbereiter der Reformatorischen Predigt und ihre katholischen Gegner. In: Schleswig-Holsteinische Kirchengeschichte, Bd. 3, S. 279–329. Neumünster.
Rørdam, H. F. 1889: Udsigt over Arbejderne i Danmarks Kirkehistorie. KS 4. række, 1. bind, S. 1–55.
Sach, A. 1875: Geschichte der Stadt Schleswig nach urkundlichen Quellen. Schleswig.
Schütt, H.-F. 1966: Flensburg im Mittelalter. SFSG 17, S. 17–72.
Stille, H. 1937: Nikolaus von Amsdorf. Sein Leben bis zu seiner Einweisung als Bischof von Naumburg. Phil. Diss. Leipzig.

Abkürzungen

AStKG	Archiv für Staats- und Kirchengeschichte.
BSSG	Beiträge zur Schleswiger Stadtgeschichte
KS	Kirkehistoriske Samlinger
QFGSH	Quellen und Forschungen zur Geschichte Schleswig-Holsteins
QSHLG	Quellensammlung der Schleswig-Holstein-Lauenburgischen Gesellschaft für vaterländische Geschichte
SHBL	Schleswig-Holsteinisches Biographisches Lexikon
SFSG	Schriften der Gesellschaft für Flensburger Stadtgeschichte
SVSHKG	Schriften des Vereins für Schleswig-Holsteinische Kirchengeschichte
SøÅ	Sønderjyske Årbøger
ZSHG	Zeitschrift der Gesellschaft für Schleswig-Holsteinische Geschichte

Schleswig als Bischofssitz 1848–1947

Von Theo Christiansen

Die Titel der Inhaber des höchsten geistlichen Amtes im ehemaligen Herzogtum Schleswig haben gewechselt. Es gab Bischöfe, Generalpröpste und Generalsuperintendenten. Hier kann nicht auf die Befugnisse der Amtsinhaber, auf die Verflechtung des Amtes mit der komplizierten Landesgeschichte und die Herzöge und Könige als »summi epriscipi« bis 1848 eingegangen werden. Es geht hier um den Status der Stadt als Bischofssitz. Bis zum Krieg von 1848–1851 war dieser Besitzstand nie gefährdet. Am 3. Juli 1848 schied der 71jährige Generalsuperintendent D. Christian Friedrich Callisen aus dem Amt aus. Er hatte noch den Gesamtstaat vor dem Aufkommen des Nationalstaatsgedankens erlebt, war 1840, im Prunkornat mit dem Danebrogorden geschmückt, als assistierender Geistlicher zur Krönung König Christians VIII. nach Kopenhagen gereist und stand nun der Kriegssituation im Lande traurig und ratlos gegenüber. Die »Provisorische Regierung« verabschiedete ihn mit Pension, obwohl sie ihm nicht sehr gewogen war. Die dänische Regierung hat ihm nach 1850 die Pension weiter bezahlt.

Er lebte bis zu seinem Tod am 31. Dezember 1861 zurückgezogen in der Stadt, die später eine Straße nach ihm benannte (vgl. zu den Lebensdaten der Amtsinhaber bis 1890: Carstens 1890).

1. Der Zeitraum 1848–1854

Die »Provisorische Regierung« dachte nicht an eine Verlegung des Bischofssitzes, sie ernannte aber auch keinen neuen Generalsuperintendenten, sondern übertrug die Amtsgeschäfte zwei »Verwesern«. Für die Teile des Sprengels mit dänischer Kirchensprache wurde es der 1800 in Tondern geborene Dr. Andreas Rehhoff und für die Gebiete mit deutscher Kirchensprache der 1806 in Rendsburg geb. Dr. Nicolaus Johann Ernst Nielsen. Er war Pastor der Gemeinde Schleswig-Friedrichsberg und Propst der Propstei Hütten. Es war für die beiden, die den Titel Superintendent erhielten, schwierig, in den Kriegswirren ihre Aufgaben zu erfüllen. Die Regierung ging mit den dänisch gesinnten Pastoren, die sich ihren Anordnungen nicht fügten, nicht zimperlich um. Wer sich weigerte, wurde des Amtes enthoben. Vor allem die Änderung des »großen Kirchengebetes« bereitete den dänischen Pastoren Gewissensnöte. Sie durften nicht mehr für König Frederik VII., sondern mußten »Segne unseren Fürsten und unsere Obrigkeit« beten (Larsen 1946, S. 121). Gemeint waren der als »Fürst« für die Zukunft ausersehene Herzog von Augustenburg und die »Provisorische Regierung«. Wer ein weites Gewissen hatte, konnte bei dieser vagen Formel im Stillen auch an die dänische Regierung und den dänischen König denken. Manche Pastoren konnten es nicht und flüchteten ins Königreich.

1849 war zunächst ein Jahr militärischer Erfolge der schleswig-holsteinisch-preußischen Armee. Sie drang bis vor die Festung Fredericia vor, wo sie dann eine schwere Niederlage erlitt und sich nach dem Waffenstillstand von Malmö vom 10. Juli aus dem Herzogtum Schleswig zurückziehen mußte. Es wurde von schwedischen Truppen besetzt und von einer preußisch-englisch-dänischen »Landesverwaltung« regiert, in der aber der dänische Kommissar F. F. Tillisch den Haupteinfluß hatte. Nach dem »Berliner Frieden« vom 2. Juli 1850 hatten die Dänen die alleinige Herrschaft im Herzogtum. Sie richteten in Flensburg ein »Departement des außerordentlichen Regierungscommissairs für das Herzogthum Schleswig in Flensburg« ein. Die von den Dänen als ein »Herd des Aufruhrs« angesehene Stadt Schleswig wurde bestraft: Die Ständeversammlung und die Regierung wurden nach Flensburg verlegt, und es folgte dann die Verlegung des Bischofssitzes. Zunächst wurde die Personalfrage interimistisch gelöst. Am 21. Januar 1850 wurde Superintendent Rehhoff »wegen seines gegen die benannte Regierungsautorität bewiesenen

Trotzes« entlassen (Übers. T. C.). Unter dem gleichen Datum wurde der Pastor Hansen aus Apenrade »constituirt«, interimistisch die Superintendenturaufgaben in den Gemeinden mit dänischer Kirchensprache wahrzunehmen. Am 8. April 1850 wurde auch Superintendent Nielsen »wegen seines Ungehorsams gegen die Leitungscommission« (Übers. T. C.) entlassen, und der Hauptpastor an der St. Nicolaikirche in Flensburg sowie Propst der Propstei Flensburg, Aschenfeldt, mit der interimistischen Leitung der Superintendentur für die Gemeinden mit deutscher Kirchensprache beauftragt[1]. Daß Flensburg der Sitz der Generalsuperintendentur sein sollte, war auch im Sommer 1850 entschieden worden. Die Stadt Schleswig wurde vom »Departement« im August aufgefordert, die Akten der Generalsuperintendentur nach Flensburg zu übersenden. »Bürgermeister und Rath hieselbst« teilen am 25. August 1850 in einem Schreiben an »das verehrliche erste Departement des außerordentlichen Regierungscommissairs« mit, daß sich im Dienstraum des Superintendenten, der sich mit seiner Familie aus Schleswig entfernt habe, nur zwei »Convoluts« befunden hätten. Der preußische General von Hahn habe die Akten nach Kiel schaffen lassen. In einem weiteren Schreiben in der Aktenfrage taucht am 27. September 1850 der Briefkopf »Die Königliche Generalsuperintendentur in Flensburg« auf[2]. Am 10. Juni 1852 wurde Aschenfeldt von Kiel das Archiv übersandt[3].

Nielsen hatte sich klugerweise rechtzeitig aus dem Herzogtum entfernt, da er sich durch die Ablehnung Aschenfeldts mißliebig gemacht hatte. Die »Provisorische Regierung« hatte im Krieg keine ganz rigorose »Säuberung« der Pastorenschaft vornehmen können. Die dänische Regierung ging jetzt in ihrem Sinn konsequent vor. Sie verlangte im »großen Kirchengebet« die Formel: »Segne unseren allergnädigsten König Frederik VII. und das ganze königliche Erbhaus(!)« (Übers. T. C.). Jörgen Larsen (1946, S. 123 f.) schreibt dazu, daß 197 Pastoren dagegen protestierten und die Regierung »gegen die geistlichen Rebellen« in Aktion treten mußte. Er stellt fest, daß 1858 im Sprengel nur noch 126 Pastoren aus den Herzogtümern, aber 156 aus dem Königreich tätig waren.

2. Der Zeitraum 1854–1864

Die provisorische Besetzung der Generalsuperintendentur durch Aschenfeldt und Hansen dauerte bis 1854. Adam Wilhelm Graf von Moltke, der Präsident des dänischen Reichsrats, drängte König Frederik VII. in seinem Memorandum vom 11. April 1854, die Generalsuperintendentur bald zu besetzen. Propst Hansen sei zu alt, und Aschenfeldt beherrsche die dänische Sprache nicht genügend. Er schlug den »constituirten« Propst für Haderslev und Pastor in Fjelstrup, U. S. Boesen, für das Amt vor. Er sei kirchlich, sprachlich und qualitativ geeignet und mit dem Land vertraut. Moltke riet dem König, Boesen den Titel »Bischof« zu verleihen, damit er seinen Amtsbrüdern im Königreich gleichgestellt sei. Dem König, der sich persönlich dafür einsetzte, den Einfluß der in Kiel ausgebildeten Theologen zugunsten in Kopenhagen ausgebildeter zurückzudrängen, mußte dieser Vorschlag zusagen. Er schrieb an den Rand des Memorandums: »Wir stimmen allergnädigst diesem Deinem alleruntertänigsten Vorschlägen zu. Schloß Frederiksborg d. 11. April 1854. Frederik R.« (Übers. T. C.)[4].

Boesen war 1797 in Fåborg auf der Insel Fyn, also im Königreich, geboren. Nach einem Theologiestudium in Kopenhagen hatte er seit 1826 in mehreren Gemeinden im Sprengel Schleswig als Pastor gewirkt und sich durch seine Mitarbeit an einem Gesangbuch für die dänisch sprechenden Gemeinden einen guten Ruf erworben. Die »Provisorische Regierung« hatte ihn aus seinem Amt entlassen. Er übernahm ein schwieriges Amt. Mit Takt versuchte er, den inneren Frieden in der Kirche wieder herzustellen. Das konnte aber nicht gelingen. Die verbliebenen deutschgesinnten Pastoren brachten ihm Mißtrauen entgegen. Dieses wurde durch die Sprachreskripte von 1851, die auch im mittleren Schleswig die Zahl der Gottesdienste in dänischer Sprache erhöhten (abwechselnd deutsch und dänisch), verstärkt. Noch mehr Schwierigkeiten hatte der Bischof mit vielen aus dem Königreich gekommenen Pastoren der grundtvigianischen Richtung. Der streng pietistische Boesen stand ihnen fremd gegenüber (vgl. dazu u. a. Larsen 1946, S. 123). C. Carstens (1890, S. 81) schreibt: »... er hat bei vielen guten Eigenschaften merkwürdigerweise doch nie so recht das Feld erobern können«. Merkwürdig war es aber nicht, daß dieser integre, recht bedeutende Mann letztlich auf »verlorenem Posten« stand.

Wie die Schleswiger auf den Verlust aller staatlichen und kirchlichen Institutionen reagierten, läßt sich nicht feststellen. Eine scharfe Zensur unterdrückte alle kritischen Äußerungen. Die Bürger lebten bis 1864 in »geduckter« Haltung.

3. Der Zeitraum 1864–1886

Nach der Räumung der Danewerkstellung in der Nacht vom 5. zum 6. Februar 1864 besetzten die Preußen und Österreicher noch im Februar das ganze Herzogtum Schleswig mit Ausnahme der Düppelstellung und Alsens. Die »Kaiserlich Königlich Österreichische und Königlich Preußische Oberste Civilbehörde im Herzogthum Schleswig« hat sehr schnell die von den Dänen vorgenommene Organisation des Kirchenwesens aufgelöst. Schon am 8. März 1864 entließen die beiden Zivilkommissare den Bischof Boesen. Er blieb noch unbehelligt bis 1865 in Flensburg und zog dann nach Vejle um, wo er 1867 starb.

Die Zivilkommissare setzten schon am 9. April 1864, also neun Tage vor der Erstürmung der Düppeler Schanzen, Pastor Bertel Petersen Godt als Pastor der Gemeinde Grundhof und Propst der Propsteien Sonderburg und Apenrade ein. Am 1. August »constituierten« sie ihn zum Generalsuperintendenten für den ganzen Sprengel Schleswig mit dem Auftrag der »Reorganisation des Kirchen- und Schulwesens im Herzogthum Schleswig«.

Am 6. September wurde er endgültig zum Generalsuperintendenten mit Sitz in Schleswig ernannt[5]. Das »bischöfliche Archiv« wurde am 6. September nach Schleswig zurückgebracht. Godt bezog eine Wohnung und Diensträume im Haus Pastorenstraße 9.

Der 1814 im Dorf Rinkenis in Nordschleswig geborene Generalsuperintendent hatte nach einem Theologiestudium in Berlin und Kiel 1839 das theologische Amtsexamen mit »sehr rühmlicher Auszeichnung« bestanden. Er wurde 1846 Pastor der Gemeinde Feldsted in Nordschleswig. Die dänische Regierung entließ ihn am 17. Oktober 1850, bot ihm aber die Propstei Husum an. Er lehnte das Angebot ab und wurde Pastor der unierten Gemeinde in Hagen in Westfalen. Er hat weder als Pastor noch als Generalsuperintendent trotz seines hervorragenden Amtsexamens wissenschaftliche Werke verfaßt. Schwere Schicksalsschläge – seine Frau, zwei Töchter und drei Söhne starben früh – und die schwierigen Verhältnisse in seinem Sprengel mögen die Gründe gewesen sein. Die politischen Spannungen waren in den ersten Jahren so groß, daß er in der Zeit kurz nach dem Krieg nur im südlichen Teil Visitationen durchführte und erst 1870 es wagen konnte, die Visitationstätigkeit auf die nördlichsten Gemeinden auszudehnen. Die von der preußischen Regierung verfügten harten Sprachregelungen hatten das Klima vergiftet. Wie sein dänischer Vorgänger Boesen machten ihm auch die Grundtvigianer unter den Pastoren im nördlichen Landesteil sehr zu schaffen. Diese hatten in dem Pastor Hans Svejstrup einen radikalen Verfechter. Dieser erklärte z. B. im Frühjahr 1869 in einer Versammlung in Mjolde: »Die Deutschen haben ein anderes Christentum als die Dänen, und deutsch gesinnte Pastoren können unmöglich dänisches Christentum ausbreiten und dänische Frömmigkeit fördern« (Übers. T. C.; Nyholm 1971, S. 164).

Für Godt waren die deutsche und dänische Kirche im ev.-luth. Bekenntnis eine Einheit. Aber auch unter den deutschen Pastoren herrschte keine Einigkeit. Nicht wenige von ihnen wollten eine Eingliederung in die »Union«. Die strengen Lutheraner, die in der Mehrheit waren, betrachteten die »Union« als »Ketzerei«. Godt war überzeugter Lutheraner. Er fühlte der »Union« gegenüber aber Dankbarkeit, da sie ihm nach 1850 in Hagen die Möglichkeit gegeben hatte, als Pastor zu wirken.

In seiner Amtszeit geriet auch der Einfluß der Kirche ins Wanken: Die Arbeiterbewegung, der bürgerliche Liberalismus und die Zivilstandsgesetze von 1874 seien als Stichworte genannt.

Die Spannungen in seinem Sprengel haben ihm große Not bereitet. Die Preußen haben die Kirche in der Provinz Schleswig-Holstein straff nach altpreußischem Muster organisiert, ohne allerdings die Union einzuführen. Oberstes Leitungsgremium wurde das Konsistorium in Kiel, das, stark von Juristen bestimmt, ein staatliches Organ war, in dem die beiden Generalsuperintendenten »geborene« Mitglieder waren. Godt hat von Schleswig aus seine Aufgaben in Kiel fleißig wahrgenommen, ohne sich dabei aber besonders hervorzutun. – Er hat sich in seiner Amtszeit viele Freunde gewonnen, die nach seinem Tod am 12. Juli 1885 eine Godt-Stiftung gründeten.

Die Schleswiger Bürger waren, wenn sie zunächst auch lieber in einem Bundesland Schleswig-Holstein statt in einer preußischen Provinz gelebt hätten, mit dem neuen Zustand bald sehr zufrieden. Sie hatten ihren alten »Besitzstand« wieder erhalten. Ihre Stadt wurde Sitz der Provinzialregierung und der Generalsuperintendentur.

4. Der Zeitraum 1886–1924

Dieser »Besitzstand« aber wurde mit der Ernennung Theodor Kaftans zum Generalsuperintendenten gefährdet. Theodor Christian Heinrich Kaftan wurde 1847 in Loit bei Apenrade geboren. Sein Vater war dort Pastor und mußte 1850, von der dänischen Regierung suspendiert, das Land verlassen. Der Sohn studierte in Erlangen, Berlin und Kiel Theologie und bestand 1871 das theologische Amtsexamen mit »sehr rühmlicher Auszeichnung«. Nach Tätigkeiten in Kappeln und Apenrade wurde er Regierungs- und Schulrat an der »Königlichen Regierung zu Schleswig«, 1885 Hauptpastor in Tondern und Propst der Propstei Nordtondern. Am 28. April 1886 wurde er nach schwierigen Verhandlungen um die Gehaltsstufe zum Generalsuperintendenten für den Sprengel Schleswig ernannt. Vor seiner Berufung war aber im preußischen Kultusministerium schon die Frage der Verlegung des Amtssitzes nach Kiel ernsthaft erwogen worden. Kaftan schreibt dazu in seinen Lebenserinnerungen (1924, S. 163 ff.), daß die Frage, wo der Generalsuperintendent seinen Sitz haben solle, Staub aufwirbelte. Ein Gespräch im Ministerium war für ihn »ein Wink, mich in Schleswig nicht festzusetzen, anzukaufen oder anzubauen, was ich sonst getan hätte«. Er zog dennoch nach Schleswig und mietete sich im »Gersdorffschen Haus«, Lange Straße 9, ein. Die Schleswiger »Stadtväter« hatten von den Absichten der preußischen Regierung Kenntnis erhalten und beeilten sich, um den Amtssitz an die Stadt zu binden, ein großzügiges Angebot zu machen: Sie erklärten sich bereit, das Haus in der Langen Straße anzukaufen und zur Dienstwohnung Kaftans auszubauen. König Wilhelm I. hatte von dem Wunsch der Schleswiger Kenntnis erhalten, und er hat nach Kaftans Darstellung entschieden: »Wenn die Schleswiger durchaus ihren Generalsuperintendenten behalten wollen, mag er in Schleswig bleiben«. Die Schleswiger sollen von dieser »allerhöchsten« Entscheidung erfahren haben. Sie kamen jedenfalls nicht auf ihr Angebot zurück.

Kaftan selbst war in der Frage innerlich unentschieden. Der Aufgaben im Sprengel wegen hätte er ein Bleiben in Schleswig vorgezogen, er befürchtete aber, daß er von Schleswig aus nicht genügenden Einfluß im Konsistorium haben würde. Die Synode 1891 hat sehr erregt über die Verlegung debattiert. Die Mehrheit der Synodalen entschied sich für Kiel. Kaftan hatte in der Diskussion nicht Stellung bezogen. In der Stadt Schleswig und im Sprengel war die Erregung über dieses Ergebnis groß. Nach Kaftans Darstellung war er für die »dänische Presse« Nordschleswigs »ein Hirte, der seine Herde verlasse«. Anfang 1892 zog er nach Kiel um. In einem langen Artikel in den »Schleswiger Nachrichten« hat er versucht, den Schleswigern die Gründe der Verlegung zu erklären. Er hat sie nicht überzeugt. Sie grollten ihm, obwohl der Dom die Bischofskirche blieb, in der er oft gepredigt und viele Pastoren ordiniert hat.

Kaftan war eine Persönlichkeit, aber eine mit »Ecken und Kanten«. Er war gegen die »altländische« Kirchenorganisation, die die Preußen eingeführt hatten. Sie widersprach seiner Meinung nach der kirchlichen Tradition in den Herzogtümern. Er hat aber durch seine Übersiedelung nach Kiel oft das Interesse der Kirche gegen den Staat verteidigen können. Sein besonderer Kontrahent war der berühmt-berüchtigte Oberpräsident von Köller, der eine rigorose Germanisierungspolitik betrieb. Kaftan war ein fleißiger Visitator. Er hat z. B. in der Zeit vom 18. bis 26. Juni 1904 26 Gemeinden und Schulen im westlichen Teil des Sprengels visitiert[6]. Er war ein strenger oberster Schulinspektor und daher von den Lehrern gefürchtet. Hinter der strengen »Fassade« und der oft sehr spitzen Ironie verbarg sich aber ein Mensch, der Pastoren gegenüber, die eine andere theologische Richtung vertraten (z. B. die Anhänger der Erweckungsbewegung), Milde walten ließ. Er hatte viele Freunde, blieb aber auch diesen gegenüber seinem Wesen entsprechend immer etwas auf Distanz. Neben seiner intensiven Amtstätigkeit hat er mehrere theologische und pädagogische Werke verfaßt. Sein reger Briefwechsel ist auch heute noch eine wichtige Quelle zur schleswig-holsteinischen Kirchengeschichte. Seine nicht ganz unumstrittenen Lebenserinnerungen sind ein lebendig und oft auch mit Humor geschriebener Beitrag zur Situation im Lande in der »Kaiserzeit«.

In der Literatur, vor allem von dänischer Seite, wird Kaftan z. T. recht kritisch gewürdigt. Jørgen Larsen (1946, S. 154) stellt wohl richtig fest, daß er seine »moderne Theologie des alten Glaubens« nicht verwirklichen konnte. Larsens Kritik, daß er viele Dinge anregte, sie dann aber im Stich ließ, ist ungerecht. Gemeint sind etwa Kaftans Aktivitäten für das Diakonissenwerk und die Heidenmission. Er wollte nicht in den Vorständen der von ihm angeregten Vereine und Institutionen bleiben, sondern diese in eigener Verantwortung arbeiten lassen. Seine vielen Amtsverpflichtungen hätten ihm eine aktive Mitarbeit auch nicht erlaubt. Die Verstimmung zwischen ihm und Pastor Wacker, dem Rektor der Diakonissenanstalt in Flensburg, erfolgte erst später. Sie hatte Gründe, auf die hier nicht eingegangen werden kann. J. Larsen (1946, S. 154) zitiert Carsten Petersen: »Es muß aber gesagt werden, daß an Theodor Kaftan etwas Großes war. Wenn er auch ein glückloser Bischof war, so war er doch ein Bischof. Immer, wenn sein Name von seinen Zeitgenossen genannt wird, berührt er etwas in ihren Seelen nicht weit von der Stelle, wo die Ehrfurcht wohnt« (Übers. T. C.).

Bürgermeister und Magistrat der Stadt Schleswig wollten sich nicht mit dem Verlust der Generalsuperintendentur abfinden. Ein Bericht der konservativen Berliner Zeitung »Tägliche Rundschau« vom 27. Mai 1914 über eine Debatte im preußischen Herrenhaus nahm Bürgermeister Dr. Behrens zum Anlaß zu einem neuen Vorstoß. Er schrieb am 3. Juni 1914 an den »Herrn Minister der Geistlichen-, Unterrichts- und Medizinalangelegenheiten in Berlin« und unterbreitete ihm höflich die Bitte, die Zurückverlegung des Sitzes des Generalsuperintendenten »in wohlwollende Erwägung zu ziehen«[7]. Der Rückgang der deutschen Stimmen in Nordschleswig und deutschfeindliche Artikel in dänischen Zeitungen hatten zu der Debatte im Herrenhaus geführt, der die Zeitung einen großen Teil der Titelseite widmete. Herzog Ernst Günther von Schleswig-Holstein hatte die heftigste antidänische Rede gehalten. In ihr verstieg er sich zu der Behauptung: »... insbesondere im Verhalten der deutschen Geistlichkeit müsse mancherlei anders werden. An der Spitze tue, darauf müsse er aufmerksam machen, eine starke Hand not«. Das war ein harter Angriff gegen Kaftan. Behrens griff in seinem Schreiben diese Debatte auf, erinnerte an die Verlegung des Amtssitzes »vor etwa 20 Jahren« und behauptete, es »dürfte mitbestimmend für die Verlegung gewesen sein, daß neben einer dem damaligen Stelleninhaber vielleicht erwiesenen Rücksichtnahme« in Kiel eine größere Einheitlichkeit der kirchlichen Verwaltung gewährleistet schien. Das Schreiben wurde am 1. August 1914 kurz abschlägig beschieden[8]. Am 20. Juni 1916 machte der Magistrat einen neuen Vorstoß. Da Kaftan 1917 mit 70 Jahren aus dem Amt ausscheiden mußte, wollten die Schleswiger die Nachfolgefrage zu ihren Gunsten nutzen. Dr. Behrens wiederholte im wesentlichen die Argumente von 1914, fügte aber hinzu: »Man sagt sich, der Generalsuperintendent, der in unsere Mitte gehört, ist ein Kieler geworden, der selbst kaum noch gesellschaftliche Beziehungen zu uns hat«. Anders als 1914 behauptete er jetzt ferner: »... wir glauben und wissen, daß er selbst ungern und nur dem Zwange der Dinge gehorchend, von Schleswig fortgegangen ist«. Er betonte wieder besonders die Bedeutung der Generalsuperintendentur für das »Deutschtum«. So ganz aufrichtig war seine Behauptung: »Für uns handelt es sich lediglich um das Amt an sich und das Wohlergehen der Kirche« wohl kaum. Er war kein besonders kirchlicher Mann[9]. Am 26. Juli 1916 erhielt Dr. Behrens vom Minister in preußischem Stil ohne Anrede und Grußformel die lapidare Antwort: »Ich verweise auf meinen Erlaß vom 1. August 1914 – G. I. 6640 – bei dem es auch bei nochmaliger Prüfung bewenden muß[10].

Am 24. Juni 1917 hielt Kaftan im Dom seine Abschiedspredigt. Die »Schleswiger Nachrichten« knüpften an ihren Bericht darüber die Hoffnung an, daß Schleswig wieder Sitz der Generalsuperintendentur werden würde[11]. Ihr Wunsch erfüllte sich nicht. Der neue Generalsuperintendent, Propst Petersen aus Hadersleben, trat am 31. Juli 1917 seinen Dienst in Kiel an. Als Kaftan am 26. November 1932 in Baden-Baden gestorben war, hatten die Schleswiger ihren Groll gegen ihn vergessen. Für die »Schleswiger Nachrichten« vom 28. 11. 1932 war er »der größte Theologe dieses Landes seit der Reformation«.

5. Der Zeitraum 1924–1945

Nach der Revolution von 1918 erfolgte die Trennung von Kirche und Staat. Eine »Landeskirchenversammlung« beschloß in einer langen Grundsatzdebatte vom 18.–30. September 1922 eine neue Verfassung für die schleswig-holsteinische Kirche. Diese trat aufgrund des Staatsgesetzes vom 8. April 1924 erst am 13. Oktober 1924 in Kraft. Die erste ordentliche Synode begann am 13. Oktober in Rendsburg. Sie wählte den an der Leipziger Universität als Theologieprofessor tätigen Dr. Rendtorff zum Bischof für den Sprengel Schleswig, obwohl die theologische Fakultät in Leipzig ihn drängte, dort zu bleiben. Er nahm die Wahl nicht an und blieb in Leipzig. Der nach ihm vorgeschlagene Pastor Völkel lehnte ebenfalls eine Wahl ab. Er wollte den Vorschlag der noch zu bildenden Kirchenregierung abwarten.

Es war also weder über die Personenfrage noch über den Bischofssitz eine Entscheidung gefallen. Eine 2. Synode sollte darüber befinden. Dr. Behrens wurde wieder aktiv. Am 16. Oktober 1924 richtete er an die Synode den Antrag, Schleswig wieder zum Bischofssitz zu machen. Er forderte kategorisch: »Der Bischof gehört nach Schleswig«. Auch die nationale Seite wurde wieder angeschlagen: »Endlich möchten wir es als Stärkung des Deutschtums in der Nordmark begrüßen...«. Außerdem wurde »weitestgehendes Entgegenkommen« bei der Beschaffung von Wohn- und Diensträumen versprochen. Am 31. Oktober 1924 teilte Dr. Heintze, der Vizepräsident des Landeskirchenamtes, dem Schleswiger Magistrat mit, daß er nach Schleswig kommen werde, um die Grundstücksfrage und die finanziellen Probleme zu klären[12].

Dr. Behrens mobilisierte viele »Hilfstruppen« im Sprengel und auch in Holstein. Pastor Tonnesen aus Rendsburg z. B. »lieferte« ihm eine lange Denkschrift mit der Überschrift: »Die außenpolitische Bedeutung eines Bischofssitzes in der Stadt Schleswig«. In dieser hieß es u. a., daß es Ziel der Dänen sei, »ganz Schleswig« zu erstreben und alles vermieden werden müsse, den Eindruck zu erwecken, »als ob Schleswig preisgegeben wäre«. Alle Stellungnahmen für die Stadt Schleswig verschickte Behrens an die Synodalen und viele Politiker, und er versorgte die Presse laufend mit Informationen[13].

Die Kirchenregierung schlug unter dem Vorsitz des holsteinischen Bischofs D. Mordhorst der Synode Völkel als Bischof für Schleswig vor, und diese wählte ihn daraufhin am 6. Januar 1925. Punkt 1 der Tagesordnung dieser Synode lautete: »Verlegung des Bischofssitzes für Schleswig nach Schleswig«. Die Interessen der Stadt Schleswig vertrat Propst Sommer, Pastor der Gemeinde Schleswig-Friedrichsberg und Propst der Propstei Schleswig. In der ersten Abstimmung am 7. Januar stimmten 55 Synodale, eine Mehrheit, für die Verlegung nach Schleswig. In der zweiten Lesung am gleichen Tag aber setzten sich die Juristen des Landeskirchenamtes mit ihrem Antrag durch, zunächst die Kostenfrage durch die Kirchenleitung prüfen zu lassen. Es wurde ein Ausschuß dafür gebildet. Damit war die Entscheidung vertagt worden.

Der Ausschuß war im Februar 1925 in Schleswig. Er besichtigte Gebäude und Grundstücke, die die Stadt für geeignet hielt. Darunter waren der von Günderoth'sche Hof, Friedrichstraße 7–11, der Schmiedenhof, Gallberg 4, und der Plessenhof, Plessenstraße 7. Der Ausschuß hatte gegen alle drei Objekte Einwände: Beim v. Günderoth'schen Hof wurden der Zustand der Nebengebäude und die unschöne Umgebung bemängelt, gegen den Schmiedenhof wurde eingewandt, daß er sich nicht im Eigentum der Stadt befände, und beim Plessenhof wurde bezweifelt, daß es möglich sein werde, das »Amerikanische Kinderheim« umzuquartieren. Dr. Behrens' Hauptargument war der Vorschlag, auf Kosten der Stadt auf dem schön gelegenen Grundstück Ecke Michaelisallee-Chemnitzstraße einen Neubau zu errichten und diesen gegen eine Miete in Höhe des Ortszuschlags zu Verfügung zu stellen. Gegen diesen letzten, sinnvollsten Vorschlag wandte sich vor allem Bischof Völkel. Er bemängelte, daß der Platz zu zugig sei – obwohl die Alleebäume hochgewachsen waren –, daß keine richtige Zuwegung bestehe – obwohl diese in der Planung war –, und daß das Grundstück zu weit vom Dom entfernt sei. Dieses letzte Argument zeigt deutlich, daß er nicht nach Schleswig wollte, denn die Entfernung von Kiel zum Dom war ja 50mal so groß. Für Völkel mögen auch persönliche Gründe gegen Schleswig gesprochen haben. Entscheidend für ihn war, daß Kiel Sitz des Landeskirchenamts war. Dieses war nach der neuen Verfassung noch stärker von Juristen bestimmt als das frühere Konsistorium: Auch der Vizepräsident mußte jetzt ein Jurist sein.

Die Schleswiger waren ihrem Bischof sehr böse. Bis zur zweiten ordentlichen Synode, die am 26. Mai 1926 begann, hat Dr. Behrens einen riesigen Werbefeldzug für Schleswig mit Rundschreiben an alle Synodalen, Presseinformationen und persönlichen Beeinflussungen von wichtigen Synodalen und Politikern geführt[14].

Schon im Oktober 1925 hatten Bürgermeister und Magistrat beschlossen, 1926 eine große 1100-Jahrfeier für Ansgar, den »Apostel des Nordens«, zu veranstalten. 826 hatte dieser über Haithabu die erste Missionsreise in den Norden gemacht. Die Feier sollte zunächst vor allem eine deutsche nationale Kundgebung werden. Behrens bat den früheren Landeskonservator, Prof. Dr. Haupt, und den Stadthistoriker Heinrich Philippsen, der in Hamburg wohnte, um historische Gutachten. Er hatte den beiden gegenüber die Feier als eine »kräftige Kundgebung für das Deutschtum in der Nordmark« erläutert[15]. Philippsens Stellungnahme wurde der Anlaß zu seinem Buch »Kurzgefaßte Geschichte der Stadt Schleswig«. Er hat sie in wenigen Monaten niedergeschrieben. Die Stadt ließ sie drucken. Der Autor verzichtete auf ein Honorar. Der Magistrat beschloß schon am 13. November 1925, eine Straße nach ihm zu benennen. Schon im November verquickte Dr. Behrens mit der nationalen Begründung die lokalpolitische. Am 14. November drückte er in einer Presseerklärung diese Absicht eindeutig aus, »daß sie der Kirchenregierung Veranlassung geben möge, der Nordmark ihren Landesbischof wiederzugeben«. Die Kirchenleitung war gewarnt. Sie lehnte eine Beteiligung an der Feier ab, falls die Stadt diese zu einer Werbung für den Bischofssitz ausnützen wolle. Da die Feier für einen Heiligen ohne die Kirche kaum denkbar war, steckte der Bürgermeister zurück. Er schrieb Bischof D. Mordhorst am 14. Dezember 1925, er möge doch erwägen, die Synoden künftig abwechselnd in Rendsburg und Schleswig abzuhalten. Doch wohl etwas scheinheilig schloß er das Schreiben: »Indem ich Sie bitte, davon überzeugt zu sein, daß meine heutigen Ausführungen lediglich den Zweck haben, der schleswig-holsteinischen Kirche zu dienen, bin ich ...«. Sehr kühl teilte ihm Mordhorst am 13. Januar 1926 mit, daß an eine Verlegung der Synode »nicht gedacht werden kann«. Das ganze Programm mußte in den folgenden Monaten mit der Kirchenleitung abgestimmt werden. Propst Sommer, Hauptpastor Meyer und der Stadtverordnete Ibbeken reisten dazu wiederholt auf Kosten der Stadt nach Kiel.

Dennoch erhoffte sich Dr. Behrens durch eine glanzvolle Veranstaltung Erfolg für sein Ziel. Es wurden Einladungen an Reichspräsident von Hindenburg, Reichskanzler Luther, den preußischen Innenminister Severing und andere Minister verschickt.

Die Feier fand am 15. und 16. Mai 1926 statt. »Weltlich« wurde die Veranstaltung kein Erfolg. Von den eingeladenen »Größen« aus dem Reich kam niemand, nur der preußische Innenminister Severing schickte einen Staatssekretär als Vertreter. Die zahlreich zur Verfügung gestellten Privatquartiere und Hotelbetten wurden nur wenig beansprucht[16]. Kirchlich wurde sie das größte Ereignis seit der Reformation. Am Sonnabend, dem 15. Mai fanden Jugendgottesdienste in allen Kirchen statt. Am 16. Mai predigten Landesbischof Marahrens, Hannover, im Dom, Landesbischof Tolzien, Neustrelitz, in der Michaeliskirche und Landesbischof Behm, Schwerin, in der Friedrichsberger Kirche. Den Festakt im Dom um 11 Uhr leitete Bischof Völkel ein, und Prof. D. Dr. Otto Scheel hielt – im Professorenornat mit Barett – die Festansprache, in der er die Missionsreise Ansgars in der noch winzigen kirchlichen Wirkungsmöglichkeit der ersten Hälfte des 9. Jahrhunderts schilderte. Die aktuelle Frage des Bischofssitzes fand in den Predigten und im Festakt keine Erwähnung. Nur Dr. Behrens hat sie in seiner Rede beim Mittagessen der Prominenz in den Theatergaststätten angeschnitten. Völkel soll verärgert ohne Verabschiedung abgereist sein. Dr. Behrens schrieb am 19. Mai einen langen Brief an den Synodalen Senator Marlow aus Altona, in dem er ihm die Argumente für Schleswig darlegte und auch seine Kostenberechnung für den Bischofssitz mitteilte. Er brachte darin auch seine Verärgerung über die Kirchenleitung und besonders Bischof Völkel zum Ausdruck.

Die Ansgarfeier und alle anderen Aktivitäten des Bürgermeisters und seiner vielen »Mitstreiter« blieben ohne Erfolg. Die 2. ordentliche Landessynode stimmte am 28. Mai 1926 nach einem vierstündigen Bericht des Ausschusses mit 49:32 Stimmen gegen eine Verlegung des Bischofssitzes nach Schleswig. In der Schlußberatung am 1. Juni war das Ergebnis für Schleswig zwar besser, aber der von Marlow eingebrachte Antrag wurde dennoch abgelehnt und zwar mit 46:41 Stimmen. Die Verärgerung der Schleswiger war groß. Die »Schleswiger Nachrichten« errichteten in ihrer Ausgabe vom 3. Juni gewissermaßen einen »Schandpfahl«, indem sie die Stellungnahme jedes Synodalen bekannt gaben. Nun darf man die Synode von 1926 aber nicht vom lokalpolitischen Interesse der Schleswiger beurteilen. Die Synodalen haben mehrere Tage sehr ernsthaft die Frage unter kirchlichem Aspekt diskutiert. Bei der in der Verfassung festgelegten Zusammensetzung und Kompetenz des Landeskirchenamtes konnte der Bischof für Schleswig, wie einst Kaftan im Konsistorium, die Interessen seines Sprengels in Kiel besser vertreten. Propst Sommer, der mit Engagement für Schleswig eingetreten war, und Bischof Völkel haben in versöhnlichen Ansprachen am Schluß der Synode die aufgeladene Atmosphäre entspannt.

Die Schleswiger Stadtväter kümmerten sich nicht um den innerkirchlichen Frieden. Am 7. Juli griffen die »Schleswiger Nachrichten« Völkel scharf an, weil er sich in der Synode nicht für Schleswig geäußert hatte. Sie behaupteten, daß sich die Kluft zwischen Bischof und Bevölkerung zu öffnen beginne und stellten die Frage, ob ein Bischof »in erster Linie ... Beamter oder Seelsorger sein solle«. Der Kampf wurde fortgesetzt. Es wurde eine Kommission gebildet, die mit dem gedruckten Briefkopf »Kommission für die Verlegung des Schleswiger Bischofssitzes nach Schleswig« in Aktion trat. Ihr Sprecher war der Synodale, Kaufmann Schoppmeier. Eine Flut von gedrucktem und geschriebenem Papier wurde unter seinem Namen verschickt. Propst Sommer und Dr. Behrens scheinen ihm oft »die Feder geführt« zu haben.

Es gelang der Kommission sogar, den als Emeritus in Baden Baden lebenden D. Theodor Kaftan für eine Denkschrift zu gewinnen. Die »Schleswiger Nachrichten« druckten sie am 29. Oktober

1928 unter der Schlagzeile »Generalsuperintendent i. R. D. Kaftan. Sitz des Bischofs von Schleswig«, und Schoppmeier ließ sie als Heft drucken und verschickte sie an alle Synodalen und viele andere Personen. Das Heft erschien unter dem Titel: »Bischöfliche Kirchenverwaltung. Von Dr. Kaftan«. Eigentlich konnten die Schleswiger »Aktivisten« über diese sehr grundsätzliche Schrift nicht so recht froh sein. Kaftan schrieb schon auf der ersten Seite: »Ich kann mich aber dem Eindruck nicht entziehen, daß auf beiden Seiten Momente hineinspielen, die kirchlich nicht berechtigt sind«. Weiter unten hieß es: »Dank werde ich wohl von keiner Seite ernten«. In seinem langen geschichtlichen Überblick kam er zu dem Schluß, daß das Landeskirchenamt letztlich ein noch verstärktes Konsistorium sei und der Bischof bei dieser Situation in Kiel sein müsse. Er aber kämpfe dafür, »daß der Bischof wieder Bischof werde. Dazu gehört, ja darin besteht es, daß er in seinem Sprengel ungehemmt der Leiter der geistlichen Angelegenheiten ist«. Er plädierte dann unter dieser Voraussetzung für Schleswig, hielt die Kosten in Schleswig für nicht höher als in Kiel, regte sogar an, die Kirchenregierung nach Schleswig zu verlegen. Voraussetzung für ihn aber war die grundsätzliche Änderung der Kirchenverfassung. Eine solche konnten aber weder die Schleswiger noch er selber von der Synode erwarten. Es war auch sehr fraglich, ob viele Pastoren eine solche Stärkung des Bischofsamtes wollten.

Schoppmeier hat in einem gedruckten Rundschreiben vom 24. November 1928 an alle Synodalen und andere einflußreiche Personen Kaftan emotionell als Kronzeugen für Schleswig gebraucht: »Es dürfte wohl niemand besser in der Lage und dazu berufen sein, als unser ehemaliger Bischof, dessen tiefgründige Arbeit um so mehr unseren Dank und allseitige Beachtung verdient, als sie von einem zweiundachtzigjährigen fast erblindetem Manne stammt, der sich, vor den Toren der Ewigkeit stehend, veranlaßt fühlt, unserer Kirche noch diesen letzten Dienst zu erweisen. Wer seine Arbeit mit Aufmerksamkeit liest, wird zur Einsicht kommen, daß es ein schwerer Fehlgriff war, als man Kiel zum Wohnsitz für den Schleswiger Bischof machte«[17].

Schoppmeier hatte auch die am 18. April 1928 im Kreishaus tagende Synode der Propstei Schleswig für einen Antrag an die 3. ordentliche Landessynode gewonnen. Das Landeskirchenamt, das wiederholt vor weiterem Kampf um den Bischofssitz gewarnt hatte, schickte seinen Präsidenten nach Schleswig, um die Synodalen von ihrem Vorhaben abzubringen. Nach dem Protokoll hat er »eine sehr interessante und ausführliche Darstellung der ganzen Sache« gegeben. Es gelang ihm, die Stimmung gegen Bischof Völkel zu besänftigen. Die Synodalen schickten ein Telegramm an ihn, in dem sie ihm ihr Vertrauen aussprachen. In der Sache blieben sie aber hart, sie beschlossen mit 35:6 Stimmen, einen erneuten Antrag in der Landessynode zu unterstützen[18]. Auch die Synode der Propstei Flensburg wollte den Antrag unterstützen. In einer späteren Zusammenkunft empfahl sie dann aber den Schleswigern, den Antrag in der 3. ordentlichen Landessynode nicht einzubringen, da die Zusammensetzung sich nicht geändert hatte, und daher keine Aussicht auf Erfolg bestehe[19]. Propst Sommer erreichte es daraufhin am 15. November, daß die schleswiger Synodalen mit 19:12 Stimmen beschlossen, den Antrag zurückzuziehen und auf 1930 zu vertagen, falls dies nötig sei. Propst Sommer hat dann doch, von einigen Synodalen unterstützt, am 29. November 1928 den Antrag auf die Verfassungsänderung eingebracht: »Der Bischof für Schleswig hat seinen Wohnsitz in der Stadt Schleswig«. Es erfolgte wieder eine Ablehnung. Die Aktionen Schoppmeiers in diesen Jahren wurden nicht nur von den »Stadtvätern« und den Synodalen getragen, auch die Bürger der Stadt Schleswig haben sich in Versammlungen der Bürgervereine oft erregt beteiligt.

Schoppmeier gab den Kampf nicht auf. In der Neuwahl für die 4. ordentliche Landessynode im Dezember 1930 sah er eine Möglichkeit auf Erfolg. In mehreren Schreiben im November 1930 hat er die Schleswiger Argumente wiederholt und ergänzt. In einem zehnseitigen Schreiben behauptete er, daß 5 500 Einwohner der Schleswiger Propstei ihm begeistert ihre Zustimmung ausgesprochen hätten. Er führte auch die Kirchenordnung von 1542 an: »De Bischop schall resederen am Bischophove bi siner Kerken to Schlesewig«[20].

In der am 10. Dezember eröffneten Landessynode konnte D. Dr. Ehlers, der Präsident des Landeskirchenamtes, die Antragsteller zur Zurücknahme »des Antrages zum Aktenstück 24« bewegen und seinem Beschlußantrag zuzustimmen. Er lautete: »Die Landessynode beschließt, die Kirchenregierung zu ersuchen, in eine Nachprüfung darüber einzutreten, in welchen Beziehungen eine Abänderung der Verfassung erforderlich ist, und in sie auch die Frage des Sitzes des Bischofs für Schleswig einzubeziehen«. Ferner war in den Beschlußvorschlag die laufende Hinzuziehung von acht Synodalen bei den Beratungen für die Vorlage über die Abänderung der Verfassung in der nächsten Landessynode aufgenommen. Der Antrag wurde einstimmig angenommen[21].

1932 fand keine ordentliche Synode mehr statt. Es war das Jahr der Reichstagswahlen, der Straßenkämpfe, der steigenden »braunen Flut« und unbeschreiblicher Not. Für eine ordentliche Synode fehlten die Voraussetzungen.

Der »Kampf« der Schleswiger war zu einer kommunalpolitischen Posse ausgeartet. Daß Schoppmeier wesentlich auch im Auftrage des Bürgermeisters und des Magistrats gehandelt hatte, geht aus Magistratsbeschlüssen vom 3. Januar 1929 und 27. November 1930 klar hervor. Es wurden ihm 150 bzw. 200 RM für »eingeleitete Propaganda in Angelegenheiten, betr. Verlegung des Bischofssitzes nach Schleswig« bewilligt[22]. Die Aktionen sollten eine Warnung davor sein, kirchliche, kommunalpolitische sowie nationalpolitische Motive zu vermischen und mit der Wahrheit vorsichtiger umzugehen.

Die »Braune Synode«, die am 12. September 1933 in Kiel tagte, beseitigte radikal die Kirchenverfassung von 1922. Die »Deutschen Christen« hatten fast alle Synodalen bestimmt, von denen viele in braunen Parteiuniformen erschienen waren. Sie wählten den vom Reichsbischof Müller vorgeschlagenen Pastor Adalbert Paulsen zum alleinigen Landesbischof mit Sitz in Kiel. Völkel und sein holsteinischer Amtsbruder Mordhorst haben den makabren Vorgang widerspruchslos hingenommen[23]. Völkel schloß sich weder den Deutschen Christen noch der Bekenntniskirche an. Man sollte ihn wegen seines Verbleibens im »neutralen« Raum nicht verurteilen. Wie viele Pastoren, Beamte und andere Angehörige des »Bürgertums« war er von der nationalen Erziehung im Kaiserreich geprägt. Die Weimarer Republik blieb ihm fremd, und in den Notjahren 1929–1933 sah er im Nationalsozialismus eine nationale Erweckung. Nach 1933 erkannte er dann, daß er sich furchtbar geirrt hatte. Als Pastor der Gemeinde Bordesholm hat er treu, oft von Parteifunktionären schikaniert – die Gauschule der NSDAP lag neben seiner Kirche –, seiner Gemeinde gedient. Vielleicht war es gut für den Neuanfang der Landeskirche nach 1945, daß sie in Völkel einen Mann mit Ansehen hatte, der daran mitwirken konnte, daß die Wunden des Kirchenkampfes schnell vernarbten und dadurch der Kirche eine Zerreißprobe erspart blieb.

6. Der Zeitraum 1945–1947

Schon in den letzten Wochen des Krieges haben Völkel und Propst Siemonsen, der als Pastor der Gemeinde Schleswig-Friedrichsberg und Propst der Propstei Schleswig sich ebenfalls weder den Deutschen Christen noch der Bekennenden Kirche angeschlossen hatte, sich Gedanken über die Neuordnung der Landeskirche »von unten«, also von den Gemeinden her gemacht[24]. Gleich nach der Kapitulation ergriff Siemonsen die Initiative. Es gelang ihm trotz der noch unterbrochenen Post- und Verkehrsverbindungen mit Hilfe des Pastors Dr. Mohr, der für die britische Besatzungsmacht in Flensburg als Transportbeauftragter tätig war, einen Kreis von kirchlich gesinnten Männern aus dem Sprengel am 28. Mai 1945 in Schleswig zusammenzubringen. Unter den neun Teilnehmern dieses »Schleswiger Arbeitskreises« befanden sich überwiegend Mitglieder der Bekennenden Kirche, u. a. Missionsdirektor Martin Pörksen, Breklum, und Studienrat Hans Brodersen, Flensburg. Siemonsen war formell zur Einberufung legitimiert, da er ein Mitglied des noch weiter bestehenden Landeskirchenamtes war, und sich dessen Präsident D. Bührke mit der Einberufung einverstanden erklärt hatte. Nach diesem ersten sondierenden Vorgespräch kam der Arbeitskreis am 22. Juni wieder in Schleswig zusammen. Man wurde sich darüber einig, daß eine »geistliche Kirchenleitung« eingesetzt werden müsse und daß die Neuordnung nur von einer Landessynode ausgehen könne. Eine solche konnte aber nur provisorisch sein, da Wahlen zu Kirchenvorständen und Propsteisynoden von der Besatzungsmacht nicht erlaubt waren. Die erste Landessynode, die nach Beseitigung von Schwierigkeiten seitens der Militärregierung am 14. August 1945 in Rendsburg zusammentrat, hatte keine »demokratische Legitimation«. Die Gemeinden hatten ihre Pastoren und einen Laien für vorläufige Propsteisynoden bestimmt, die wiederum die Synodalen für die Landessynode wählten. Diese vorläufige Landessynode hielt sich nicht für legitimiert, eine Neubesetzung »des Bischofsamtes bzw. der Bischofsämter« vorzunehmen. Sie wählte nur »eine vorläufige Kirchenleitung« (Jürgensen 1976, S. 64). Sie bestand aus den vier Geistlichen – Präses Pastor Halfmann, Prof. Rendtorff, Bischof i. R. Völkel und Pastor Asmussen – sowie den vier Laien – Graf Rantzau, Bauer Thomsen, Levshöh, Studiendirektor Dr. Hahn und Präsident Dr. Bührke (kraft Amtes). Ein Scherbengericht über den Landesbischof Paulsen blieb der Synode erspart, da dieser im Juli Bührke sein Amt zurückgegeben hatte.

Die Schleswiger Gremien haben auf die vorläufige Synode nicht reagiert. Es waren auch nur vorläufige Vertretungen der Bürgerschaft im Amt: Ab 12. Juni 1945 ein ernannter »Beirat« und ab 16. Januar 1946 eine ernannte Stadtverordnetenversammlung[25]. Sie hatten größere Sorgen. Die furchtbare Not in der Stadt erforderte große Anstrengungen. Außerdem mußten sie um eines der wichtigsten Fundamente der Existenz der Bürger, den Regierungssitz, kämpfen. Es wurde ein hoffnunsloser Kampf, da die Militärregierung die Verlegung nach Kiel verlangte. Auch die Versuche, wenigstens die Universität nach Schleswig zu bekommen, mußten scheitern. Der Oberpräsident und dann Ministerpräsident Theodor Steltzer sind dabei von ihnen unhöflich und ungerecht angegriffen worden[26].

Am 12. Juni 1946 hat Schleswig-Holstein eine vorläufige Verfassung erhalten. Die Kirche mußte sich, um nicht zur »Randerscheinung« im entstehenden Staat zu werden, eine aus eigenen Voraussetzungen gewachsene Gestalt geben. Die vorläufige Synode wurde daher zu einer zweiten Sitzung vom 2. bis 6. September 1946 nach Rendsburg einberufen. Der von der ersten Synode gebildete Verfassungsausschuß hatte keine Empfehlung zur Bischofsfrage formuliert, wenn auch die Mehrheit für *einen* Bischof war. Die Synode sprach sich dagegen für zwei Bischöfe aus. Zur Verabschiedung einer neuen Verfassung konnte sie sich aber nicht entschließen, weil sie sich nicht dafür legitimiert wußte. Sie verabschiedete aber ein »Gesetz zur Neubildung der Kirchenleitung« einstimmig. In diesem waren zwei Bischöfe vorgesehen. Ministerpräsident Steltzer hatte sich in Verhandlungen mit großem Engagement für ein »Kirchenzentrum« in Schleswig eingesetzt. Sein Eintreten für Schleswig hat letztlich bewirkt, daß die Stadt wieder Bischofssitz wurde. Nach den harten Verhandlungen in Schleswig war Steltzer klar, daß die Stadt Ersatz für den Verlust der Regierung brauchte.

Die Synode wählte mit großer Mehrheit Präses Halfmann zum Bischof für Holstein und Dr. Martin Pörksen zum Bischof für Schleswig. Da Pörksen am 2. Oktober 1946 das Amt wieder zur Verfügung stellte, da er meinte, ihm nicht gewachsen zu sein, war der Bischofssitz für Schleswig wieder gefährdet. Eine außerordentliche Synode erörterte am 12. November 1946 die neue Situation. Da es zu keiner Einigung über einen Nachfolger von Pörksen kam, wurde eine provisorische Lösung getroffen: Halfmann sollte bis zur verfassunggebenden Synode den Sprengel Schleswig mitbetreuen. Am Widerstand der Mitglieder der Bekennenden Kirche scheiterte der Antrag, Halfmann durch zwei »Landespröpste« zu entlasten. Sie konnten sich darauf berufen, daß das Gesetz zur Umbildung der Kirchenleitung vom 4. 11. 1946 solche Ämter nicht vorsah. Im Hintergrund der Ablehnung stand die Befürchtung, daß aus dem Provisorium endgültig eine »Einbischofsverfassung« werden könnte.

Am 15. Januar 1947 wurde Halfmann im Schleswiger Dom von Landesbischof D. Meiser, München, assistiert von den ehemaligen Bischöfen D. Mordhorst und D. Völkel, in sein Amt eingeführt. Die Wahl der Hauptgestalten dieser Feier zeigt das Bestreben der Kirche, versöhnlich die Vergangenheit zu überwinden.

Personen entscheiden oft grundsätzliche Fragen. Ende 1946 kam Pastor Reinhard Wester aus englischer Gefangenschaft in seine Gemeinde Westerland zurück. In ihm hatten die früheren Mitglieder der Bekenntniskirche einen Bischofskandidaten, der unantastbar war. Seine Eltern waren aus Westfalen nach Schleswig-Holstein gekommen, als der Junge sieben Jahre alt war. Seitdem hatte er im Lande gelebt und als Landesjugendpastor sowie danach als Pastor der Gemeinde Westerland viele Freunde gewonnen. Als deutschgesinnter Mann hatte er im Grenzland Einsichten in die nationalpolitische Situation gewonnen, die es ihm möglich machten, bei vielen Gesprächen mit Vertretern der dänischen Minderheit Respekt zu gewinnen, weil er die Aufgaben der Kirche über seine nationale Einstellung stellte. Durch seine Frau, die aus Nordfriesland stammte, war er auch persönlich eng mit dem Land verbunden[27]. R. Wester hatte im »Dritten Reich« entschieden in der Bekennenden Kirche, deren »Bruderrat« er mehrere Jahre geleitet hatte, mit viel Mut gegen die Deformierung der Kirche durch die Deutschen Christen gekämpft. Seine Gegner hatten ihm aber nicht die Achtung versagen können, da es ihm bei seiner noblen Gesinnung immer fernlag, Gegner persönlich zu verletzen.

»Die Kirchenleitung kam kaum umhin, ihn am 21. März 1947 zum Bischofsvikar mit der Amtsbezeichnung Oberkirchenrat« zu ernennen und ihn »mit den Aufgaben eines Landespropstes für den Sprengel Schleswig« zu betrauen (Jürgensen, 1976, S. 87). Mit dieser Entscheidung war der Bischofssitz für die Stadt Schleswig noch nicht ganz gesichert. Die Kirchenleitung gab der am 14. Oktober 1947 in Rendsburg beginnenden 5. ordentlichen Landessynode (die »Braune Synode« von 1933 wurde nicht mitgezählt) keine Empfehlung zur Bischofsfrage. Die Frage, ob ein oder zwei Bischöfe in der Verfassung festgeschrieben werden sollten, hat wieder zu lebhaften Erörterungen geführt. Die Verfechter der »Einbischofskirche« führten u. a. an, daß weit größere Flächenländer wie z. B. Hannover nur einen Bischof hätten. Die Befürworter der »Zweibischofskirche« führten dagegen die Möglichkeit der intensiveren Betreuung des Sprengels und, wie früher, das grenzpolitische Argument an. Es kam zur Kampfabstimmung. Mit 42:37 Stimmen wurde für zwei Bischöfe entschieden. Daß der Bischof für Schleswig seinen Sitz in der Stadt haben sollte, stand nicht mehr zur Debatte. Die Personenfrage führte noch zu einer lebhaften Erörterung. Neben Wester wurde auch Pastor Hans Asmussen, einer der profiliertesten, aber auch schärfsten Kämpfer der Bekennenden Kirche im »Dritten Reich« als Kandidat nominiert. Wester wurde mit 82 von 91 Stimmen gewählt.

Es war ein großer Tag für die Schleswiger, als Reinhard Wester am 27. November 1947 im Schleswiger Dom von Landesbischof D. Johannes Lilje, Hannover, und Bischof i. R. Völkel in sein Amt eingeführt wurde. Westers Predigttext war die zweite Bitte des Vaterunser: »Dein Reich komme«. Unter diesem Wort hat er sein Amt geführt. Da er den kirchlichen Auftrag über den »weltlichen« stellte, konnte er in den oft schwierigen Verhandlungen mit der dänischen Minderheit, in denen es zumeist vor allem um Kirchenordnungsfragen ging, wesentlich zur Entspannung des deutsch-dänischen Verhältnisses beitragen[28].

Erst mehrere Monate nach seiner Einführung ins Amt konnte der Bischof in seine Stadt ziehen. Es war in der Zeit der furchtbaren Wohnungsnot schwierig, ihm eine Wohnung zu beschaffen. Schließlich gelang es der Stadtverwaltung, ihm eine Wohnung im Haus Callisenstraße 22 freizumachen[29]. 1953 wurde dann der neue Bischofssitz an der Plessenstraße gebaut. Bescheiden in seinen Ausmaßen, liegt er dem großen Hofgebäude der Bischöfe aus katholischer Zeit gegenüber, die als Hauptsitz darüber hinaus ihr Schloß in Schwabstedt hatten. Auch »Gehäuse« erzählen Geschichte.

Anmerkungen

1. LAS Abt. 309 Nr. 24 276.
2. LAS I A II Nr. 1–3.
3. LAS I A II d 5.
4. LAS Abt. 309 Nr. 24 276.
5. LAS Abt. 309 Nr. 24 258 vom 1. 8 und 6. 9 1864.
6. LAS Abt. 309 Nr. 24 261.
7. StAS XVI 1a Nr. 3.
8. Ebenda.
9. Ebenda.
10. Ebenda.
11. SN 25. 6. 1917.
12. Ebenda.
13. Ebenda.
14. Ebenda.
15. StAS XVI 1a Nr. 4. Die einzelnen Aktionen werden nicht nachgewiesen, um Platz zu sparen. Sie füllen eine recht umfangreiche Akte.
16. StAS XVI 1a Nr. 5 »Teilnehmerlisten«.
17. StAS XVI 1a Nr. 3.
18. AKKS Abt. II Nr. 75.
19. AKKS Abt. II Nr. 75 vom 23. 10. 28.
20. StAS XVI 1a Nr. 3.
21. Ebenda 10. 12. 1930.
22. Ebenda.
23. Es kann hier auf den »Kirchenkampf« nicht eingegangen werden. Es gibt dazu viel Literatur; vgl. u. a. K. Mehnert (1960, S. 144–146) und Völkel (1955, S. 27).
24. Vgl. dazu Kurt Jürgensen (1976). Sein auf gründlichem Quellenstudium beruhendes und packend geschriebenes Buch ist Hauptgrundlage der hier wiedergegebenen Vorgänge.
25. StAS 7A 1 Protokolle des »Beirats...«
26. StAS 311/1a und LAS 1199 Abt. 605 »Turnusberichte Dr. Müthling...« u. a. Nr. 547 vom 9. 8. 1946.
27. Vgl. Anna Wester 1972. Diese sehr persönlich geschriebenen Erinnerungen bringen dem Leser den Menschen Reinhard Wester näher.
28. Mehrmals nahm ich an den Verhandlungen teil und habe dabei seine souveräne Haltung bewundert.
29. Völkel zeigte noch 1955 in seinen Lebenserinnerungen Verärgerung über die Schleswiger (vgl. Völkel 1955, S. 26).

Quellen- und Literaturnachweis

Archivalien

AKKS Abt. III Nr. 48 und 75.
LAS   Abt. 18 Nr. 3a Verfügungen 1850–53.
      I A II Biskoppen og hans Rettigheder og Pligter vedkommende... 1847–1873.
      Abt. 309 Akten der Königlichen Regierung zu Schleswig betreffend: die bischöfliche Behörde resp. Generalsuperintendentur.
      Generalia K Nummern 24258, 24261, 24276.
      Abt. 605 Turnusberichte Dr. Müthling 1946 und 1947.
StAS XVI 1a Nr. 3: Zurückverlegung der Generalsuperintendentur, des Bischofssitzes, für Schleswig nach Schleswig 1914–1930.
      XVI 1a Nr. 4: Die Ansgarfeier in Schleswig 1926.
      XVI 1a Nr. 5: Teilnehmerliste für die Ansgarfeier.
      XVI 1a Nr. 6: Die Reformationsfeier am 30. Oktober 1927 in Schleswig am 15. u. 16. 5. 1926.

Gedruckte Quellen und Literatur

Carstens, C. Er. 1890: Die Generalsuperintendenten der evangelisch-lutherischen Kirche in Schleswig-Holstein. Von der Reformation bis auf die Gegenwart. ZSHG.
Jürgensen, K. 1976: Die Stunde der Kirche. Die Ev.-Luth. Landeskirche Schleswig-Holsteins in den ersten Jahren nach dem zweiten Weltkrieg. Neumünster.
Kaftan, Th. 1924: Erlebnisse und Beobachtungen. SVSHKG 1. 14.
Larsen, J. 1946: Sønderjyllands Kirkehistorie. København.
Lindhardt, P. G. 1958: Den danske Kirkes historie. Bd. VII. Tiden 1849–1901. København.
Mehnert, G. 1960: Die Kirche in Schleswig-Holstein. Eine Kirchengeschichte im Abriß. Kiel.
Nyholm, A. 1971: Problemer i Slesvigs kirkeliv i arene narmest efter 1864. Sønderjyske Årbøger, S. 158–198.
Schleswiger Nachrichten Jgg. 1866, 1886, 1917, 1925, 1927, 1928, 1932, 1947.
Skovmand, R. 1971: Folkestyrets Fødsel 1830–1870. Danmarks historie. Bd. 11. København.
Steltzer, Th. 1966: 60 Jahre Zeitgenosse. München.
Völkel, E. 1955: Erinnerungen aus meinem Leben. Kiel.
Wester, A. 1972: Niemand von uns lebt für sich selbst. Hamburg.

Abkürzungen

AKKS	Archiv Ev.-Luth. Kirchenkreis Schleswig
LAS	Schleswig-Holsteinisches Landesarchiv Schleswig
SN	Schleswiger Nachrichten
StAS	Stadtarchiv Schleswig
SVSHKG	Schriften des Vereins für Schleswig-Holsteinische Kirchengeschichte
ZSHG	Zeitschrift der Gesellschaft für Schleswig-Holsteinische Geschichte

Autorenverzeichnis

Dr. Horst Appuhn, Museumsdirektor i. R.
Magdeburger Straße 82, 2120 Lüneburg

Dr. Andrea Boockmann
Tieckweg 1, 3400 Göttingen

Dr. Theo Christiansen, Museumsdirektor
Städtisches Museum
Friedrichstraße 9–11, 2380 Schleswig

Dr. Karlheinz Gaasch, Volkshochschuldirektor
Heimvolkshochschule Rendsburg
Am Gerhardshain 44, 2370 Rendsburg

Karsten Giltzau, Studienreferendar
Vogelbeerallee 2 E, 2350 Neumünster

Dr. Hans Valdemar Gregersen, Central Studielektor
Dronning Alexandrinesvej 2, DK 6100 Haderslev

Prof. Dr. Erich Hoffmann, Universitätsprofessor
Lehrstuhl für schleswig-holsteinische Geschichte,
Historisches Seminar der Universität Kiel
Olshausenstraße 40–60, 2300 Kiel

Prof. Dr. Wolfgang J. Müller, Universitätsprofessor
Kunsthistorisches Institut der Universität Kiel
Olshausenstraße 40–60, 2300 Kiel

Dr. Tore Nyberg
Odense Universitet, Historisk Institut
Campusvej 55, DK 5230 Odense M

Christian Radtke M. A., Wissenschaftl. Angest.
Schleswig-Holsteinisches Landesmuseum für
Vor- und Frühgeschichte
Schloß Gottorf, 2380 Schleswig

Dr.-Ing. Claus Rauterberg, Kirchenbaudirektor
Nordelbisches Kirchenamt
Dänische Straße 21–35, 2300 Kiel

Dr. Klauspeter Reumann
Zur Baumschule 14, 2390 Flensburg

Dipl.-Ing. Karlheinz Schlüter
Landesbauamt Schleswig
Süderdomstraße 15, 2380 Schleswig

Dr. Wolfgang Teuchert
Landesamt für Denkmalpflege
Schloß, 2300 Kiel